GÉOGRAPHIE

LES DÉFIS D'UN MONDE EN TRANSITION

2de

Coordination

Jacqueline JALTA
Jean-François JOLY
Michaël PARDON
Roger REINERI
José RIQUIER

- **Emmanuelle BYRDY**, *Lycée La Hotoie, Amiens*
- **Charles COLLIGNON**, *Lycées François 1er et Claude Monet, Le Havre*
- **Marie-Christine DOCEUL**, *Agrégée de géographie*
- **Françoise DRAIN**, *Agrégée d'histoire*
- **Stéphane DUBOIS**, *Lycée Blaise Pascal, Clermont-Ferrand*
- **Alain DUBRESSON**, *Université Paris Nanterre*
- **Antoine FREMONT**, *Université Paris Est, Marne-la-Vallée*
- **Philippe GUIZARD**, *Académie de Montpellier*
- **Jacqueline JALTA**, *Agrégée de géographie*
- **Jean-François JOLY**, *Agrégé de géographie*
- **François MARIE-LANOË**, *Lycée Eugène Ionesco, Issy-les-Moulineaux*
- **Benoit LISBONIS**, *Lycée François 1er, Le Havre*
- **Michaël PARDON**, *Lycée Pablo Picasso, Perpignan, Espé de l'académie de Montpellier*
- **Magali REGHEZZA-ZITT**, École normale supérieure, Paris
- **Roger REINERI**, *Agrégé de géographie*
- **José RIQUIER**, *Agrégé d'histoire-géographie*
- **Aurélie SALA DROUILLARD**, *Agrégée de géographie*
- **Jean-Marc ZANINETTI**, *Université d'Orléans*

Avec la collaboration de :

- **David BLANCHON**, *Université Paris Nanterre*
- **Lila HEBERT**, *Lycée Bristol, Cannes*
- **Nelly MOUCHET**, *Lycée Philippine Duchesne ITEC Boisfleury, Corenc*
- **Pascal ORCIER**, *Lycée Beaussier, La Seyne-sur-Mer*

MAGNARD

www.magnard.fr

Capacités et méthodes, notions du programme

Bulletin officiel spécial n° 1 du 22 janvier 2019

Capacités et méthodes

Maîtriser et utiliser des repères spatiaux

Connaître et se repérer	• Nommer et localiser les grands repères géographiques ainsi que les principaux processus et phénomènes étudiés. • Utiliser l'échelle appropriée pour étudier un phénomène.
Contextualiser	• Mettre un événement ou une figure en perspective. • Mettre en œuvre le changement d'échelles, ou l'analyse à différentes échelles (multiscalaire), en géographie. • Identifier les contraintes et les ressources d'un événement, d'une situation géographique. • Mettre en relation des faits ou événements de natures, de localisations différentes. • Confronter le savoir acquis en géographie avec ce qui est entendu, lu et vécu.

S'approprier les exigences, les notions et les outils de la démarche géographique

Employer les notions et exploiter les outils spécifiques aux disciplines	• Employer les notions et le lexique acquis en géographie à bon escient. • Transposer un texte en croquis. • Réaliser des productions graphiques et cartographiques dans le cadre d'une analyse. • Savoir lire, comprendre et apprécier une carte, un croquis, un document iconographique, une série statistique…
Conduire une démarche géographique et la justifier	• S'approprier un questionnement géographique. • Construire et vérifier des hypothèses sur une situation géographique. • Justifier des choix, une interprétation, une production.
Construire une argumentation géographique	• Procéder à l'analyse critique d'un document selon une approche géographique. • Utiliser une approche géographique pour mener une analyse ou construire une argumentation.
Utiliser le numérique	• Utiliser le numérique pour réaliser des cartes, des graphiques, des présentations. • Identifier et évaluer les ressources pertinentes en géographie.

Notions et vocabulaire

– Acteur, mondialisation, territoire, transition (notions transversales à l'ensemble des thèmes).
– Changement climatique, environnement, milieu, ressources, risques.
– Croissance, développement, développement durable, émergence, inégalité, population, peuplement.
– Migration, mobilité, tourisme.

Programme de géographie 2de

Environnement, développement, mobilité : les défis d'un monde en transition

Bulletin officiel spécial n° 1 du 22 janvier 2019

THÈME 1 – Sociétés et environnements : des équilibres fragiles (12-14 HEURES)

Questions	• Les sociétés face aux risques. • Des ressources majeures sous pression : tensions, gestion.
Question spécifique sur la France	• La France : des milieux métropolitains et ultramarins entre valorisation et protection.

Études de cas possibles :
– Le changement climatique et ses effets sur un espace densément peuplé.
– L'Arctique : fragilité et attractivité.
– La forêt amazonienne : un environnement fragile soumis aux pressions et aux risques.
– Les Alpes : des environnements vulnérables et valorisés.

THÈME 2 – Territoires, populations et développement : quels défis ? (12-14 HEURES)

Questions	• Des trajectoires démographiques différenciées : les défis du nombre et du vieillissement. • Développement et inégalités.
Question spécifique sur la France	• La France : dynamiques démographiques, inégalités socio-économiques.

Études de cas possibles :
– Développement et inégalités au Brésil.
– Les modalités du développement en Inde.
– Développement et inégalités en Russie.
– Les enjeux du vieillissement au Japon.

THÈME 3 – Des mobilités généralisées (12-14 HEURES)

Questions	• Les migrations internationales. • Les mobilités touristiques internationales.
Question spécifique sur la France	• La France : mobilités, transports et enjeux d'aménagement.

Études de cas possibles :
– La mer Méditerranée : un bassin migratoire.
– Dubaï : un pôle touristique et migratoire.
– Les mobilités d'études et de travail intra-européennes.
– Les États-Unis : pôle touristique majeur à l'échelle mondiale.

THÈME 4 – L'Afrique australe : un espace en profonde mutation (8-10 HEURES)

Questions	• Des milieux à valoriser et à ménager. • Les défis de la transition et du développement pour des pays inégalement développés. • Des territoires traversés et remodelés par des mobilités complexes.

Sommaire

THÈME 1 Sociétés et environnement : des équilibres fragiles p. 14

Repères spatiaux

CHAPITRE 1

CHAPITRE 2

CHAPITRE 3

Sommaire

THÈME 2 Territoires, populations et développement : quels défis ? p. 122

THÈME 3 Des mobilités généralisées p. 196

Problématiques

CHAPITRE 9

Des migrations internationales croissantes 200

CHAPITRE 10

La mondialisation du tourisme 218

CHAPITRE 11

La France : mobilités, transports et enjeux d'aménagement 240

Sommaire

THÈME 4 CONCLUSIF L'Afrique australe : un espace en profonde mutation p. 256

Préparer le Bac

ANNEXES

Les méthodes du Bac

Repères spatiaux

Capacités et méthodes

Reportages Vidéo

Chaque vidéo est accompagnée d'une fiche d'étude imprimable.

Toutes les grandes cartes et croquis du manuel sont proposés en version interactive.

Les nouvelles épreuves d'histoire et de géographie au baccalauréat – Session 2021

Les épreuves d'histoire et de géographie dans les épreuves communes de contrôle continu

Bulletin officiel n° 29 du 19 juillet 2018

L'histoire et la géographie sont évaluées dans les épreuves communes de contrôle continu des enseignements obligatoires.

Les épreuves communes de contrôle continu comportent :

- **deux épreuves en classe de première organisées au cours des deuxième et troisième trimestres ;**
- **une épreuve en classe de terminale organisée au cours du deuxième trimestre.**

NB : pour la session 2021 du baccalauréat, les candidats passent les deux premières épreuves de la classe de première au premier et au second trimestres 2019.

Les modalités de l'épreuve de géographie en classe de première

1. Une épreuve en deux parties

L'épreuve comporte **deux parties** :

- **1re partie** : réponse à un sujet ;
- **2e partie** : analyse d'un ou de deux document(s) ou réalisation d'un croquis.

NB : Si la première partie porte sur l'histoire, la deuxième porte sur la géographie, et inversement.

2. Les trois exercices de géographie en classe de première

Question problématisée

Il s'agit d'une réponse rédigée et construite à un sujet choisi, avec une introduction, un développement en plusieurs parties et une conclusion. Elle est guidée par une problématique précisée en introduction.

L'analyse de document(s)

L'analyse de document(s) présentant un intérêt géographique comporte un titre, un ou deux documents. Deux ou trois questions et/ou une consigne guident le travail du candidat.

Le croquis

Le candidat doit réaliser un croquis en réponse à un sujet. Le sujet est un texte (article, extrait d'ouvrage, texte élaboré pour l'exercice), qui présente une situation géographique en lien avec une ou plusieurs thématique(s) au programme. Il est accompagné d'un fond de carte qui peut comporter des éléments de localisation. Le texte propose de grandes orientations pour la réalisation du croquis. Le titre du texte indique celui du croquis et sa structure apparente permet de construire la légende dont les grandes articulations sont pré-renseignées.

PRÉPARER LE NOUVEAU BAC DÈS LA 2DE

Les sujets de contrôle continu

Analyser un ou deux document(s)

Méthode BAC p. 278

Analyser une carte

Analyser un document iconographique

Analyser un graphique

Analyser un texte

Réaliser un croquis

Méthode BAC p. 280

Répondre à une question problématisée

Méthode BAC p. 282

Les défis

Le monde est un système en perpétuelle transition. Par transition, il faut entendre des changements majeurs. En ce début du XXIe siècle, il doit relever trois grands défis.

1 Le défi environnemental

- **Les changements actuels**, qu'il s'agisse de **climat** ou de **biodiversité, s'opèrent à une vitesse inédite.**
- **La planète produit des risques naturels** pour les sociétés (séismes, inondations...). **Certains dangers sont aggravés par le changement climatique global.**
- **La pression des sociétés sur les ressources accélère leur dégradation** en qualité et en quantité. **Les sociétés produisent aussi des risques** pour l'environnement.

Protéger l'environnement, c'est aussi protéger les sociétés humaines. Cette protection passe par une transition écologique.

→ Une de *Libération*, 8-9 septembre 2018.

2 Le défi d'un développement durable, juste et solidaire

- **Les Nords** sont confrontés au **vieillissement** de leur population, alors que **les Suds** font face **au défi de la jeunesse et du développement**.
- **Les Nords comme les Suds** sont traversés par de **profondes inégalités**. Leur réduction est un enjeu majeur de développement et de justice.
- **Les modes et le niveau de développement varient** selon les États. L'accès aux ressources et le niveau de vulnérabilité face aux risques sont liés au niveau de développement des sociétés.

Les transitions économiques et sociales nécessaires pour réduire les inégalités doivent se conjuguer à la transition écologique pour assurer un développement durable.

→ Extrait de la couverture d'*Alternatives Économiques*, n° 386, janvier 2019.

d'un monde en transition

3 Le défi des mobilités

▶ **Les mobilités s'intensifient et se diversifient :** elles sont favorisées par les révolutions des transports et de la communication.

▶ **Les mobilités internationales sont liées aux inégalités**, à l'insécurité politique, voire environnementale, et **à la recherche d'agréments**.

▶ **Les tensions qui accompagnent les migrations**, comme **les impacts négatifs du tourisme de masse**, sont de **grands défis posés aux sociétés par les mobilités.**

Le contrôle des mobilités est un enjeu géopolitique. La mobilité croissante des sociétés appelle une transition vers des mobilités plus justes et plus durables.

→ Deux types de mobilités en Méditerranée : dans le port de Malaga, des migrants africains sont pris en charge par l'Espagne ; à l'arrière-plan, un bateau de croisière a accosté dans le port (octobre 2018).

4 L'Afrique australe concentre ces trois défis du monde d'aujourd'hui

▶ **Les limites de l'Afrique australe, aire régionale souvent confondue avec la seule Afrique du Sud**, ne sont pas définies de manière unanime.

▶ **Le manuel a retenu 13 pays** qui ont comme dénominateur commun **leur proximité et leurs liens anciens avec l'Afrique du Sud**.

▶ **Cette Afrique riche de ses ressources minières** est aussi celle des **fortes inégalités** économiques, sociales et spatiales, ainsi que celle des **flux migratoires multiples**.

Tenter de mettre en place des processus de développement reste un enjeu majeur pour les États de l'Afrique australe qui doivent relever les défis de la transition.

→ Couverture de l'*ÉCONOMIE Magazine Afrique*, n° 15, 25 septembre 2017.

THÈME 1 Sociétés et environnement : des équilibres fragiles

Singapour, les technologies au service d'une politique environnementale ambitieuse

Face à l'urgence environnementale, Singapour multiplie des projets innovants en matière de biodiversité et de technologies vertes, à l'instar des « Super-arbres » que l'on peut admirer dans les *Gardens by the bay*, parc de plus de 100 hectares aménagé à l'entrée de la baie de Singapour.

Ces 18 structures métalliques hautes de 18 à 50 mètres sont des objets connectés qui imitent les fonctions écologiques des arbres : conservatoires d'espèces végétales (fougères, orchidées...) et animales (insectes, oiseaux) ; éclairage à partir de cellules photovoltaïques ; collecteurs d'eau de pluie pour l'irrigation des plantes et l'alimentation des fontaines.

Chapitres

REPÈRES SPATIAUX

La répartition de la population dans le monde

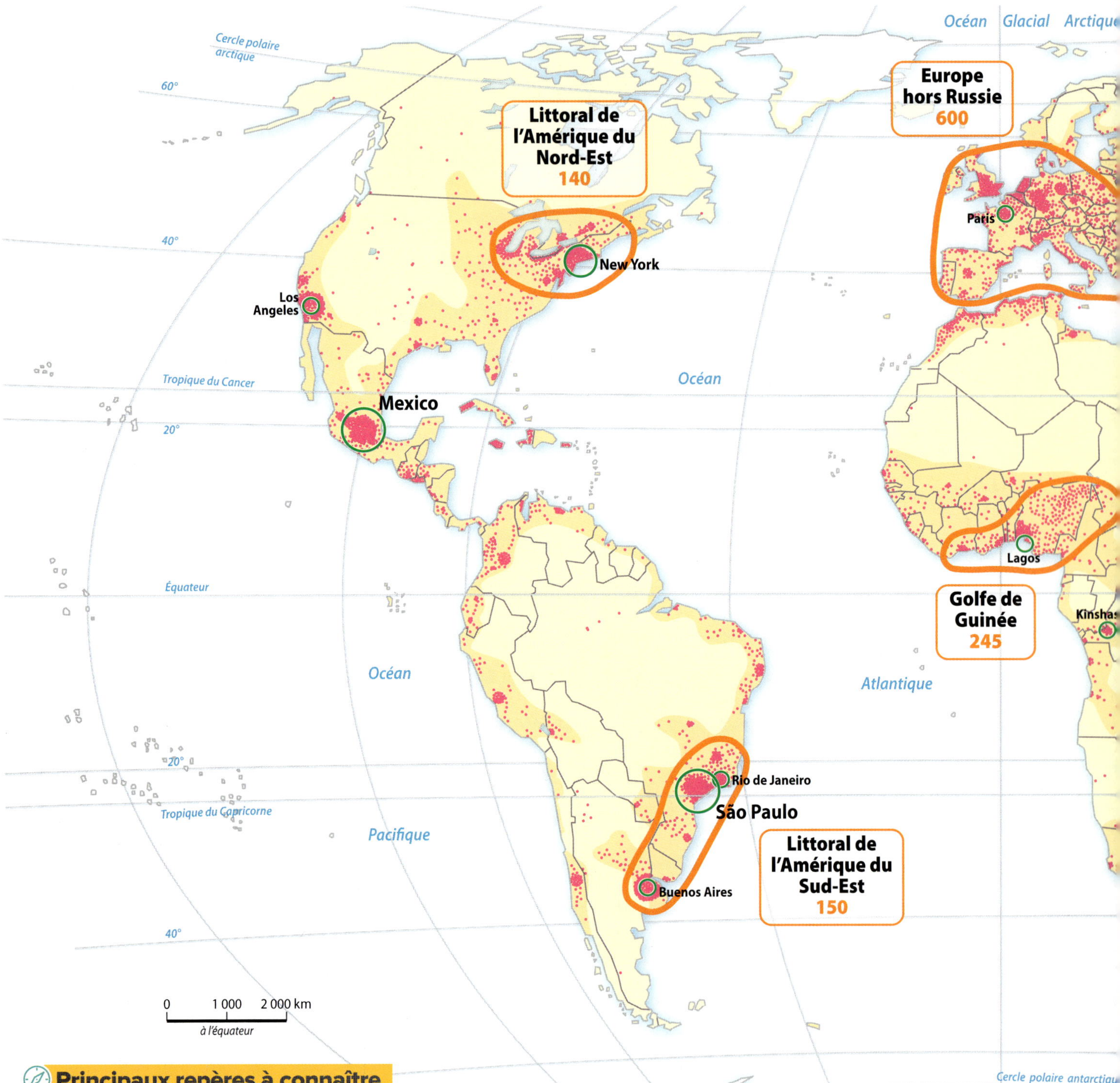

Principaux repères à connaître

Les grands foyers de peuplement

- Asie du Sud
- Asie de l'Est
- Asie du Sud-Est
- Europe (hors Russie)
- Golfe de Guinée
- Littoral de l'Amérique du Sud-Est
- Littoral de l'Amérique du Nord-Est

Les agglomérations de plus de 15 millions d'habitants

- Tokyo (Japon)
- Delhi (Inde)
- Shanghai (Chine)
- Mexico (Mexique)
- São Paulo (Brésil)
- Mumbai (Bombay) (Inde)
- Osaka (Japon)
- Le Caire (Égypte)
- New York (États-Unis)
- Beijing (Chine)
- Dacca (Bangladesh)

Carte interactive
www.lienmini.fr/geo2-55

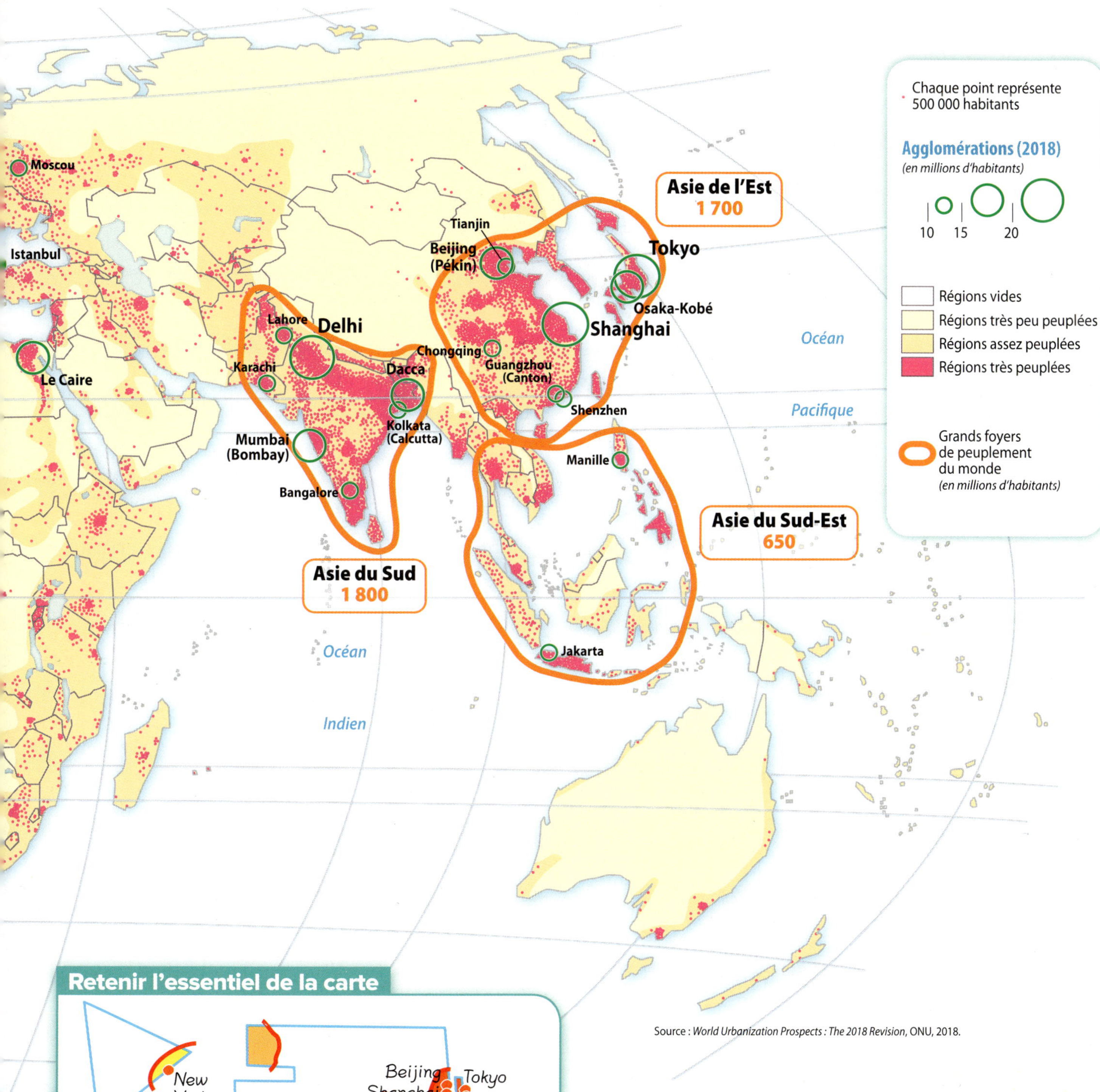

Source : *World Urbanization Prospects : The 2018 Revision*, ONU, 2018.

Retenir l'essentiel de la carte

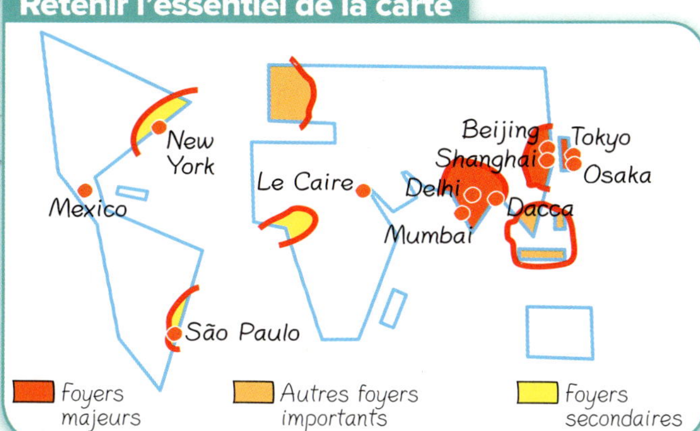

REPÈRES SPATIAUX

Le relief de la terre

Principaux repères à connaître

Montagnes
- Montagnes Rocheuses
- Cordillère des Andes
- Alpes
- Balkans
- Caucase
- Oural
- Himalaya
- Atlas

Principaux repères à connaître

Océans et mers
- Océan Atlantique
- Océan Pacifique
- Océan Indien
- Océan glacial Arctique
- Mer Méditerranée
- Mer Rouge

Principaux repères à connaître

Fleuves
- Amazone
- Missisipi
- Danube
- Volga
- Yangzi Jiang
- Huang He
- Mékong
- Gange
- Congo
- Niger
- Nil

Carte interactive
www.lienmini.fr/geo2-56

REPÈRES SPATIAUX

Les grands types de climats

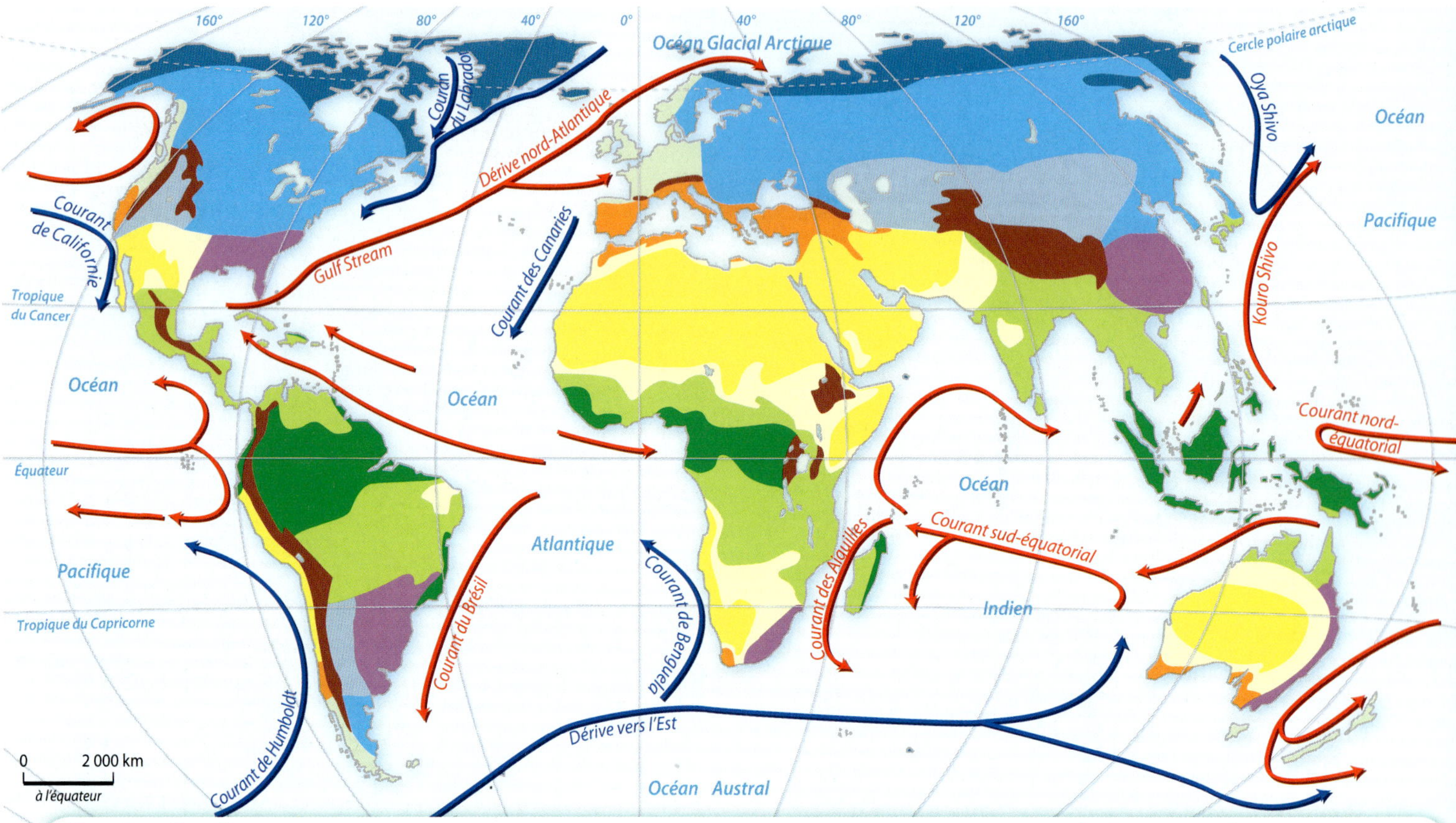

Domaines climatiques

Zones chaudes
- Équatorial — *Chaud et humide toute l'année*
- Tropical — *Alternance saisons sèche/humide*
- Semi-aride — *Précipitations faibles (< 350 mm)*
- Aride — *Précipitations très rares*

Zones tempérées
- Océanique — *Hiver doux, été frais*
- Continental — *Hiver froid, été chaud et humide*
- Continental aride et semi-aride — *Précipitations faibles, <350 mm*
- Méditerranéen — *Été chaud et sec, hiver doux*
- Subtropical humide — *Été chaud et très arrosé*

Zones froides
- Polaire — *Froid toute l'année*

Climat azonal
- De haute montagne

Courants marins
- chaud
- froid

Principaux repères à connaître

Les grandes zones climatiques
- Chaude
- Tempérée
- Froide

Les différents climats chauds
- Équatorial
- Tropical
- Semi-aride
- Aride

Les différents climats tempérés
- Continental
- Océanique
- Méditerranéen
- Continental semi-aride
- Subtropical

Retenir l'essentiel de la carte

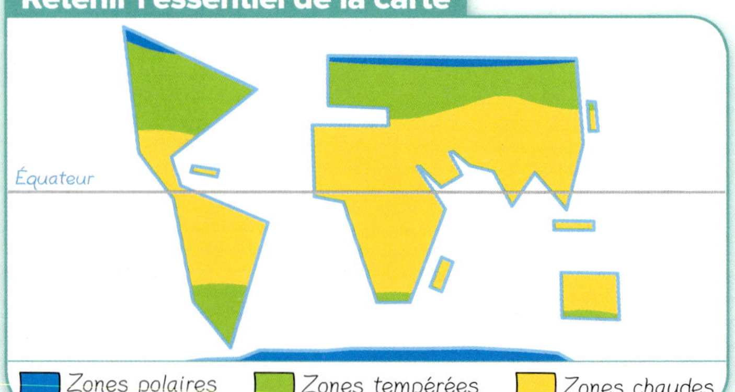

Cartes interactives
www.lienmini.fr/geo2-57

Les formations végétales

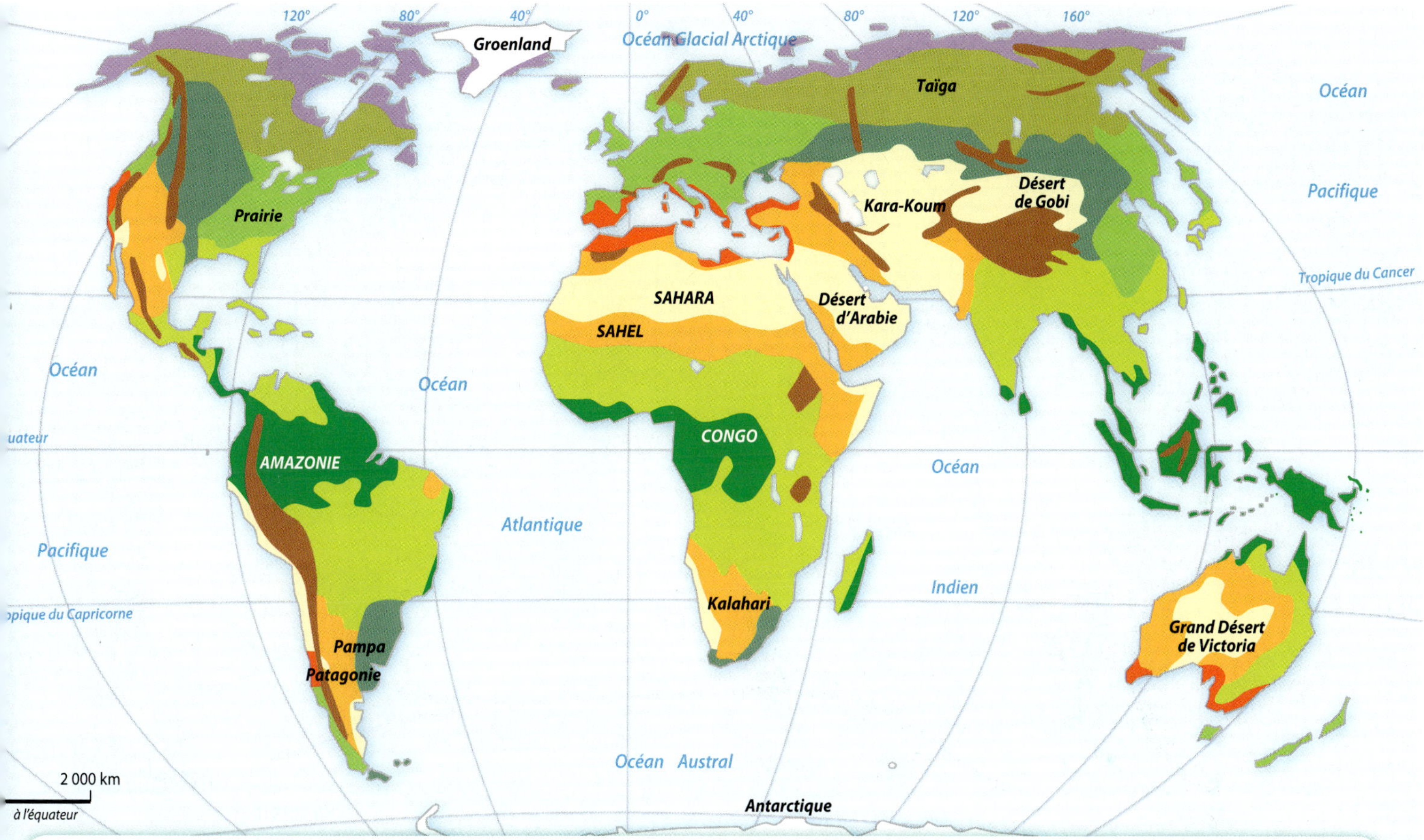

Formations végétales

Régions chaudes
- Forêt tropicale humide — *Forêt dense toujours verte*
- Forêt claire et savane

Régions arides tropicales et tempérées
- Steppe et semi-désert — *Buissons, steppe à épineux…*
- Désert de sable (*erg*) et cailloux (*reg*) avec végétation clairsemée

Régions tempérées
- Forêt de feuillus et forêt mixte — *Feuillus et conifères*
- Formations herbeuses — *Prairie, pampa*
- Forêt de conifères — *Taïga*
- Formations méditerranéennes — *Forêt toujours verte, maquis, garrigue…*

Régions froides
- Toundra — *Mousses, lichens, herbes, rares arbustes*
- Calotte glaciaire — *Inlandsis*
- Végétation de haute montagne

Principaux repères à connaître

Les grands déserts du monde
- Antarctique
- Arctique
- Sahara
- Kalahari
- Arabie
- Gobi
- Patagonie

Les grandes forêts du monde
- Forêts tropicales humides (Amazonie, Congo…)
- Taïga

Retenir l'essentiel de la carte

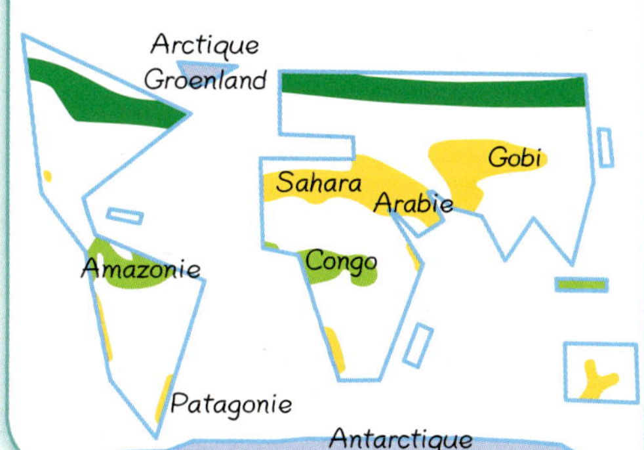

Principaux déserts
- de glace
- de sable

Grandes forêts du monde
- Taïga
- Tropicales humides

THERE IS
Temperature change RCP8.5 in 2081-2100: June-August
(°C)
0 0.5 1 1.5 2 3 4 5 7 9 11
Source: IPCC AR5 - Median Projection
NO PLANET B
NO SIDES
PROTECT THE SACRED
RESIST

CHAPITRE 1

Le défi environnemental

De la problématique du document…

Quelle peut être l'action des citoyens en faveur du climat ?

1. Localisez et décrivez la photographie.
2. Qui sont les manifestants ?
3. Quel est leur message ? Quelle en est la portée ?
4. Que symbolise cette manifestation ?

… aux problématiques du chapitre

> **Quels sont les impacts des sociétés sur l'environnement aux différentes échelles ?**

> **Quelle politique mener pour protéger l'environnement ?**

L'action locale contre le réchauffement de la planète : à Washington, la « marche des peuples » pour le climat

Le 29 avril 2017, à l'initiative du collectif « *People's climate Movement* », des dizaines de milliers d'Américains défilent, du Capitole à la Maison Blanche, pour dénoncer les positions de leur gouvernement sur le réchauffement climatique.

Cartes
Enjeux

Menaces sur la planète
Pollution par les plastiques

1 La « plastisphère » : plusieurs « continents » de plastique se forment dans les océans

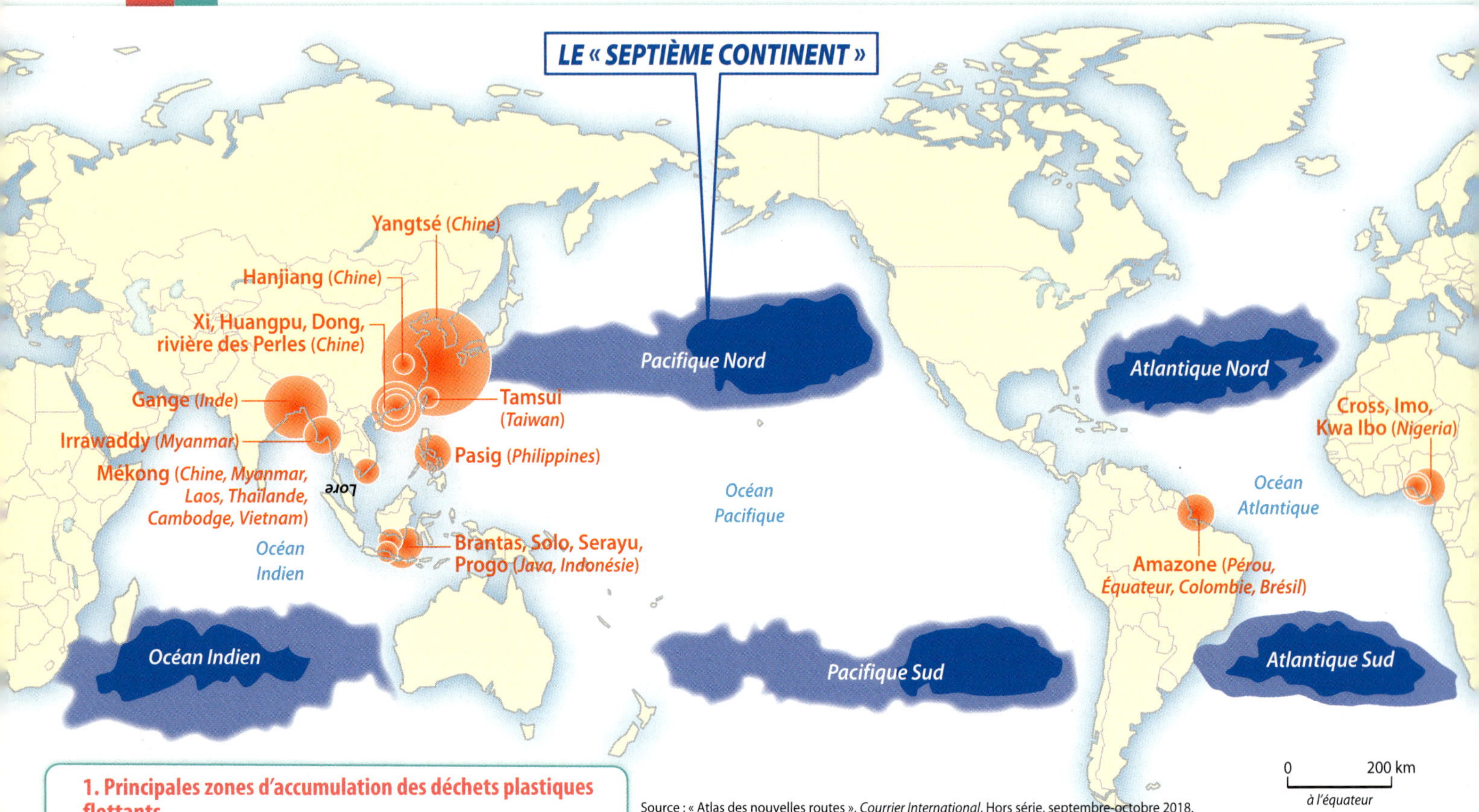

Source : « Atlas des nouvelles routes », *Courrier International*, Hors série, septembre-octobre 2018.

1. Principales zones d'accumulation des déchets plastiques flottants

- Plus concentrées
- Moins concentrées

2. Principaux lieux d'origine des déchets plastiques

90 % du total des déchets plastiques dans les océans proviennent d'une douzaine de fleuves ou rivières

30 / 10 / 5 / 1 — Estimation moyenne annuelle de la masse de plastique charriée par des fleuves (en tonnes)

Selon une étude du département Environnement des Nations unies (2018), on produit en moyenne 300 millions de tonnes de plastique par an dans le monde. La plus grosse concentration de déchets plastiques en mer, le « septième continent », se situe dans le Pacifique Nord, entre la Californie et Hawaii. Une étude publiée dans la revue *Scientific Reports* (2018) évalue sa surface à 1,6 million de km^2, soit trois fois la superficie de la France.

Analyser les cartes

Carte 1

1. Où se situent les plus importants amas de plastique ?
2. D'où provient la majorité de ces déchets ?
3. Pourquoi peut-on parler d'un « septième continent » dans le Pacifique Nord ?

Carte 2

4. Quel est le phénomène majeur évoqué par les cartes ?
5. Quels sont les deux scénarii présentés ?
6. Quelle est la zone climatique et quels sont les espaces les plus menacés dans le scénario 1 ?

Mettre les cartes en relation

Quels sont les types de menaces qui pèsent sur la planète ?

Cartes interactives
www.lienmini.fr/geo2-28

Impacts du changement climatique

2 Les conséquences du changement climatique global

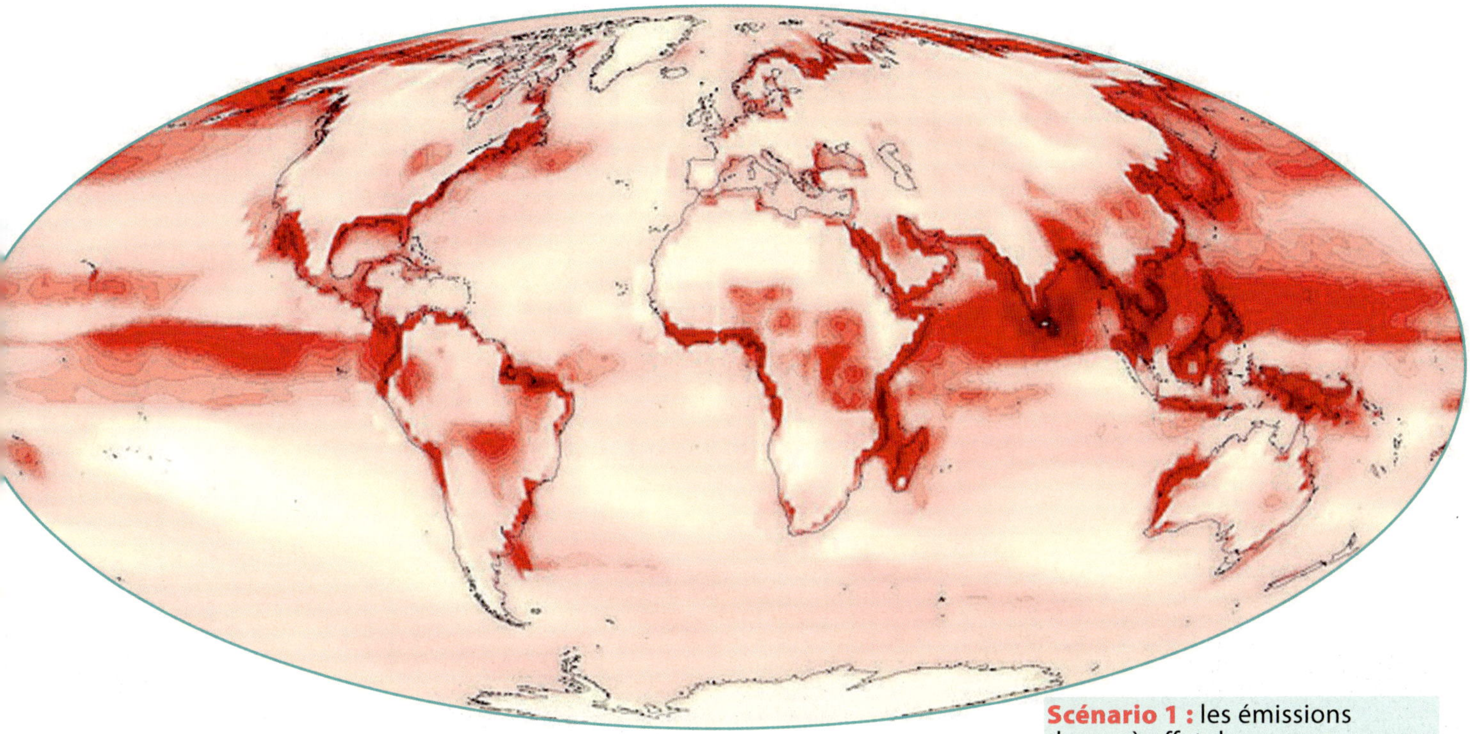

Scénario 1 : les émissions de gaz à effet de serre **se poursuivent au rythme actuel**

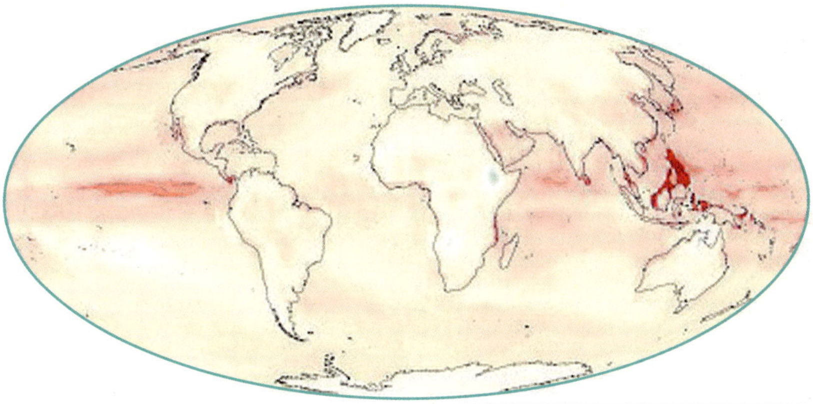

Scénario 2 : les émissions de gaz à effet de serre **sont moyennement réduites**

Une équipe de chercheurs a estimé les dangers climatiques qui pourraient toucher de façon combinée les populations en cas de dérèglement climatique. Selon leurs modèles, en cas de **scénario 1**, la moitié de la population mondiale serait soumise à trois dangers climatiques* simultanés à la fin du siècle (et jusqu'à six pour certaines régions).
En cas de **scénario 2**, avec des actions significatives qui seraient menées pour limiter l'augmentation des températures à + 2 °C, les habitants du monde ne subiraient qu'un seul danger.

* Dangers climatiques : sécheresse, incendies, inondations, vagues de chaleur, modification du couvert végétal, précipitations, montée du niveau des mers, tempêtes, réchauffement, épuisement des nappes et cours d'eau, modification de la composition chimique des océans.

Répartition du nombre de dangers climatiques cumulés d'intensité maximale d'ici à 2100

Source : Camilo Mora, « Broad threat to humanity from cumulative climate hazards intensified by greenhouse gas emissions », *Nature Climate Change*, november 2018, SpringerNature ; *Le Monde* - Novembre 2018.

ÉTUDE DE CAS

Le Bangladesh, les effets du changement climatique sur un espace densément peuplé

- Le Bangladesh est un des États d'Asie où la densité de population est la plus élevée (1155 habitants/km²). Près de 170 millions de Bangladais vivent dans les basses terres du delta alimenté par sept grands fleuves.
- Ce pays, pauvre, est soumis à des aléas* hydro-climatiques aggravés par le changement climatique global. Ces aléas font peser de lourds risques* sur les populations dans les zones inondables ; ils réduisent la disponibilité en terres agricoles, ce qui amplifie la pauvreté et l'exode rural*.

→ Quels sont les impacts du changement climatique sur les Bangladais ?

1 ▶ Culture sur des terrains inondables (Chars) dans la vallée du Brahmapoutre

Les Chars sont des îles éphémères qui surgissent et disparaissent au gré des inondations annuelles dans les lits des grands fleuves du Bangladesh. Elles sont peuplées de paysans sans terres qui n'ont d'autre choix que de partir face à cet aléa renforcé par le changement climatique.

Vidéo

Reportage

Au Bangladesh, les « réfugiés climatiques » sont déjà une réalité
France24, 4'52", novembre 2015
www.lienmini.fr/geo2-29

Fiche d'étude vidéo imprimable
www.lienmini.fr/geo2-30

2 ▶ Un pays soumis à de forts aléas naturels

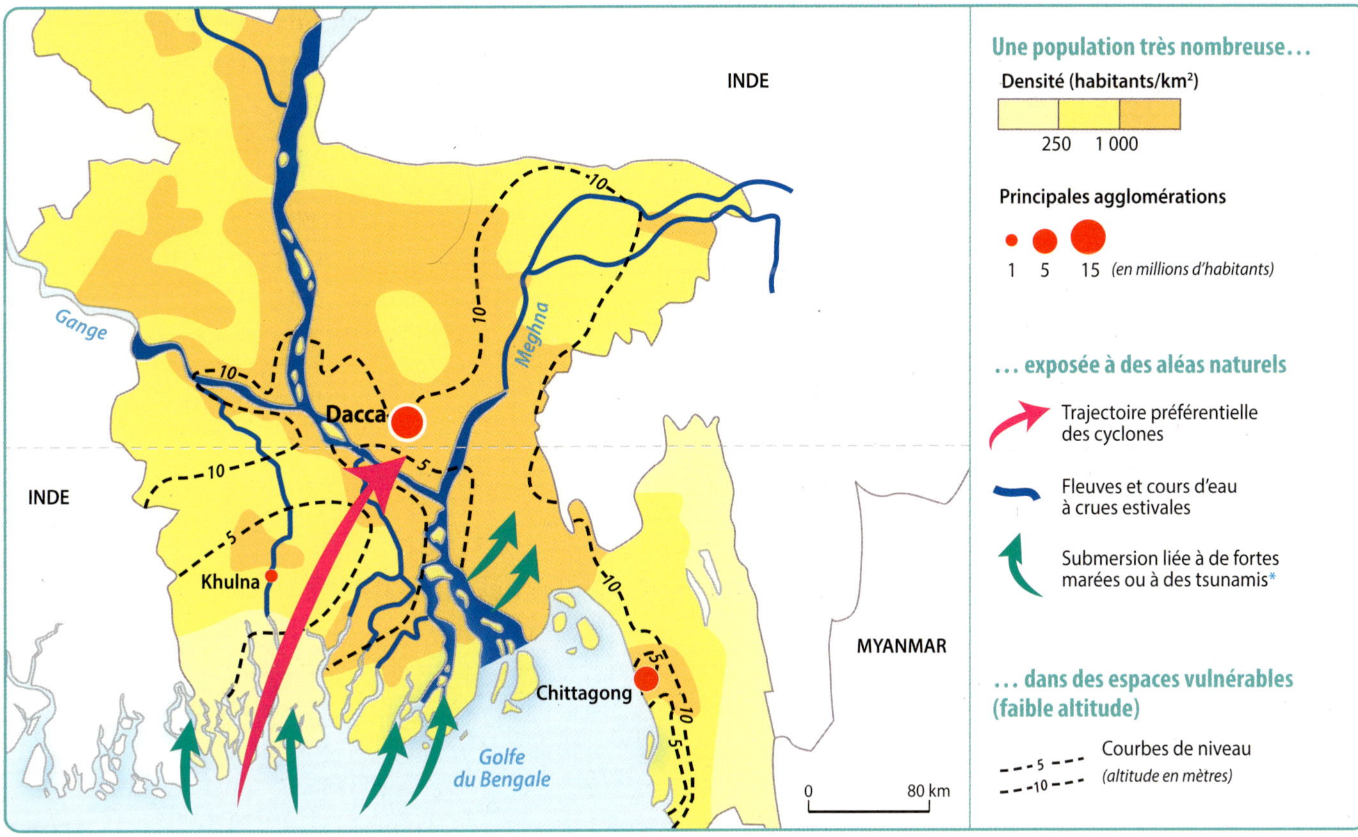

3 ▶ Une exposition accrue aux aléas

Au moment de la mousson, un tiers du territoire du Bangladesh est inondé. La population a appris à s'adapter à ce problème climatique, mais le réchauffement de la planète semble avoir brisé ce modèle. D'une part, l'augmentation des précipitations lors de la mousson, associée à la fonte de plus en plus importante des glaciers de l'Himalaya, a augmenté considérablement la quantité d'eau de crue. D'autre part, l'élévation du niveau de la mer rend l'écoulement des fleuves de plus en plus difficile.

La fonte des glaciers de l'Himalaya, amplifiée par le réchauffement climatique, en plus d'accroître les inondations dans la région du delta, accentue de manière significative l'érosion des terres le long des berges. L'afflux d'eau heurte la berge très violemment, détruit et emporte sur son passage les cultures, les maisons et il engloutit des hectares de terre.

Les conséquences de l'érosion des berges et des inondations inhabituelles sur l'économie locale sont déterminantes, puisqu'à la fois elles réduisent fortement la quantité des terres agricoles cultivables et cultivées et elles détruisent les infrastructures. Ces impacts néfastes conduisent à l'appauvrissement et aux déplacements de la population.

Alice Poncelet, *Hommes et migrations* n° 1284, 2010.

Analyser et confronter les documents

Document 2

1. Présentez le Bangladesh (situation, caractéristiques physiques, population…).
→ *Utilisez les **Repères spatiaux** p. 16 à 21.*

Documents 2 et 3

2. Quels aléas affectent le Bangladesh ? En quoi la très faible altitude de la majeure partie du pays accroît-elle les risques ?

Documents 1 à 3 et vidéo

3. Quels sont les changements environnementaux provoqués par le changement climatique ?

▶ **CONCLURE**

Quelles sont les conséquences de ces changements pour les Bangladais ?

Pour mettre en perspective à l'échelle mondiale

Les changements environnementaux fragilisent de nombreux milieux de la planète.

- **Quels milieux de la planète sont les plus exposés aux impacts du changement climatique ?**
→ Cours 1 page 32
- **Quelles en sont les manifestations et les conséquences pour les milieux et les sociétés ?**
→ Cours 1 page 32

ÉTUDE DE CAS

La forêt amazonienne, un environnement fragile soumis aux pressions et aux risques

- Avec 7,8 millions de km^2 (dont 80 % sont boisés), l'Amazonie est la plus grande forêt tropicale du monde. Ce milieu très riche est fragilisé par la déforestation générée par différentes activités humaines.
- Les actions mises en œuvre pour préserver cette exceptionnelle biodiversité* pourraient être remises en cause par le nouveau gouvernement brésilien.

→ Quels sont les impacts de la déforestation de l'Amazonie ?

1 ▶ Vue du quartier Santo Antonio do Matupi, à Manicoré (Brésil)
Cette photographie aérienne d'un quartier de la ville de Manicoré (21 000 habitants) témoigne de l'avancée du front pionnier* le long de la Transamazonienne dans le Sud de l'État de l'Amazonas. Cet État brésilien est le plus touché par la déforestation illégale. 9,6 millions d'hectares ont été déboisés entre 2006 et 2017 dans l'Amazonie brésilienne malgré la délimitation d'aires protégées.

2 ▶ La réduction de la forêt amazonienne

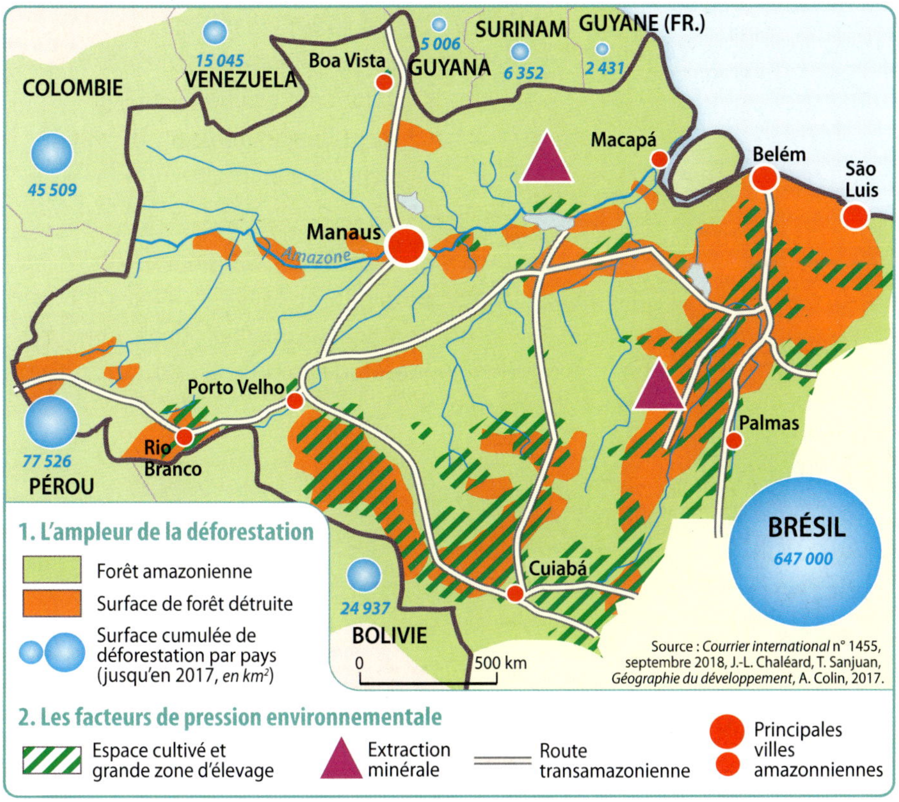

3 ▶ Une région unique dans le monde

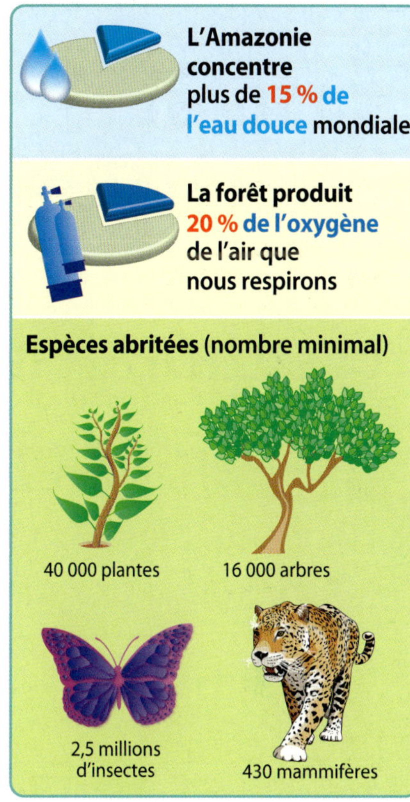

4 ▶ Les conséquences de la déforestation

Les intentions du nouveau gouvernement brésilien qui pourraient amplifier la déforestation (revoir les démarcations des territoires indigènes afin d'en exploiter les richesses minières, ouvrir au tourisme les réserves naturelles protégées, remettre en cause l'accord de Paris sur le climat…) relancent les inquiétudes des défenseurs de l'environnement car les conséquences de la déforestation sont multiples et se font sentir à plusieurs échelles.

• À l'échelle locale, les températures augmentent et les précipitations diminuent. Les sols, une fois exposés, peuvent rapidement se transformer en cuirasses stériles, ou bien être ravinés en profondeur. À ces conséquences s'ajoutent celles des activités menées sur les terrains déboisés. Par exemple, l'agriculture intensive est à l'origine de rejets de quantités importantes de pesticides dans les cours d'eau.

• À l'échelle régionale, des études font le lien entre les épisodes secs récurrents dans ces régions et la déforestation. À l'échelle mondiale, les conséquences principales concernent la libération de gaz à effet de serre*, en particulier du CO_2, qui contribuent au changement climatique.

La conséquence la plus importante de la déforestation touche sans doute à l'avenir de la forêt amazonienne elle-même. Une modification du climat local induirait une modification drastique de la composition floristique de l'Amazonie et l'appauvrissement de la faune, qui pourraient perturber le fonctionnement même de la forêt tropicale.

Analyser et confronter les documents

Documents 2 et 3

1. Sur quels pays la forêt amazonienne s'étend-elle ? Quelles sont les caractéristiques de ce milieu ?
→ *Utilisez les **Repères spatiaux** p. 16 à 21.*

Documents 1 et 2

2. Décrivez la photographie. Dans quels pays la déforestation est-elle particulièrement avancée ? Quelles activités sont responsables de ce processus ?

Document 4

3. Quelles sont les conséquences sur l'environnement, à différentes échelles, de la déforestation de l'Amazonie ?

▶ **CONCLURE**

À quelles pressions et à quels risques la forêt amazonienne est-elle exposée ?

Pour mettre en perspective à l'échelle mondiale

Les changements environnementaux fragilisent de nombreux milieux de la planète.

▶ **Quels milieux de la planète sont les plus exposés aux impacts du changement climatique ?**
→ **Cours 1** page 32

▶ **Quelles en sont les manifestations et les conséquences pour les milieux et les sociétés ?**
→ **Cours 1** page 32

ÉTUDE DE CAS

Le Groenland, fragilité et attractivité

- Situé entre l'océan Arctique et l'océan Atlantique Nord, le Groenland est un territoire autonome de 56 000 habitants, rattaché au Danemark. L'inlandsis* couvre la plus grande surface de l'île et les régions libres de glace, le long du littoral, ne constituent que 15 % du territoire.
- Le réchauffement climatique touche particulièrement le Groenland, accélérant la fonte de l'inlandsis, mais permettant aussi le développement de nouvelles activités économiques.

→ Quels sont les impacts du changement climatique sur le Groenland ?

1 ▶ Icebergs dans le fjord d'Ilulissat

Durant l'été, sous l'effet du réchauffement climatique, la banquise* fond et la calotte glaciaire se réduit considérablement, libérant de nombreux icebergs. Ce spectacle attire un nombre croissant de visiteurs : Ilulissat est ainsi devenue la principale destination touristique du Groenland.

▶▶ Vidéo

Reportage

Au Groenland, le réchauffement climatique fait des heureux
RTS, 4'55", 2018.
www.lienmini.fr/geo2-31

Fiche d'étude vidéo imprimable
www.lienmini.fr/geo2-32

2 ▶ Un réchauffement climatique particulièrement marqué

La communauté scientifique est formelle : la fonte des glaces s'accélère au Groenland. Conséquence du réchauffement climatique. Un tel phénomène peut changer la face du monde : il contribue à la montée du niveau global des océans qui, à terme, risque de bouleverser les courants marins et le climat dans l'Atlantique Nord. [...]

Dans le Sud-Ouest du Groenland, dans la partie habitée, les températures moyennes ont augmenté de 1,3 °C depuis trente ans. La planète en subit les conséquences. « La fonte de la calotte groenlandaise est la principale contributrice à la montée du niveau des mers. Elle s'est accélérée ces vingt dernières années » explique Valérie Masson-Delmotte, climatologue.

Les scientifiques estiment cette contribution à 0,5 millimètre par an sur une hausse globale de 3,2 millimètres par an. Un glaçon dans l'océan ? Pas sûr. « La disparition totale des glaces du Groenland entraînerait une hausse du niveau de la mer de 7,3 mètres. Toutefois, il faudrait un millier d'années pour assister à une déglaciation majeure » précise la chercheuse.

Aline Maume, « Groenland : la terre verte face au changement climatique », *geo.fr*, 2015.

3 ▶ Groenland, des ressources considérables

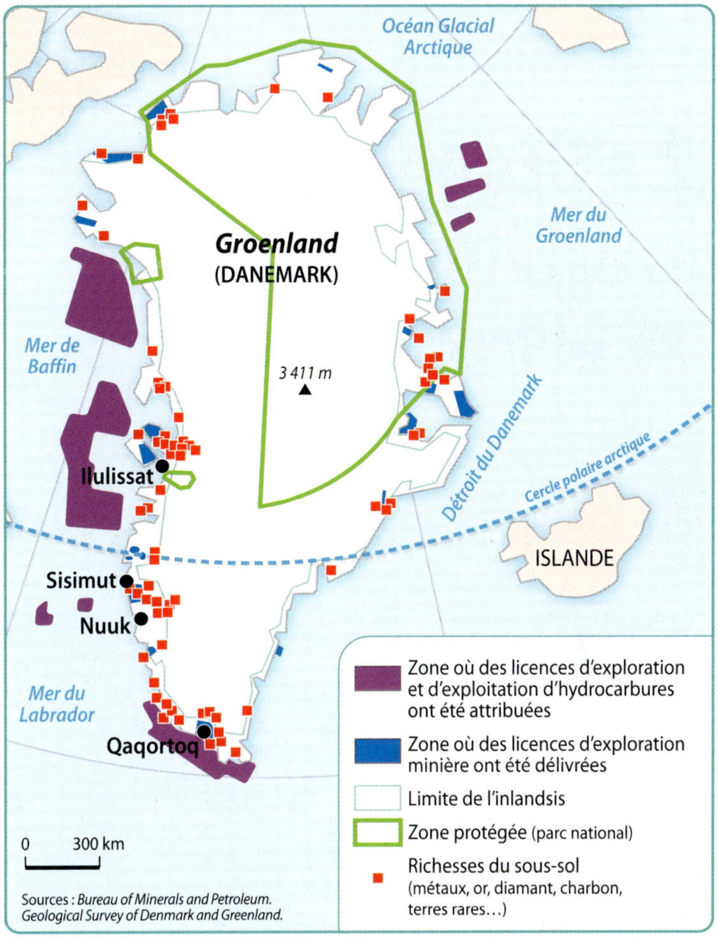

4 ▶ Le réchauffement, une aubaine pour le Groenland

Les terres de l'Arctique recèlent surtout neuf types de « terres rares », des métaux très recherchés pour la fabrication de produits high-tech (batteries de smartphones, aimants de voitures hybrides, écrans LCD...). La Chine a le monopole de ces matériaux au niveau mondial, mais les ressources du Groenland pourraient changer la donne, et l'Europe lorgne dessus. [...]

En attendant, dans les fjords du Sud, les étés s'étirent et se font plus doux. Un record de 25,9 °C a été enregistré en juillet 2013. Le réchauffement à l'œuvre serait-il du pain bénit pour l'agriculture locale, encore marginale, dans une économie dominée par la pêche ? À Nuuk, la capitale, certains tirent parti des températures plus clémentes en tentant de faire pousser des tomates ou de la rhubarbe.

Aline Maume, « Groenland : la terre verte face au changement climatique », *geo.fr*, 2015.

Analyser et confronter les documents

Document 3

1. Présentez le Groenland (situation, caractéristiques physiques, répartition de la population...).
→ *Utilisez les **Repères spatiaux** p. 16 à 21.*

Documents 1 et 2

2. Quelles sont les conséquences du réchauffement climatique au Groenland et pour la planète ?

Documents 1, 3 et 4

3. Comment le changement climatique peut-il transformer le développement économique de l'île ?

▶ **CONCLURE**

En quoi le réchauffement climatique est-il une menace pour la planète et une aubaine pour le Groenland ?

Pour mettre en perspective à l'échelle mondiale

Les changements environnementaux fragilisent de nombreux milieux de la planète.

- **Quels milieux de la planète sont les plus exposés aux impacts du changement climatique?**
→ Cours 1 page 32
- **Quelles en sont les manifestations et les conséquences pour les milieux et les sociétés?**
→ Cours 1 page 32

Cours 1

Une seule planète pour l'humanité

Quels sont les impacts des sociétés sur l'environnement aux différentes échelles ?

CHIFFRES

Répartition mondiale de la population

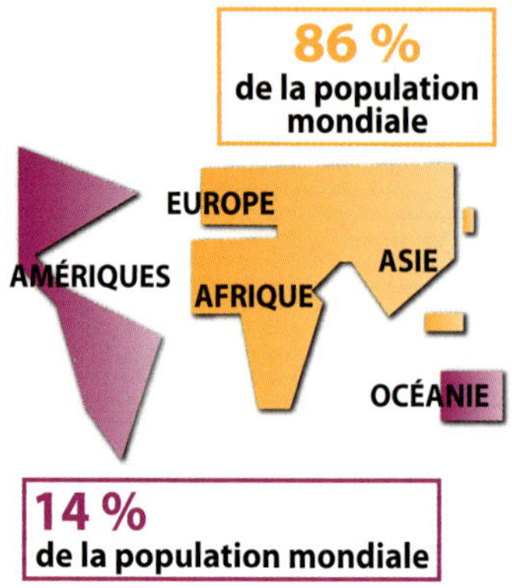

A. Une planète aménagée par les sociétés humaines

- **Selon les Nations unies, 7,5 milliards d'êtres humains peuplent aujourd'hui la Terre. Ce peuplement est inégalement réparti. 54 % de la population mondiale est regroupée dans 24 pays du quart Sud-Est de l'Asie**, 40 % vit à moins de 100 km d'un océan ou d'une mer, 54 % vit dans les villes. → Repères spatiaux p. 16

- **En 2050, selon les projections démographiques, la population mondiale devrait atteindre 9,6 milliards.** L'essentiel de la croissance démographique aura lieu dans les pays en développement. L'urbanisation se poursuivra : 66 % des habitants vivront dans les villes.

B. Une pression accrue sur les ressources

- **Croissance démographique** et **urbanisation entraînent une augmentation des besoins en ressources** (alimentation, eau, énergie, minerais…). Leur satisfaction est à l'origine de pressions fortes sur les **milieux** et les ressources tirées de l'**environnement*** (eau, sols, bois, minerais, faune et flore, etc.) et provoque leur diminution et leur dégradation [doc. 1]. → Chapitre 3

- **La raréfaction, voire l'épuisement de ressources, sont liés au caractère prédateur des modes de développement actuels** : gaspillage, destruction de certains milieux, pollutions. Les sociétés ont pris conscience des « limites de la planète » et du caractère non renouvelable de certaines ressources. Des inquiétudes se font jour et alimentent parfois des discours catastrophistes.

NOTION

Changements environnementaux

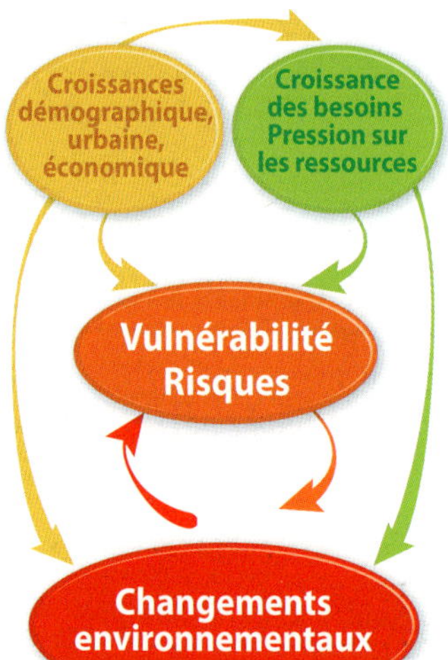

C. Une prise de conscience à l'échelle mondiale

- **L'impact des actions humaines sur l'environnement est tel que l'on parle aujourd'hui d'Anthropocène*** pour désigner cette ère nouvelle où l'Humanité est devenue une force géologique capable de modifier les équilibres planétaires. Depuis de nombreuses décennies, les scientifiques alertent sur les **changements environnementaux qui affectent la Terre (réchauffement climatique global, diminution de la biodiversité*, déforestation)** et qui sont causés, au moins en partie, par les activités humaines [doc. 2]. → Dossier p. 36

- **Ces changements ne sont pas toujours perceptibles par les individus car leurs effets sont décalés dans le temps et l'espace. Le réchauffement climatique global** a des conséquences locales encore incertaines, mais ses impacts sur certains milieux (littoraux, polaires, forestiers) et sur les espèces animales sont avérés et irréversibles. → Cartes enjeux p. 24 ; études de cas p. 26 à 30

- **S'il est difficile de mesurer l'ampleur exacte de ces perturbations**, la rapidité des rythmes d'évolution pose la question de la **capacité d'adaptation des sociétés humaines**. Les personnes les plus vulnérables et les pays les moins développés, incapables de supporter les coûts de cette adaptation, en sont les premières victimes. → Étude de cas p. 26 ; dossier p. 36

Définition

Réchauffement climatique global

Élévation de la température moyenne de l'atmosphère terrestre. Le réchauffement global peut entraîner paradoxalement une baisse de la température moyenne dans certaines régions de la planète aux échelles régionales et locales.

* Lexique p. 284

1▶ Les aménagements littoraux pharaoniques de la ville de Dubaï

Riche de ses revenus pétroliers, la cité-État de Dubaï a multiplié, sur son littoral, de grands programmes d'aménagements à vocation touristique, comme ces îles en forme de palmiers, entièrement gagnées sur l'eau, dont la construction a été réalisée en grande partie grâce au sable prélevé au fond de la mer.

Doc clé

Analyse d'une photographie

Identifier la photographie

1. Localisez la cité-État de Dubaï (situation géographique, climat...).

→ *Aidez-vous des **Repères spatiaux** p. 18 à 21.*

2. Décrivez la photographie. Quels types d'aménagements ont été réalisés sur le littoral de Dubaï ? Dans quels buts ?

Comprendre la photographie

3. Quelles peuvent être les conséquences de tels aménagements sur l'équilibre environnemental des littoraux ?

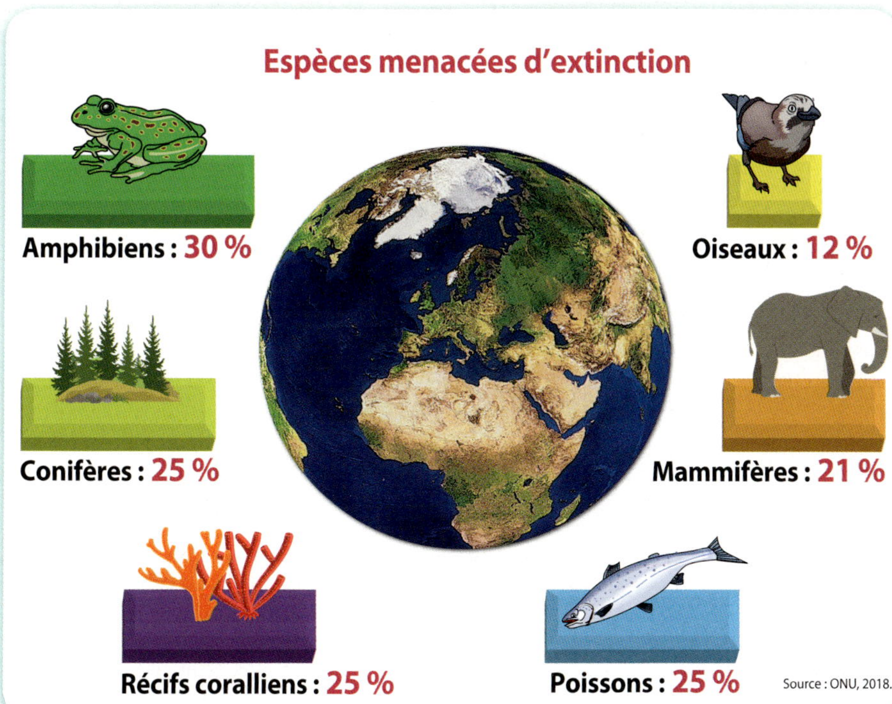

2▶ La diminution alarmante de la biodiversité mondiale

Les conférences mondiales sur la biodiversité se multiplient pour sensibiliser les habitants du monde à la très grande rapidité de la diminution de la biodiversité sur la planète. À plus ou moins long terme, de nombreuses espèces végétales et animales sont menacées d'extinction, ce qui entraînerait d'importantes perturbations des écosystèmes*.

Cours 2

Vers une indispensable transition écologique

Quelles politiques mener pour protéger l'environnement ?

A. Protéger l'environnement

- **La protection de l'environnement est une préoccupation inscrite à l'Agenda 21 de l'ONU.** Lors de conférences **comme le Sommet de la Terre*** **de Rio en 1992**, les États membres de l'ONU ont adopté des conventions pour protéger la biodiversité ou lutter contre le **réchauffement climatique global**. À l'échelle nationale, les États ont défini des normes pour encadrer l'exploitation de certaines ressources. → Dossier p. 36

- **La protection de l'environnement s'appuie également sur la définition de périmètres dans lesquels les aménagements et l'usage des ressources naturelles sont réglementés.** Les aires protégées terrestres et maritimes, comme les **parcs naturels*** ou les **réserves**, permettent de contrôler, voire d'interdire, l'accès à des milieux jugés fragiles ou remarquables [doc. 3]. **Les êtres humains ont donc aussi une action bénéfique sur l'environnement.** Ils restaurent certains milieux ou œuvrent pour augmenter la biodiversité. → Photographie p. 14

B. Modifier plus radicalement les modes de vie

- **Beaucoup appellent aujourd'hui à une transformation profonde des modes de vie, de production et de consommation. La transition écologique***, qui cherche à limiter l'impact des activités humaines sur l'environnement, notamment pour atténuer les changements à l'échelle de la planète, doit permettre de réduire les atteintes à l'environnement, à toutes les échelles, et de préserver les sociétés humaines.

- **La transition écologique repose sur des innovations technologiques, une évolution des comportements individuels et collectifs, de nouvelles logiques d'aménagement.** Solidaire, elle doit permettre d'accompagner les personnes les plus vulnérables dans le processus d'adaptation aux changements environnementaux. → Dossier p. 36 ; chapitre 3

C. La transition écologique, du mondial au local

- **La transition écologique est portée par une grande diversité d'acteurs.** À l'échelle mondiale, les pays des Nords sont souvent moteurs, mais les efforts sont inégaux. Les gouvernements des pays des Suds insistent sur les coûts que représente l'adaptation aux changements climatiques et environnementaux, et demandent, au nom de **la justice environnementale***, des transferts de technologies et des aides financières.

- **À l'échelle locale, certains territoires sont des acteurs très dynamiques de la transition.** De nombreuses villes s'engagent dans des actions concrètes. Des réglementations sur l'air, l'eau, les transports, la gestion des déchets ont été progressivement adoptées. Les acteurs économiques, notamment industriels, s'impliquent aussi. Surtout, les mobilisations des **ONG***, de la société civile et des citoyens permettent de promouvoir de nouvelles pratiques, plus éthiques et responsables, mais aussi de dénoncer l'**écoblanchiment*** (*Greenwashing*). → Photographies p. 14 et p. 22

CHIFFRES

Réchauffement climatique global

Fin du XXIe siècle : limiter le réchauffement du climat à 2 degrés par rapport à l'ère préindustrielle (vers 1850)

NOTION

Transition écologique

ANCIEN MODÈLE
- Pression sur les milieux
- Prélèvement intensif des ressources
- Pollutions...

TRANSITION
- Innovations technologiques
- Réglementations
- Nouveaux modes d'aménagement... et de vie

NOUVEAU MODÈLE
- Protection de l'environnement
- Développement durable et solidaire

Définition

Agenda 21
Programme mondial d'actions de l'ONU pour le XXIe siècle adopté à l'issue du Sommet de la Terre de Rio de Janeiro en 1992. Les régions, les villes mettent en place des « Agendas 21 » locaux.

* Lexique p. 284

3 ▶ Le parc national de La Réunion

Le parc national de la Réunion, créé en 2007, s'étend sur 10 500 km^2. Il est inscrit au patrimoine mondial de l'UNESCO en raison de la beauté des paysages (volcan, pitons, cirques, cascades...) et de la faune et flore exceptionnelles.

Doc clé

4 ▶ Un sommet pour la planète à Paris : *One planet summit*, 12 décembre 2017

Deux ans après l'accord de Paris en 2015 sur le climat, les acteurs de la finance publique et privée se réunissent à Paris pour soutenir et accélérer la lutte commune contre les changements climatiques.

Analyse d'une affiche

Identifier l'affiche

1. Dans quel contexte ce sommet se déroule-t-il ? À quels enjeux doit-il répondre ?
2. Qui sont les organisateurs et les participants à ce sommet ? Relevez quelques noms d'acteurs connus pour leur engagement.
3. Quels sont les objectifs de cette mobilisation ? Quelles sont les échelles concernées ?

Comprendre l'affiche

4. Que démontre ce sommet en matière de mobilisation ?

DOSSIER

POUR APPROFONDIR

LE CHANGEMENT CLIMATIQUE

L'atténuer et s'y adapter ?

- Le changement climatique global constitue un problème environnemental majeur pour la planète et pour l'Humanité.
- Les scientifiques ont aujourd'hui acquis la certitude d'un changement climatique de grande ampleur susceptible d'entraîner de profondes perturbations de l'environnement. Ils alertent les gouvernements et les citoyens sur les conséquences potentiellement dramatiques et les invitent à développer des politiques d'atténuation et d'adaptation.

Comment les sociétés se préparent-elles à relever ce défi ?

1 ▶ « Un jour historique pour la planète » : l'adoption d'un accord universel pour le climat à Paris
Le 12 décembre 2015, lors de la COP 21*, un accord est adopté par les représentants des 195 pays présents et l'Union européenne réunis à la 21e Conférence organisée à Paris sous l'égide des Nations unies. L'objectif était de trouver un accord afin de limiter à 2 °C le réchauffement climatique global par rapport à l'ère préindustrielle (vers 1850).

2 ▶ Trois engagements majeurs de la communauté internationale lors de la COP 21

1. **Les pays recherchent un plafonnement des émissions de gaz à effet de serre (GES*)** dans les meilleurs délais, puis des réductions rapides par la suite pour parvenir à la neutralité carbone à partir de 2050.
2. **Les États sont invités à présenter des plans d'action nationaux** qui seront renforcés dès 2020 avec une réévaluation tous les 5 ans à partir de 2025.
3. **100 milliards de dollars par an** seront versés, à partir de 2020, par les pays développés aux pays en voie de développement pour accélérer leur développement et leur politique climatique.

COP21 · CMP11
PARIS 2015
UN CLIMATE CHANGE CONFERENCE

3 ▶ Quelles réponses face au changement climatique global ?

Face au changement climatique global, deux réponses complémentaires : **l'atténuation** et **l'adaptation**.

• L'atténuation consiste à agir sur les causes du réchauffement climatique en diminuant les sources d'émission de gaz à effet de serre. Les États se sont fixé l'objectif de limiter la hausse de la température globale à 2 °C. Pour cela, il est nécessaire de stopper la croissance des émissions pour 2020, puis de les réduire de moitié d'ici 2050 (par rapport à celles de 1990), et enfin de faire en sorte qu'elles soient quasiment nulles au cours de la seconde moitié du XXIe siècle. L'atténuation suppose des transformations profondes des économies, des modes de productions et de consommation, et des pratiques individuelles et collectives.

• L'adaptation est une réponse aux conséquences actuelles et futures du changement climatique à l'échelle locale. Il s'agit de préparer les sociétés à faire face aux changements de leur environnement : montée du niveau marin, augmentation des aléas naturels, modification des saisons végétatives, migrations des espèces animales et végétales, diminution de certaines ressources, etc. L'adaptation, qui repose à la fois sur des solutions techniques et sur des transformations sociales, doit permettre de réduire la vulnérabilité* et d'accroître la résilience* des sociétés.

Adaptation et atténuation impliquent une **transition écologique**, qui s'inscrit dans une logique de durabilité.

Entretien avec Magali Reghezza-Zitt, © éd. Magnard, décembre 2018.

4 ▶ Une des solutions au changement climatique

Les chercheurs mettent au point des semences améliorées afin de permettre au secteur agricole de s'adapter au changement climatique global.
Extrait de la revue *Environnement*, mars 2017.

5 ▶ Manifestation lors de la COP 24 à Katowice (Pologne) en décembre 2018

Les manifestants réclament la fin des énergies fossiles (charbon, pétrole, gaz naturel) responsables d'une grande partie des émissions de gaz à effet de serre (GES).
Traduction : « Notre objectif : la fin du charbon »

Prolonger le cours

Documents 1 et 2

1. Que signifie le sigle COP 21 ? Qui participe à une COP ?
2. Quels sont les grands engagements de l'accord de Paris ? Pourquoi constituent-ils une avancée ?

Documents 3, 4 et 5

3. Quelles sont les deux réponses possibles face au changement climatique ? Pourquoi sont-elles complémentaires ?
4. Comment pourrait-on limiter les émissions de GES* ?

SYNTHÈSE

Citez les moyens mis en œuvre pour favoriser l'adaptation au changement climatique et expliquez pourquoi ces actions sont difficiles à mener.

CAPACITÉS ET MÉTHODES DU LYCÉE

CAPACITÉS
- Organiser son travail personnel
- Construire des outils pour apprendre et mémoriser

1/ Réaliser une fiche de révision pour apprendre le cours

Lisez et relisez attentivement votre cours

1. Au brouillon, écrivez les idées principales du cours pour les mémoriser plus facilement.
2. Notez les arguments et les exemples qui justifient chacune de vos idées.

- Replacez le cours dans le **contexte général du thème ou de la question**.

Exemple :

Le cours
« L'eau, une ressource irremplaçable »

Thème
« Sociétés et environnement : des équilibres fragiles »

Question
« Des ressources majeures sous pression »

- Retenez le **plan** du cours à l'aide des **titres** et des **sous-titres**.
- Relevez les **idées principales** du cours.

Exemple :

Idée 1
L'eau est une ressource inégalement répartie, inégalement mobilisée et menacée.

Idée 2
Gérer durablement les ressources en eau de la planète.

- Identifiez les **notions et/ou les mots clés** du chapitre.

Exemples :
- ☑ aménagements hydrauliques
- ☑ sécheresse
- ☑ stress hydrique

Réalisez votre fiche de révision

1. Ne rédigez pas. Seules les idées principales et les mots clés du cours doivent figurer sur la fiche.
2. Notez des exemples pour appuyer vos idées principales. Pour vous aider, utilisez les **études de cas** et les **dossiers** de votre manuel.

THÈME 1 : Sociétés et environnement : des équilibres fragiles

- **Question : L'eau, une ressource irremplaçable**

Idée 1 : L'eau est inégalement répartie, inégalement mobilisée et menacée.

a- Une ressource inégalement distribuée sur la planète
Mots clés : sécheresse, stress hydrique...

b- Une inégale mobilisation par les sociétés
→ Exemple : Dossier République démocratique du Congo p. 78
Mots clés : accessibilité, insécurité hydrique...

c- Une ressource menacée
→ Exemple : Étude de cas Californie p. 70

Organisez votre fiche afin de faire apparaître clairement le plan du cours.

Mettez en évidence les notions et/ou mots clés grâce à des couleurs différentes.

Indiquez les exemples les plus pertinents afin de justifier les idées principales.

Mémo pour apprendre le cours
- Classez vos fiches de révision en fonction des thèmes traités en cours.
- Relisez régulièrement vos fiches de révision.

2/ Connaître et utiliser les échelles

CAPACITÉS
- Utiliser l'échelle appropriée pour étudier un phénomène géographique
- Mettre en œuvre le changement d'échelle

Observez ce qu'est une échelle

1 Qu'est-ce que l'échelle en géographie ?

- L'échelle d'une carte exprime **le rapport entre les distances réelles mesurées sur l'espace terrestre et celles de la carte.**

2 Comment l'échelle est-elle indiquée sur la carte ?

- Une échelle **numérique** : une fraction

Exemple :
sur une carte à 1/50000, 1 cm sur la carte correspond à 50000 cm, soit 0,5 km.

- Une échelle graphique :

0 1 2 3 4 5 km

3 Quelle différence entre grande et petite échelle ?

- Plus l'échelle de la carte est **grande**, plus la carte est **précise**.

Exemple :
- Une carte à 1/25000 est à grande échelle.
- Une carte à 1/1000000 est à petite échelle.

Utilisez les échelles

4 En géographie, pourquoi utiliser le jeu des échelles ?

- Des cartes à des échelles différentes sont utilisées pour localiser un **phénomène géographique dans des espaces aux dimensions variées.**

- Le changement d'échelle permet de **localiser l'espace étudié dans un ensemble plus vaste** et **d'obtenir des informations différentes pour comprendre le phénomène géographique** qui est analysé.

Carte à petite échelle

1 Les inégalités de richesses en Afrique australe

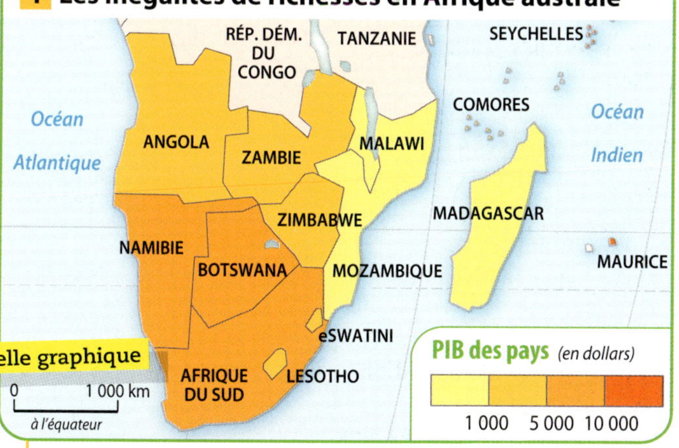

La carte **1** vous permet de situer la richesse des différents pays de l'Afrique australe.

Carte à grande échelle

2 Les inégalités de richesses entre les provinces de l'Afrique du Sud

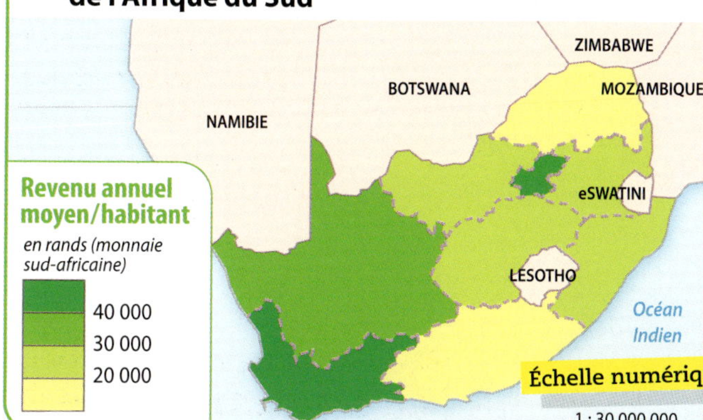

Vous pouvez observer avec la carte **2** les inégalités de revenus des habitants des provinces d'Afrique du Sud.

CAPACITÉS ET MÉTHODES DU LYCÉE

3/ Prendre des notes

CAPACITÉS
- Avoir une écoute active et prendre des notes
- Construire des outils pour apprendre et mémoriser

Lisez et relisez attentivement votre cours

1 Prenez des notes en classe

1. Ne notez pas tout car très vite vous serez incapable de suivre le déroulement du cours.
2. Soignez la mise en page afin de faciliter la relecture du cours.
> Sautez des lignes entre les parties.
> Surlignez les informations importantes.

- **Prendre des notes, c'est retenir l'essentiel du cours.**
Pour cela, soyez attentif aux contenus afin de noter :
  - le **titre** du cours ;
  - les **différentes parties et sous-parties** du plan du cours.

- **Pour chaque partie du plan du cours, prenez en notes :**
  - les idées principales ;
  - les chiffres importants ;
  - les notions et les mots clés ;
  - les exemples présentés.

Chapitre 1 :
« Une seule planète pour l'humanité »

Idée 1

a) Une planète peuplée et aménagée — idées principales
→ 7,5 Mds d'humains
→ + 50 % vit dans des villes (près de 70 % en 2050) — chiffres importants
→ beaucoup vivent proche des littoraux

Ex. : le littoral de la ville de Dubaï — exemple étudié

Notion : changements environnementaux globaux — notions clés

2 Relisez vos notes à la maison

- **Prenez le temps de relire et de mettre au propre vos notes :**
  - mettez **le plan du cours en évidence** en surlignant les titres des parties et sous-parties ;
  - utilisez votre **manuel** pour **compléter les notes prises en classe** ;
  - **procédez à une seconde lecture plus rapide** pour vérifier qu'aucune information importante donnée par votre professeur ne manque.

3 Réalisez une fiche de révision

- À partir de vos notes, **réalisez une fiche de révision** qui vous aidera à mémoriser l'essentiel du cours en vue des **contrôles** et de **l'examen**.

Utilisez la capacité 1, p. 38 « Réaliser une fiche de révision ».

Mémo pour prendre des notes

- Utilisez des abréviations pour gagner du temps :
  - bcp : beaucoup
  - càd : c'est-à-dire
  - déf : définition
  - dvpt : développement
  - Mds : milliards
  - tt : tout
- Utilisez des flèches pour montrer les liens logiques entre les idées :
  - Croissance démographique → besoins + importants

PRÉPARER LE BAC 1

Méthode BAC : p. 278-279
Analyse d'un document

CAPACITÉS

- Lire et comprendre un document
- Produire un écrit construit et argumenté

Analyser une couverture de magazine

Sujet **Quel est le défi environnemental évoqué par le document ? Montre-t-il toutes les menaces qui pèsent sur la planète ?**

Doc. ▶ Couverture du magazine *Courrier International*, n° 1430, août 2018

Conseils

- Lisez le titre principal et les textes complémentaires.
- Observez sur le dessin la manière dont est représentée la planète.

ÉTAPE 1
Identifier la couverture

1. Relevez **la source** du document.
2. À qui s'adresse-t-il ?
3. Relevez les principaux messages des textes.
4. Quel dessin est inséré sur la couverture du magazine ?

ÉTAPE 2
Analyser la couverture

5. Expliquez les expressions :
   - « Il n'est pas trop tard » ;
   - « incendies, canicule, inondations » ;
   - « changement climatique ».
6. Pourquoi l'auteur du dessin a-t-il placé la planète au bout de l'allumette ?
7. Quel **message** les auteurs de la couverture souhaitent-ils faire passer ?

ÉTAPE 3
Exercer un regard critique sur la couverture

8. Quels défis environnementaux ne sont pas évoqués par le document ?
   → *Utilisez le* ***cours 2*** *p. 34*

Rédiger la réponse au sujet

Rédigez la réponse à l'aide du travail effectué sur la couverture, en l'organisant en deux paragraphes :

1er paragraphe : *Le changement climatique, un enjeu majeur.*
2e paragraphe : *La planète confrontée à d'autres défis.*

PRÉPARER LE BAC 2

Méthode BAC p. 278-279

Analyse d'un document

CAPACITÉS

- Lire et comprendre un document
- Produire un écrit construit et argumenté

Analyser un dessin de presse

Sujet Montrez comment les sociétés réagissent face à la transition environnementale

Doc. ▶ Dessin de Rodho, ONG *Energy City*, 2015

Conseils

- Observez les panneaux solaires, le système de récupération de l'eau de pluie, le chauffage géothermique…
- Notez les avions accrochés aux valises des deux personnages.

ÉTAPE 1 — Identifier le dessin

1. Lisez le sujet. Définissez « Transition environnementale ».
   → *Utilisez le* ***lexique*** *p. 284.*
2. Notez le type du document, son auteur.
3. Décrivez le document. Cherchez la définition des mots : « géothermie », « compost ».

ÉTAPE 2 — Analyser le dessin

4. Comment l'auteur montre-t-il que les personnages sont très engagés dans la transition environnementale ?
5. Quel **message** l'auteur du dessin de presse souhaite-t-il faire passer ?

ÉTAPE 3 — Exercer un regard critique sur le dessin

6. Lisez le dialogue entre les deux personnages. Quelle contradiction laisse-t-il apparaître ?
   → *« Miles plus » : abonnement pour des voyages aériens.*

Rédiger la réponse au sujet

Rédigez la réponse au sujet à l'aide du travail effectué sur le dessin, en l'organisant en deux paragraphes :

1er paragraphe : *Des choix d'équipements pour faire face au changement climatique*

2e paragraphe : *Les difficultés de la mise en œuvre de la transition environnementale*

VÉRIFIER SES CONNAISSANCES

Retenir les idées fortes du cours

IDÉE 1

Une seule planète pour l'Humanité

1 Une planète habitée et aménagée par les sociétés humaines
– 7,5 milliards d'êtres humains peuplent aujourd'hui la Terre. En 2050, ce chiffre atteindra 9,6 milliards.

2 Une pression accrue sur les milieux et les ressources
– L'augmentation de la population, la croissance économique et l'urbanisation accentuent la pression sur l'environnement et entraînent une augmentation des besoins de ressources.

3 La prise de conscience de changements environnementaux
– De grands changements environnementaux affectent la Terre : réchauffement climatique global, diminution de la biodiversité…

IDÉE 2

Vers une indispensable transition écologique

1 Protéger l'environnement
– Les États membres de l'ONU ont adopté des conventions pour protéger la biodiversité ou lutter contre le réchauffement climatique global.

2 Vers une transformation plus radicale ?
– La transition écologique doit permettre de réduire les atteintes à l'environnement et de s'adapter aux changements.

3 La transition écologique, du mondial au local
– À l'échelle locale, certains territoires sont des acteurs très dynamiques de la transition.

Réviser

Comprendre la notion clé

Le défi environnemental

1. Quel défi environnemental majeur ce dessin évoque-t-il ?
2. À quelle région de la planète fait-il référence ?
3. Quelles conventions les États membres de l'ONU ont-ils adoptées pour pouvoir faire face à ce défi ?

Dessin de Bertrams, *Courrier international*, n° 1430, août 2018.

Définir les mots clés

- ☑ Anthropocène
- ☑ Biodiversité
- ☑ Changements environnementaux
- ☑ Environnement
- ☑ Réchauffement climatique
- ☑ Transition écologique

Mobiliser ses connaissances

Reproduisez et complétez le schéma fléché à l'aide des mots-clés soulignés.

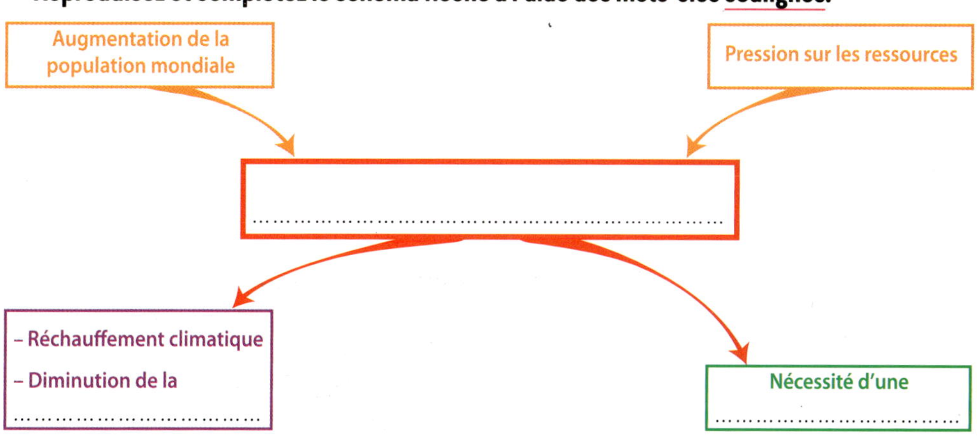

MAGN

CHAPITRE 2

Les sociétés face aux risques

De la problématique du document…

Comment la fragilité du tourisme se manifeste-t-elle sur l'île de Saint-Martin ?

1. Où se situe l'île de Saint-Martin ? Quelles sont les raisons de son attractivité ?
2. Décrivez la photographie. Que révèle-t-elle de l'activité touristique de l'île ?
3. Quelles sont les conséquences de l'ouragan *Irma* pour l'économie de l'île ?

… aux problématiques du chapitre

> **Comment expliquer la fragilité des sociétés face aux risques ?**

> **Comment les sociétés font-elles face aux risques qui les menacent ?**

Cimetière à bateaux dans le port de Marigot (Île de Saint-Martin)

L'ouragan *Irma* a produit des dégâts matériels considérables lors de son passage sur l'île de Saint-Martin le 6 septembre 2017. De nombreux établissements touristiques et ports de plaisance comme celui de Marigot (capitale de la partie française de l'île de Saint-Martin) ont été détruits. C'est une catastrophe pour cette île dont l'économie est quasi exclusivement vouée au tourisme : quatre emplois sur cinq en dépendent.

Cartes Enjeux

Quels sont les espaces exposés aux risques* majeurs ?

1 Des aléas naturels

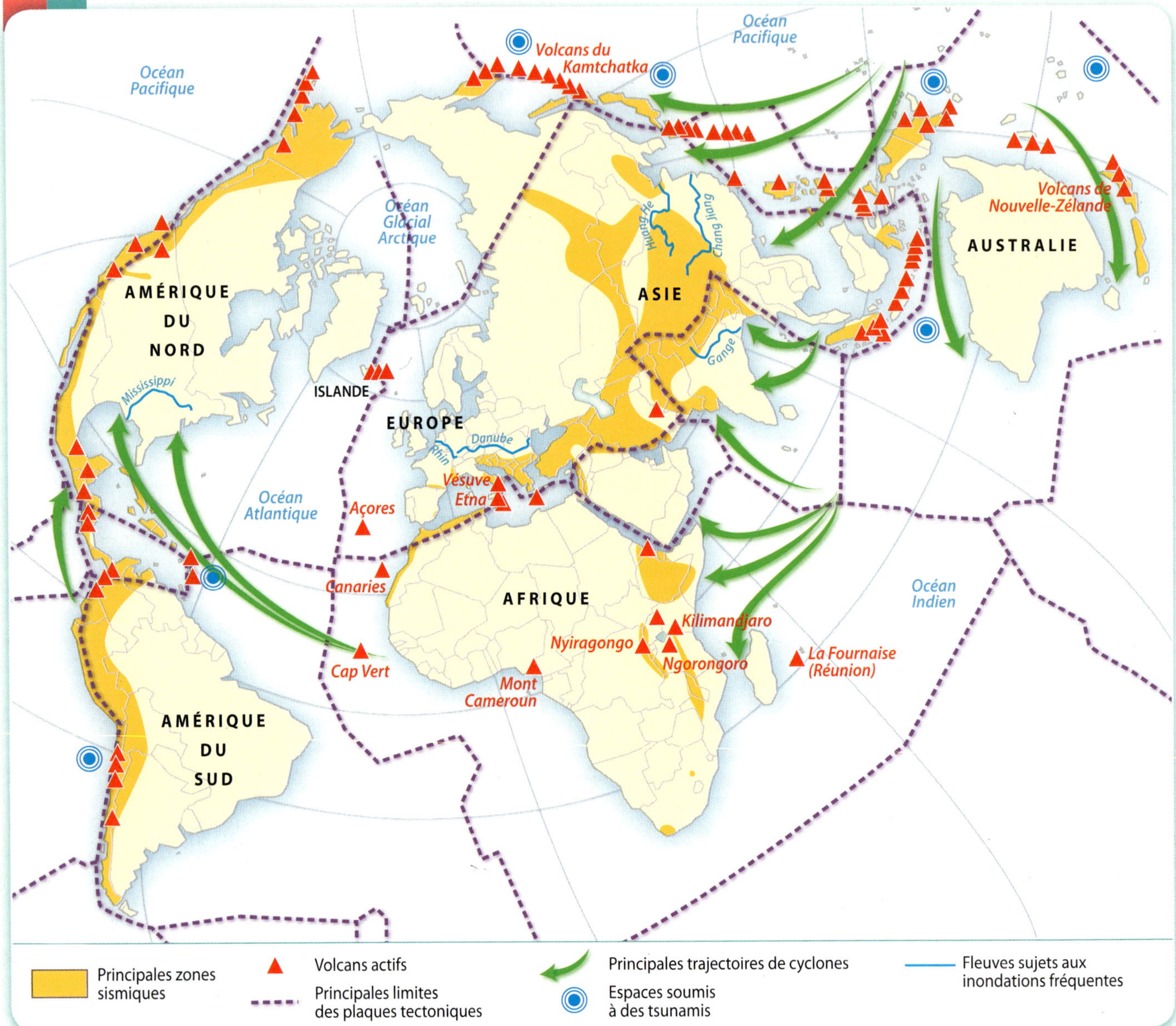

Analyser les cartes

Carte 1

1 Citez les aléas* naturels. Nommez, en les regroupant par type d'aléa, les régions les plus exposées à ces aléas naturels.

Carte 2

2 Où les grandes catastrophes technologiques* se concentrent-elles ? À quelles activités sont-elles liées ?

Carte 3

3 Quelles sont les parties du monde où les populations sont les plus touchées par les catastrophes naturelles ?

Mettre les cartes en relation

Que peut-on déduire de la comparaison des cartes 1, 2 et 3 ?

Cartes interactives
www.lienmini.fr/geo2-33

2 Les catastrophes technologiques

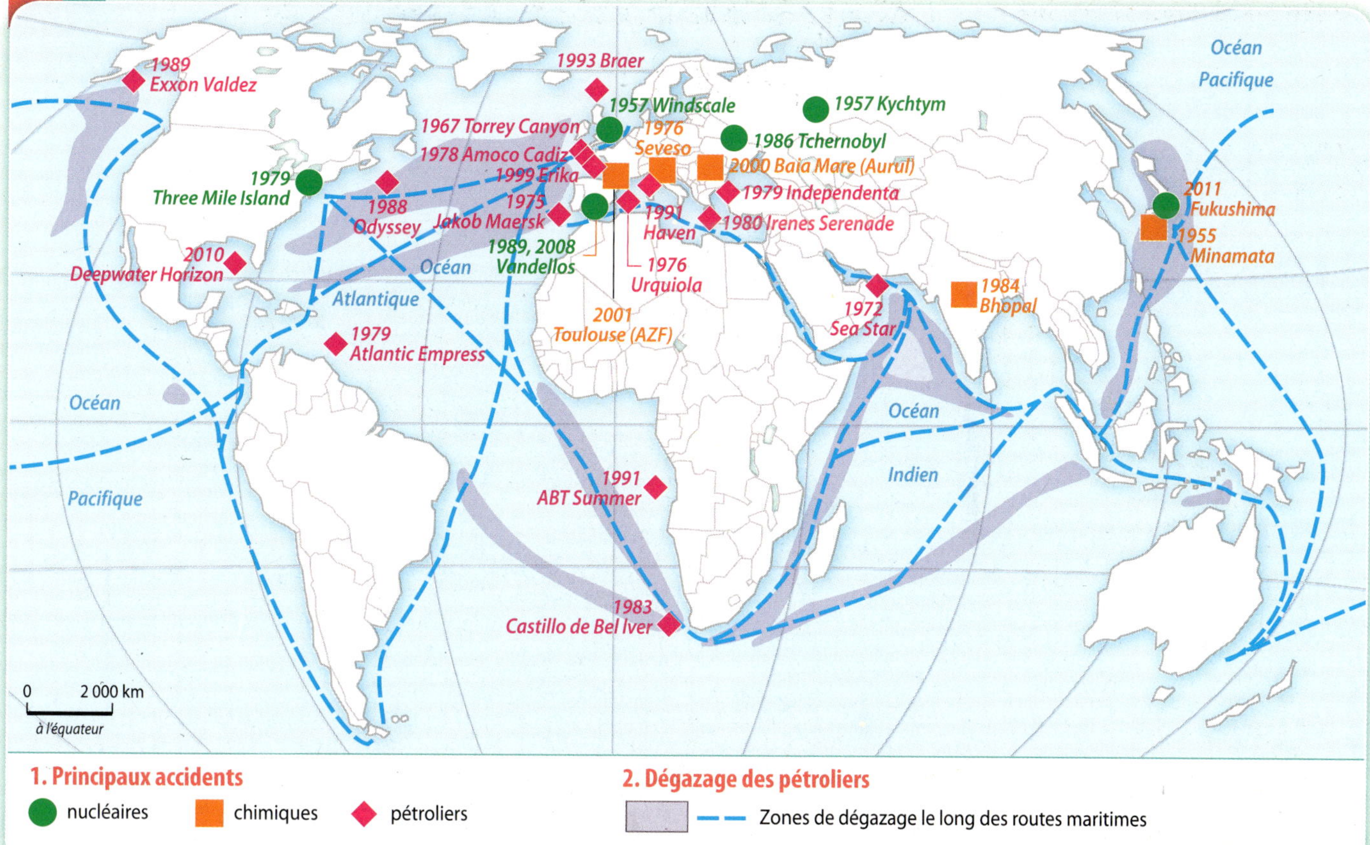

Source : *Atlas des développements durables*, Éd. Autrement, 2008.

3 Les victimes des catastrophes naturelles

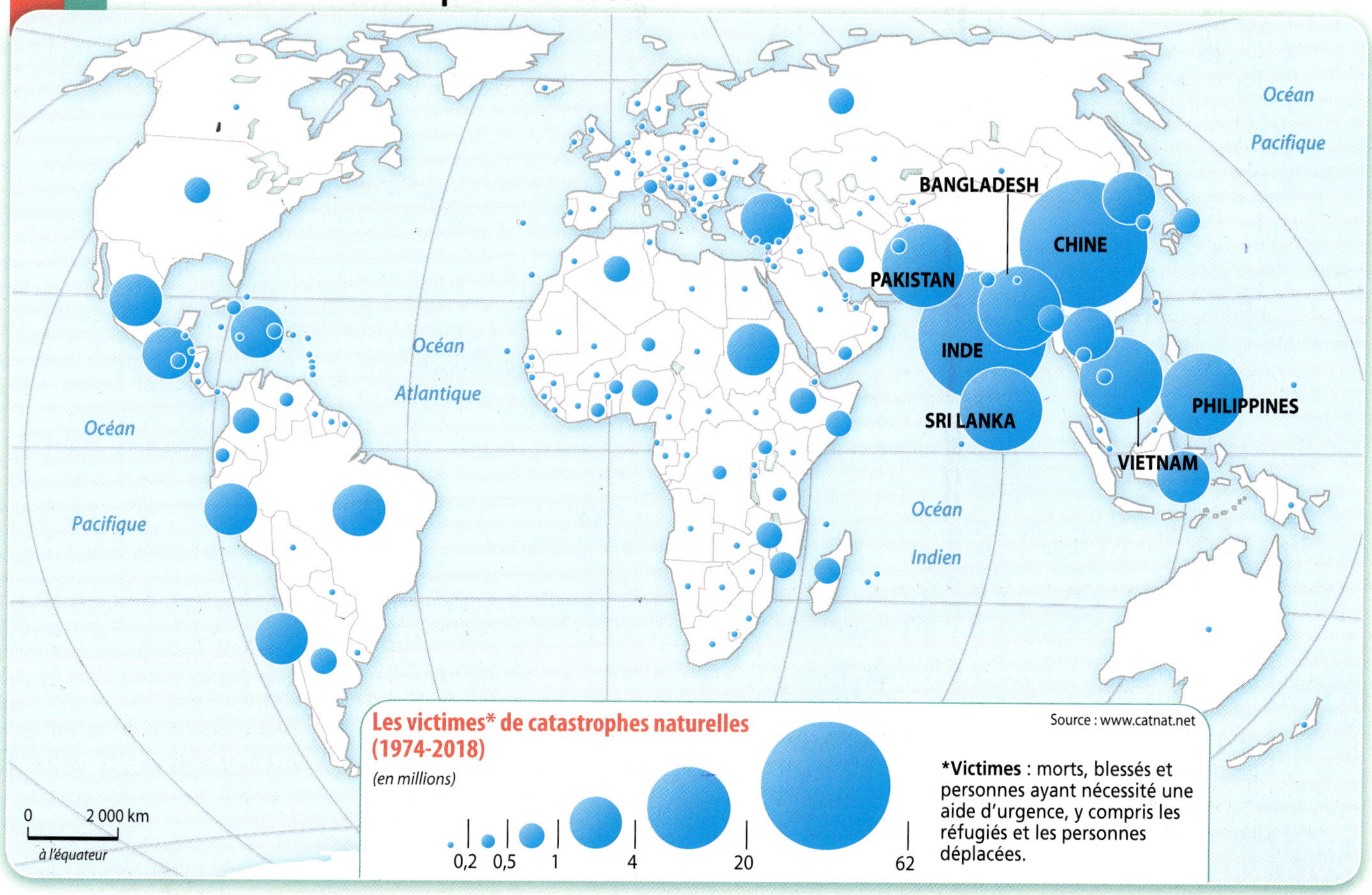

Source : www.catnat.net

*Victimes : morts, blessés et personnes ayant nécessité une aide d'urgence, y compris les réfugiés et les personnes déplacées.

ÉTUDE DE CAS

L'ouragan *Irma* à Saint-Martin : les Antilles françaises face au risque cyclonique

A Chaque année, de juin à novembre, les Caraïbes subissent le passage de cyclones*. En septembre 2017, l'ouragan* *Irma* a dévasté plusieurs îles dont celle de Saint-Martin, rappelant ainsi la grande vulnérabilité* de ce territoire.

B La mise en œuvre de plusieurs dispositifs de gestion a permis de faire face à la crise, mais la reconstruction est lente et difficile.

A Saint-Martin, un territoire français très vulnérable au risque cyclonique

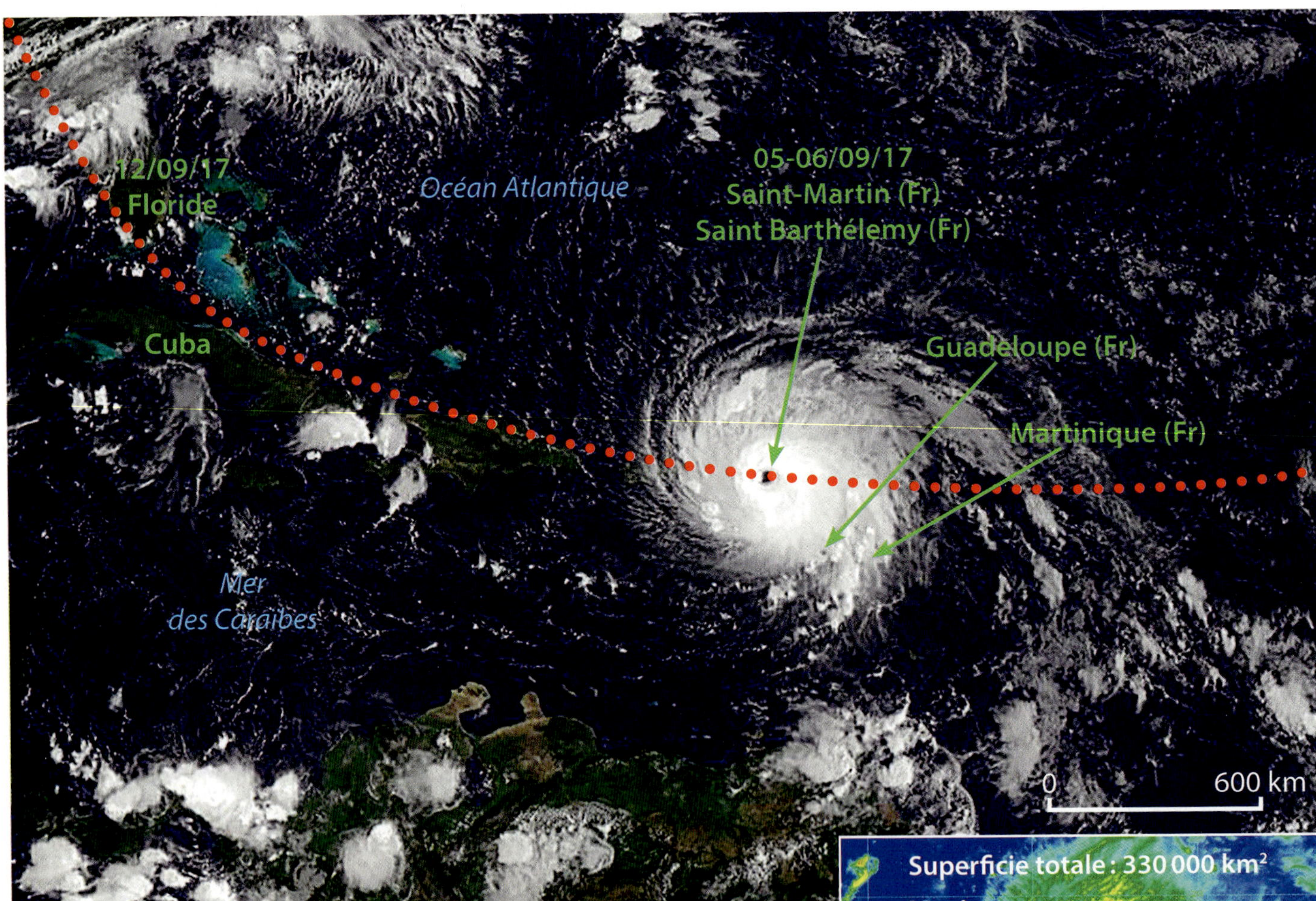

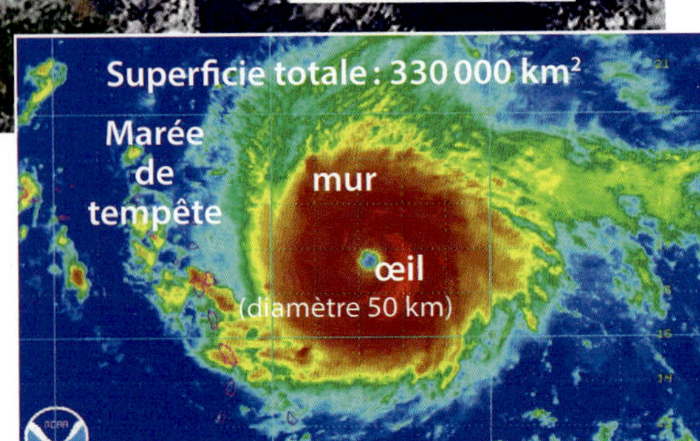

1 ▶ L'ouragan majeur *Irma* vu par satellite, le 6 septembre 2017
Du 30 août au 12 septembre, le cyclone *Irma*, **de catégorie 5 au niveau de Saint-Martin, a parcouru 7 000 km**, du Nord des Antilles jusqu'à la Floride. Vents violents (plus de 295 km/h), pluies diluviennes et vagues de plus de 12 mètres ont entraîné la submersion du littoral et des inondations. Cet ouragan a causé la mort de 11 personnes à Saint-Martin et détruit 95 % du bâti.

2 ▶ Saint-Martin : la vulnérabilité du territoire

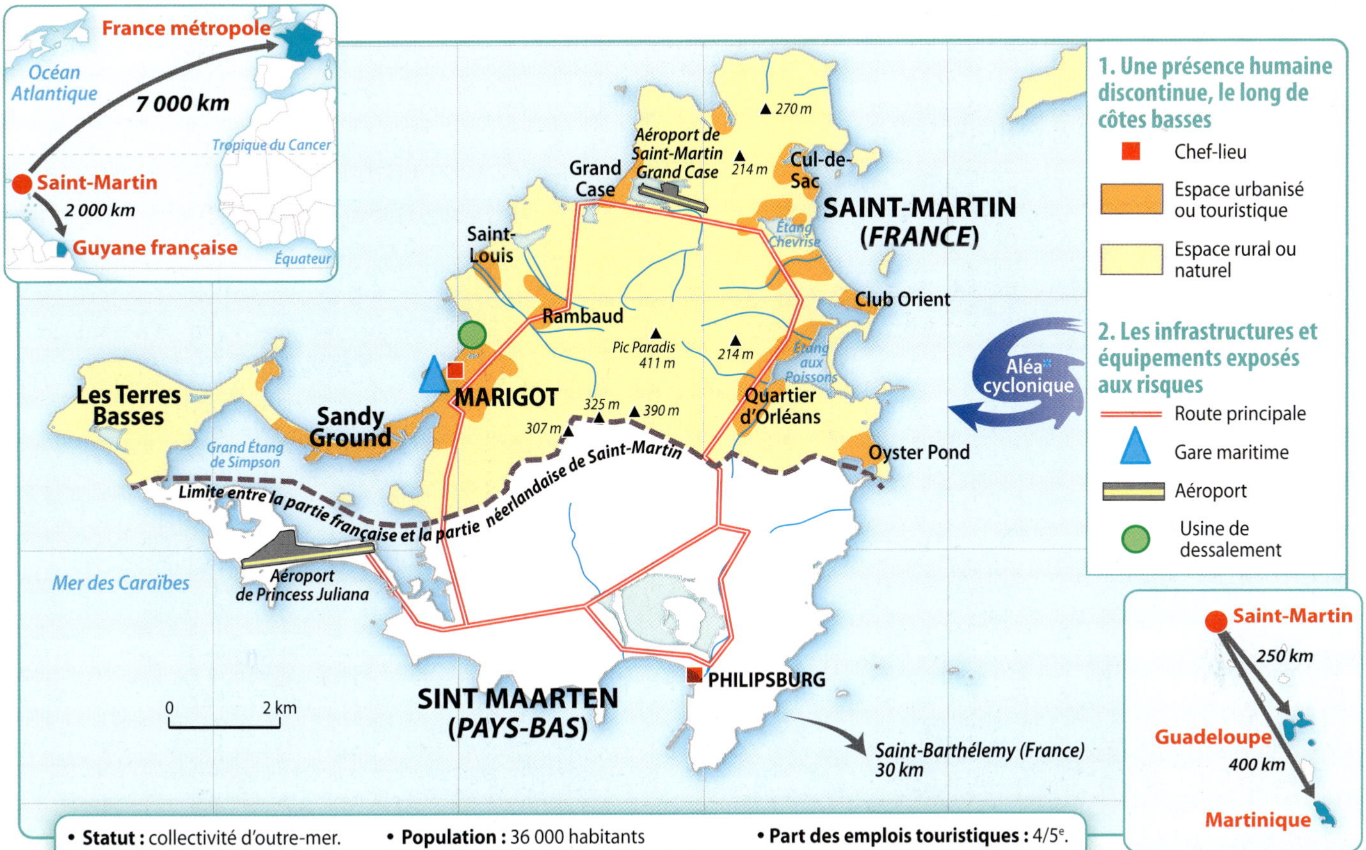

- **Statut :** collectivité d'outre-mer.
- **Superficie de l'île :** 90 km² (partie française : 53 km²).
- **Population :** 36 000 habitants (8 000 en 1982) dont 1/3 sont immigrés, principalement d'origine haïtienne.
- **Taux de chômage :** 33 %.
- **Part des emplois touristiques :** 4/5ᵉ.
- **Ressources en eau potable :** la seule ressource est l'usine de dessalement.

3 ▶ Pourquoi l'île de Saint-Martin est-elle si vulnérable aux cyclones ?

En raison de leur position, les Petites Antilles du Nord sont exposées à des cyclones plus fréquents et globalement plus intenses que celles qui se trouvent plus au Sud. Au cours du siècle dernier, on y a recensé 9 tempêtes tropicales et 17 ouragans.

Or, les côtes basses de Saint-Martin, rapidement aménagées, sont très fragiles en raison de leur étroitesse et de leur faible altitude (1 à 3 mètres) ; elles sont à la fois submersibles par la mer et inondables par les cours d'eau et les lagunes, car la forte pluviosité qui accompagne les cyclones provoque des débordements des étangs.

Ces risques sont renforcés par la multiplication du bâti touristique et des bidonvilles dans des zones très exposées, par le défaut de planification, et par le non-respect de la réglementation, comme la loi Littoral.

À cela s'ajoutent le développement brutal du tourisme et une explosion démographique due, pour les deux tiers, à une immigration venue surtout d'Haïti.

Face à ces multiples risques, l'insuffisance des mesures de prévention et de réduction des risques naturels et le manque de coopération entre les parties française et hollandaise entraînent une absence de politique globale de gestion des crises.

D'après l'interview de Virginie Duvat par Audrey Garric, *Le Monde*, 7 septembre 2017.

Analyser et confronter les documents

Document 1

1. Décrivez l'ouragan *Irma* et identifiez les trois conséquences potentiellement dommageables d'un cyclone. En quoi cet aléa* est-il « hors-norme » ?

Documents 2 et 3

2. Dressez un portrait géographique de Saint-Martin : situation, données démographiques et socio-économiques. Montrez la grande vulnérabilité de ce territoire insulaire face au risque cyclonique.

▶ CONCLURE

Pourquoi parle-t-on de catastrophe* majeure à propos du cyclone *Irma* ?
→ *Utilisez la* ***photographie*** *p. 44 et la vidéo.*

B La difficile gestion du risque cyclonique

Page Facebook du Ministère de l'Intérieur, 11 septembre 2017.

4 ▶ Faire face à l'aléa et gérer la crise

1350 agents de l'État mobilisés en renfort (sécurité, armée, santé, secours), 124 tonnes de nourriture, 10 départs de fret maritime et 50 rotations aériennes.

5 ▶ L'eau potable, une urgence absolue

Message sur Twitter de la préfecture de la Guadeloupe, 14 septembre 2017.

Le rétablissement difficile du réseau d'eau

▶ **Septembre 2017** : Saint-Martin dépend à 100 % d'une usine de dessalement d'eau de mer pour l'eau potable. Malgré les distributions de bouteilles, les conditions sanitaires se dégradent rapidement dans les quartiers les plus défavorisés.
▶ **Octobre** : l'État mandate une expertise d'urgence et met en place un système de bornes-fontaines.
▶ **Novembre** : 82 % des familles ont l'eau potable.
▶ **Janvier 2018** : 100 % des familles ont l'eau potable.

6 ▶ Saint-Martin, un an après *Irma*

L'île poursuit sa dure reconstruction en raison de l'ampleur des dégâts et de sa situation fragile en termes socio-économiques. Un peu partout, des toitures recouvertes de bâches et des maisons non réparées témoignent encore de la puissance du cyclone*.

Dans ce territoire qui concentre une population aux ressources financières limitées – avec seulement 40 % de propriétaires assurés – et une immigration massive, la reconstruction a été en partie freinée par le retard des assureurs, par le difficile acheminement des matériaux et par la définition de nouvelles règles d'urbanisme pour « reconstruire différemment », sur un territoire qui ne disposait pas de plan d'urbanisme.

L'île doit aussi faire face à une gestion problématique des déblais et des épaves. Malgré une campagne de nettoyage, les vestiges d'*Irma* sont encore présents, liés à la saturation de la décharge et à un manque de civisme.

letelegramme.fr, 1er septembre 2018.

Analyser et confronter les documents

Document 4
1. Quels sont les moyens mis en œuvre pour faire face à la crise ? Quels acteurs ont été mobilisés ?

Document 5
2. Montrez l'importance de la question de l'eau potable. Comment a-t-elle été gérée ?

Document 6
3. Où en est la reconstruction de Saint-Martin un an après la catastrophe ? Quels facteurs peuvent expliquer les difficultés ?

▶ **CONCLURE**
Quelles sont les solutions mises en œuvre pour remédier aux conséquences de la catastrophe ? Évaluez leur efficacité à court et moyen terme.

Pour mettre en perspective à l'échelle mondiale

L'amélioration de la résilience* des territoires et des sociétés face aux risques est un enjeu mondial majeur, aux Nords comme aux Suds.
- Quels sont les territoires et sociétés vulnérables face aux risques? → Cours 1 p. 52
- Quelles sont les politiques de gestion des risques et des catastrophes dans le monde? → Cours 2 p. 54

Vidéo
France 2, 4'32", septembre 2017.
www.lienmini.fr/geo2-34

Reportage

Saint-Martin, la déchirure

Saint-Martin, île antillaise dont la partie Nord est française, a été dévastée le 6 septembre 2017 par *Irma*, ouragan* majeur de catégorie 5. Quelques jours après cet aléa* très violent, la situation catastrophique pose la question du devenir de ce territoire et de ses habitants.

La partie française de Saint-Martin après le passage de l'ouragan *Irma*, septembre 2017.

À propos du reportage

- **Le Nord de l'île de Saint-Martin** (36 000 habitants, 53 km²), a été détruit à 95 % lors du passage de l'ouragan* *Irma*.
- **Cette catastrophe* a révélé la forte vulnérabilité*** de l'île et **a aussi montré les inégalités sociales.**
- **Ce reportage** montre la dévastation de Saint-Martin et présente les situations et perspectives de deux familles : faut-il fuir ou reconstruire ?

Décrypter la vidéo

Réfléchir à la présentation et à l'organisation de la vidéo

1 Présentez le document.
2 Comment est-il construit ? Identifiez les différentes séquences.

Comprendre la vidéo

3 Quel aléa* majeur a touché l'île le 6 septembre 2017 ? Quelles sont ses manifestations ?
4 Décrivez les paysages dévastés. Quelles différences peut-on relever selon les lieux ?
5 Comparez la situation des deux familles présentées dans le reportage après le passage de l'ouragan.
6 Quels secours sont présents quelques jours après l'aléa ? Pourquoi semblent-ils encore peu organisés ?

Conclure

Montrez que les capacités de réaction des populations sont inégales face à une catastrophe* de grande ampleur.

Fiche d'étude vidéo imprimable
www.lienmini.fr/geo2-35

Cours 1

Des territoires et des sociétés vulnérables

Comment expliquer la fragilité des sociétés face aux risques ?

CHIFFRES

Vulnérabilité entre 1995 et 2015

Les pays à faible revenu représentent

Les pays à haut revenu représentent 11 % des décès liés aux catastrophes naturelles

Les 5 pays les plus touchés par les catastrophes naturelles :
Haïti, Indonésie, Birmanie, Chine, Inde

NOTION

Vulnérabilité

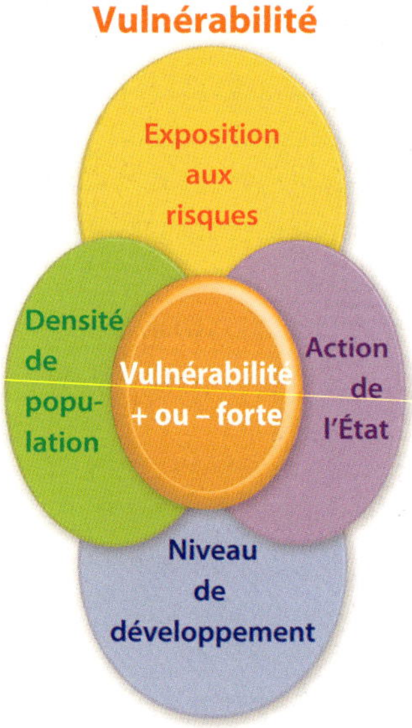

A. Des sociétés exposées aux risques

- **Les sociétés sont menacées par des risques.** Les **risques naturels** résultent d'**aléas* liés au fonctionnement de la planète:** les séismes et les éruptions volcaniques sont dus aux mouvements de la croûte terrestre; les tempêtes, les cyclones, les orages, mais aussi les sécheresses sont produits par le climat; les inondations sont provoquées par les crues des cours d'eau et par la mer ou les remontées de nappe phréatique. Les **risques technologiques ou industriels sont associés aux activités humaines:** pollution, accidents industriels (explosion, incendie…), marées noires. Certains résultent de l'interaction de plusieurs aléas: l'accident nucléaire de Fukushima, en 2011 au Japon, a pour origine un tsunami* lui-même causé par un séisme.

- **Les sociétés humaines, par leurs actions, modifient les aléas existants et contribuent à en développer de nouveaux.** Ainsi, l'urbanisation imperméabilise les sols et aggrave les inondations. **Le développement technologique (nanotechnologies*, biotechnologies*,** OGM) **produit des aléas économiques et sanitaires** encore mal connus. Les risques varient en fonction de leur échelle (locale, régionale, mondiale) et de leur intensité.

B. Une inégale exposition au risque

- **La fragilité des sociétés dépend de leur degré d'exposition aux aléas.** Certains territoires sont considérés **à hauts risques**, du fait de leur exposition importante à des processus naturels intenses. Les **territoires de l'océan Pacifique** (« ceinture de feu ») et de la **Méditerranée** sont menacés par des séismes ou des éruptions volcaniques qui peuvent être à l'origine de tsunamis (Indonésie, Japon). **La zone intertropicale** est soumise aux cyclones. D'autres espaces sont exposés aux aléas technologiques et industriels: **villes industrielles, corridors de circulation** (routes terrestres ou détroits sur les mers), **sites d'extraction ou de stockage.** → Étude de cas p. 48; cartes enjeux p. 46

- **Même si la fréquence des aléas ne change pas,** les risques de catastrophe augmentent **en raison de l'urbanisation et de la littoralisation des activités**. Ces phénomènes conduisent les personnes, les activités et les richesses à occuper des espaces dangereux. → Étude de cas p. 48

C. Vulnérabilité et niveau de développement

- **Le degré d'endommagement potentiel des sociétés s'explique également par leur vulnérabilité.** Celle-ci dépend de multiples facteurs: physiques, sociaux, économiques, politiques, juridiques [doc 2].

- **La vulnérabilité est très inégale** selon les territoires, les sociétés, les individus et dépend du niveau de développement. Dans les pays des Nords, les pertes sont essentiellement économiques. Dans les pays des Suds, les catastrophes sont d'abord humaines et humanitaires. La mortalité reste importante en raison du bâti précaire, du non-respect des normes de construction et de la défaillance des systèmes de gestion de crise [doc 1]; → Photographie p. 44; étude de cas p 48

Définitions

Vulnérabilité
Fragilité d'une société qui la rend sensible à un aléa.

Risque
Danger potentiel menaçant un territoire.

Catastrophe
Conséquence d'un événement destructeur caractérisée par de nombreuses victimes et/ou des dégâts matériels importants.

* Lexique p. 284

1 ▶ Port-au-Prince, la capitale d'Haïti, détruite par un violent séisme
La secousse (magnitude de 7,3) s'est produite à seulement 15 kilomètres de la capitale le 12 janvier 2010. Elle a été suivie d'une trentaine de répliques très violentes. La plus grande partie du bâti (y compris les bâtiments officiels) et des réseaux (routes, distribution d'eau...) a été détruite. Le bilan s'élève à plus de 200 000 morts, plus de 300 000 blessés et un million de sans-abri.

2 ▶ Une typologie des facteurs de vulnérabilité

Facteurs	Définition
Biophysiques	Degré d'exposition directe et indirecte, intensité et fréquence de l'aléa, nature de l'aléa...
Socio-économiques	Indice de développement, revenus, pauvreté, emploi...
Sociaux	Âge, genre, niveau d'études, insertion dans une structure sociale ou un groupe...
Techniques	Qualité du bâti, qualité des systèmes d'alerte, qualité des infrastructures, qualité des systèmes de défense...
Organisationnels	Organisation de la sécurité civile, existence de plans de secours...
Politiques	Transparence de la prise de décision, participation des populations, corruption...
Institutionnels	Assurance, accès au système juridique...
Cognitifs	Connaissance du risque, conscience du risque, aversion au risque, mémoire du risque...

D'après Magali Reghezza-Zitt, *Des hommes et des risques*, *Documentation photographique* n° 8113, © Éd. La Documentation française, septembre-octobre 2016.

Doc clé

Analyse d'une photographie

Identifier la photographie

1. Localisez Haïti.
2. Décrivez la photographie. Quel est le bilan de la catastrophe ?
3. Quel aléa est à l'origine des dommages ?
4. En mettant en relation la photographie et le tableau (document 2), repérez les principaux facteurs de vulnérabilité des populations et des bâtiments à Haïti.

Comprendre la photographie

5. À partir de l'exemple haïtien, expliquez pourquoi les pays en développement sont plus vulnérables aux aléas naturels.

Cours 2

Prévenir les catastrophes, gérer les risques et les crises

Comment les sociétés font-elles face aux risques qui les menacent ?

CHIFFRES

Aide humanitaire
consacrée aux catastrophes entre 1980 et 2018
(en % de l'aide)

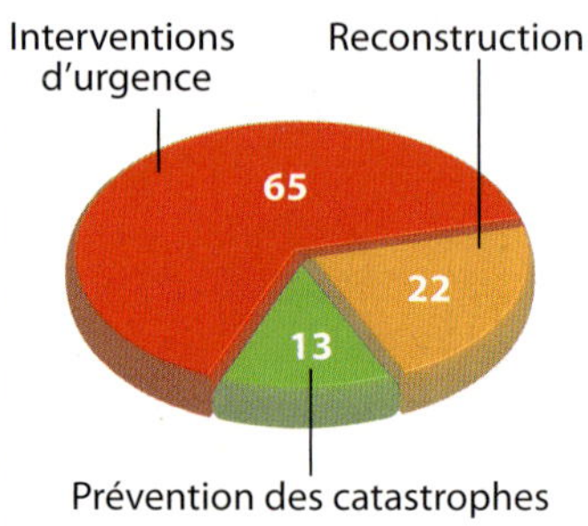

NOTION

Prévention des catastrophes

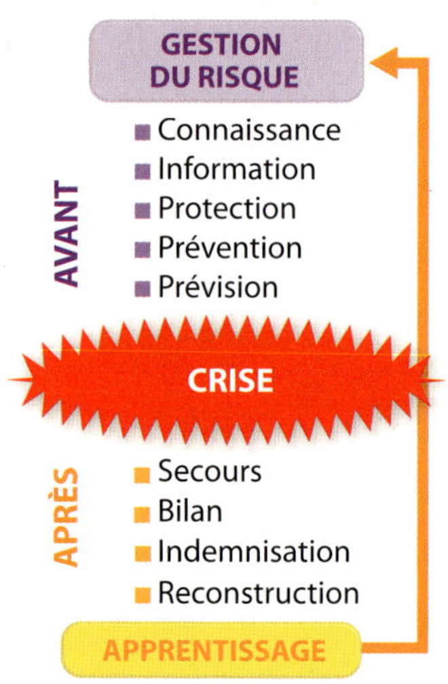

A. La prévention des risques

- **Face aux risques, les sociétés ont développé différents types de réponses. Des infrastructures de protection*** (digues, paravalanches, etc.) ont d'abord été construites. Le progrès des sciences et des techniques a aussi permis d'améliorer les **normes de construction** pour accroître la résistance des bâtiments.
- **À ces dispositifs sont venues s'ajouter des mesures de prévention*** pour empêcher les catastrophes ou en limiter l'ampleur. Certaines actions visent à atténuer les aléas ou à les supprimer. À défaut, **la prévision et l'alerte, constamment améliorées, permettent d'avertir les populations.** Des dispositifs juridiques ont pour but de réduire l'exposition aux risques en contrôlant l'occupation des sols. Enfin, l'information et la préparation des populations servent à développer des comportements qui réduisent leur vulnérabilité.

B. La gestion des crises

- **Les mesures de prévention sont parfois insuffisantes.** Les **dispositifs de gestion de crise** s'emploient à répondre à l'urgence, à sauver les vies et à accompagner les victimes. → Étude de cas p. 50
- **Une fois la phase d'urgence passée, le redémarrage et la reconstruction s'amorcent, à des vitesses variables.** Il s'agit de tirer les leçons du passé pour éviter de reproduire les vulnérabilités antérieures. Le relèvement après la catastrophe renvoie à la notion de **résilience**. Un individu, une société, un territoire sont résilients à partir du moment où ils ont su faire face à une perturbation, absorber un choc brutal ou une pression lente et revenir à un fonctionnement ordinaire. Le temps de la reconstruction peut être l'occasion de mettre en place **des aménagements plus durables** afin d'améliorer la résilience future.

C. Des inégalités Nords-Suds importantes

- **Dans les Nords, la prévention des catastrophes reste un défi important.** Les politiques de prévention, de protection et de gestion de crise mobilisent de nombreux acteurs, par exemple l'État, les citoyens [doc. 3]; [doc. 4]. Des différences importantes s'exercent selon les pays et les types de risques: certaines populations gardent la mémoire des catastrophes et ont une conscience des risques qui leur permet de se préparer. D'autres, au contraire, ont une faible connaissance des risques.
- **Les pays des Suds souffrent de l'insuffisance des dispositifs de prévention et de gestion** de crise, en raison de la faiblesse de l'État, du manque de financements ou encore de la corruption. En cas de crise, **l'aide humanitaire** internationale y est souvent indispensable. De nombreuses organisations non-gouvernementales (ONG) interviennent au côté des grandes institutions internationales (ONU, Banque mondiale, FMI, etc.) pour appuyer les États.

Définitions

Prévision
Surveillance de l'aléa responsable du risque.

Résilience
Capacité à se relever d'une catastrophe et à se reconstruire.

* Lexique p. 284

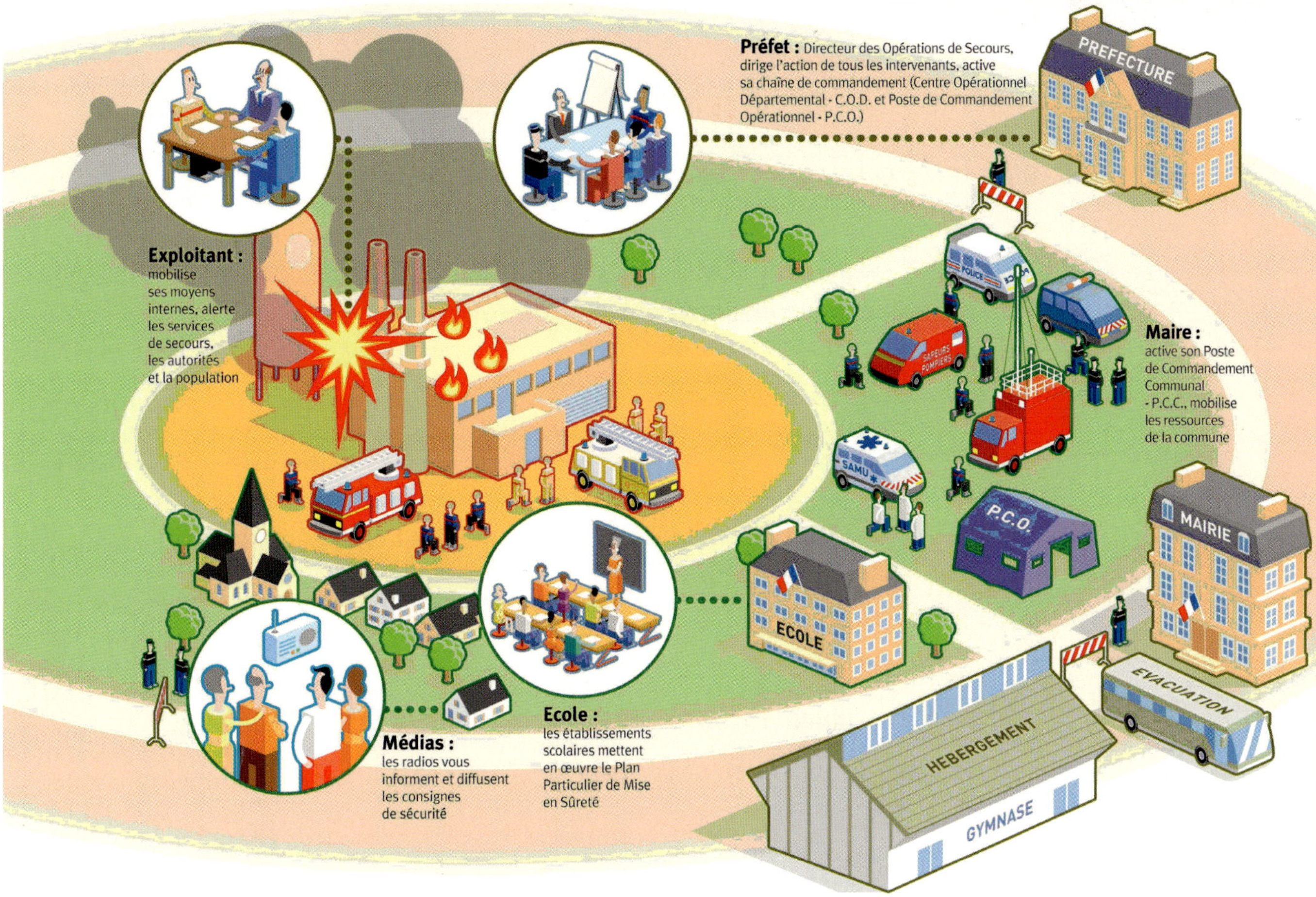

3 ▶ En France, différents acteurs dans le dispositif ORSEC

Depuis 2004, en situation de crise, le dispositif ORSEC peut être activé (Organisation de la réponse de la sécurité civile). C'est aujourd'hui un dispositif permanent.

A QUELS RISQUES MAJEURS SUIS-JE EXPOSÉ ? À REMPLIR

Commune de :

RISQUE à cocher	CONSIGNES DE SÉCURITÉ : À FAIRE	CONSIGNES DE SÉCURITÉ : À NE PAS FAIRE
☐ Inondation		
☐ Mouvement de terrain		
☐ Feu de forêt		
☐ Séisme		
☐ Tempête/ Cyclone		
☐ Avalanche		
☐ Accident Industriel		
☐ Accident Nucléaire		
☐ Accident Transport de matières dangereuses		
☐ Rupture de barrage		

ORSEC - Plan familial de mise en sûreté (PFMS) 7

4 ▶ Affiche et extrait du plan familial de mise en sûreté (2018)

Selon une démarche participative, les familles sont impliquées dans la gestion de crise (plan ORSEC).

Doc clé

Analyse d'une illustration

Identifier l'illustration

1. Que signifie le sigle ORSEC ? Quels sont ses objectifs ?
2. Quels sont les acteurs et les services mobilisés en cas de crise ? Précisez le rôle de chacun.
3. Recherchez quel est le plan mis en œuvre dans les établissements scolaires. En quoi consiste-t-il ?

→ *Consultez le lien suivant : https//www.gouvernement.fr/risques/risques-naturels*

Comprendre l'illustration

4. Quels sont les avantages du dispositif ORSEC et comment le citoyen est-il impliqué ?

4/ Produire un écrit en géographie

CAPACITÉS
- Produire un écrit construit et argumenté
- Utiliser une approche géographique pour construire un argumentaire

Au BAC

Vous aurez à **produire un écrit construit et argumenté** lors des épreuves :
– de **réponse à une question problématisée** (**Méthode** p. 282) ;
– **d'analyse de document(s)** (**Méthode** p. 278).

1 Organisez le plan de votre devoir

Insérez des schémas dans le développement.
> **Voir Capacités n° 5 p. 57.**

- **Pour construire votre écrit, organisez le plan de votre devoir en trois temps.**

Introduction
- **présente l'intérêt du sujet ;**
- **met en évidence la problématique qui sera la problématique du devoir ;**
- **annonce le plan.**

Développement
- organisé en **2 ou 3 parties,** divisées en **paragraphes** présentant un ensemble **d'arguments et d'exemples ;**
- comporte une **phrase de transition** entre chacune des parties.

Conclusion
- présente le **bilan** du devoir en rappelant brièvement les réponses apportées au sujet ;
- élargit les **perspectives du sujet** dans le temps ou dans l'espace.

2 Rédigez votre devoir

1. Employez un vocabulaire géographique précis.
Ex. : aléa, risque, catastrophe
2. Utilisez les connaissances et les exemples tirés du cours et de votre manuel de géographie.

- Pour **argumenter votre devoir,** précisez et justifiez l'idée principale qui est présentée dans chacun des **paragraphes**.
- Mémorisez la structure d'un paragraphe :

Paragraphe

1. Idée principale	*2. Arguments*	*3. Exemples*
Une phrase qui résume l'enjeu majeur du paragraphe.	Ils justifient l'idée principale.	Ils confirment l'idée principale.

Exemple de devoir écrit :

Toutes les sociétés humaines sont menacées par de multiples risques naturels. — Idées principales

Ainsi, les mécanismes climatiques sont à l'origine de nombreux aléas qui peuvent engendrer des risques. C'est le cas des tempêtes, orages, sécheresses ou cyclones. Les risques se transforment quelquefois en catastrophes. — Arguments

C'est le cas, par exemple, du cyclone Irma qui, en 2017, s'est abattu sur l'île de Saint-Martin et Saint Barthélemy aux Antilles françaises. — Exemple

Mémo pour produire un écrit
- Organisez le plan de votre devoir.
- Structurez les paragraphes.
- Citez des exemples pour illustrer vos idées.

CAPACITÉS ET MÉTHODES DU LYCÉE

5/ Réaliser et utiliser des schémas

CAPACITÉS
- Réaliser des productions graphiques à visée argumentative
- Construire des outils pour apprendre et mémoriser

Au BAC

Pour **illustrer et appuyer l'argumentation** de vos écrits, des schémas peuvent être placés :
– à l'intérieur d'un **paragraphe** ;
– en **conclusion**.
Vous pouvez réaliser **deux types de schémas.**

1 Réalisez un schéma fléché

Un **schéma fléché** montre les liens entre les éléments d'un phénomène géographique. Les idées sont placées dans des cases reliées par des flèches.

→ Choisissez et classez les informations

- Faites la liste des informations qui correspondent au thème à représenter.
- Classez-les en fonction des arguments à illustrer.

→ Réalisez le schéma fléché

- Disposez les informations retenues dans des cases reliées par des flèches.
- Mettez en évidence des logiques de raisonnement.

• Exemple de **schéma fléché** : **Aménager durablement la ville**

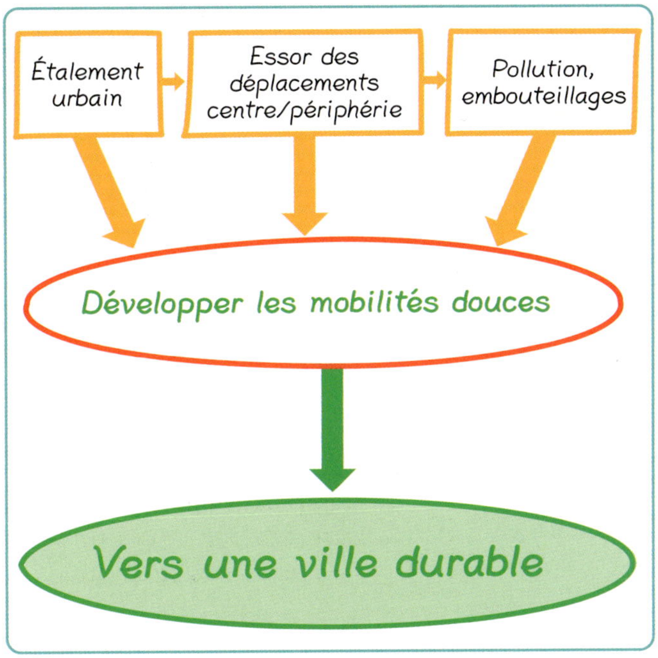

2 Réalisez un schéma graphique

Sur un fond de carte très simplifié, le **schéma graphique** montre les informations essentielles à la compréhension d'un phénomène géographique.

→ Sélectionnez et classez les informations

- Réalisez les contours du schéma graphique. Choisissez un petit nombre d'informations utiles pour illustrer le thème représenté.
- Classez-les en fonction des arguments à illustrer.

→ Réalisez le schéma graphique

- Organisez la légende en créant deux ou trois courtes rubriques.
- Choisissez les figurés.
- Écrivez la nomenclature et donnez un titre au schéma.

• Exemple de **schéma graphique** : **Dynamiques spatiales de la population**

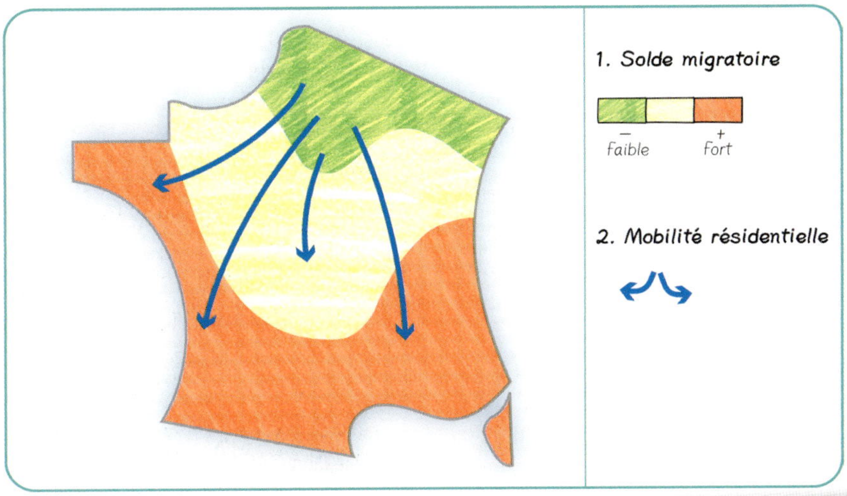

Mémo pour utiliser les schémas
- Utilisez le schéma pour étayer et illustrer une idée développée dans vos écrits.
- Placez le schéma à l'intérieur d'un paragraphe ou en conclusion.

PRÉPARER LE BAC 3

CAPACITÉS

- Lire et comprendre un document
- Produire un écrit construit et argumenté

Analyser un texte

Méthode BAC p. 278-279

Analyse d'un document

Sujet La disparition de la mer d'Aral, risque naturel ou conséquences des aménagements humains ?

Conseils

- Prêtez attention au titre. Il donne l'idée principale développée dans le texte.
- Relevez au brouillon les idées essentielles du texte et classez-les dans un tableau :

Conséquences environnementales	Conséquences humaines

Doc. ▶ La disparition de la mer d'Aral

Exutoire naturel de deux grands fleuves, l'Amou Daria et le Syr Daria, la mer d'Aral a été victime de la volonté des autorités soviétiques de faire de l'Asie Centrale une grande région cotonnière de l'URSS.

En raison des prélèvements pour l'agriculture irriguée, les apports des fleuves ont rapidement baissé : de 1960 à 2015 la mer d'Aral a perdu 92 % de son volume, et sa salinité est passée de 1 à 100 g/l. En amont, le bilan est aussi catastrophique, car l'irrigation a été mal maîtrisée : l'accumulation de sels stérilise les terres agricoles et le taux de pesticides dans les eaux est extrêmement élevé.

La catastrophe écologique (beaucoup d'espèces de poissons ont disparu mettant fin à toutes activités de pêche), se double d'un désastre sanitaire. La région entière, balayée par des vents qui transportent les sels laissés à découvert par le retrait de la mer, connaît un des plus forts taux de cancer au monde et une très forte mortalité infantile.

Les efforts réalisés pour sauver l'Aral restent insuffisants. Seule la petite mer d'Aral au Nord, alimentée par le Syr Daria et barrée par une digue (le barrage Kok Aral), pourra échapper à la transformation en désert salé et toxique qu'est devenue la grande mer d'Aral.

David Blanchon, *Atlas mondial de l'eau*, © éditions Autrement, 2017.

ÉTAPE 1

Identifier le sujet et le texte

1. Lisez le sujet : notez les deux expressions soulignées.
2. Relevez la date, la source et l'auteur du texte.
3. Lisez attentivement le texte. Localisez la Mer d'Aral.

Conseils

- Observez dans quel domaine climatique se situe la mer d'Aral à l'aide des **Repères spatiaux** p. 20.
- À quel thème du programme le texte se rapporte-t-il ?

ÉTAPE 2

Analyser le texte

4. À l'aide des phrases surlignées en vert, précisez quels aménagements ont été réalisés sur les fleuves Amou et Syr Daria à l'époque de l'URSS. Quelles en sont les conséquences pour la mer d'Aral ?
5. Relevez, dans les phrases surlignées en jaune, les conséquences environnementales et humaines des aménagements.
6. Classez les informations sélectionnées en **deux thèmes** :
   1. Causes de la disparition de la mer d'Aral
   2. Conséquences de la disparition de la mer d'Aral

Rédiger la réponse au sujet

À partir du travail effectué sur le texte, rédigez la réponse au sujet en utilisant les termes suivants :

hausse de la salinité • irrigation • pollution chimique de l'eau • retrait de la mer • essor de l'agriculture • catastrophe environnementale et humaine

PRÉPARER LE BAC 4

Méthode BAC : p. 278-279

Analyse d'un document

CAPACITÉS

- Lire et comprendre un document
- Produire un écrit construit et argumenté

Analyser une carte

Doc. ▶ Le Japon, un pays exposé à de nombreux aléas (2018)

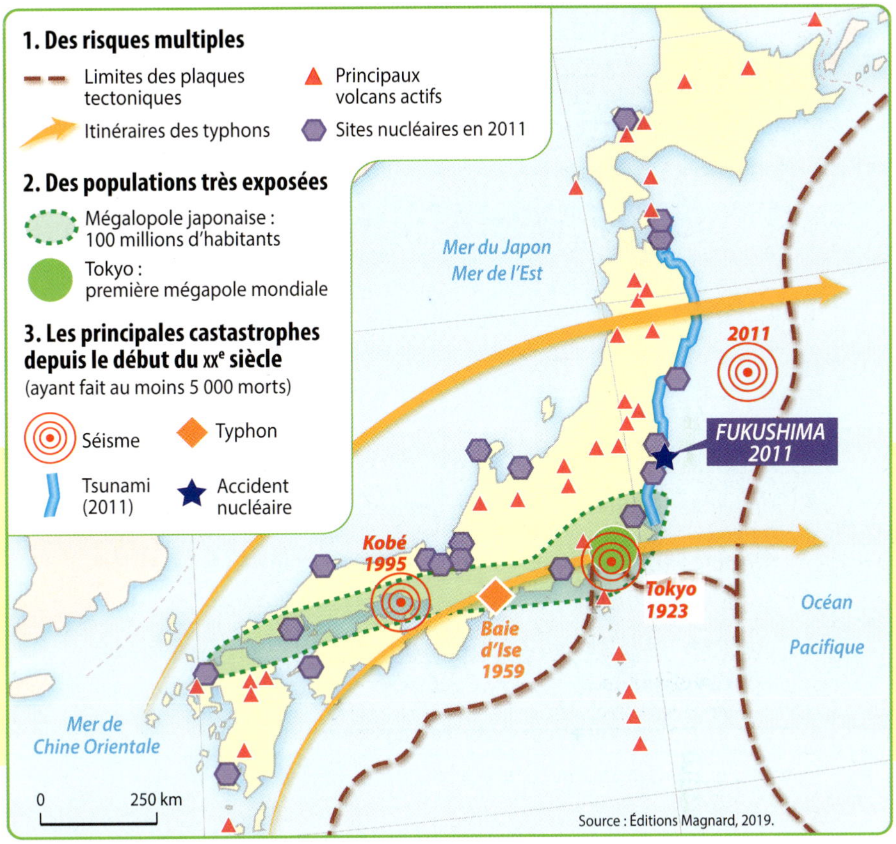

Sujet Montrez que le Japon est un pays à risques et à catastrophes

Conseils

- Définissez les mots suivants : risque, aléa, catastrophe.
  → *Utilisez le **lexique** p. 284.*
- Relevez les différents types de figurés utilisés sur la carte.
  → *Utilisez le **langage cartographique** (rabat arrière du manuel).*

ÉTAPE 1

Identifier les informations de la carte

1. Quelle est la date de la carte ?
2. Quel est le type de la carte ?
   - ☐ une carte de flux
   - ☐ une carte par anamorphose
   - ☐ une carte par plages colorées et figurés ponctuels

   → *Utilisez les **types de cartes** p. 290.*
3. Combien d'informations la légende fournit-elle ?

Conseil

- Observez bien les titres des rubriques de la légende.

ÉTAPE 2

Analyser la carte

4. Relevez et classez les aléas auxquels le Japon est soumis.

Aléas liés au climat	Aléas liés aux mouvements de la croûte terrestre	Aléas liés aux aménagements humains

Pourquoi, au Japon, les aléas peuvent-ils rapidement devenir des risques et des catastrophes ?
→ *Reportez-vous au **cours 1** p. 52.*

Rédiger la réponse au sujet

À partir du travail effectué sur la carte, rédigez la réponse au sujet en l'organisant en quatre paragraphes :

1er paragraphe : *Le Japon, un archipel confronté à de nombreux aléas naturels*
2e paragraphe : *Des aménagements sources de risques*
3e paragraphe : *Une forte concentration de population*
4e paragraphe : *Le Japon, pays à risques et à catastrophes*

PRÉPARER LE BAC 5

CAPACITÉS

- Utiliser une approche géographique pour construire un argumentaire
- Produire un écrit construit et argumenté

Répondre à une question problématisée

Méthode BAC : p. 282-283

Question problématisée

Sujet Les sociétés sont-elles inégalement vulnérables face aux risques ?

ÉTAPE 1 Comprendre le sujet et rédiger la problématique

1. Lisez le sujet et réfléchissez à l'emploi des mots clés surlignés en vert :
   Les sociétés sont-elles inégalement vulnérables face aux risques ?
2. Reformulez la **problématique** du sujet en vous aidant des questions suivantes :
   - Quels sont les **risques** auxquels les sociétés peuvent être confrontées ? Ces risques ont-ils tous la même origine ?
   - Toutes les **sociétés** sont-elles autant vulnérables face aux risques ?

Conseils

- Définissez le terme « vulnérabilité ». → *Utilisez le **lexique** p. 284.*
- Réfléchissez à l'emploi au pluriel du mot « risques ».

ÉTAPE 2 Mobiliser ses connaissances et organiser le plan

3. Complétez le **tableau** en donnant des exemples de types de risques.

Risques naturels	Risques technologiques et industriels	Risques aggravés par les aménagements
Ex : *séismes*	Ex : *pollutions*	Ex : *inondations*

4. Complétez le **tableau** en dressant la liste des conséquences des risques sur les sociétés des pays riches et sur celles des pays en développement.

Conséquences dans les pays riches	Conséquences dans les pays en développement
Bilan élevé dans le domaine ...	*Bilan élevé dans les domaines ...*

5. Regroupez les informations et répartissez-les dans le **tableau** ci-dessous.

1re idée : *Les sociétés sont exposées à de multiples risques*	2e idée : *Des sociétés inégalement vulnérables aux Nords comme aux Suds*

ÉTAPE 3 Rédiger la réponse au sujet

6. **Rédigez l'introduction** en complétant le texte suivant :
   La plupart des pays sont soumis à des dangers potentiels, des risques différents. Cependant, les sociétés sont-elles toutes aussi vulnérables, c'est-à-dire fragiles face aux aléas ?
   On évoquera dans une première partie les multiples ... puis, dans une seconde partie, on montrera dans quelle mesure les sociétés des ... et celles des ... sont inégales face aux ...

Conseils

- Présentez dans la première phrase le contexte et définissez les mots clés du sujet.
- Annoncez la problématique de votre réponse sous forme de question.

7. **Rédigez la 1re partie** de la réponse à l'aide des pistes suivantes.
   - **Argument 1 :** *Les sociétés sont menacées par des risques naturels.*
     Exemples : ...
   - **Argument 2 :** *Les sociétés sont menacées par des risques technologiques ou industriels.*
     Exemples : ...
   - **Argument 3 :** *Les sociétés modifient les aléas par les aménagements qu'elles réalisent créant ainsi de nouveaux aléas.*
     Exemples : ...
8. **Rédigez la 2e partie** de la réponse à l'aide des informations de la seconde idée du tableau (5. Étape 2).

VÉRIFIER SES CONNAISSANCES

Retenir les idées fortes du cours

IDÉE 1

Les territoires et les sociétés sont inégalement vulnérables face aux risques

1. **Les sociétés sont menacées par des risques.**
   - Risques naturels liés aux aléas (tempêtes, cyclones, orages, sécheresse...).
   - Risques technologiques et industriels liés aux activités humaines (pollution, accidents industriels...).
2. **La fragilité des sociétés dépend de leur degré d'exposition aux aléas.**
   - Les aléas sont aggravés par l'urbanisation et la littoralisation.
3. **Les catastrophes s'expliquent également par la vulnérabilité des sociétés.**
   - Cette vulnérabilité est très inégale selon les territoires et les sociétés.

IDÉE 2

Il est possible de prévenir les catastrophes, de gérer les risques et les crises

1. **Face aux risques, les sociétés ont développé différentes réponses :**
   - infrastructures de protection, normes de construction ;
   - mesures de prévention et de prévision.
2. **Les politiques de gestion permettent de répondre à l'urgence.**
   - La capacité d'une société à se remettre d'une catastrophe renvoie à la notion de résilience.
3. **Les inégalités Nords/Suds dans la gestion des risques restent importantes.**
   Les pays des Suds souffrent de l'insuffisance des dispositifs de prévention et de gestion.

Réviser

Comprendre la notion clé

Le risque

1. Quels sont les risques évoqués par le dessin ?
2. Comment le dessin montre-t-il que les pays pauvres restent plus vulnérables aux risques que les pays riches ?

Dessin d'Ammer, « Inondation au Texas, sécheresse en Afrique », *Courrier international*, août 2017.

Définir les mots clés

- ☑ Aléas
- ☑ Catastrophe
- ☑ Prévention
- ☑ Prévision
- ☑ Risque technologique
- ☑ Vulnérabilité

Mobiliser ses connaissances

Reproduisez et complétez le schéma à l'aide des mots-clés.

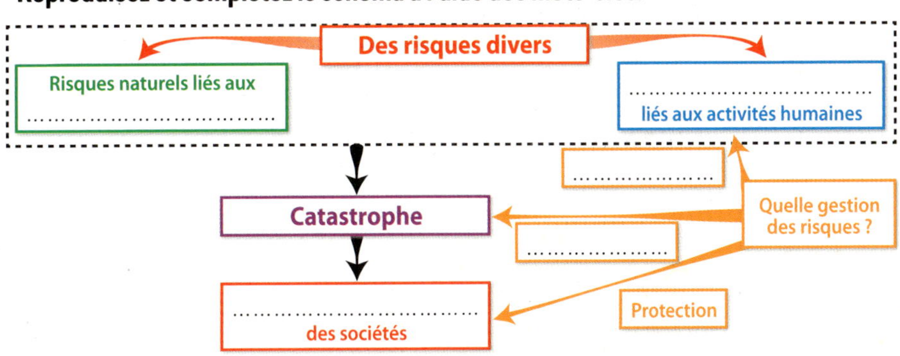

Des ressources majeures sous pression : tensions et gestion

Le désert transformé en espace agricole dans le bassin de Wadi As-Sirhan, en Arabie saoudite

La comparaison des deux images satellites montre comment l'Arabie Saoudite a créé des cultures de blé, de légumes et de fruits entre 1987 et 2012. L'eau, puisée dans les nappes profondes, permet d'irriguer des champs d'environ un kilomètre de diamètre.

Cet aménagement spectaculaire ne constitue cependant pas une solution durable. En effet, il s'agit d'eaux fossiles accumulées lors d'un passé plus tempéré, il y a 20 000 ans, et qui ne peuvent se renouveler au rythme auquel l'agriculture les consomme : des ressources de plus en plus sous pression qui appellent une autre gestion.

CHAPITRE 3

Chapitres

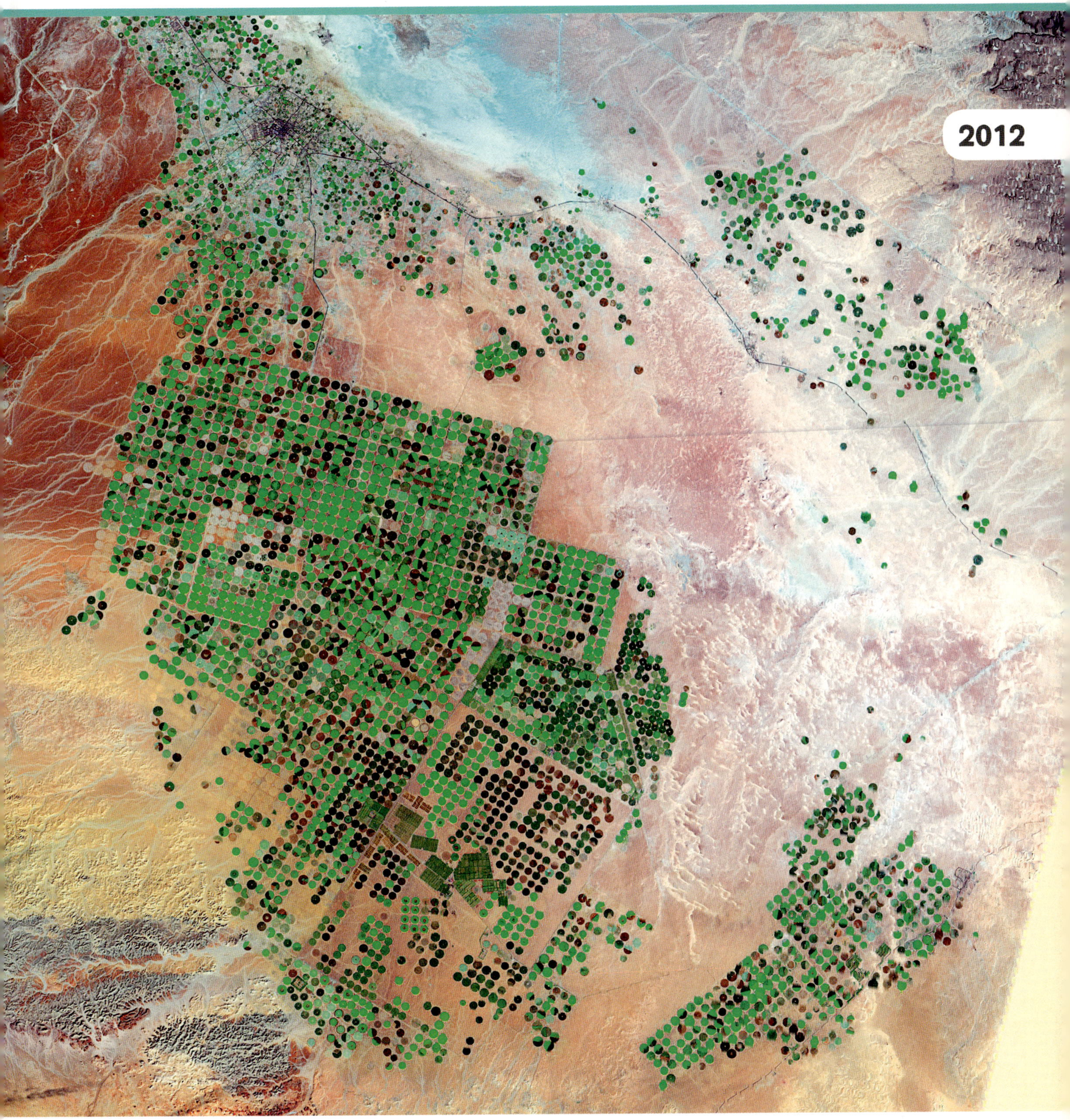

1 Qu'est-ce qu'une ressource ?

Assises de l'habitat : une nouvelle approche du logement 8

Transports interinsulaires : la loi devant le conseil d'État 6

Tahiti Infos

Jeudi 5 novembre 2015 | www.tahiti-infos.com | N° 532

RESSOURCES MINIÈRES

Terres rares enjeu stratégique

Le potentiel de la Polynésie française en ressources minières océaniques est avéré, particulièrement en cobalt et en platine dans les Tuamotu. Mais pour l'instant, leur exploitation relève de l'État uniquement. Le 21 octobre dernier, une proposition de résolution a été déposée par Marcel Tuihani à l'Assemblée de Polynésie pour que le Pays puisse exercer une compétence pleine et entière sur sa ZEE. 4

▶ **Une ressource est une matière première qui permet de satisfaire un besoin des sociétés.** Les ressources sont très diverses : eau, vent, soleil, minéraux, animaux, plantes...

▶ **Certaines ressources sont renouvelables*** (eau, animaux d'élevage), d'autres sont non renouvelables* à l'échelle d'une vie humaine (hydrocarbures, eau fossile).

▶ **Toute ressource est relative** à un besoin et à un usage qui peut varier dans le temps et l'espace.

Les ressources naturelles sont mobilisées par les sociétés humaines pour répondre à leurs besoins à un moment donné.

Une de *Tahiti Infos*, 5 novembre 2015.

Il n'y aurait pas de smartphone, de batterie ou de panneau photovoltaïque sans «terres ou métaux rares» (lithium, cobalt, indium...) qui existent en très faibles quantités dans l'écorce terrestre : ces métaux rares constituent des ressources nouvelles et très convoitées.

2 Des ressources vitales

▶ **Pour assurer leur survie et se développer**, les sociétés ont toujours eu besoin de ressources.

▶ **L'accès aux ressources est étroitement lié aux capacités de les mobiliser.** Des sociétés des Suds possèdent des territoires riches en ressources, mais sont dans l'incapacité de les mettre en valeur.

▶ **Faute de moyens financiers et techniques, des personnes et des groupes sont privés** de l'accès à certaines ressources, au péril de leur existence.

Accéder aux ressources est un enjeu essentiel pour les sociétés afin d'assurer leur développement.

Dessin de Plantu sur l'inégal accès à l'eau, 2008.

3 Des ressources sous tension

Dessin d'Emad Hajjaj sur la raréfaction de l'eau, 2010.

▶ **La croissance démographique, l'urbanisation et la croissance économique** ont entraîné l'exploitation de ressources naturelles jusque dans les milieux extrêmes et fragiles.

▶ **L'exploitation incontrôlée des ressources** est à l'origine de désastres environnementaux non réparables.

▶ **La consommation des ressources énergétiques fossiles** est un défi pour l'humanité menacée par le changement climatique.

La pression croissante des sociétés sur les ressources poussent à une exploitation non raisonnée qui met l'humanité, comme les ressources, en danger.

4 Vers une gestion durable des ressources ?

▶ **Des inquiétudes sont apparues au début des années 1970** au sujet des ressources face à la déforestation, à la désertification, à la dégradation de la biodiversité et aux pollutions diverses.

▶ **Aujourd'hui, les ressources sont au cœur des grands enjeux environnementaux internationaux.** Pour les sociétés soucieuses de leur devenir, un autre mode de gestion des ressources s'impose.

La gestion raisonnée et durable des ressources suppose de concilier leur nécessaire protection et la satisfaction des besoins des générations présentes et futures.

« Marche pour le climat » organisée dans 95 pays le 8 septembre 2018, *GéoAdo*, 2018.

Affiche de la Banque africaine de développement pour la journée mondiale de l'eau, 2017.

CHAPITRE 3.1

L'eau, gérer durablement une ressource irremplaçable

De la problématique du document…

Comment assurer l'accès à l'eau ?

1. Localisez la photographie.
2. Comment la population essaie-t-elle de se ravitailler en eau ? Qui semble chargé de cette tâche ?
3. Pourquoi la situation présentée est-elle sans doute à la fois habituelle et exceptionnelle ?
4. Quelles en sont les conséquences pour le développement ?

… aux problématiques du chapitre

> **Dans quelles conditions l'eau est-elle accessible dans le monde ?**

> **Comment éviter les tensions et gérer l'eau durablement ?**

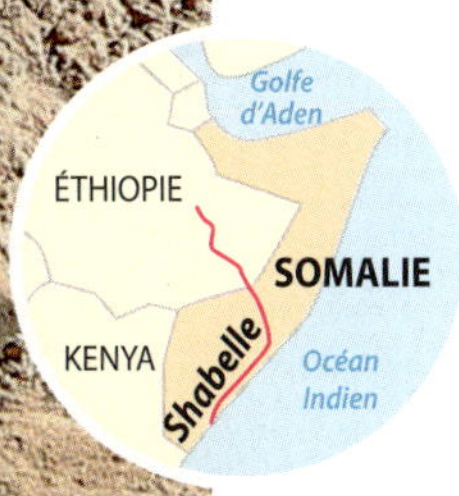

Recherche d'eau dans le lit du fleuve Shabelle en Somalie

Né sur les hauts-plateaux éthiopiens, le fleuve est vital pour les régions semi-arides somaliennes en aval : il arrose les champs – maïs, sésame, légumes, bananes – et ravitaille les villages. En 2016, une sécheresse exceptionnelle a asséché le fleuve et aggravé les tensions sur l'eau, menaçant trois millions de personnes de malnutrition.

Cartes
Enjeux

Pourquoi faut-il gérer l'eau autrement ?

1 Des populations privées d'accès à l'eau potable

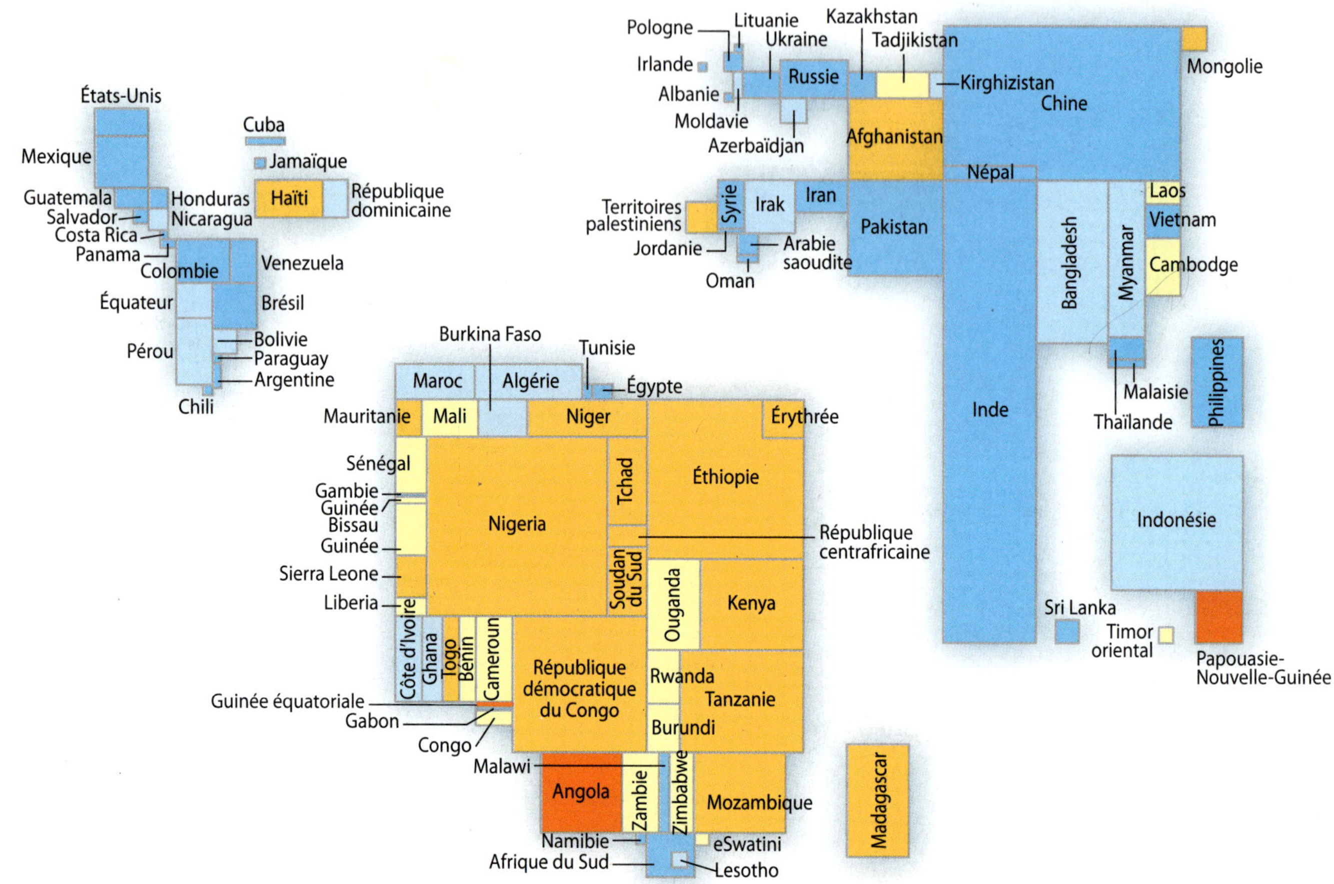

1. Nombre de personnes n'ayant pas accès à l'eau potable par pays selon la norme OMS*

50 millions
10 millions
5 millions
1 million
100 000

2. Population n'ayant pas accès à l'eau potable par pays en 2015 *(en %)*

0 — 10 — 20 — 30 — 50 — 60

Les pays non représentés ne sont pas concernés par des problèmes d'accès à l'eau potable.

*** Norme OMS d'accès à l'eau courante :** présence d'un point d'eau potable à moins de 200 mètres.

Source : OMS ; *Atlas mondial de l'eau* – Éd. Autrement, 2017.

Analyser les cartes

Carte 1

1 Pourquoi l'accès à l'eau potable est-il essentiel ?

2 Quelles populations sont privées d'eau potable ?

Carte 2

3 Quelles sont les principales causes des pénurie d'eau ?

4 Quelles régions du monde y sont principalement exposées ?

Carte 3

5 Pourquoi existe-t-il des tensions pour l'eau entre pays voisins ?

6 Où les tensions semblent-elles les plus préoccupantes ?

Mettre les cartes en relation

À travers ces exemples, pourquoi une autre gestion de l'eau semble-t-elle nécessaire pour assurer un accès vital à l'eau pour toutes les populations du monde ?

Cartes interactives
www.lienmini.fr/geo2-36

2 Des situations de pénurie

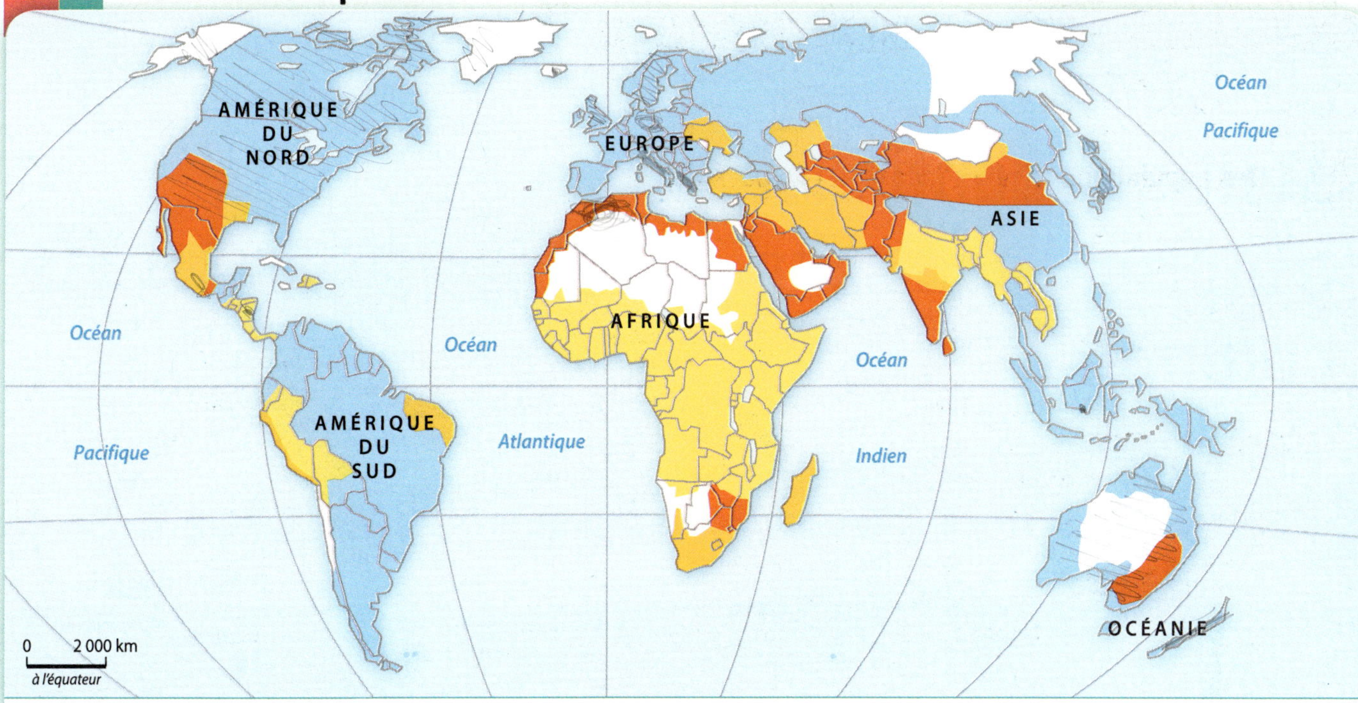

- Peu ou pas de pénurie d'eau (ressources abondantes par rapport à l'utilisation et accessibles)
- Pénurie économique d'eau (ressources abondantes par rapport à l'utilisation mais difficilement accessibles par manque de moyens)
- Pénurie physique d'eau imminente (pénurie d'eau dans un avenir proche à cause de la croissance des prélèvements)
- Pénurie physique d'eau (les prélèvements d'eau approchent ou dépassent les possibilités de renouvellement de la ressource)
- Absence de données

Source : IWMI, *International Water Management Institute Sri Lanka.*

3 Des tensions pour l'eau entre pays voisins

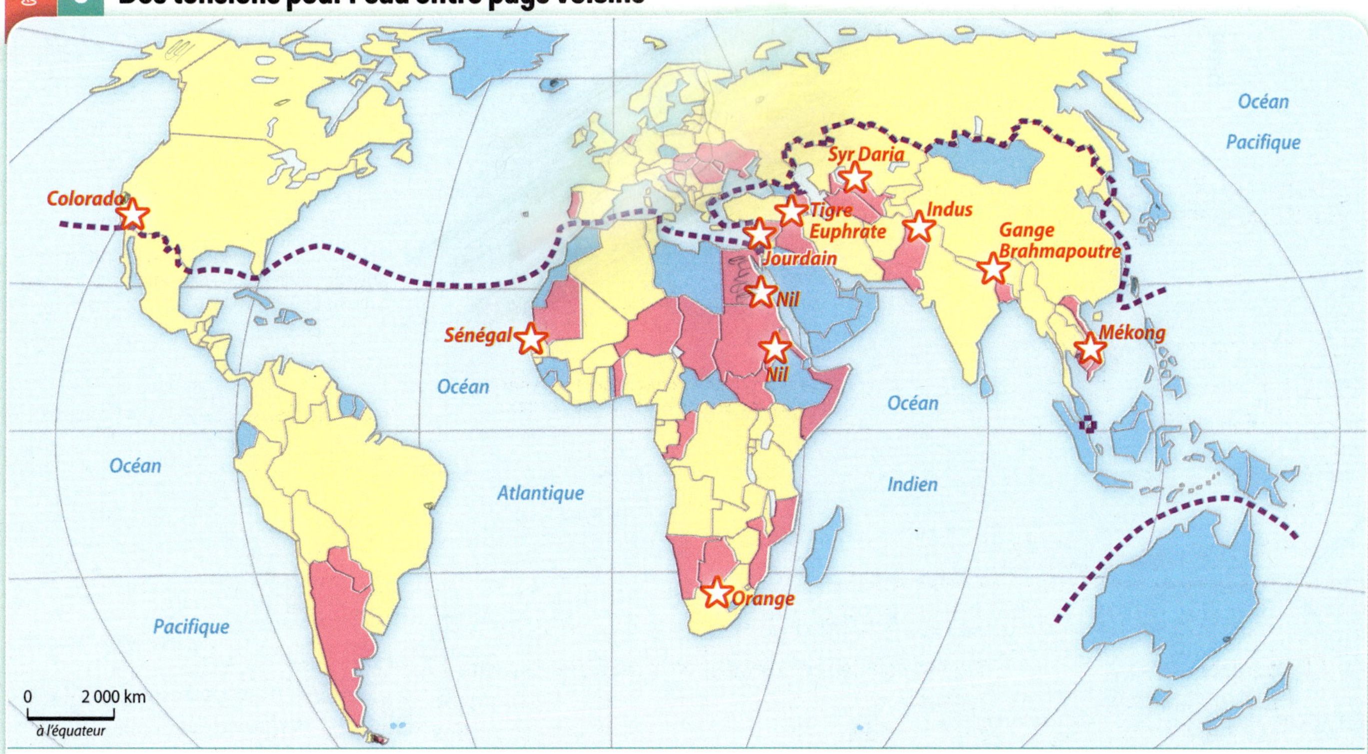

1. Dépendance vis-à-vis d'autres États pour l'approvisionnement en eau
- Forte dépendance : plus de 50 % de ressources en eau transfrontalières
- Moins de 50 %
- Aucune dépendance
- Limite Nords/Suds

2. Principaux conflits liés aux ressources hydrographiques
- *Nil*

Source : FAO, *Aquastat*, 2016 - *Atlas mondial de l'eau*, Éd. Autrement 2017.

ÉTUDE DE CAS

La Californie peut-elle continuer à utiliser l'eau sans compter ?

A État le plus peuplé et le plus riche des États-Unis, la Californie a fondé son développement sur une utilisation de l'eau apparemment sans limite, dans un milieu marqué par la sécheresse saisonnière ou l'aridité.

B Confrontée aux conséquences catastrophiques de la raréfaction de l'eau depuis 2012, la Californie doit cependant inventer une autre gestion de l'eau qui préserve la ressource.

A L'utilisation massive de l'eau met la ressource en danger

1 ▶ Palm Springs, un défi permanent pour l'eau
L'arrosage des 120 terrains de golf de Palm Springs, en plein désert californien, absorbe à lui seul 16 % de l'eau disponible dans la région, et la consommation d'eau d'un foyer représente le double de la moyenne américaine. Palm Springs puise dans la nappe souterraine et dans l'eau transférée depuis le Colorado.

Vidéo

Reportage

La sécheresse pousse Berverly Hills à réduire son train de vie
AFP, 2'46", 2015.
www.lienmini.fr/geo2-37

Fiche d'étude vidéo imprimable
www.lienmini.fr/geo2-38

2 ▶ Une gestion qui ne peut plus durer

Le problème de l'eau en Californie est que la ressource est très saisonnière, très variable et mal gérée. À mi-chemin de la deuxième décennie du XXIe siècle, la situation est catastrophique. La Californie est en période de sécheresse pour la dixième année au cours des treize dernières années.

Même pendant les années humides, la Californie a dépassé le point du « pic de l'eau[1] ». Nous avons utilisé au maximum l'eau renouvelable disponible dans nos rivières, allouant aux utilisateurs plus que ce que la nature fournit. Nous exploitons de façon non durable nos eaux souterraines – transformant une ressource renouvelable en une ressource non renouvelable – et nous nous dirigeons vers une catastrophe économique, sociale et politique dans les bassins d'eau souterraine de la Vallée centrale (*Grand Valley*).

En moyenne, nous utilisons au moins 7,4 milliards de m³ d'eau par an de plus que nous ne le devrions.

Tous ceux qui travaillent sur les eaux californiennes savent que le « statu quo[2] » ne peut pas continuer. Mais la question est de savoir comment changer nos politiques pour aligner notre utilisation sur les limites de la nature.

Peter H. Gleick, *Résoudre les problèmes d'eau en Californie*, Huffington Post, 6 décembre 2017.

1. Le maximum de ce que les réserves renouvelables peuvent fournir.
2. Continuer comme d'habitude.

3 ▶ Les ressources en eau et leur mobilisation

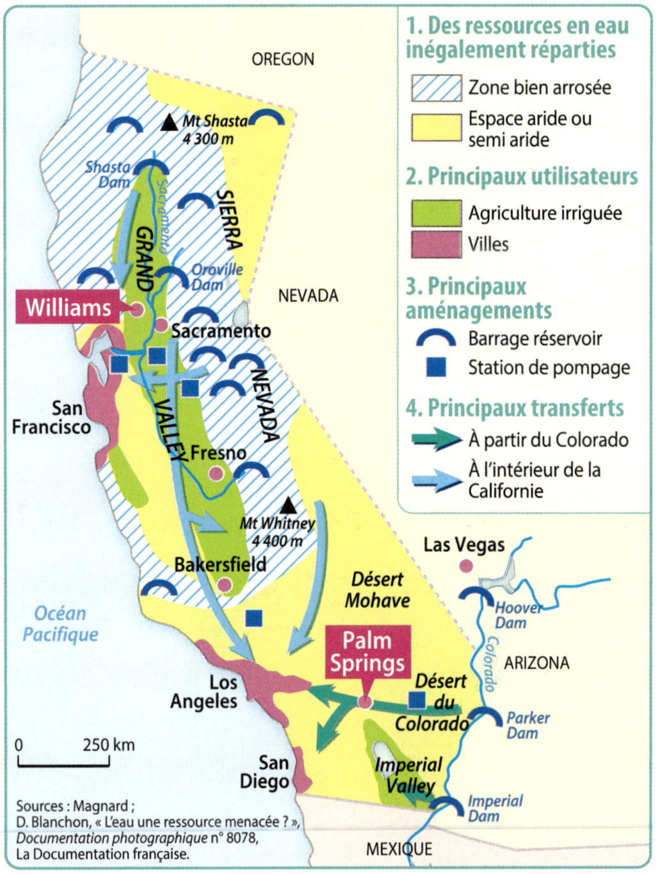

4 ▶ La « Grande Vallée », la plus vaste vallée irriguée des États-Unis, dans la région de Williams

Ces terres, autrefois qualifiées de « désert », sont devenues la principale région de production de fruits, de légumes et de vins des États-Unis, et la plus riche région agricole du pays, grâce à des aménagements qui mobilisent des quantités considérables d'eau.

Analyser et confronter les documents

Documents 1, 2 et 3

1. De quelles ressources en eau la Californie dispose-t-elle ? Avec quelles disponibilités ?

Documents 1, 3 et 4

2. Comment l'eau a-t-elle été rendue accessible sur l'ensemble du territoire de la Californie ?

Documents 1, 2 et vidéo

3. Quels problèmes pose l'utilisation massive et excessive des ressources ? Pourquoi parle-t-on de « pic écologique de l'eau » ?

▶ **CONCLURE**

Pourquoi une autre gestion de l'eau est-elle nécessaire en Californie, indépendamment de la crise récente de la sécheresse ?

B Vers une gestion qui préserve la ressource en eau ?

5 ▶ L'irrigation goutte-à-goutte pour lutter contre le gaspillage agricole
Joullian Vignes, Carmel Valley, au Sud de San Francisco.

6 ▶ Utiliser les eaux usées recyclées

Le recyclage des eaux usées, dédaigneusement surnommé « des toilettes au verre d'eau », gagne du terrain. « Tout le monde étudie maintenant le recyclage des eaux », constate George Tchobanoglous qui enseigne à l'université de California Davis. « Nous déversons dans l'océan une grande partie de ces eaux usées que nous pourrions utiliser. C'est faisable et rentable dans de grosses agglomérations côtières, comme celles de Los Angeles, Santa Barbara, etc. », ajoute-t-il. D'après lui, l'opinion publique est prête : ainsi, à San Diego, de récents sondages montrent que 76 % des habitants sont favorables au recyclage de l'eau pour la consommation, contre 23 % dans les années 1990.

Le recyclage d'eaux usées pour arroser des cultures ou des pelouses est déjà largement adopté en Californie, mais il s'agit d'aller plus loin. Une étude publiée l'an dernier estimait que, d'ici 2020, les eaux recyclées devraient être à même d'approvisionner le cinquième de la population californienne.

Pour mieux faire avaler la pilule aux nombreux Californiens qui se bouchent le nez à l'idée de boire de l'eau recyclée, ces usines ne fournissent pas l'eau directement au consommateur, comme c'est le cas au Texas. Elles la réinjectent d'abord dans les nappes phréatiques, d'où elles sont ensuite pompées par les agences de distribution d'eau.

Le coût est un facteur qui pourrait aussi contribuer à améliorer l'image des eaux usées : « l'eau en bouteille est de l'ordre de 10000 fois plus chère sans que sa qualité soit nécessairement meilleure », affirme Ron Wildermuth, porte-parole du West Basin[1].

« Face à la sécheresse, la Californie va boire ses égouts », Los Angeles-*AFP*, *Futura Sciences*, 1er novembre 2015.

1. Usine de traitement installée à Los Angeles.

7 ▶ Des plantes locales pour lutter contre le gaspillage urbain
Pour réduire la consommation, le département des loisirs et des parcs de la ville de Los Angeles remplace les étendues engazonnées, grosses consommatrices d'eau, par des jardins secs et des plantes locales tolérantes à la sécheresse comme ici, dans le parc de l'Hôtel de ville. Il privilégie aussi les terrains de sport synthétiques et l'irrigation des golfs par des eaux recyclées.

8 ▶ Dessaler l'eau de l'océan : la nouvelle usine de Carlsbad à San Diego fête ses 3 ans en 2018
L'usine traite l'eau du Pacifique et fournit l'eau potable à 400 000 Californiens quelles que soient les conditions climatiques. D'autres usines sont planifiées mais la technologie est contestée pour son coût énergétique et les rejets très salés dans l'océan.

9 ▶ Gérer les ressources d'eau équitablement et durablement

Près de Sacramento, les champs de coton, de tomates et de luzerne ont graduellement cédé la place à des champs d'amandiers. Aujourd'hui, la Californie produit 80 % de l'offre mondiale d'amandes. Les petits producteurs d'amandes ne représentent plus qu'une fraction de la production, le reste étant concentré dans les mains de quelques gros producteurs.

The Wonderful Company, basée à Lost Hills, un village de travailleurs au milieu du désert, est rapidement devenue la plus importante firme productrice d'amandes et de pistaches dans le monde. Le propriétaire a profité d'un flou juridique pour racheter à l'État un immense réservoir souterrain, le *Kern Water Bank*. Une façon d'assurer la pérennité de ses 120000 hectares de culture.

Le *California Water Impact Network*[1] est devenu le plus important opposant à cette industrie et à ses pratiques. « C'est devenu une guerre entre la population et les producteurs d'amandes », précise Carolee Krieger, la fondatrice et directrice de cette organisation sans but lucratif. Elle dénonce le fait que les producteurs d'amandes ne fassent pas l'objet de restriction, alors que les résidents de différentes villes du Sud de la Californie doivent réduire leur consommation en eau.

D'après Francis Plourde, « Amandes, le casse-tête californien », *Radio Canada*, 6 février 2016.

1. Organisation qui préconise une gestion durable de l'eau et s'insurge contre les cultures très gourmandes en eau. Il faut près de 4 litres d'eau pour produire une amande.

Analyser et confronter les documents

Documents 6 et 8

1. Quelles nouvelles technologies peuvent contribuer à augmenter la ressource en eau ?

Documents 5 et 7

2. Quelles nouvelles pratiques peuvent permettre d'économiser l'eau ?

Document 9

3. Qui sont les opposants aux producteurs d'amandes et au système de distribution de l'eau ? Quelles sont leurs revendications ?

▶ CONCLURE

Montrez qu'il y a des avancées, mais aussi beaucoup d'obstacles pour mettre en œuvre une nouvelle gestion de l'eau.

Pour mettre en perspective à l'échelle mondiale

Le risque de pénurie d'eau nécessite une nouvelle gestion de la ressource.

- **Quels sont les enjeux de l'eau dans le monde ?** → **Cours 1** p. 74
- **Comment gérer durablement l'accès à l'eau pour toutes les populations du monde ?** → **Cours 2** p. 76

Cours 1

L'eau, ressource inégalement accessible et en danger

Dans quelles conditions l'eau est-elle accessible dans le monde ?

CHIFFRES

Stock d'eau douce
dans le monde
=

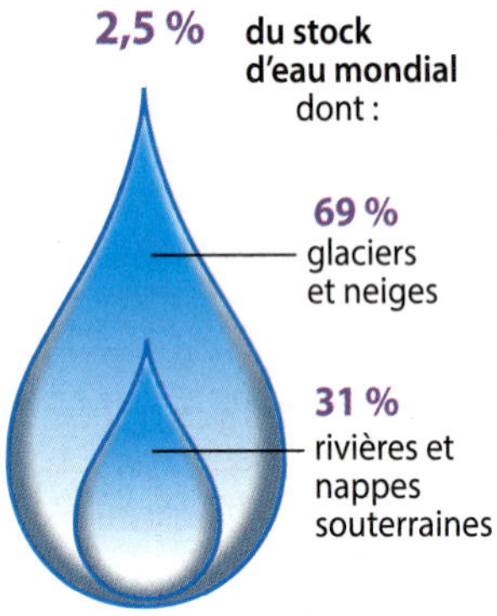

A. Une ressource inégalement distribuée

- **Les ressources en eau douce aisément accessibles sont largement** suffisantes (6 500 m³ par habitants par an) pour couvrir les besoins humains et préserver les écosystèmes*. Mais leur répartition géographique est très inégale. → Repères spatiaux p. 20

- **Au niveau mondial, une ceinture de la « pénurie »** (moins de 1 000 m³ par habitant par an) se dessine du Maroc à l'Arabie Saoudite, avec une extension le long de la façade orientale de l'Afrique. À l'inverse, quelques États disposent de ressources très abondantes (Canada : 90 000 m³/habitant/an, Brésil 45 000). La France possède des ressources estimées à 3 200 m³/habitant/an. → Cartes Enjeux p. 69

- **L'enjeu majeur est d'avoir de l'eau quand on en a besoin, là où on en a besoin.** Or les précipitations, comme le débit des cours d'eau, sont parfois très variables dans l'année et d'une année sur l'autre. Les pays « pauvres en eau » peuvent connaître de longues années sèches interrompues par des inondations catastrophiques. C'est le cas des pays du Sahel, du Sénégal au Soudan, très exposés à l'**insécurité hydrique**. → Étude de cas p. 70

NOTION

Accessibilité

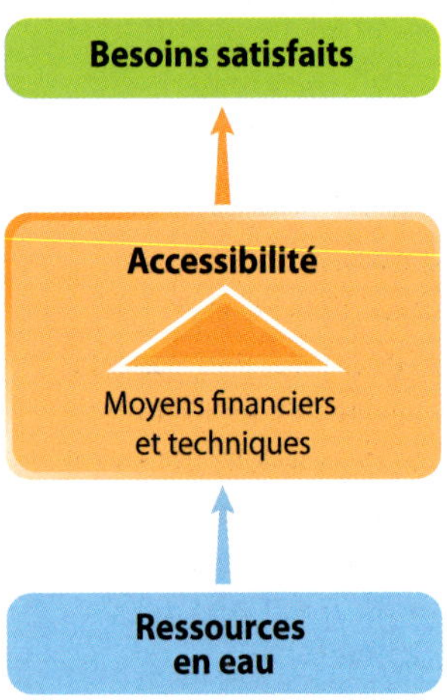

B. Une ressource inégalement mobilisée

- **La capacité à mobiliser la ressource est le facteur primordial de l'accessibilité** [doc. 2]. Certains pays aux ressources hydrologiques faibles ont un développement rapide car ils disposent des capacités financières et techniques pour réaliser les aménagements nécessaires. Au contraire, des pays « riches en eau », mais dénués de ces capacités, peuvent connaître de fortes tensions et de graves problèmes sanitaires. → Étude de cas p. 70 ; dossier p. 78

- **Il n'y a donc pas de lien direct entre ressources en eau et niveau de développement.** La difficulté à mobiliser la ressource se traduit par l'incapacité des États des Suds à fournir un accès minimal à l'eau potable et à l'assainissement à toute leur population. Dans le monde, plus de 600 millions de personnes n'ont pas un accès minimal à l'eau potable, notamment en Afrique. → Cartes enjeux p. 69 ; dossier p. 78

C. Une ressource menacée

- **L'eau est dégradée par de multiples pollutions** urbaines, aggravées par le développement industriel, ou par des pollutions agricoles provenant des engrais et pesticides [doc. 2]. Le traitement de ces pollutions, massives dans les pays des Nords et en forte augmentation dans les pays des Suds, nécessite des investissements coûteux, voire des changements radicaux des modes de production.

- **Sécuriser les ressources en eau est devenu vital pour éviter des crises majeures** comme celle qu'a connue la ville du Cap en 2018. De nombreuses villes, ainsi que la production agricole, seront menacées par l'augmentation des besoins liée à la croissance démographique et aux conséquences du changement climatique [doc. 1]. Une **transition vers une nouvelle culture de l'eau est nécessaire.** → Dossier p. 264

Définition

Insécurité hydrique
Situation dans laquelle la quantité et la qualité de l'eau accessible sont insuffisantes pour satisfaire les besoins et éviter les maladies de l'eau (ex. : choléra).

* Lexique p. 284

1▶ Approvisionnement en eau à New Delhi, en Inde (février 2016)

La capitale indienne (20 millions d'habitants) est alimentée par un canal venant d'un État du Nord de l'Inde. Cependant, les infrastructures sont déficientes et les quartiers défavorisés ne sont pas toujours desservis. Les habitants sont souvent contraints d'acheter l'eau à des compagnies privées ou au marché noir.

Doc clé

Analyse d'une photographie

Identifier la photographie

1. Où se situe New Delhi ? Quelle est l'importance de la ville ?
2. Comment ces habitants sont-ils approvisionnés en eau ? Pourquoi peut-on parler de tensions sur l'eau ?
3. Pour quelles raisons l'accès à l'eau potable est-il difficile à Delhi ? Pourquoi peut-on parler de problème de gestion ?
4. À quels risques sanitaires et économiques les habitants sont-ils exposés ?

Comprendre la photographie

5. Montrez que les faibles précipitations ne sont pas seules responsables de l'insécurité hydrique.

2▶ Des constats alarmants sur l'eau

La demande mondiale en eau a augmenté d'environ 1 % par an en fonction de la croissance démographique, du développement économique et de l'évolution des modes de consommation et elle continuera à croître considérablement au cours des deux prochaines décennies. La grande majorité de la demande croissante en eau se produira dans les pays en développement ou émergents.

Environ 3,6 milliards de personnes dans le monde vivent déjà dans des zones potentielles de pénurie d'eau et ce chiffre pourrait atteindre 4,8 milliards à 5,7 milliards en 2050. 500 millions de personnes vivent dans des régions où la consommation d'eau est deux fois plus élevée que les ressources hydriques renouvelables locales. Depuis les années 1990, la pollution de l'eau a empiré dans quasiment toutes les rivières d'Afrique, d'Amérique latine et d'Asie. La détérioration de la qualité de l'eau devrait s'aggraver encore au cours des prochaines décennies et cela va augmenter les menaces pour la santé humaine, l'environnement et le développement durable. À l'échelle mondiale, l'utilisation de centaines de produits chimiques a également une incidence sur la qualité de l'eau.

On s'attend à ce que les augmentations les plus importantes de l'exposition aux polluants se produisent dans les pays à faible niveau de revenu et à revenu intermédiaire, en raison de la croissance démographique et économique plus forte dans ces pays, en particulier ceux d'Afrique, et de l'absence de systèmes de gestion des eaux usées.

Rapport mondial des Nations unies sur la mise en valeur des ressources en eau, 2018.

Cours 2

En transition vers une nouvelle culture de l'eau ?

Comment éviter les tensions et gérer l'eau durablement ?

CHIFFRES

Consommation d'eau
dans le monde
(en %)

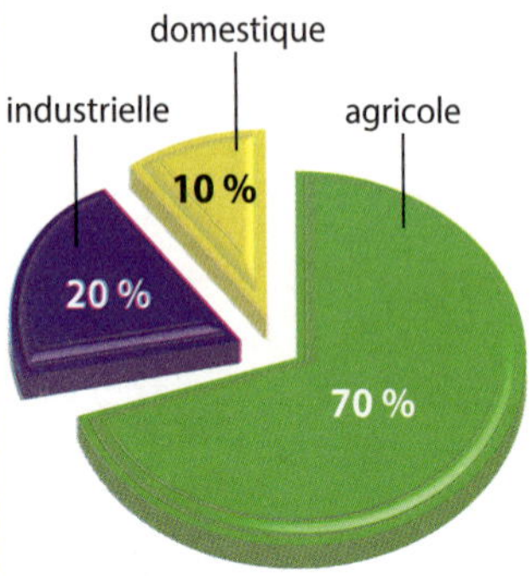

NOTION

Gestion durable

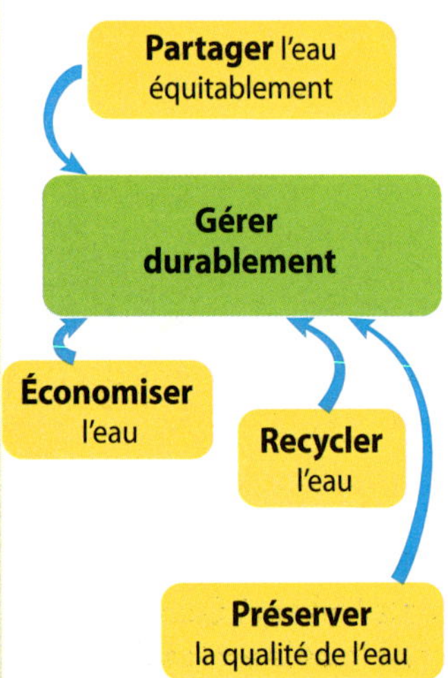

A. Économiser l'eau pour réduire la pression

- **La « gestion par l'offre », en augmentant les ressources disponibles par de nouveaux aménagements,** accentue la pression sur l'environnement. La « gestion de la demande » est privilégiée pour une gestion durable de l'eau.
- **Dans l'agriculture, principale consommatrice d'eau dans le monde,** de nouvelles méthodes d'irrigation, comme le goutte-à-goutte, améliorent la productivité par m³ d'eau utilisé. Combinées à la hausse progressive des prix de l'eau qui conduit à modérer l'utilisation, elles sont à l'origine d'une « **révolution bleue** » qui permet de produire davantage sans nouvelles infrastructures. → Étude de cas p. 70
- **Dans les villes, deux moyens incitent à réduire la consommation :** l'éducation des consommateurs et la hausse des prix de l'eau. Il est aussi possible de baisser encore les prélèvements en recyclant les eaux usées **[doc. 3]**. Dans les villes des pays développés, les résultats ont été impressionnants : la consommation par habitant est en baisse presque partout. → Étude de cas p. 72

B. Coopérer pour résoudre les tensions

- **Cependant, ces changements seront insuffisants sans une meilleure gouvernance de l'eau.** Au niveau local, celle-ci passe par la mise en place d'associations d'usagers de l'eau et une **gestion intégrée** dans le cadre d'agence de l'eau* en France **[doc. 5]**. Au niveau international, des organismes transfrontaliers, comme la commission du Mékong **[doc. 4]**, réussissent à faire dialoguer les États riverains, même autour de fleuves aux ressources très disputées. La gestion de l'eau devient plus souvent une source de coopération que de conflits. → Carte enjeux p. 69
- **La solidarité locale, mais aussi internationale, est indispensable** pour résoudre les problèmes de l'eau. Leur solution demande en effet un effort de financement massif pour adapter les techniques et les modes de gestion à des situations diverses. Les aides financières et technologiques de la part des pays riches, et la coopération locale, s'imposent pour réaliser les projets qui permettront l'accès de tous à l'eau.

C. Préserver la qualité d'une ressource irremplaçable

- **La lutte contre les pollutions agricoles exige un travail sur le long terme** car les polluants ont été dispersés depuis plusieurs dizaines d'années. Des changements des modes de production et des pratiques agricoles, avec une meilleure utilisation des fertilisants et des pesticides, la restauration des zones humides (qui jouent le rôle de filtre naturel) s'avèrent efficaces notamment en Europe. **[Doc. 5]**
- **Depuis les années 1970, dans les pays développés, des mesures ont été prises pour traiter les rejets** industriels et les effluents urbains. Grâce aux systèmes d'assainissement, la qualité de l'eau rejetée s'est ainsi notablement améliorée. En revanche, dans les pays en développement, le manque d'accès à un réseau d'assainissement demeure un problème environnemental et sanitaire majeur. → Dossier p. 78

Définitions

Révolution bleue
Augmentation de la productivité agricole grâce à l'exploitation durable des ressources en eau, respectueuse de l'environnement.

Gestion intégrée
Gestion qui rassemble les usagers et acteurs de la ressource œuvrant dans un même bassin-versant pour qu'ils se concertent sur les usages à privilégier et les actions à entreprendre pour la préserver.

* Lexique p. 284

3 ▶ Ne plus gaspiller les eaux usées

L'ONU préconise le recyclage des eaux usées, dont 80 % sont rejetées dans l'environnement sans épuration au niveau de la planète

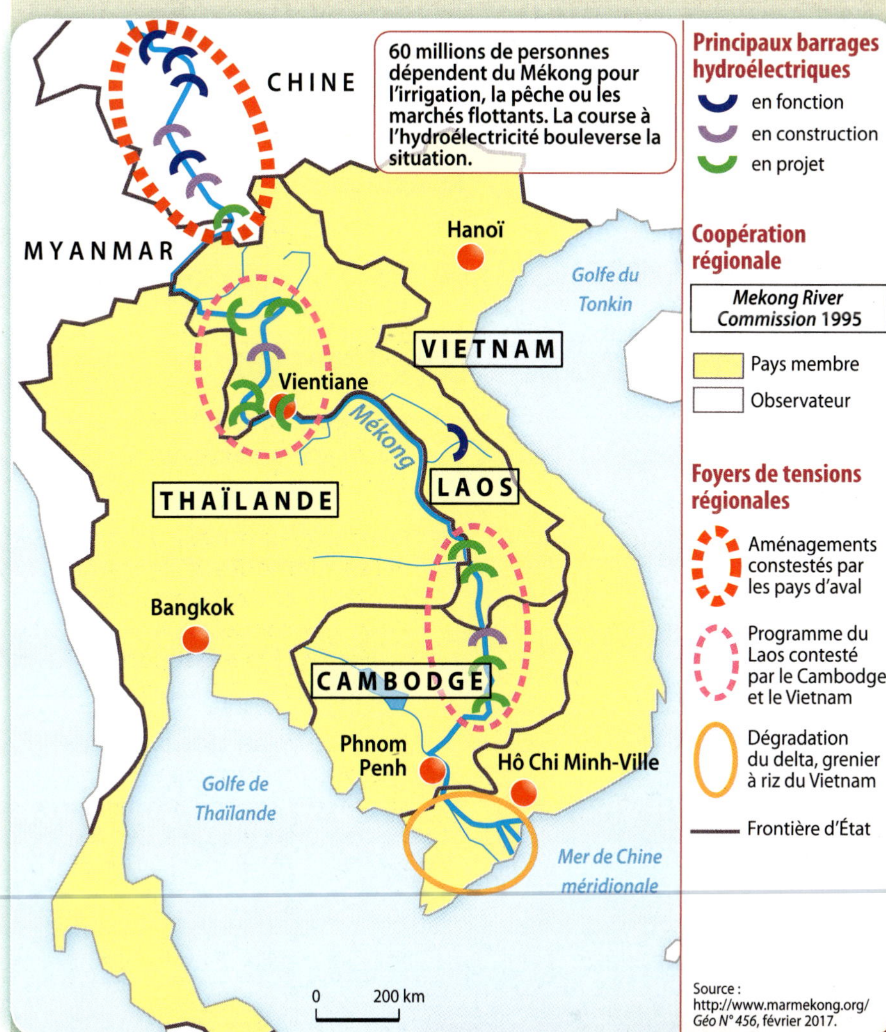

4 ▶ Coopération ou tensions pour utiliser l'eau du Mékong ?

Doc clé

Analyse d'une carte

Lire la carte

1. Où se situe le Mékong ? Combien de pays sont intéressés par l'eau du fleuve ?
   → *Utilisez les **Repères spatiaux** p. 18.*
2. Pourquoi le Mékong est-il vital pour la région ?
3. Pourquoi la multiplication des barrages hydroélectriques peut-elle entraîner des tensions pour l'eau ?
4. Une structure de coopération existe-t-elle entre ces pays ? A-t-elle permis d'éviter les tensions ?

Comprendre la carte

5. Montrez que le partage équitable des eaux entre plusieurs pays riverains est un enjeu important.
   → *Utilisez la **carte** enjeux 3 p. 69.*

5 ▶ Restaurer les zones humides pour protéger la ressource en eau

Les zones humides sont des terres recouvertes d'eau, en surface ou à faible profondeur, de façon permanente ou temporaire. Il existe une grande diversité de zones humides : estuaires, étangs, marais, tourbières, prairies humides ou encore, en outre-mer, lagons et mangroves.

Les zones à dominante humide constituent de véritables éponges à l'échelle d'un bassin-versant. Elles protègent donc des crues, et sont un allié indéniable dans la lutte contre les inondations. Véritables « filtres naturels », les zones humides épurent l'eau des matières minérales et organiques. Elles participent ainsi à l'amélioration de la qualité de l'eau des rivières ou encore des eaux souterraines. D'un point de vue écologique, les zones humides sont des milieux naturels très riches en espèces animales ou végétales. Elles sont, enfin, le support de nombreuses activités économiques et touristiques.

Les zones humides jouent donc un rôle essentiel pour l'aménagement durable du territoire et la gestion équilibrée de la ressource en eau. C'est pourquoi, depuis 2001, l'Agence de l'eau Artois-Picardie mène une politique de préservation de ces milieux.

« Les zones humides protègent notre eau et notre biodiversité », *Agence de l'eau Artois- Picardie*, 6 octobre 2017.

DOSSIER POUR APPROFONDIR

LA RÉPUBLIQUE DÉMOCRATIQUE DU CONGO :

l'eau, question vitale dans un pays riche en eau

- Malgré d'abondantes ressources en eau douce, accéder à l'eau potable n'est possible que pour 51 % en moyenne des 81 millions d'habitants de la RDC et seulement 29 % en ce qui concerne l'assainissement.
- La gravité de la situation en zone rurale (31 % des habitants ont l'accès à l'eau potable) où vit plus de la moitié de la population, requiert d'énormes efforts dans un pays pauvre et en forte croissance démographique.

Comment assurer l'accès à l'eau potable dans les villages ?

1 ▶ Une nouvelle pompe d'eau potable au cœur du village de Lubinda
Le programme national de l'UNICEF « École et Village assainis » a permis à plus de mille villages – dont Lubinda, au Sud-Est du Congo – d'accéder depuis 2016 à l'eau potable. Régulièrement touchée par les épidémies de choléra, la région a été considérée comme prioritaire par l'UNICEF.

▶▶ Vidéo

Reportage

Lubinda dit au revoir au choléra
UNICEF-RDC, 3'40", juillet 2016
www.lienmini.fr/geo2-39

Fiche d'étude vidéo imprimable
www.lienmini.fr/geo2-40

2 ▶ La question de l'eau et de l'assainissement

La République Démocratique du Congo (RDC) dispose de plus de 50 % des réserves en eau du continent africain. Malgré ce fabuleux potentiel, 81 % de la population a accès à une source d'eau potable en milieu urbain, contre seulement 31 % en milieu rural. Parallèlement, la malnutrition chronique touche 43 % des enfants de 0 à 5 ans. La malnutrition résulte de causes multiples dont le faible accès à l'eau potable et à des services d'assainissement. De manière plus générale, l'accès à l'eau de qualité et à des conditions sanitaires et d'hygiène adéquates permettent la prévention de multiples autres maladies d'origine hydrique.

Par ailleurs, la situation de conflits dans certaines provinces facilite la propagation des maladies d'origine hydrique, en raison de mouvements de population importants. L'arrivée des déplacés dans des communautés d'accueil avec un faible taux d'accès à l'eau potable augmente la pression sur les ressources disponibles. Le choléra et la malnutrition chronique sont endémiques* en RDC.

L'UNICEF contribue à l'amélioration de la couverture en eau potable et des services d'assainissement et d'hygiène, avec l'appui financier de ses donateurs. Depuis 2008, le programme national appelé « École et Village assainis »[1] a permis à 7 280 497 personnes et 983 212 écoliers de bénéficier de services eau, hygiène et assainissement améliorés dans 8 759 villages et 2 370 écoles certifiés assainis. Cela représente environ 10 % de la population rurale congolaise.

Fiche d'information RDC, UNICEF, janvier 2018.

1. Partenariat entre le gouvernement congolais, l'UNICEF et un ensemble d'ONG soutenues par l'aide au développement international américaine (USAID) et britannique (UKAID).

3 ▶ Comment devenir un « village assaini »

La couverture du guide pose la première condition : les habitants doivent être volontaires, organisés, pour réaliser les objectifs du village assaini, ce que le médecin-chef de la zone de santé devra attester.

4 ▶ Un territoire riche en eau renouvelable

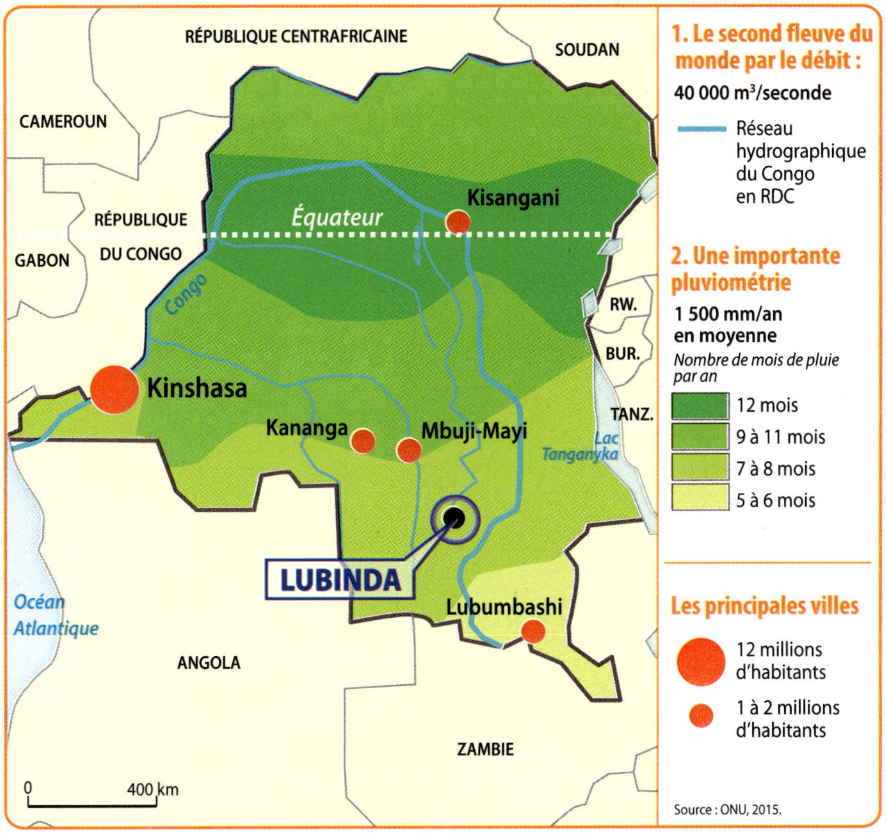

Prolonger le cours

Documents 1, 2 et vidéo

1. Pourquoi la question de l'accès à l'eau potable et à l'assainissement est-elle cruciale dans les villages de RDC ?

Documents 2, 4 et vidéo

2. La crise de l'eau est-elle due à des ressources insuffisantes ou à d'autres facteurs ?

Documents 1, 2, 3 et vidéo

3. Comment le gouvernement congolais essaie-t-il d'améliorer la situation dans les villages ?

Documents 1 et 2

4. Quel est le bilan de l'action de l'UNICEF et de ses partenaires ?

SYNTHÈSE

Montrez que la gestion durable de l'eau ne dépend pas que des ressources, mais aussi d'une combinaison d'autres facteurs.

CAPACITÉS ET MÉTHODES DU LYCÉE

CAPACITÉS
- Identifier et évaluer les ressources pertinentes en histoire-géographie
- Utiliser le numérique pour réaliser des cartes, des graphiques, des présentations

6/ Utiliser des ressources numériques

Exploiter les ressources

• Vérifiez que le site consulté fournit des informations fiables.

• Géoportail

https://www.geoportail.gouv.fr

Le site donne accès à des **informations géographiques de référence**.

Ce sont des données fiables et remises à jour régulièrement. Le site offre de multiples ressources (photos aériennes, cartes à toutes les échelles…) et informations géographiques variées (sites protégés, zones à risques…).

• **Pour le Chapitre 4 - La France, des milieux métropolitains et ultramarins entre valorisation et protection**

➔ Exemple d'exploitation d'une **carte** : Les zones protégées de Guyane
https://www.geoportail.gouv.fr/donnees/zones-naturelles-dinteret-ecologique-faunistique-et-floristique-znieff-type-i
→ Réalisez un **croquis**, proposez un titre et une légende structurée.

• Géoimages

https://geoimage.cnes.fr/fr

Le site fournit **des ressources à partir d'images acquises par des satellites**.

Chaque image est libre d'accès et téléchargeable. Toutes les ressources, accompagnées de commentaires et réalisées par des professeurs ou des chercheurs, facilitent l'analyse.

• **Pour le Chapitre 10 - La mondialisation du tourisme**

➔ Exemple d'exploitation d'une **image satellite** : Les Seychelles, un archipel touristique dans l'Océan indien
https://geoimage.cnes.fr/fr/les-seychelles-un-archipel-touristique-dans-locean-indien
→ Lors d'un **exposé oral**, analysez l'image et présentez ses caractéristiques à l'aide des zooms et des commentaires.

• Le « Dessous des cartes » (Arte TV)

https://www.arte.tv/fr/videos/RC-014036/le-dessous-des-cartes/

L'émission décrypte **les enjeux du monde contemporain** au moyen de cartes géographiques. Chaque vidéo (12 minutes environ) propose une animation cartographique et des commentaires sur un lieu et un thème géographique précis.

Exemple de thèmes : • Inde : rêve de puissance ? • Mexico : les limites du gigantisme • Des océans sans poissons ?…

• **Pour le chapitre 9 - Des migrations internationales croissantes**

➔ Exemple d'exploitation d'un **documentaire** : Migrations intra-africaines
https://www.arte.tv/fr/videos/067846-025-A/le-dessous-des-cartes/
→ Réalisez une **fiche de révision**, notez les principales idées, les statistiques et les pays cités.

Mémo pour utiliser des ressources numériques
- Sélectionnez uniquement les informations qui répondent à votre sujet.
- Vérifiez la fiabilité des informations trouvées sur les sites.
- Retenez des documents pertinents pour illustrer votre travail.

7/ Réaliser un exposé oral

CAPACITÉS
- Sélectionner les informations pertinentes par rapport au thème de recherche
- Produire un oral construit et argumenté

Préparez votre exposé

1 Lisez et analysez le sujet

- Définissez le **thème** auquel il se rapporte.
- Cernez la **problématique**.
- **Délimitez** le sujet dans l'espace.

2 Mobilisez vos connaissances

Recherchez les informations nécessaires pour répondre aux questions que pose le sujet de l'exposé.
Pour cela prenez des notes au brouillon à partir :
- de votre manuel de géographie ;
- des ressources du CDI ;
- des documents numériques disponibles sur internet.

3 Classez les informations retenues en 2 ou 3 thèmes formant une réponse au sujet.

1. Organisez les informations en 2 ou 3 parties.
2. Écrivez des notes courtes bien lisibles.
3. Rédigez l'introduction et la conclusion, éléments clés de votre exposé.

Réalisez une fiche de présentation

1re partie : une phrase qui indique le thème traité

1er paragraphe :
– une première phrase qui introduit l'idée du paragraphe ;
– arguments et exemples

Sautez une ligne

2e paragraphe

2e partie : une phrase qui indique le thème traité

1er paragraphe : etc.

Présentez votre exposé

Déroulement
1. Annoncez le sujet de l'exposé et écrivez les titres des 2 ou 3 parties au tableau.
2. Présentez votre exposé en respectant le temps imposé par votre professeur.
3. Répondez aux questions.

4 Produisez un discours clair et organisé

- Indiquez les transitions entre chacune des parties de l'exposé.
- Appuyez-vous sur des informations précises.
- Présentez des photographies, des productions graphiques (cartes, schémas, graphiques...) pour illustrer vos idées.

5 À la fin de l'exposé

- Écoutez attentivement les questions posées par la classe ou le professeur.
- Restez concentré tout au long de l'entretien.
- Proposez des réponses argumentées.

oral – Mémo pour s'exprimer à l'oral
- Maîtrisez votre gestuelle et votre posture.
- Posez votre voix : ne parlez pas trop vite, variez les intonations.
- Gérez votre temps : chronométrez-vous.

Vidéo
www.lienmini.fr/geo2-81
S'entraîner à l'oral

PRÉPARER LE BAC 6

CAPACITÉS
- Lire et comprendre des documents
- Produire un écrit construit et argumenté

Analyser une carte et un graphique

Méthode BAC p. 278-279
Analyse de documents

Sujet Montrez que l'Égypte est à la fois un « don du Nil » et un pays exposé à une grave pénurie d'eau.

Doc. 1 Le Nil, une ressource essentielle pour l'Égypte

Source : David Blanchon, *Atlas mondial de l'eau*, Éditions Autrement, 2017.

Doc. 2 Les ressources en eau

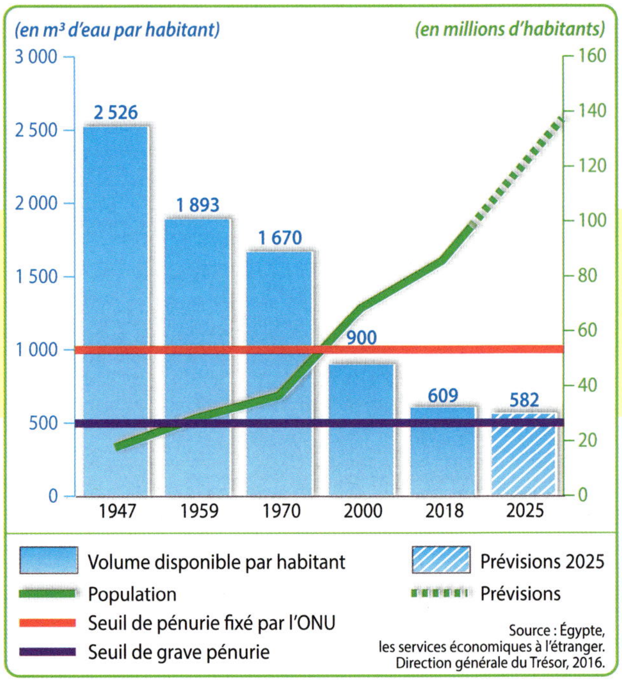

Source : Égypte, les services économiques à l'étranger. Direction générale du Trésor, 2016.

ÉTAPE 1
Identifier les documents

1. Relevez la date et la source de la carte et du graphique.
2. Quel est le type de la carte ? du graphique ?
   → *Utilisez les* ***types de cartes*** *p. 290 et* ***préparer le Bac*** *10 p. 101.*
3. Quelles grandes informations la carte donne-t-elle ? Et le graphique ?

Conseil
- Prêtez attention aux titres des rubriques de la légende, de la carte et du graphique.

ÉTAPE 2
Analyser les documents

▶ **Doc. 1**

4. Quel est le milieu naturel de l'Égypte ?
   → *Utilisez les* ***Repères spatiaux*** *p. 20 et 21.*
5. Quels aménagements ont été réalisés pour exploiter l'eau du Nil ?
6. L'eau du Nil sert-elle uniquement à l'irrigation des cultures ?
7. Pourquoi peut-on dire que « l'Égypte est un don du Nil » ?

▶ **Doc. 2**

8. Pourquoi le volume d'eau disponible par habitant diminue-t-il depuis 1947 ?
9. Dans quelle mesure peut-on parler de pénurie d'eau pour l'Égypte ?

Rédiger la réponse au sujet

À l'aide du travail effectué sur les documents, rédigez la réponse au sujet en utilisant les termes suivants :
- *aménagements*
- *mobilisation de l'eau du Nil*
- *irrigation*
- *conquête du désert*
- *pénurie d'eau*
- *croissance démographique*
- *grandes villes*
- *espaces irrigués*
- *barrages*
- *canal*

PRÉPARER LE BAC 7

Méthode BAC : p. 278-279

Analyse d'un document

CAPACITÉS

- Lire et comprendre un document
- Produire un écrit construit et argumenté

Analyser un texte

Sujet L'eau en Inde : une ressource inégalement accessible

Conseils

- Définissez les termes « conflits d'usage » et « nappes phréatiques ».
  → *Utilisez le **lexique** p. 284.*
- Prêtez attention au titre, il vous donnera l'idée principale développée dans le texte.

Doc. ▶ Inde, la grande menace de l'eau

Bangalore, la troisième ville indienne (11 millions d'habitants) n'est pas construite sur un cours d'eau. Devenue capitale des nouvelles technologies, elle a vu sa population tripler en trente ans.

Pour répondre à des besoins croissants, les autorités pompent depuis trente ans l'eau du Cauvery. Actuellement, 1,4 milliard de litres en sont extraits chaque jour pour étancher la soif de la « Silicon Valley » indienne. Alors que la ressource n'est pas illimitée, cette course en avant fait courir un risque : entraîner des conflits d'usage avec les agriculteurs locaux qui dépendent presque uniquement de ce fleuve pour faire pousser riz, maïs ou canne à sucre.

C'est le cas du village de Kurati Vasur, situé à une trentaine de kilomètres du cours d'eau. Son millier d'habitants n'en reçoit pas une goutte, car à la différence des citadins de Bangalore, aucun système d'irrigation ne les dessert. Leurs champs dépendent uniquement des précipitations. De 2015 à 2017, toute la région a été frappée par une grave sécheresse. Dans le district voisin de Mandya, plus de 2 500 agriculteurs, déjà endettés, se sont suicidés entre 2013 et 2017 pour des raisons directement liées au manque d'eau.

Face à une conflictualité que les changements climatiques vont aggraver, la coopération entre États et entre acteurs pour partager les eaux ne suffira pas. Modérer la consommation d'eau va aussi s'avérer indispensable, surtout dans l'agriculture, qui représente l'essentiel des prélèvements. Qu'il s'agisse des eaux de surface ou des nappes phréatiques, il sera crucial de diffuser des méthodes d'irrigation plus économes et plus efficaces que les actuels systèmes gravitaires, tels que l'aspersion ou le goutte-à-goutte.

Sébastien Farcis, *Alternatives économiques*, n° 381, juillet 2018.

ÉTAPE 1 — Identifier le texte

1. Relevez la date du texte, sa source, son auteur.
2. Lisez attentivement le texte.
   – Localisez Bangalore et le fleuve Cauvery.
   – Quel est le thème général abordé dans le texte ?

Conseil

- La date du texte indique qu'il s'agit d'un problème actuel.

ÉTAPE 2 — Analyser le texte

3. À l'aide des phrases surlignées en jaune, précisez à qui est destinée principalement l'eau du fleuve. Pour quelles raisons ?
4. Relevez, dans les phrases surlignées en vert, les conséquences humaines des problèmes d'accès à l'eau.
5. Quelles solutions sont proposées dans le dernier paragraphe ?

Rédiger la réponse au sujet

À partir du travail effectué sur le texte, rédigez la réponse au sujet en l'organisant en deux paragraphes et en utilisant les mots et expressions proposés :

1er paragraphe : *Une eau inégalement disponible*

Urbanisation • Conflits d'usage • Croissance urbaine • Irrigation • Fleuve Cauvery • Bangalore

2e paragraphe : *Un impératif, gérer l'utilisation de l'eau*

Changement climatique • Partage de l'eau • Méthode d'irrigation • Gérer la demande • Économiser l'eau

PRÉPARER LE BAC 8

Méthode BAC : p. 282-283

Question problématisée

CAPICITÉS

- Utiliser une approche géographique pour construire un argumentaire
- Produire un écrit construit et argumenté

Organiser le plan d'une réponse à une question problématisée

Sujet L'eau : inégalité de répartition et d'accès à la ressource ?

ÉTAPE 1 Comprendre le sujet et définir la problématique

1. Lisez le sujet et réfléchissez aux **deux idées** surlignées dans le sujet.

L'eau : inégalité de répartition et d'accès à la ressource ?

- répartition : Le terme fait référence à la manière dont l'eau est distribuée dans l'espace et le temps. Le sujet indique ici que cette distribution est inégale.
- d'accès à la ressource : L'expression vous invite à vous demander si les populations peuvent toujours aisément se procurer de l'eau.

2. Reformulez **la problématique** posée par le sujet.

ÉTAPE 2 Mobiliser ses connaissances et organiser le plan de la réponse au sujet

3. Sélectionnez les informations nécessaires au traitement du sujet parmi la liste des termes ci-dessous :

☐ Stress hydrique	☐ Sécheresse	☐ Maîtrise de l'eau
☐ Malnutrition	☐ Pénurie d'eau	☐ Gestion de l'eau
☐ Étalement urbain	☐ Cycles de sécheresse	☐ Barrages
☐ Inégal accès à l'eau	☐ Zone industrielle	☐ Aménagements hydrauliques
☐ Énergie renouvelable	☐ Accessibilité	☐ Espérance de vie
☐ Ressources fossiles	☐ Écosystèmes	☐ « Révolution bleue »

4. Reproduisez le tableau et classez les informations retenues autour **des deux thèmes** correspondant **aux deux parties de la réponse au sujet**. Illustrez les principales idées par des **exemples**.

1re partie	2e partie
Titre :	**Titre :** ....
Idée 1 : *Une répartition inégale…* Exemples : .... **Idée 2 :** *Une ressource … dans le temps* Exemples :	**Idée 1 :** *Un accès à l'eau qui dépend…* Exemples : .... **Idée 2 :** *L'accès à l'eau potable…* Exemples : ....

5. Attribuez les titres suivants aux **deux parties du devoir** et inscrivez-les dans le tableau :
- *L'eau, une ressource inégalement mobilisée par les sociétés*
- *L'eau, une ressource inégalement répartie*

ÉTAPE 3 Rédiger la réponse au sujet

6. Rédigez la réponse au sujet en vous aidant du tableau.

VÉRIFIER SES CONNAISSANCES

Retenir les idées fortes du cours

IDÉE 1

L'eau est une ressource inégalement répartie, inégalement mobilisée et en danger.

1. **Une répartition inégale dans l'espace et dans le temps :**
   - « ceinture de la pénurie » du Maroc au Pakistan ;
   - mois secs de l'été méditerranéen.
2. **Une inégale mobilisation par les sociétés :**
   - 600 millions de personnes dans le monde n'ont pas accès à une eau salubre.
3. **Une ressource menacée :**
   - croissance de la consommation ;
   - surexploitation pour l'irrigation ;
   - pollutions de toutes sortes.

IDÉE 2

Vers une gestion durable de l'eau ?

1. **Coopérer pour un juste partage de l'eau :**
   - tensions et conflits liés à l'eau, mais également nombreuses coopérations autour de cette ressource.
2. **Économiser l'eau :**
   - gérer la demande (recherche d'une gestion durable : « Révolution bleue » dans l'agriculture) ;
   - recycler les eaux usées.
3. **Préserver la qualité de l'eau :**
   - mesures pour limiter les pollutions liées aux intrants.

Réviser

Comprendre la notion clé

La gestion durable de l'eau

1. Comment le dessinateur montre-t-il que l'eau est inégalement répartie sur la planète ?
2. Pourquoi l'action du personnage situé dans l'hémisphère Nord est-elle devenue un problème ?

Dessin de Chappate, *Le Monde*, 2018.

Définir les mots clés

- ☑ Accessibilité
- ☑ Aménagement hydraulique
- ☑ Révolution bleue
- ☑ Sécheresse
- ☑ Stress hydrique

Mobiliser ses connaissances

Justifier à l'aide d'exemples

1. Certains pays sont exposés à de longues périodes sèches entraînant des pénuries alimentaires.
→ ***Cours 1*** *p. 74*
2. De nouvelles techniques permettent de mieux gérer la ressource en eau.
→ ***Cours 2*** *p. 76*
3. Le partage de l'eau est source de tensions internationales.
→ ***Cours 2*** *p. 76*

Répondre aux questions

4. En quoi consiste l'accessibilité de l'eau ?
→ ***Cours 1*** *p. 74*
5. Citez deux pays en situation d'insécurité hydrique.
→ ***Cours 1*** *p. 74*
6. Pourquoi l'utilisation des ressources en eaux fossiles pose-t-elle problème ?
→ ***Cours 2*** *p. 76*

System Change
not
Climate Change
AEG

CHAPITRE 3.2

La transition énergétique pour préserver l'environnement

De la problématique du document…

Quelles énergies utiliser pour éviter le changement climatique ?

1. Localisez la photographie.
2. Quelle est la ressource énergétique exploitée sur le site ?
3. Quelles sont les conséquences environnementales de cette exploitation ?
4. Que demandent les manifestants ?

… aux problématiques du chapitre

> **Comment les besoins énergétiques des sociétés sont-ils satisfaits dans le monde aujourd'hui ?**

> **Comment gérer les ressources énergétiques pour assurer le développement durable des sociétés ?**

« Changer le système, pas le climat »
Manifestation sur le site de la mine de lignite de Garzweiler, en Allemagne, le 5 novembre 2017

Garzweiler est l'une des principales mines de la Ruhr qui alimente en lignite* des centrales électriques thermiques. L'Allemagne est le premier producteur mondial de ce combustible fossile peu profond, plus polluant que le charbon par ses émissions de particules fines* et de gaz à effet de serre*.

Cartes
Enjeux

Pourquoi faut-il gérer l'énergie autrement ?

1 Une consommation mondiale d'énergie croissante, des consommations inégales

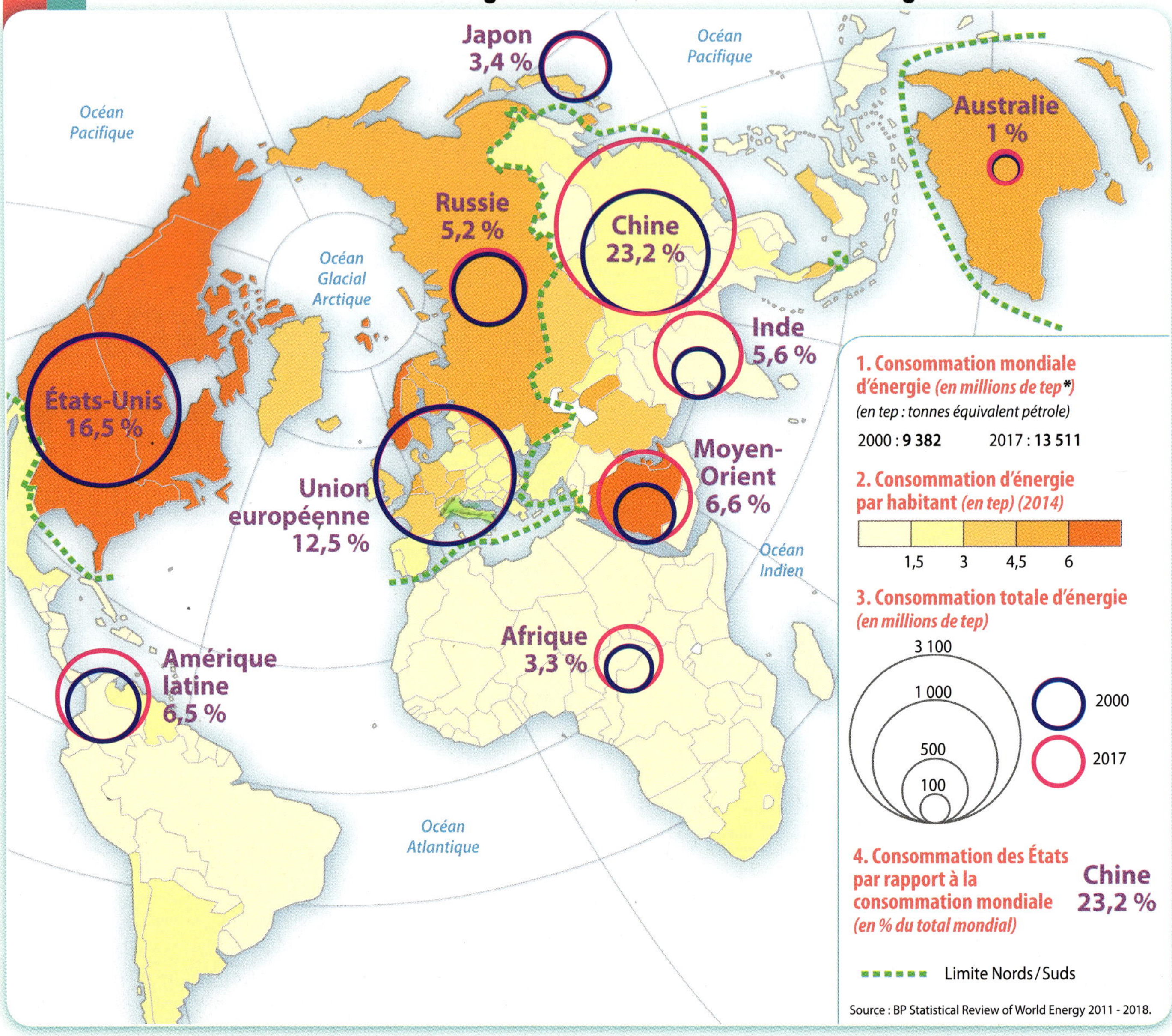

Analyser les cartes

Carte 1

1. Quels sont les principaux consommateurs d'énergie en 2017 ?
2. Comment la consommation mondiale et celle des principaux États ont-elles évolué entre 2000 et 2017 ?

Carte 2

3. Quelles ressources énergétiques sont principalement consommées ?
4. Quelles différences peut-on observer entre les types de consommations des États ?

Carte 3

5. Quels sont les principaux émetteurs de CO_2 en 2017 ?
6. Montrez les évolutions différentes des États dans les émissions de CO_2 entre 2000 et 2017.

Mettre les cartes en relation

À travers ces cartes, pourquoi une autre gestion de l'énergie semble-t-elle nécessaire pour répondre aux besoins des populations du monde tout en préservant l'environnement ?

Cartes interactives
www.lienmini.fr/geo2-41

2 Des ressources non renouvelables dominantes dans le monde

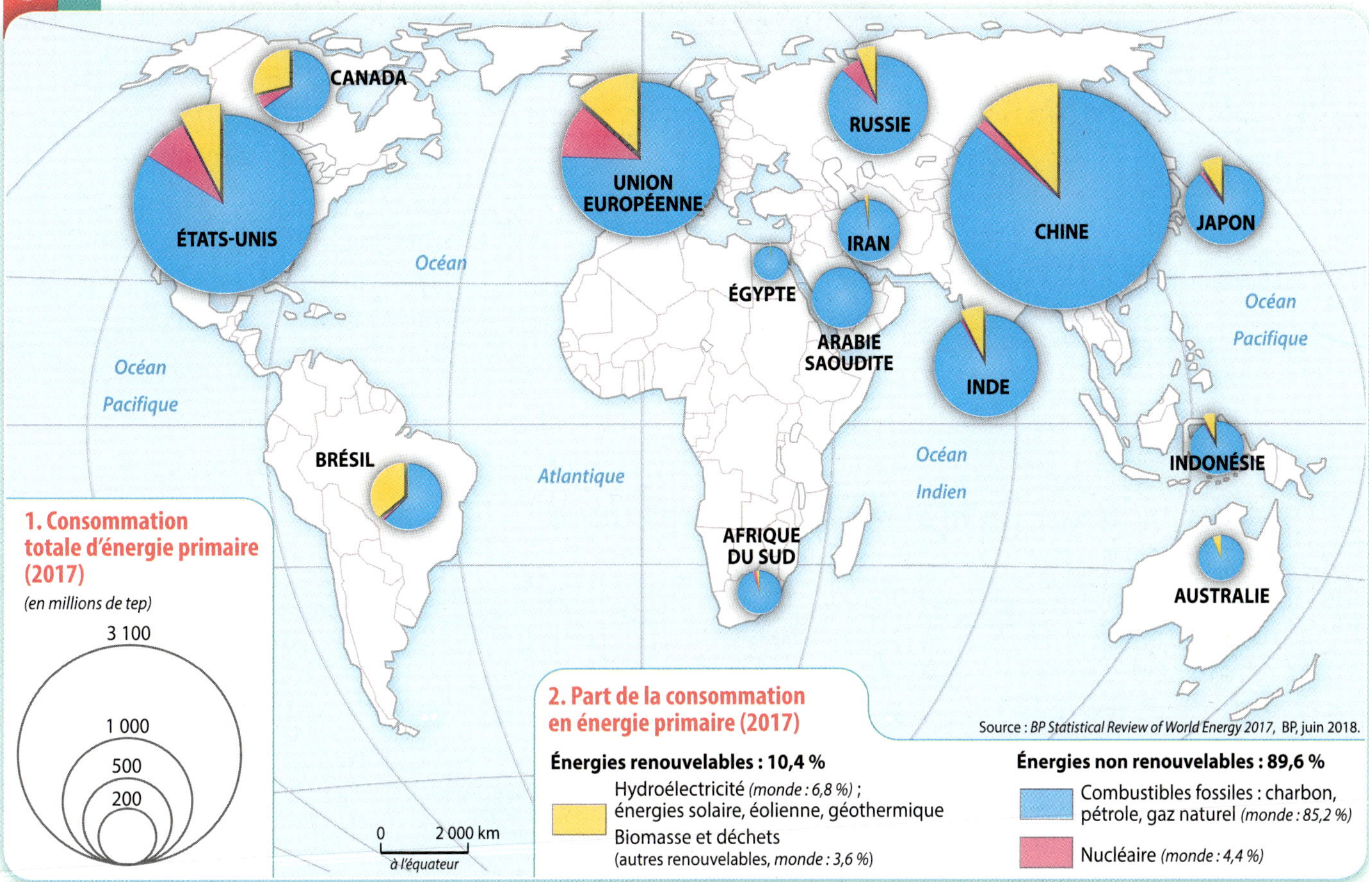

3 Des émissions mondiales de CO_2 croissantes et nocives pour l'environnement

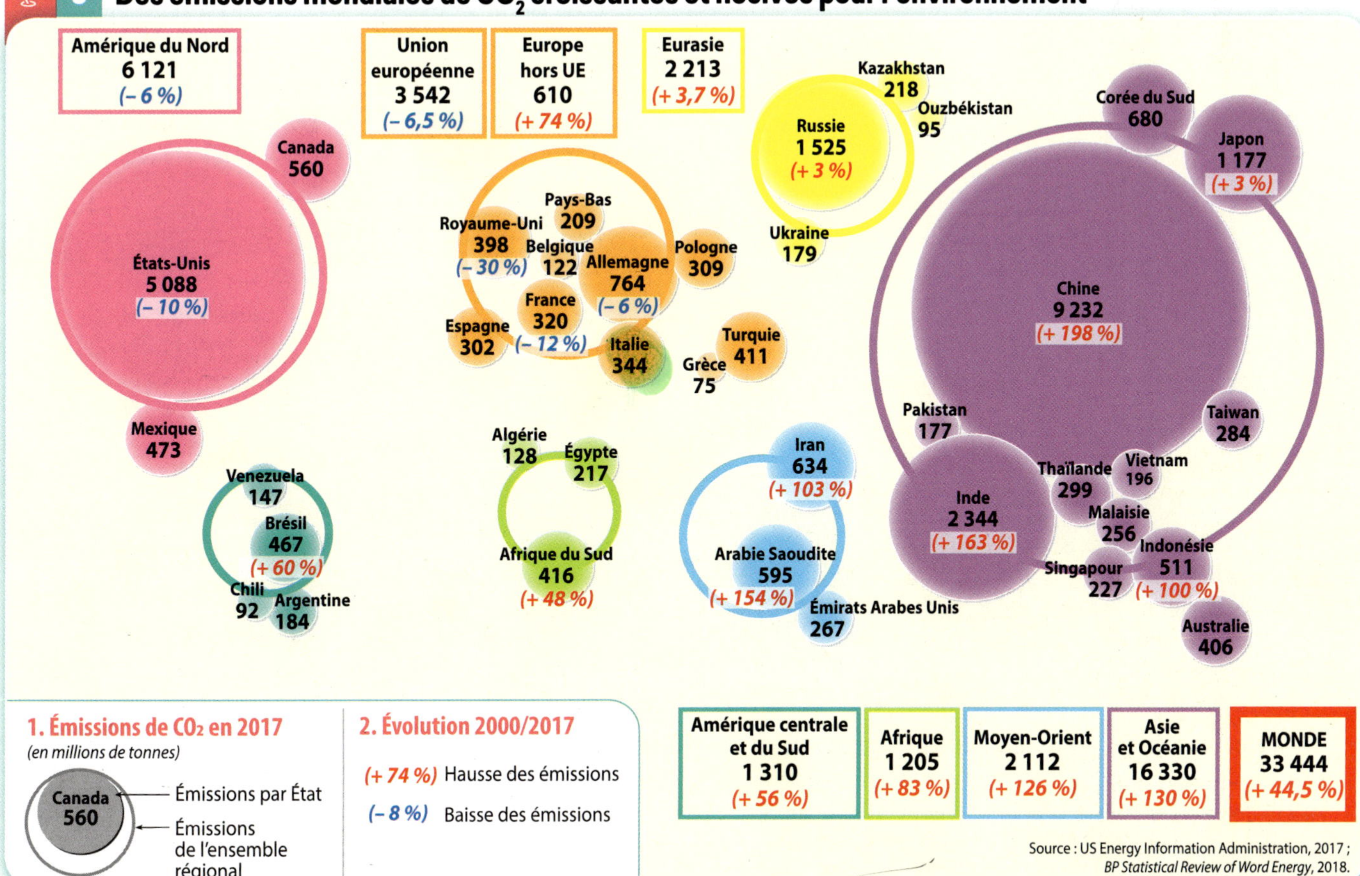

ÉTUDE DE CAS

L'Allemagne peut-elle réussir rapidement sa transition énergétique ?

A Très dépendante du charbon et du lignite, l'Allemagne s'est engagée en 1998 plus radicalement que ses voisins dans la voie de la transition énergétique* et, à partir de 2011, dans le retrait accéléré du nucléaire.

B Le bilan actuel de ce tournant énergétique est assez mitigé et soulève des questions sur la poursuite de la révolution énergétique.

A Un pays pionnier de la transition énergétique

1 ▶ La colline de l'énergie, symbole de la transition énergétique à Hambourg
Ouverte au public depuis 2013, cette colline verte de 40 mètres de hauteur est un lieu de production d'énergies renouvelables et d'information pour les visiteurs. Cet ancien site d'enfouissement de déchets a été progressivement aménagé, à partir des années 1980, afin de récupérer le méthane de l'ancienne décharge et produire de l'électricité verte pour 4 000 foyers grâce au vent et au soleil.

2 ▶ Trois grands objectifs pour 2050

Dès septembre 2010, le gouvernement allemand a publié une feuille de route énergétique pour le pays à l'horizon 2050. Celle-ci reposait, entre autres, sur trois grands objectifs particulièrement ambitieux :

– une réduction de 50 % de la consommation d'énergie primaire* par rapport à 2008 ;

– une augmentation de la part des énergies renouvelables pour atteindre 60 % de la consommation d'énergie finale ;

– une réduction des émissions de gaz à effet de serre* de 40 % d'ici à 2020, de 55 % d'ici à 2030 et de 80 % à 95 % d'ici 2050, par rapport à 1990.

Trois mois après l'accident de Fukushima, l'Allemagne a décidé une sortie définitive du nucléaire d'ici 2022. Le gouvernement a parallèlement pris une série de mesures privilégiant l'essor des énergies renouvelables, soutenues par des tarifs de rachat garantis.

« Le tournant de la transition énergétique allemande ? », connaissancedesenergies.org, 29 mai 2013.

3 ▶ La promotion mondiale de la transition énergétique allemande

Traduction : « La transition énergétique en Allemagne : exposition itinérante ».

Exposition organisée à Islamabad, au Pakistan, dans le cadre du partenariat sur les énergies renouvelables entre les deux pays. L'exposition parcourt le monde en différentes langues.

4 ▶ « Sortir du nucléaire maintenant »

Après la catastrophe de Fukushima en 2011, de nombreuses manifestations dans les grandes villes allemandes ont réclamé la fermeture des centrales.

Traduction : « Sortons du nucléaire maintenant » ; « Pas de nucléaire chez moi » ; « Éteignez maintenant »

Dessin de Piero Masztalerz sur la sortie du nucléaire allemand, 12 octobre 2012.

Analyser et confronter les documents

Documents 1, 2, 3 et 4

1. Quels sont les grands objectifs de la transition énergétique ? Quelles énergies doivent être désormais favorisées ?

Documents 2, 4 et vidéo

2. Quelles raisons ont amené l'Allemagne à vouloir accélérer et amplifier sa transition énergétique ?

Documents 1 et 3

3. Quelle est l'attitude de l'Allemagne vis-à-vis du reste du monde en ce qui concerne la transition énergétique ?

▶ **CONCLURE**

En quoi l'Allemagne s'est-elle engagée dans une transition énergétique ambitieuse ?

B Une transition plus longue et difficile que prévue

5 ▶ 15 000 personnes rassemblées à Berlin en faveur du charbon

« Nous nous défendons » tel est le slogan des mineurs du bassin rhénan. Selon eux, une sortie rapide du charbon serait catastrophique économiquement et socialement pour des régions entières.

6 ▶ Un pari perdu pour 2020 ?

Berlin ne tiendra pas son objectif de réduire de 40 % ses émissions d'ici à 2020. La situation est cependant en train de changer : la « commission charbon » est arrivée à un consensus. La fin du charbon devrait intervenir en 2038, si les conditions le permettent. Des capacités de production parmi les plus polluantes seront arrêtées d'ici à 2022.

Un virage important difficile à mettre en œuvre, tant les conséquences économiques seront importantes. Cela aura aussi des conséquences climatiques : l'Allemagne aura besoin de construire des centrales à gaz, émettrices de CO_2, pour pallier la production intermittente de l'éolien et du solaire.

D'après Nabil Wakim « En Allemagne, la sortie rapide du nucléaire freine la réduction des émissions », *Le Monde*, 2 février 2019.

7 ▶ Principales sources d'énergie primaire consommées en 2010 et 2017

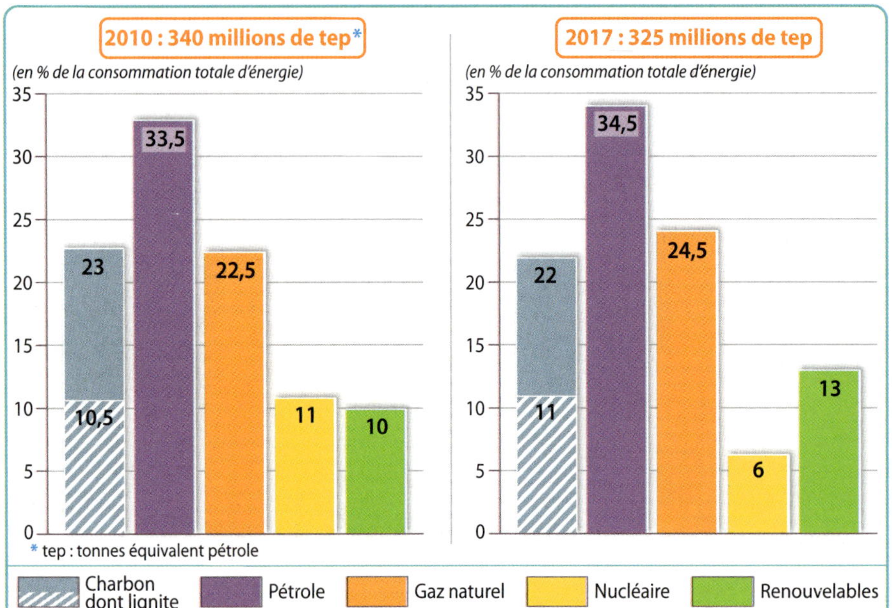

Source : Tableaux d'évaluation du bilan énergétique 1990-2017, AGEB, Berlin, 2018.

Analyser et confronter les documents

Document 5 et vidéo

1. Quelles sont les limites des choix énergétiques allemands révélées par ce document ?

Documents 6 et 7

2. Quel objectif majeur pour 2020 risque d'être manqué ? Pourquoi ?
Calculez la part totale des énergies fossiles en 2010 et 2017.

Documents 2, 4, 7 et vidéo

3. En comparant 2010 et 2017, quels changements peut-on noter par rapport aux objectifs annoncés ?

▶ CONCLURE

Quels défis l'Allemagne doit-elle encore relever pour réussir sa transition énergétique ?

Pour mettre en perspective à l'échelle mondiale

La réussite de la transition énergétique est un objectif majeur pour préserver l'environnement.

- **Quelles sont les tensions autour de la gestion de l'énergie aujourd'hui ?** → Cours 1 p. 94
- **Quelles sont les stratégies pour une gestion durable de l'énergie dans le monde ?** → Cours 2 p. 96

Vidéo
LCI, 3'42", 2018
www.lienmini.fr/geo2-42

Reportage

L'Allemagne, un pays dépendant du charbon

L'Allemagne est championne d'Europe des énergies renouvelables, mais aussi un des pays européens les plus pollueurs. La raison en est l'exploitation du charbon qui a été maintenue, voire relancée, après la décision de fermer les centrales nucléaires. Le défi reste de fermer également les centrales à charbon.

Après la mine de Bottrop, le reportage présente la carrière de Welzow, proche de Proschim, et ses excavatrices géantes permettant d'extraire le lignite.

À propos du reportage

- Le reportage présente deux régions charbonnières : la Ruhr à l'Ouest, où la dernière mine de charbon prépare sa fermeture fin 2018, et la Lusace à l'Est, où l'exploitation du lignite se poursuit.
- Bottrop (120 000 habitants) est situé au cœur de la Ruhr, premier bassin charbonnier et industriel né au XIXe siècle. Une centaine de mines y étaient encore en activité à la fin des années 1950.
- Proschim (environ 350 habitants) est proche de la plus grande mine de lignite de Lusace, second bassin minier d'Allemagne situé à 150 km de Berlin.
- En janvier 2019, l'Allemagne a annoncé la fin possible du charbon vers 2038, 2035 au plus tôt.

Décrypter la vidéo

Réfléchir à la présentation et à l'organisation de la vidéo

1 Présentez le document.
2 Comment est-il construit ? Identifiez les différentes séquences.

Comprendre la vidéo

3 Dans quelles conditions le charbon est-il extrait à Bottrop ? Que va devenir la mine après sa fermeture ?
4 Pour quelles raisons n'était-il pas facile de fermer la mine ?
5 Pourquoi peut-on dire que l'activité minière est très différente en Lusace ? Quelles sont les conséquences environnementales ?
6 Qu'est-ce que le lignite ? Quelles sont les conséquences de sa combustion dans les centrales thermiques ?
7 Pourquoi n'est-il pas facile d'arrêter cette activité minière ?

Conclure

Dans les deux cas, quels facteurs ralentissent la transition énergétique malgré les conséquences environnementales ?

Fiche d'étude vidéo imprimable
www.lienmini.fr/geo2-43

Cours 1

Des sociétés énergivores

Comment les besoins énergétiques des sociétés sont-ils satisfaits dans le monde d'aujourd'hui ?

CHIFFRES

Consommation mondiale d'énergie

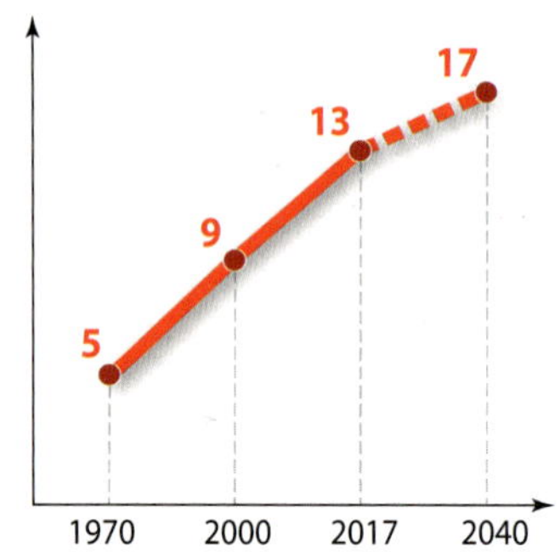

A. Des besoins énergétiques croissants

- **La consommation mondiale d'énergie augmente fortement** (+72 % entre 1990 et 2017). Les niveaux de production sont énormes (4,5 milliards de tonnes de pétrole) et les exploitants puisent dans une grande diversité de sources **d'énergies, non renouvelables** à 90 % aujourd'hui (hydrocarbures, charbon, minerai d'uranium). [doc. 3] → Cartes enjeux 1 et 2 p. 88-89 ; étude de cas p. 90
- **L'énergie fait fonctionner les systèmes productifs***, notamment industriels (chimie, sidérurgie, automobile). Elle permet également aux populations de couvrir leurs besoins énergétiques et de se déplacer. [doc. 2]
- **Cette forte consommation est stimulée par la transition urbaine***. Plus d'un habitant du monde sur deux vit à présent dans des villes qui polarisent activités et flux. **L'émergence** des pays des Suds augmente aussi la demande d'énergie. Ceux-ci consomment aujourd'hui 58 % de l'énergie mondiale. → Carte enjeux p. 88

B. Des approvisionnements énergétiques vitaux

- **La sécurisation des approvisionnements est un enjeu majeur** pour les États en situation de **dépendance énergétique**. L'Union européenne importe plus de la moitié de sa consommation d'énergie et les crises du gaz de la fin des années 2000 ont souligné sa vulnérabilité lorsque la Russie, principal fournisseur, a interrompu ses livraisons vers l'Europe.
- **Les pays dépendent ainsi du marché mondial de l'énergie** qui s'articule autour de grands pays exportateurs, regroupés pour certains dans des organisations de producteurs pour contrôler le marché (**OPEP*** pour le pétrole depuis 1960). De puissantes firmes transnationales* (comme *Exxon-Mobil* aux États-Unis, *Total* en France) assurent la production et la commercialisation de l'énergie. Pour certaines ressources (pétrole, gaz), les cours mondiaux sont fixés dans de **grandes bourses d'échanges*** (New York, Londres).

C. Un système énergétique mondial trop peu durable

- **Sur le plan environnemental,** la consommation d'énergie engendre des pollutions dont des **gaz à effet de serre** responsables du **changement climatique**. Depuis 2000, les rejets de CO_2 liés à l'énergie ont augmenté de 45 %. → Carte enjeux 3 p. 89
- **La production et le transport de l'énergie** génèrent des **risques majeurs**. L'URSS (*Tchernobyl*) et le Japon (*Fukushima*) ont connu des catastrophes nucléaires ; l'extraction du **lignite** dévaste des paysages en Allemagne ; les zones de forte circulation maritime (Manche) et d'exploitation offshore (Golfe du Mexique) sont exposées aux marées noires. → Étude de cas p. 93
- **Sur le plan social, l'accès à l'énergie reste inégalitaire** entre populations des pays riches et celles des pays pauvres [doc. 1]. Mais au sein des pays économiquement avancés, les populations socialement défavorisées sont aussi victimes de précarité énergétique. Un Français sur cinq a ainsi des difficultés à se chauffer.

NOTION

Énergies non renouvelables

Quelles énergies ?
- charbon
- gaz naturel
- pétrole
- minerai d'uranium

Quelles réserves ?
- **épuisement** progressif des **réserves** connues

Définition

Dépendance énergétique

Situation d'un pays qui doit importer une partie plus ou moins importante des ressources énergétiques nécessaires à la satisfaction de ses besoins.

* Lexique p. 284

1 ▶ L'électrification des États africains prend du retard

Le septième objectif de développement durable (ODD)* des Nations unies pourrait être hors de portée. « Garantir l'accès de tous à des services énergétiques fiables, durables et modernes, à un coût abordable » prend du retard dans les pays pauvres. Les 32 États africains qui composent la grande partie de ces 47 PMA* sont en première ligne. À part le Sénégal, dont plus de 50 % de la population dispose d'un accès à l'électricité, tous les autres sont en dessous. Les autres pays en développement, eux, affichent en moyenne un taux de raccordement au réseau de 90 %.

Au total, 580 millions d'habitants, soit 62 % de la population des PMA, n'ont pas accès à l'électricité. Ces habitants se concentrent dans les campagnes puisque 82 % des personnes vivant dans les zones rurales n'ont pas d'électricité. Les investisseurs d'infrastructures électriques se concentrent sur les grandes zones urbaines et les importants centres industriels pour lesquels les coûts des travaux d'équipement sont beaucoup moins élevés que dans les campagnes […].

Richard Hiault, « L'électrification de l'Afrique prend du retard », *Les Échos*, 22 novembre 2017.

2 ▶ Encombrement et pollution dans les rues de Hanoï

Hanoï (Vietnam) rejoint les villes les plus polluées du monde à cause des usines à charbon qui soutiennent la forte croissance économique depuis le début des années 2000 et du boom des deux-roues, principal moyen de déplacement des 8 millions d'habitants de la capitale.

3 ▶ La consommation mondiale d'énergie primaire*

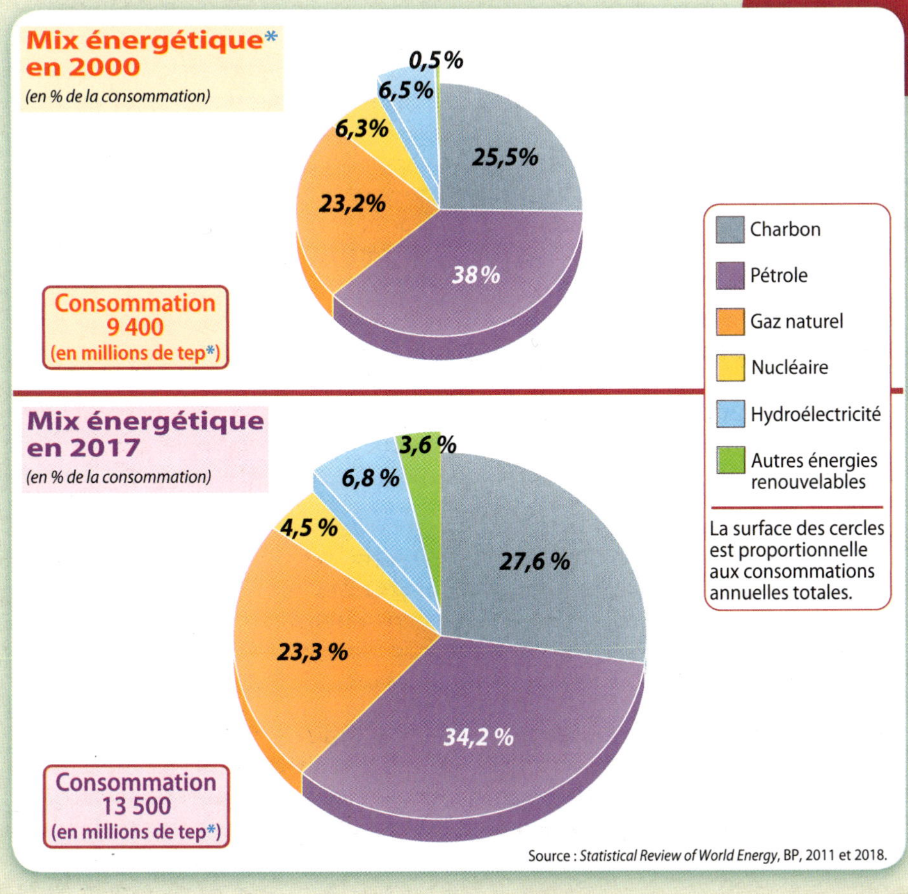

Source : *Statistical Review of World Energy*, BP, 2011 et 2018.

Doc clé

Analyse d'un graphique

Lire le graphique

1. Dans quelle proportion la consommation totale d'énergie a-t-elle évolué depuis 2000 ?
2. Comment a évolué la part des énergies fossiles* durant cette période ?
3. Quelle a été l'évolution des énergies renouvelables ?

Comprendre le graphique

4. La dépendance vis-à-vis des énergies non renouvelables a-t-elle beaucoup changé dans le monde entre 2000 et 2017 ?

→ *Utiliser la* ***Carte enjeux 2*** *p. 89.*

Cours 2

Un monde en transition énergétique ?

Comment gérer les ressources énergétiques pour assurer le développement durable des sociétés ?

CHIFFRES

Émissions mondiales de CO_2

liées à l'utilisation des énergies fossiles en 1990 et 2017 (en milliards de tonnes).

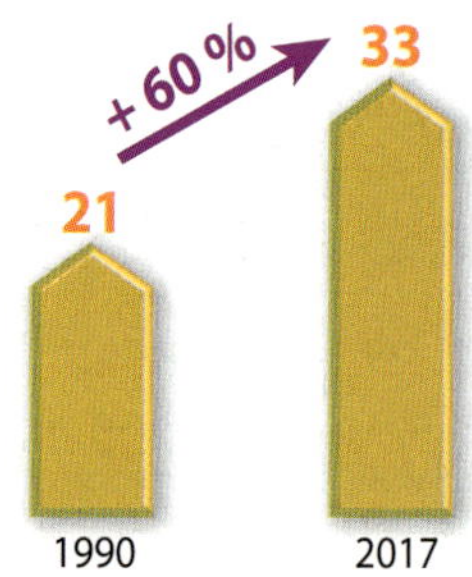

NOTIONS

Transition énergétique

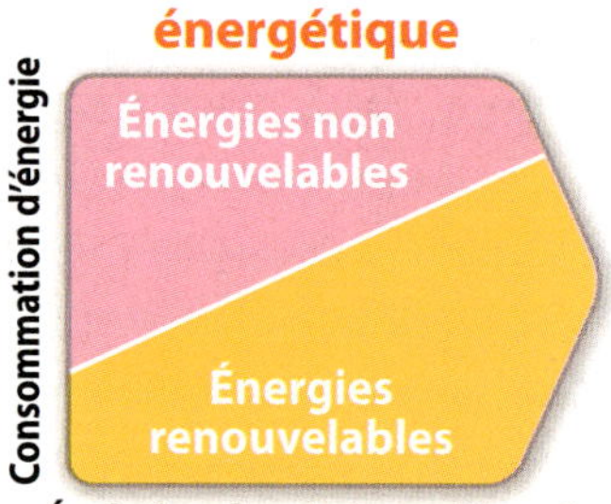

Évolution du mix énergétique*

Énergies renouvelables

Quelles énergies ?

- solaire
- éolien
- hydraulique
- géothermie
- biomasse

Quelles réserves ?

- **sources inépuisables** à l'échelle humaine

A. Une série d'engagements politiques

- **Face à l'urgence du changement climatique**, la plupart des États acceptent le principe d'une gouvernance climatique internationale. Lors de la **COP 21***, organisée à Paris en 2015 par l'ONU, 195 pays se sont engagés à stabiliser le réchauffement du climat en dessous de 2 °C d'ici à 2100 (grâce à la réduction de l'émission des gaz à effet de serre). Cela implique de favoriser les **énergies renouvelables non émettrices de dioxyde de carbone (CO_2)** principal composant des **gaz à effet de serre** responsables du changement. → Carte enjeux 3 p. 89

- **Outre les gouvernements, les collectivités locales jouent aussi un rôle majeur** dans la **transition énergétique**. Aux États-Unis, la Californie vise 100 % d'électricité « propre » en 2045, grâce à l'action de son gouverneur et des maires des grandes aires métropolitaines.

B. Des engagements aux actes, entre Nords et Suds

- **Des pays économiquement avancés, à l'image de la Suède, constituent un modèle à suivre.** 51 % de son énergie est « verte », grâce à l'hydroélectricité ; l'État associe fiscalité « verte » (**taxe carbone***) et incitations financières pour encourager les ménages et les entreprises à choisir des énergies renouvelables. Les villes développent des **écoquartiers*** « propres » et autonomes (bâtiments à énergie positive*). [doc. 4]

- **Dans les pays des Suds, les grandes puissances émergentes** portent aujourd'hui une réelle ambition environnementale. La Chine investit dans les énergies renouvelables dont elle est déjà le premier producteur mondial.

C. Une transition encore imparfaite et incomplète

- **Le mix énergétique* de la planète reste très carboné*** [doc. 3]. Les énergies renouvelables n'assurent encore que 10 % de la consommation mondiale, loin des 40 % espérés vers 2040. Elles doivent faire face à des oppositions. Le Président Donald Trump, soucieux des intérêts des lobbys pétroliers et charbonniers, a retiré son pays de l'accord de Paris en 2017. L'Allemagne peine à renoncer au charbon et au lignite face à ses besoins énergétiques. [doc. 6] ; → Étude de cas p. 92 ; débat p. 98

- **Par manque de moyens, les pays moins avancés* restent dépendants de sources d'énergies polluantes** (bois, charbon) ; une partie de leurs habitants est exclue de l'accès aux autres ressources énergétiques. **Les grandes puissances émergentes**, confrontées à d'immenses besoins énergétiques, associent énergies vertes et énergies polluantes. La Chine, premier émetteur de gaz à effet de serre du monde, produit toujours 45 % du charbon mondial. → Carte enjeux 2 p. 89

- **Enfin, les habitants de la planète eux-mêmes doivent accepter de changer leur comportement énergétique** : lutter contre les gaspillages, privilégier les énergies vertes, emprunter les transports publics dans les grandes villes sont autant de nouvelles pratiques à acquérir qui prouvent que la transition énergétique est l'affaire de tous. [doc. 5]

4 ▶ Hammarby Sjöstadt, écoquartier modèle de Stockholm en Suède

Le quartier privilégie les espaces verts et les pistes cyclables. 60 % des habitants utilisent les transports en commun tous les jours. Grâce aux technologies « vertes », les habitants consomment 30 à 40 % d'énergie en moins que la moyenne suédoise.

5 ▶ La transition énergétique est l'affaire de tous

Dans le cadre de la semaine européenne du développement durable (2017), la ville de Chelles, en Seine-et-Marne, organise la présentation des actions citoyennes afin de généraliser la transition énergétique et de changer les habitudes de consommation.

6 ▶ Les stratégies énergétiques des plus gros pollueurs de la planète

Dessin d'Arendt, *Courrier International*, n° 1388, 14 juin 2017.

En juin 2017, les États-Unis ont annoncé leur retrait de l'accord de Paris dont ils étaient partie prenante. Les États-Unis sont le second pollueur de la planète (16 % des émissions de CO_2 en 2016), derrière la Chine (27 %) et devant l'Union européenne (10 %).

Doc clé

Analyse d'un dessin de presse

Identifier le dessin

1. En observant le dessin, expliquez quelle est la position des États-Unis en matière d'énergie depuis 2017.

2. Quels choix ont été faits par la Chine et l'Union européenne (UE) ? Comment le dessin en rend-il compte ?

3. Pourquoi les divergences entre ces trois acteurs fragilisent-elles l'accord de Paris ?

Comprendre le dessin

4. Pourquoi la transition énergétique est-elle difficile à mettre en œuvre ?

Faut-il implanter des éoliennes en mer ?

Acteur pour

La société *Éoliennes en mer Dieppe Le Tréport*

Maître d'ouvrage du projet, elle a pour actionnaire principal le producteur français d'énergie *Engie* et pour partenaire industriel *Siemens Gamesa*, filiale de la firme allemande *Siemens*.

De l'électricité verte et de nouvelles activités

L'environnement et la pêche préservés

La société *Éoliennes en mer Dieppe Le Tréport* a fait des choix techniques afin de prendre en compte les enjeux environnementaux : des éoliennes de plus grande puissance pour en réduire le nombre et limiter l'emprise du parc, l'impact paysager, les risques de collision et la durée du chantier tout en maximisant l'énergie produite ; l'alignement des éoliennes dans le sens des courants marins, et la création de couloirs de l'ordre de 1 100 mètres de largeur pour assurer le maintien des activités de pêche professionnelle et faciliter également la migration des oiseaux. S'y ajoutent l'enfouissement des câbles sous-marins pour limiter le risque d'accrochage des bateaux de pêche ; des fondations en structure métallique pour réduire l'emprise du parc sur les fonds marins et permettre la création de nouvelles zones d'habitat pour la faune et la flore marines.

Une nouvelle filière

Le parc produira de l'électricité verte pour 850 000 personnes. Le projet doit contribuer au développement d'une filière industrielle française de l'éolien en mer avec la construction de deux usines au Havre pour fabriquer les principaux composants. Le parc alimentera le carnet de commandes de ces usines et mobilisera 700 emplois directs. Il bénéficiera à un ensemble d'entreprises sous-traitantes. *Éoliennes en mer Dieppe Le Tréport* s'est engagée à identifier et à accompagner les entreprises régionales pour qu'elles soient en mesure de répondre aux appels d'offres lancés par elle et *Siemens Gamesa*, fournisseur des éoliennes. La base de maintenance de Dieppe et le centre de contrôle et d'expertise du Tréport entraîneront la création d'emplois locaux directs pendant les 25 ans d'exploitation du parc.

Société *Éoliennes en mer Dieppe Le Tréport*, Dieppe, janvier 2018.

La Région Normandie, la ville du Havre et des associations sont très engagées pour l'éolien en mer

Il s'agit de développer « un pôle industriel européen éolien en mer » en s'appuyant sur les trois projets normands de parcs éoliens en mer.

Je prépare le débat

ANALYSER LES ARGUMENTS D'*ÉOLIENNES EN MER*

1. Présentez l'acteur. Qui le soutient pour aménager le parc éolien en mer ?
2. Comment essaie-t-il de rassurer la municipalité du Tréport et les professionnels de la pêche et du tourisme ?
3. Pourquoi le projet est-il une opportunité pour le développement du Tréport ?

ANALYSER LES ARGUMENTS DE LA MAIRIE DU TRÉPORT

4. Présentez l'acteur. Quels sont ses appuis contre le projet de parc éolien en mer ?
5. Pourquoi le projet est-il destructeur d'emplois pour Le Tréport ?
6. Pourquoi le projet n'est-il pas porteur d'avenir ?

Contexte : en 2018, l'État a confirmé son souhait de voir aboutir les six premiers projets de parcs éoliens en mer. Au Tréport, après l'échec du premier projet, le nouveau consortium formé par Engie, Éoliennes en mer, est confronté depuis 2014 à une opposition locale toujours aussi déterminée.

Mairie du Tréport

Opposée à la localisation du parc éolien dès le premier projet abandonné en 2011, la mairie du Tréport a favorisé la création de l'association *SOS à l'horizon* et soutient les pêcheurs qui s'opposent au projet.

Acteur contre

Un projet destructeur et irréversible

Une catastrophe pour la pêche et le tourisme

L'installation de 62 aérogénérateurs de 210 mètres de haut dans la zone de travail des 240 marins-pêcheurs aurait un impact plus que nuisible sur leur activité puisqu'on y trouve la sole, le turbot, ou la limande. Sachant que la flotte est essentiellement constituée de petits bateaux pratiquant la pêche côtière, un tel projet aboutirait à la disparition d'une partie de la flotte de pêche. Les visiteurs viennent au Tréport pour apprécier, à partir du sommet des falaises, un panorama dégagé, mais c'est avant tout la présence du port de pêche qui les attire. La présence du parc serait aussi préjudiciable à la pratique de la plaisance à proximité du port. Un coup d'arrêt certain pour le tourisme. Le nombre d'emplois locaux détruits serait conséquent, alors que celui des emplois créés serait dérisoire.

Une alternative qui n'est pas crédible

Si l'énergie éolienne n'est pas polluante en elle-même, elle nécessite pour sa mise en œuvre le déploiement de moyens polluants et elle entraîne la destruction des fonds marins. Par ailleurs, les éoliennes ne produisent de l'électricité qu'en période de vent, à condition qu'il y en ait assez, mais pas trop. Il est également utile de s'interroger sur le devenir d'un tel parc quand il ne produira plus.

Cahier d'acteur de la Ville du Tréport, débat public, 24 avril-31 juillet 2015.

Manifestation lors de la réunion du Parc naturel marin, le 20 octobre 2017
En février 2018, l'avis favorable de l'agence française pour la biodiversité a relancé la mobilisation des opposants contre la poursuite du projet.

oral

Le débat

DIVISEZ LA CLASSE EN TROIS GROUPES :

- le 1er groupe argumente en faveur du projet d'aménagement des éoliennes en mer ;
- le 2e groupe s'y oppose ;
- le 3e groupe écoute les arguments et pose des questions.

Chaque groupe élit un porte-parole qui synthétise sa position.

APRÈS LE DÉBAT

À partir du débat, montrez à quelles difficultés le développement des énergies renouvelables est confronté.

PRÉPARER LE BAC 9

CAPACITÉS
- Lire et comprendre des documents
- Produire un écrit construit et argumenté

Méthode BAC p. 278-279
Analyse de documents

Analyser une photographie et un texte

Sujet Le continent africain est-il engagé dans la transition énergétique ?

1 ▶ Exploitation agricole au Kenya

2 ▶ Un fort potentiel solaire

Avec un formidable potentiel d'énergie solaire, les pays africains profitent d'une irradiation solaire deux fois plus forte que l'Allemagne, mais celle-ci dispose d'une puissance photovoltaïque installée 20 fois plus importante que l'Afrique. Dans certains endroits ruraux, seulement 10 % de la population a accès à l'électricité.

Afin d'exploiter pleinement le potentiel solaire africain, les pays ont besoin de 30 milliards de dollars par an. Seuls les investisseurs privés, en coopération avec les acteurs publics, peuvent porter des tels projets dans des pays où la croissance économique est en panne. C'est par exemple grâce à trois entreprises françaises, la société d'investissement *MERIDIAM*, *Eiffage* et *Solaire DIRECT*, que le Sénégal est arrivé à inaugurer, en janvier 2018, sa quatrième centrale photovoltaïque.

Jasser Jebabli, *huffpostmaghreb.com*, 20 mars 2018.

ÉTAPE 1
Identifier les documents

1. Lisez le sujet et définissez « transition énergétique ».
→ *Utilisez le **lexique** p. 284.*
2. Lisez les titres des deux documents. Localisez le Kenya.
→ *Utilisez les **Repères spatiaux** sur les États du monde.*
3. Décrivez la photographie et relevez les messages du texte.

Conseil
- Notez que les deux documents font porter la réflexion à deux échelles différentes.

ÉTAPE 2
Analyser les documents

▶ Doc. 1

4. Quels investissements dans le domaine des énergies renouvelables ont été réalisés dans l'exploitation agricole ?

▶ Doc. 2

5. Quelles informations donnent les phrases surlignées en jaune ?
6. Montrez que les phrases soulignées permettent d'expliquer la situation de l'Afrique en matière d'énergie solaire.

ÉTAPE 3
Exercer un regard critique sur les documents

7. Les documents montrent-ils tous les types d'énergie renouvelable ?

Rédiger la réponse au sujet

Rédigez la réponse au sujet en l'organisant en trois paragraphes :

1er paragraphe : *L'Afrique, le potentiel d'énergie renouvelable sous-utilisé*

2e paragraphe : *Des initiatives pour engager l'Afrique dans la transition énergétique*

3e paragraphe : *Encore des obstacles à la transition énergétique*

PRÉPARER LE BAC 10

CAPACITÉS

- Lire et comprendre un document
- Produire un écrit construit et argumenté

Analyser des graphiques

Méthode BAC p. 278-279 Analyse de documents

Sujet Comment a évolué la consommation d'énergie et celle du charbon dans le monde?

Doc. 1 Consommation d'énergie des grands ensembles géographiques

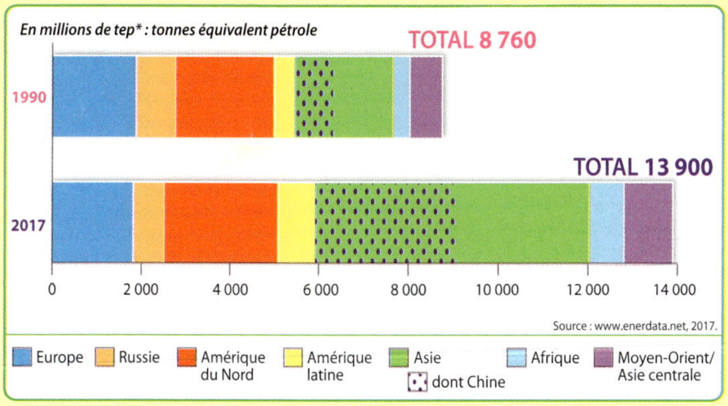

Doc. 2 Consommation de charbon des grands ensembles géographiques

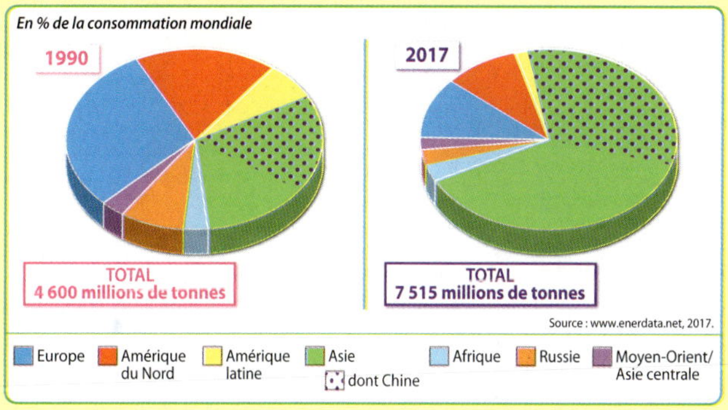

Graphique en barres ou histogrammes
Un graphique en barres est constitué de rectangles (barres) de même base et dont la hauteur (ou la longueur) est proportionnelle à l'importance de la valeur.

Graphiques circulaires
Un graphique circulaire est constitué par un cercle divisé en secteurs:
– la surface de chaque secteur est proportionnelle à l'importance des valeurs représentées;
– les valeurs sont relatives; un demi-cercle correspond à 50 %, un quart à 25 % de la valeur totale…

ÉTAPE 1 Identifier les graphiques

1. Précisez le type, la date, la source de chacun des deux documents.
2. Relevez les thèmes des deux documents.
3. Pourquoi ces documents comportent-ils deux graphiques ? En quoi est-ce utile ?

ÉTAPE 2 Analyser le graphique 1

Analyse globale

4. Décrivez l'évolution de la consommation d'énergie dans le monde entre 1990 et 2017.

Analyse détaillée

5. Classez les ensembles géographiques en fonction de l'évolution de leur consommation énergétique.
6. Comment s'explique la part de la consommation chinoise en 2017 ?

ÉTAPE 3 Analyser le graphique 2

Analyse globale

7. Quelle a été l'évolution de la consommation de charbon dans le monde entre 1990 et 2017 ?

Analyse détaillée

8. Classez les ensembles géographiques en fonction de l'évolution de leur consommation de charbon.
9. Quelles sont les conséquences environnementales de la consommation de charbon ? → *Utilisez le* ***cours*** *p. 96.*

Rédiger la réponse au sujet

Rédigez la réponse aux deux questions que pose le sujet.

PRÉPARER LE BAC 11

Méthode BAC : p. 282-283
Question problématisée

CAPACITÉS

- Utiliser une approche géographique pour construire un argumentaire
- Produire un écrit construit et argumenté

Répondre à une question problématisée

Sujet La transition énergétique : comment gérer les ressources et limiter les impacts environnementaux ?

ÉTAPE 1 Comprendre le sujet et rédiger la problématique

1. Lisez le sujet : définissez « transition énergétique » et réfléchissez aux **deux idées** surlignées dans le sujet.

La transition énergétique : comment gérer les ressources et limiter les impacts environnementaux

Utiliser les ressources énergétiques de manière durable. → comment gérer les ressources

Les conséquences de l'exploitation des ressources énergétiques sur les territoires (écosystèmes et populations). → limiter les impacts environnementaux

2. Reformulez la **problématique** posée par le sujet.

ÉTAPE 2 Mobiliser ses connaissances et organiser le plan

3. Relevez les informations illustrant les **deux parties** du plan de la **réponse au sujet**.

1re partie *L'exploitation des ressources énergétiques : vers un modèle durable*	2e partie *L'exploitation des ressources énergétiques : limiter les conséquences environnementales*
Idée 1 : .... Exemples :	Idée 1 : .... Exemples : ....

ÉTAPE 3 Rédiger la réponse au sujet

4. Rédigez **l'introduction** à l'aide des pistes suivantes :

Les ressources énergétiques (citez deux exemples) *connaissent une demande de plus en plus importante à l'échelle mondiale. Elles sont par conséquent le centre d'enjeux environnementaux importants.*
Pourquoi, dans un monde énergétivore, la transition énergétique est-elle devenue une nécessité ?
Nous montrerons d'abord les enjeux de la gestion des ressources énergétiques, puis nous évoquerons les questions environnementales liées à leur exploitation.

Conseils
- 1re phase : contextualisez le sujet
- 2e phase : formulez la problématique sous forme de question
- 3e phase : annoncez le plan

5. Rédigez la **1re partie** à l'aide des pistes suivantes. Illustrez les arguments par des exemples.

- **1re phrase** *À l'échelle mondiale, la question énergétique est désormais prioritaire : la gestion des ressources est l'un des enjeux majeurs.*
- **Argument 1** *Face à la croissance des consommations, les acteurs politiques ont pris la mesure de l'épuisement inéluctable des énergies fossiles.* Exemples :
- **Argument 2** *La promotion des énergies renouvelables est de plus en plus soutenue dans beaucoup de pays.* Exemples d'énergies renouvelables : Exemples de pays :
- **Argument 3** *Des modèles de développement moins énergétivores, des politiques d'économie d'énergie, des changements des habitudes de consommation, constituent les voies principales de la transition énergétique.* Exemples :

6. Rédigez la **2e partie** en utilisant les informations que vous avez relevées dans la partie 2 du tableau.

VÉRIFIER SES CONNAISSANCES

Chapitre 3 • Des ressources majeures sous pression : tensions et gestion

Retenir les idées fortes du cours

IDÉE 1
Les sociétés consomment toujours plus d'énergie

1 Des mobilités à toutes les échelles
- Augmentation de 72 % des besoins en énergie entre 1990 et 2017.
- Forte consommation liée aux systèmes productifs et à la transition urbaine.

2 Des approvisionnements énergétiques vitaux
- Certains États sont en situation de dépendance vis-à-vis du marché mondial de l'énergie.

3 Un système énergétique mondial trop peu durable
- Depuis 2000, les rejets de CO_2 liés à l'énergie ont augmenté de ≈ 45 %.
- La production et le transport d'énergie génèrent des risques majeurs.

IDÉE 2
Un monde en transition énergétique ?

1 Une série d'engagements politiques
- Lors de la COP 21 (Paris, 2015), 195 pays se sont engagés à stabiliser le réchauffement climatique.
- Les collectivités territoriales jouent aussi un rôle majeur (exemple : Californie).

2 Des engagements aux actes, entre Nords et Suds
- Des pays comme la Suède sont des modèles à suivre : 51 % de son énergie est verte.
- Les puissances émergentes comme la Chine investissent dans les énergies renouvelables.

3 Cette transition reste imparfaite et incomplète
- Les énergies renouvelables ne représentent que 10 % de la consommation mondiale.

Réviser

Comprendre la notion clé

La transition énergétique

1. Quels éléments du dessin évoquent une forte consommation d'énergie aux États-Unis et en Chine ?
2. Quel problème environnemental majeur lié à la consommation d'énergie est ici évoqué ?

Dessin de Chappatte, 2015.

Définir les mots clés

- ☑ Changement climatique
- ☑ Dépendance énergétique
- ☑ Énergies renouvelables
- ☑ Énergies non renouvelables
- ☑ Gaz à effet de serre
- ☑ Transition énergétique

Mobiliser ses connaissances

Justifier à l'aide d'exemples

1. La consommation d'énergie induit d'importants problèmes environnementaux.
→ *Cours 1 p. 94*
2. Certaines collectivités territoriales sont des acteurs majeurs dans la transition énergétique.
→ *Cours 2 p. 96*
3. Le mix énergétique de la planète reste un gros émetteur de gaz à effet de serre
→ *Cours 2 p. 96*

Répondre aux questions

4. Quelles sont les principales ressources renouvelables ?
→ *Cours 2 p. 96*
5. Comment peut-on définir la transition énergétique ?
→ *Cours 2 p. 96*
6. Quels sont les deux principaux facteurs d'augmentation de la consommation mondiale d'énergie ?
→ *Cours 2 p. 96*

BRÉVENT-FLÉGÈRE
CHAMONIX • MONT-BLANC
ROCHERS DES FIZ
AIGUILLE CHARLANON
CHAMONIX
1035 M
LES PRAZ
1060 M

CHAPITRE 4

La France : des milieux métropolitains et ultramarins entre valorisation et protection

De la problématique du document…

Comment concilier le développement touristique et la protection d'un milieu montagnard ?

1. Quelles ressources du milieu sont exploitées par le tourisme ?
2. Quels aménagements sont visibles sur les panneaux ?
3. Dans quels buts ces panneaux ont-ils été créés ?

… aux problématiques du chapitre

> **Comment la France a-t-elle tiré parti de la diversité de ses milieux ? À quels risques fait-elle face ?**

> **Quels sont les dispositifs et les acteurs de la protection de l'environnement en France ?**

Les richesses de la station Chamonix-Mont Blanc

Située au cœur des Alpes françaises, cette station de ski et de l'alpinisme mondialement connue expose sur les panneaux deux ajouts majeurs pour le tourisme : d'une part, la grande diversité de ses domaines skiables grâce à une neige abondante et des pentes soutenues, d'autre part, la variété de la flore et la faune de la réserve naturelle des Aiguilles Rouges qui en font des atouts majeurs pour le développement du tourisme.

REPÈRES SPATIAUX

Le territoire de la France

1 Le relief de la France métropolitaine

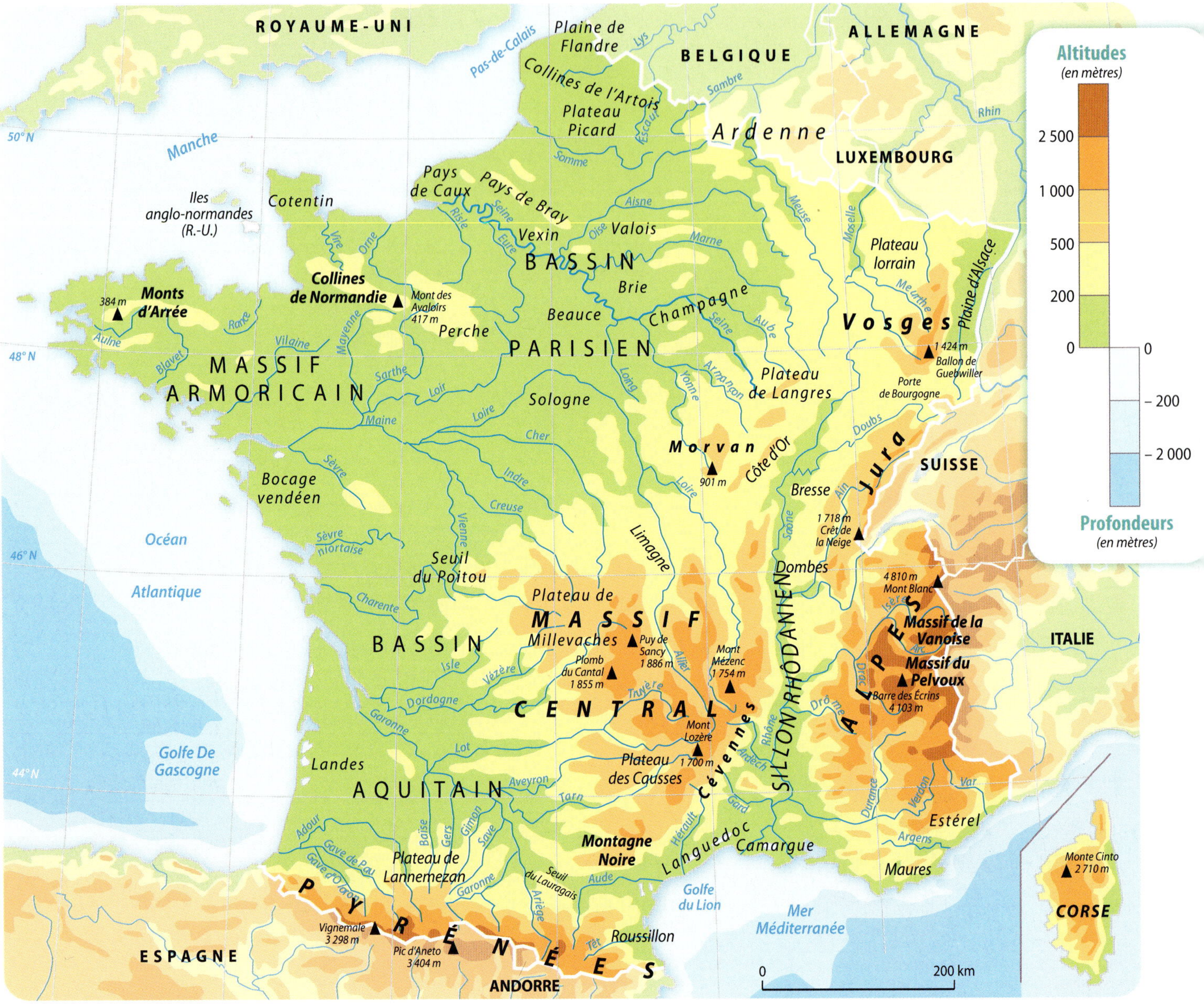

Principaux repères à connaître

Cartes 1 et 2

Océans et mers	Grands fleuves	Grands massifs montagneux	Bassins
• Océan Atlantique • Manche • Mer du Nord • Mer Méditerranée	• Seine • Loire • Garonne • Rhône • Rhin	• Alpes • Pyrénées • Massif central • Jura • Vosges • Massif corse • Piton de la Fournaise • Montagne Pelée • Soufrière	• Bassin parisien • Bassin aquitain • Plaine d'Alsace • Sillon rhodanien

Carte 3

Domaines climatiques
• France sous influence océanique • France sous influence méditerranéenne • France sous influence continentale

Cartes interactives
www.lienmini.fr/geo2-44

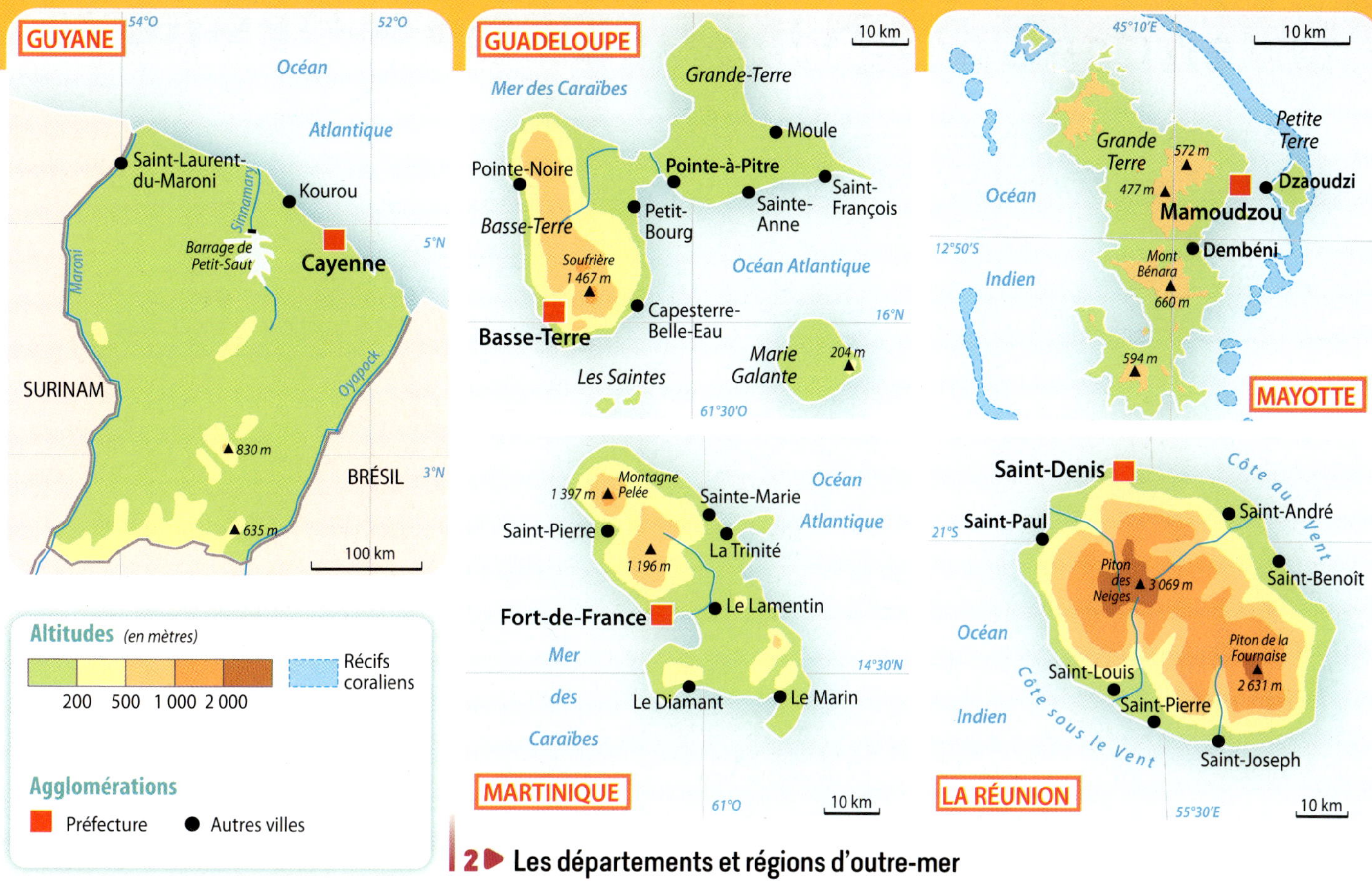

2 ▶ Les départements et régions d'outre-mer

3 ▶ Les domaines climatiques de la France métropolitaine

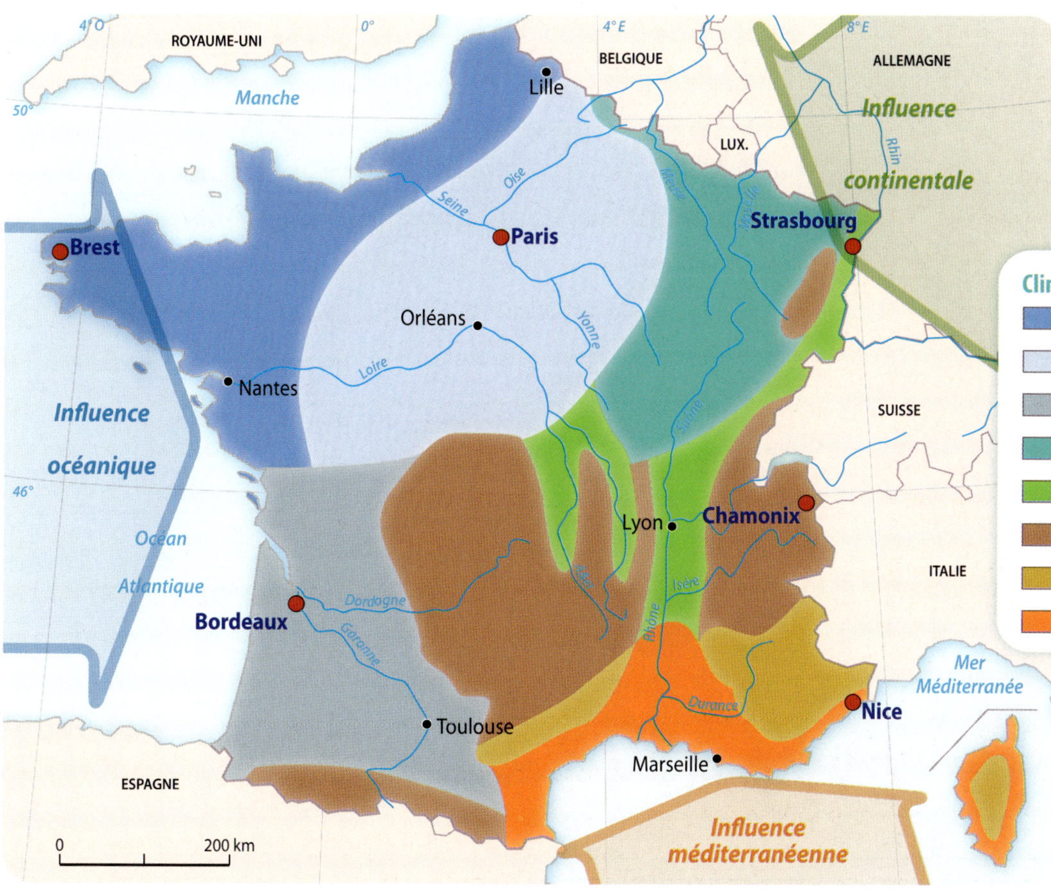

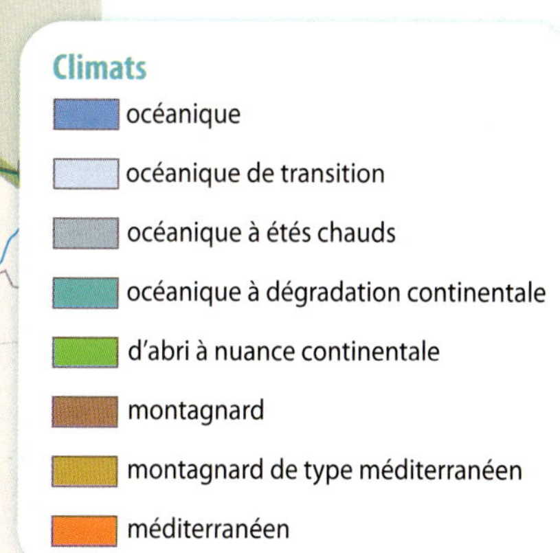

Cartes
Enjeux

Quelles sont les richesses et les fragilités du territoire français ?

1 La France métropolitaine et d'outre-mer

2 Potentialités et risques du territoire français

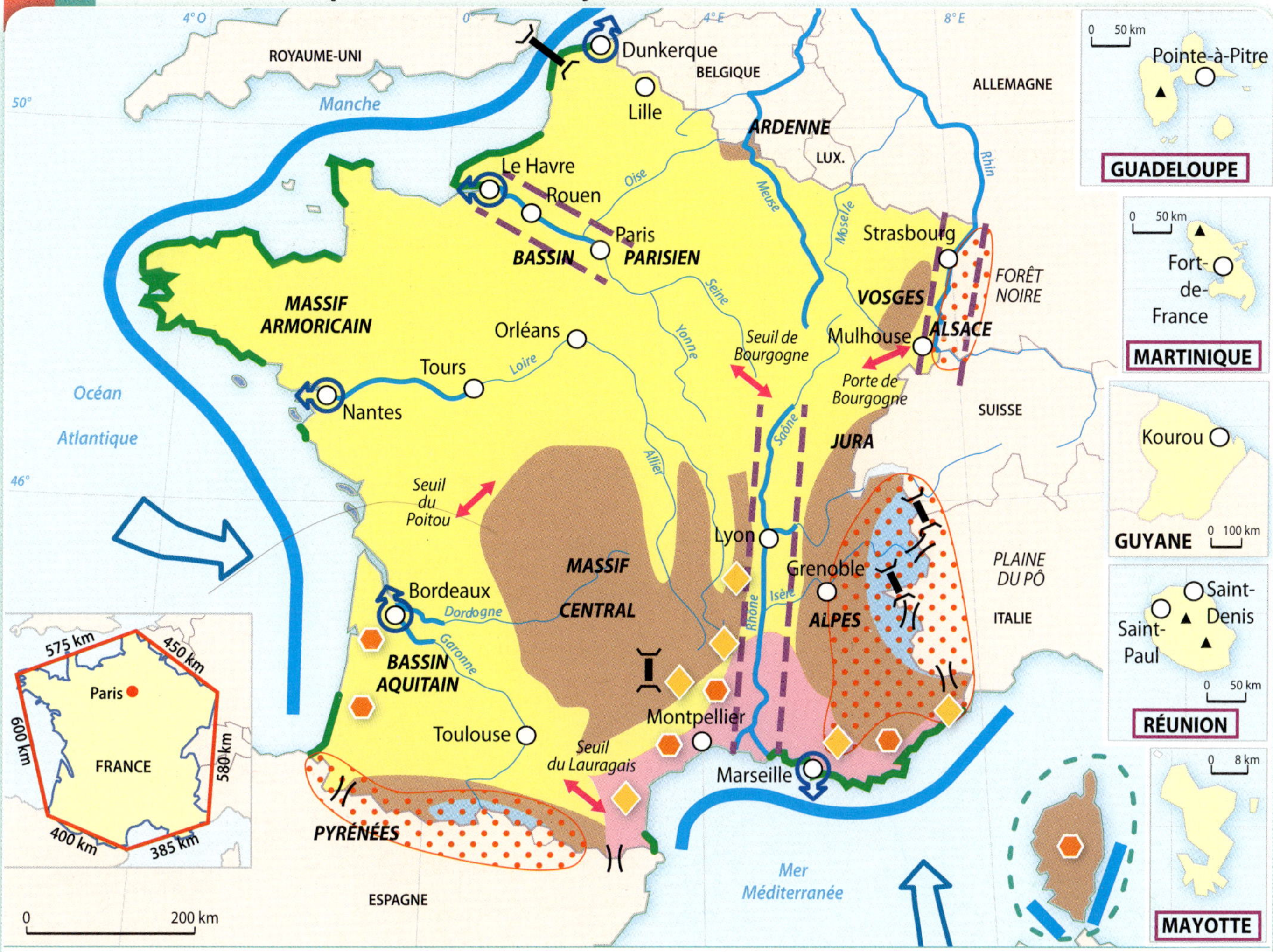

1. Un territoire ouvert
- Espaces ouverts sur les mers et l'océan
- Plaines et plateaux peu élevés
- Couloir naturel majeur
- Seuil
- Principaux cols
- Tunnel, viaduc
- Cours d'eau navigable
- Ouverture maritime : grand port

2. Des contraintes maîtrisées
- Domaine méditerranéen attractif
- Montagne (tourisme vert*)
- Fort enneigement (stations de sports d'hiver)
- Côtes rocheuses ou à falaises

3. Les risques
- Tempêtes
- Région sensible aux incendies de forêt
- Région touchée par de violents orages méditerranéens
- Zone sismique
- Tsunamis
- Villes soumises aux aléas naturels et technologiques
- RÉUNION Île tropicale à risques multiples : séismes, cyclones, inondations, mouvements de terrain, tsunamis
- ▲ Volcan

Analyser les cartes

Carte 1

1 Dans un tableau, classez les territoires de la France d'outre-mer d'après leur statut en les nommant et en les localisant.

2 Quels sont les handicaps et les atouts de ces territoires d'outre-mer par rapport à la France métropolitaine ? Qu'apportent-ils à la France ?

Carte 2

3 Quels sont les atouts du territoire français ?

4 Quels sont les aléas qui le menacent ? Où se situent les espaces les plus vulnérables ?

Mettre les cartes en relation

Pourquoi peut-on dire que la France est un territoire « privilégié » ?

ÉTUDE DE CAS

La vallée de la Romanche : un environnement vulnérable et valorisé

- La Romanche est une rivière qui parcourt deux départements (Hautes-Alpes et Isère) pour se jeter dans le Drac. La vallée de la Romanche constitue un espace de contact entre le massif des Écrins au Sud et le massif de Belledonne au Nord.
- Cette vallée encaissée doit faire face à des risques d'éboulements, d'avalanches et d'inondations. Cependant, la neige et le cours d'eau sont valorisés par les sports d'hiver et l'hydroélectricité.

→ Comment la vallée de la Romanche a-t-elle été valorisée malgré les risques ?

1 ▶ La vallée menacée par les éboulements

En cas de glissement massif, les Ruines de Séchilienne pourraient créer un barrage naturel obstruant la vallée. La rupture de ce barrage provoquerait l'inondation dévastatrice des zones en aval. Pour réduire les effets de la catastrophe, les experts préconisent une déviation de la route départementale, un renforcement et une surélévation des digues.

▶▶ Vidéo

Reportage

Barrage : un chantier titanesque au cœur des Alpes

France 2, 2'49'', octobre 2018

www.lienmini.fr/geo2-82

Fiche d'étude vidéo imprimable

www.lienmini.fr/geo2-83

2 ▶ La Romanche, risques et mise en valeur d'une vallée

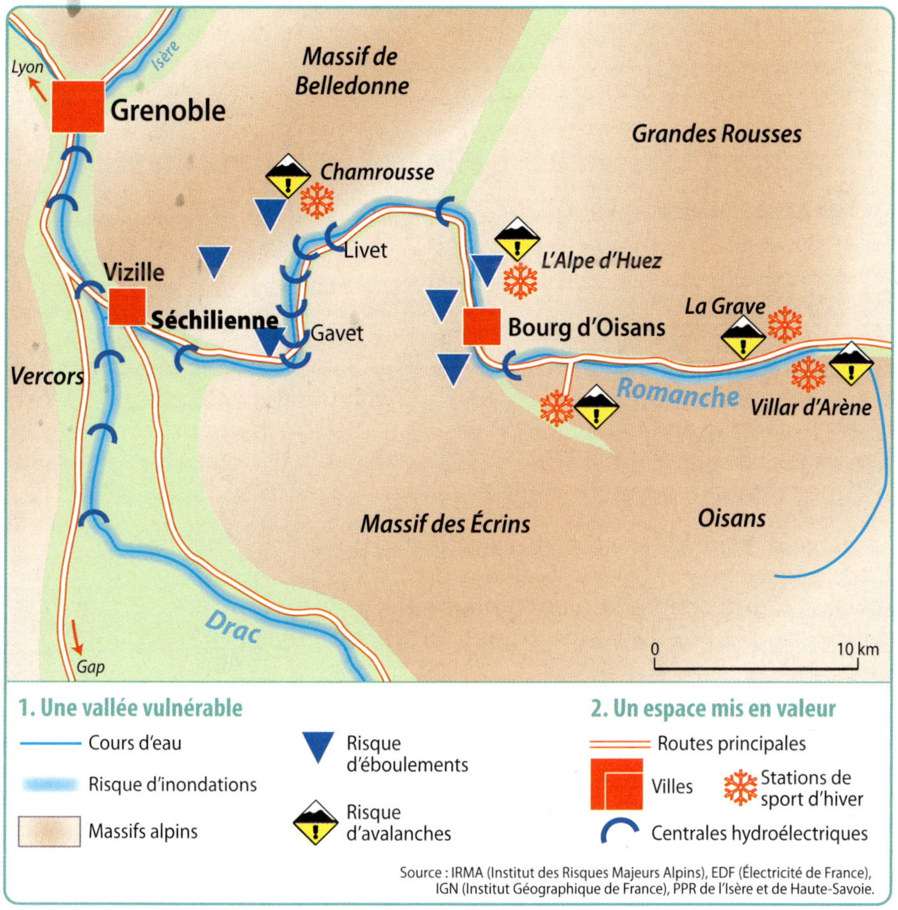

Source : IRMA (Institut des Risques Majeurs Alpins), EDF (Électricité de France), IGN (Institut Géographique de France), PPR de l'Isère et de Haute-Savoie.

3 ▶ Risques et urbanisme

Le contrôle de l'urbanisation permet de réduire l'exposition des biens et des personnes face aux risques. La première mesure prise a été l'expropriation du hameau de l'Ile Falcon, situé immédiatement à l'aval des Ruines de Séchilienne.

À l'échelle de la vallée, la réglementation de l'urbanisation est basée sur le risque général d'inondation par la Romanche. [...] La « loi Barnier » relative au renforcement de la protection de l'environnement permet à l'État d'exproprier des habitations exposées à un risque naturel majeur, lorsque les moyens de sauvegarde et de protection des populations s'avèrent plus coûteux que les indemnités d'expropriation.

Cette procédure a été appliquée en 1997 sur le territoire de l'Ile Falcon qui comptait 94 maisons et équipements publics (une école, une papeterie Rhodia et une centrale EDF).

Institut des risques majeurs, www.irmagrenoble.com.

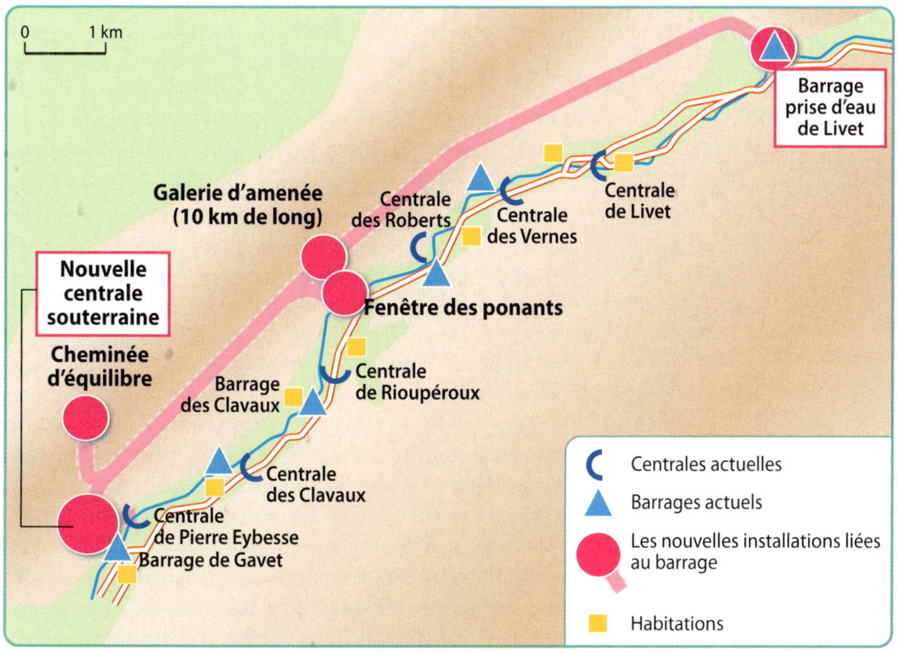

4 ▶ Un chantier pharaonique : le nouveau barrage hydroélectrique

Pour aménager ce barrage souterrain, 10 kilomètres de tunnels sont creusés sous la roche, afin d'abriter une centrale hydroélectrique qui fournira de l'électricité à plus de 200 000 habitants. Ce projet permettra le démantèlement des six centrales et des cinq barrages actuels et le développement d'activités de loisirs comme la randonnée ou le canoë-kayak.

www.planete-tp.com, 2017.

Analyser et confronter les documents

Documents 1 et 3

1. Identifiez les différents risques auxquels la vallée de la Romanche est exposée.

Documents 1 et 2

2. Repérez les décisions prises et les aménagements mis en place pour faire face à ces risques.

Documents 3, 4 et vidéo

3. Quelles ressources sont valorisées dans la vallée ? Avec quels aménagements ?

▶ CONCLURE

Montrez que la vallée de la Romanche, malgré un environnement vulnérable, est aménagée et valorisée.

Cours 1

La France, des milieux fortement valorisés

Comment la France a-t-elle tiré parti de la diversité de ses milieux ? À quels risques fait-elle face ?

CHIFFRES

Sinistres

Répartition du coût des sinistres depuis 1982 (en %)

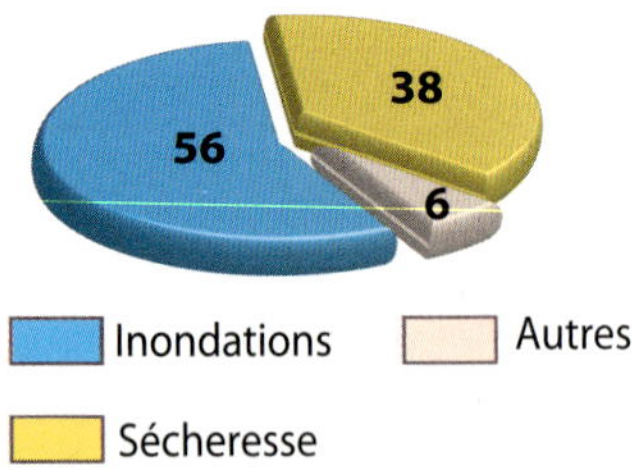

NOTION

Anthropisation des milieux

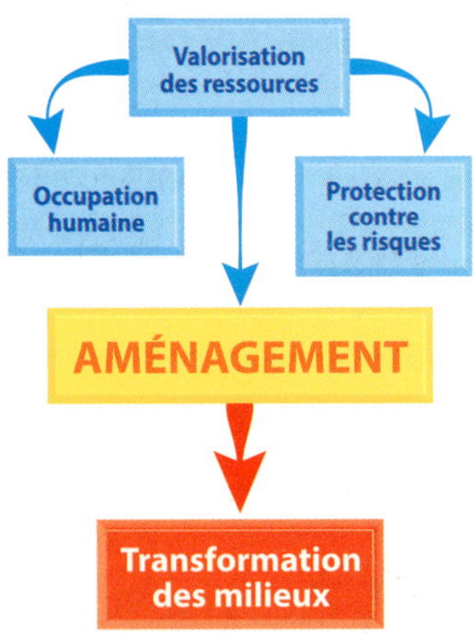

A. Un territoire privilégié, une grande diversité de milieux

- **La France métropolitaine est située en Europe, aux latitudes moyennes.** Les littoraux offrent une ouverture sur l'océan Atlantique, la Manche, la mer du Nord et la Méditerranée. À l'Ouest d'une ligne Biarritz-Metz prédominent les plaines et les bas plateaux ; à l'Est, les hauts plateaux, les moyennes et hautes montagnes sont parcourus de grandes vallées. → Repères spatiaux p. 106

- **Situé dans la zone dite « tempérée », le territoire métropolitain offre une palette de climats.** À l'Ouest, le climat est océanique ; il évolue progressivement vers l'Est en devenant plus continental. Au Sud, l'ambiance est méditerranéenne, tandis que l'altitude (Alpes, Pyrénées) engendre des climats plus froids. → Repères spatiaux p. 107

- **La France d'outre-mer est aussi contrastée.** Une partie se situe dans le domaine intertropical, avec des climats chauds et humides ; l'autre est localisée dans des milieux froids. Grâce à ces territoires, la France dispose de la troisième zone économique exclusive (ZEE)* mondiale. → Repères spatiaux p. 107 ; carte enjeux p. 108

B. Des milieux anciennement occupés et aménagés

- **Les milieux ont été très tôt anthropisés* afin d'en exploiter les ressources.** Les grandes vallées ont fixé les villes et les infrastructures de transports et concentrent des trafics intenses (couloir rhodanien). Les cours d'eau ont été maîtrisés pour divers usages (hydroélectricité, irrigation...). [docs. 1 et 2] → Étude de cas p. 110

- **Historiquement, les activités agricoles ont façonné les milieux :** déboisement, drainage, plantations de haies... Les forêts ont été exploitées pour le bois, mais aussi pour le gibier. Les activités extractives et l'industrie ont aussi transformé radicalement les milieux, générant souvent des pollutions. Leur déclin est à l'origine de **friches***. Enfin, urbanisation et périurbanisation ont provoqué une artificialisation forte des **écosystèmes***. [docs 1 et 2]

C. Se protéger des risques

- **Les territoires de la France sont soumis à de nombreux risques* majeurs.** Un Français sur quatre vit aujourd'hui en zone inondable, ce qui entraîne de **nombreux sinistres**. Les aléas* hydro-climatiques (inondations, sécheresses, tempêtes, neige, grêle) sont prédominants. S'y ajoutent les risques liés aux mouvements de masse (glissement de terrain, avalanche) et aux aléas telluriques (séismes et volcanisme). **Les territoires situés dans la zone intertropicale sont exposés à des aléas violents (cyclones, tsunamis).** Leur vulnérabilité* est accrue par l'insularité et l'éloignement. → Étude de cas p. 110 ; carte enjeux p. 109 ; étude de cas p. 48

- **La France s'est dotée de dispositifs de prévention, de protection et de gestion de crise.** La prévention s'appuie sur les **plans de prévention des risques (PPR)**, la gestion de crise repose sur les **plans communaux de sauvegarde** à l'échelle communale, et sur le **dispositif ORSEC** à l'échelle départementale. La loi fait en outre du citoyen un acteur de sa sécurité. → Chapitre 2

Définition

Plan de prévention des risques (PPR)

Document prescrit par le préfet et établi par les services de l'État. Il vise à réduire l'occupation des zones à risque et à informer les populations de leur exposition, en délimitant les espaces où des contraintes sont juridiquement imposées à l'aménagement.

* Lexique p. 284

1 ▶ Des milieux très aménagés

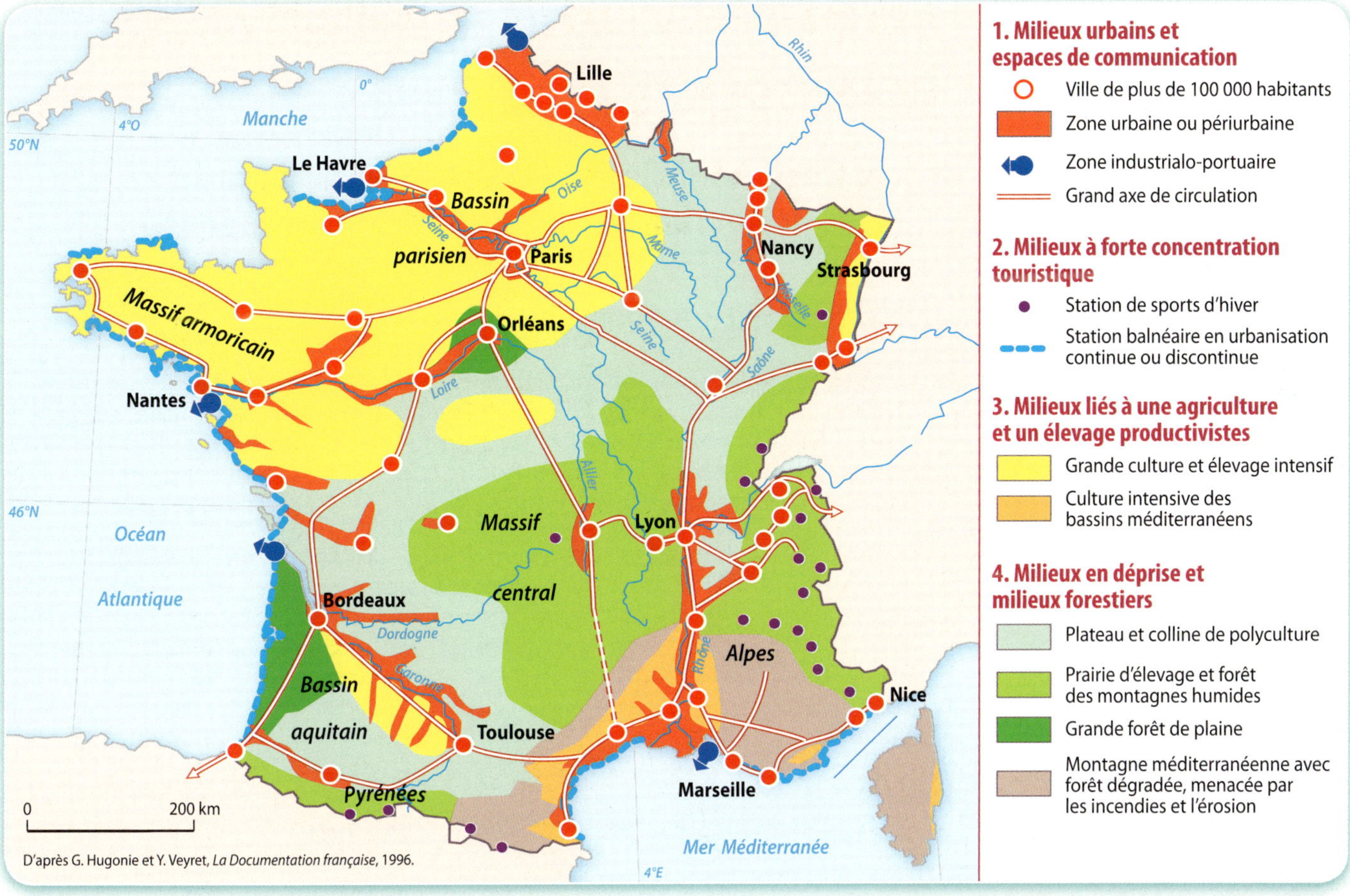

D'après G. Hugonie et Y. Veyret, *La Documentation française*, 1996.

2 ▶ Noirmoutier-en-l'Ile (Vendée) : un milieu fortement anthropisé

Cet espace littoral a été totalement artificialisé : les terres ont été mitées par l'habitat et les activités agricoles, industrielles et touristiques.

Doc clé

Analyse d'une photographie

Identifier la photographie

1. Décrivez la photographie. Quels sont les différents milieux qui y apparaissent ?
2. Quelles marques de l'anthropisation sont inscrites dans le paysage ?
3. Comment le littoral a-t-il été valorisé ? Par quels types d'aménagements ?

Comprendre la photographie

4. Quelles sont les conséquences positives et négatives de l'aménagement du littoral ?

Cours 2

À la recherche d'une meilleure protection de l'environnement

Quels sont les dispositifs et les acteurs de la protection de l'environnement en France ?

CHIFFRES

Les périmètres protégés en France, outre-mer inclus (en % de la surface)

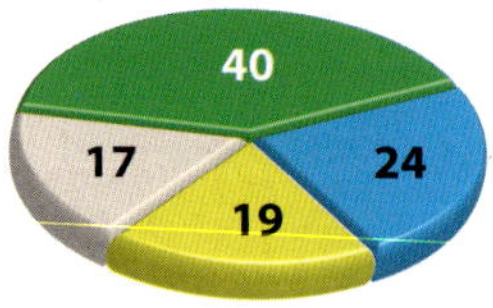

- Parcs naturels régionaux
- Parcs nationaux
- Réserves de biosphère
- Autres réserves naturelles

NOTION

Protection de l'environnement en France

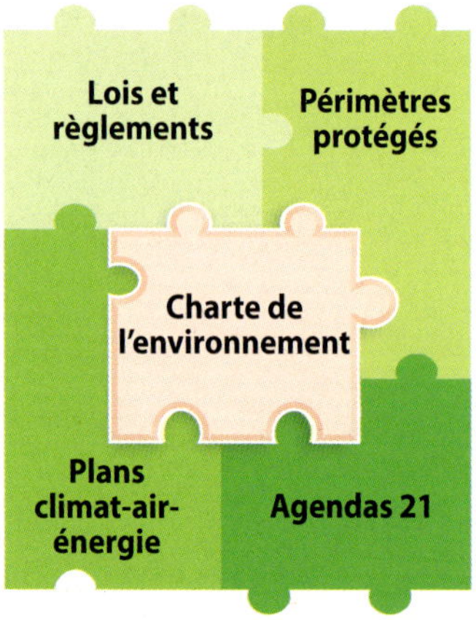

A. Des atteintes fortes à l'environnement

- **La mise en valeur des ressources naturelles a provoqué la dégradation de certains milieux.** L'agriculture et l'élevage intensifs, l'industrie, les activités touristiques et l'urbanisation ont pollué les sols et les eaux. La pollution atmosphérique dans les villes, produite par une circulation automobile très dense, a des conséquences sanitaires parfois graves. → Dossier p. 116

- **Les atteintes à la biodiversité* sont fortes.** Les zones humides, importantes pour la reproduction et les migrations d'oiseaux, ont par exemple été réduites par la **poldérisation** et l'extension des infrastructures portuaires. Les ressources halieutiques* ont longtemps été en déclin à cause de la surpêche. Elles se reconstituent difficilement. La construction de grandes infrastructures (routes, barrages...) et l'étalement urbain sont responsables de la disparition d'écosystèmes.

B. Des milieux de plus en plus protégés

- **Dès la fin des années 1960, les politiques de protection de l'environnement ont commencé à se développer en France.** Des lois et règlements ont été mis en place dans les domaines de l'eau, des paysages, de l'air, afin de préserver les ressources et de lutter contre la pollution. Au fil du temps, la France a intégré dans sa législation différentes directives européennes (Natura 2000, Directive eau...). Grâce à la **charte de l'environnement** (2005), les préoccupations environnementales planétaires sont inscrites dans la Constitution française. Les échelons locaux (région, département, commune), ont aussi déployé des actions en faveur de la protection de l'environnement. Les villes sont devenues des acteurs incontournables du développement durable* avec, par exemple, les **agendas 21 locaux***.

- **Des périmètres protégés ont été créés, les activités humaines y sont encadrées, parfois même interdites.** Dans certains cas, les savoir-faire locaux sont patrimonialisés*, afin de préserver les techniques ancestrales qui ont permis de façonner les paysages. Des actions de restauration sont aussi menées, avec la réintroduction de certaines espèces (ours, loup) ou la remise en eau des polders. [doc. 3] → Dossier p. 116

C. Le défi du changement climatique global

- **Différents acteurs se mobilisent suite à l'accord de Paris sur le climat en 2015.** Les actions citoyennes se multiplient (marche pour le climat). Les villes, qui avaient déjà mis en place des **plans climat-air-énergie**, adhèrent à des réseaux internationaux qui œuvrent pour la transition écologique. [doc. 4]

- **Il s'agit désormais d'identifier les territoires vulnérables** (littoraux déjà fragilisés par l'érosion, terres agricoles menacées par la sécheresse...) et d'accompagner la transformation des modes de vies et des pratiques d'aménagement, pour réduire les émissions de gaz à effet de serre et s'adapter aux conséquences négatives du changement global.

Définitions

Plan climat-air-énergie
Outil de planification qui a pour but d'atténuer le changement climatique, de développer les énergies renouvelables et de maîtriser la consommation d'énergie.

Polder, poldérisation
Terre gagnée sur la mer grâce à l'endiguement, la construction de canaux de drainage et le pompage.

* Lexique p. 284

3 ▶ L'aire marine protégée (AMP) de l'îlot Maitre (Nouvelle-Calédonie)
Cette aire marine protégée est multi-usages, c'est-à-dire que s'y pratiquent de nombreuses activités humaines, comme le tourisme ou la pêche, mais dans le cadre d'une réglementation stricte visant à protéger le milieu des impacts des activités.

4 ▶ Le plan climat air énergie territorial (PCAET)

La qualité de l'air est un enjeu majeur pour la santé et l'environnement. En France, le coût de la pollution atmosphérique est de l'ordre de 70 à 100 milliards d'euros par an, selon une évaluation de la commission d'enquête du Sénat (rapport remis en 2015).

L'agence nationale de Santé publique a estimé, en 2016, son impact sanitaire à 48 000 décès prématurés par an, ce qui correspond à 9 % de la mortalité en France et à une perte d'espérance de vie pouvant dépasser 2 ans.

Le plan climat air énergie territorial est un document-cadre de la politique énergétique et climatique des collectivités locales ; il constitue un projet territorial de développement durable qui définit des objectifs stratégiques et opérationnels afin d'atténuer le changement climatique, de le combattre efficacement et de s'y adapter, de développer les énergies renouvelables et de maîtriser la consommation d'énergie, en cohérence avec les engagements internationaux de la France. Il intègre pour la première fois les enjeux de qualité de l'air.

D'après le ministère de la Transition écologique et solidaire et la direction régionale de l'Environnement de l'Aménagement et du Logement (DREAL), Pays de la Loire, 2018.

Doc clé

Analyse d'un texte

Lire le texte

1. Qui sont les acteurs qui interviennent dans les plans climat ? À quoi servent ces plans ?
2. En quoi les « PCAET » permettent-ils de lutter aussi contre la pollution atmosphérique ?
3. Quels en sont les bénéfices pour les populations ?

Comprendre le texte

4. Dans quel cadre plus large s'inscrivent les plans climat ? En quoi sont-ils des instruments de la transition écologique ?

DOSSIER

POUR APPROFONDIR

LA GUYANE : des ressources entre exploitation et protection

- La Guyane est une collectivité française d'outre-mer. Son vaste territoire est recouvert à 90 % par la forêt amazonienne, d'où sa faible densité de peuplement (3 habitants par km^2 contre 116 en Métropole).
- Cette forêt constitue une ressource en bois, et en minerais, et une réserve essentielle de biodiversité*. Elle fait l'objet d'une exploitation intensive. Les mesures de protection de l'environnement sont difficiles à faire appliquer en raison de la situation périphérique de la Guyane.

Comment concilier la mise en valeur des ressources de la Guyane avec la protection de la nature ?

1 ▶ Un site d'orpaillage illégal

L'orpaillage (recherche d'or) entraîne une déforestation de la forêt amazonienne et une pollution grave. Pour récupérer l'or, les orpailleurs illégaux emploient du mercure. Cet élément toxique s'accumule dans la chaîne alimentaire et provoque des troubles neurologiques et comportementaux. L'orpaillage clandestin réduit la quantité de gibier dans la forêt guyanaise et expose les communautés amérindiennes à la pollution au mercure.

2 ▶ Un orpaillage difficile à contrôler

[…] Les entreprises d'orpaillage doivent obtenir d'abord une Autorisation Personnelle Minière. Il faut ensuite entreprendre les démarches en vue d'avoir un permis de recherche […]. Par la suite, il faut mener des études de préfaisabilité.

Mais, dans les faits, de nombreuses petites entreprises, qui emploient une dizaine d'ouvriers, se servent de l'autorisation personnelle minière comme d'un titre d'exploitation. Le code minier français n'a pas vraiment envisagé ce type d'exploitation semi-artisanale, semi-industrielle.

Ce flou juridique profite aux exploitants, d'autant plus que les contrôles sont difficiles : il faut accéder par hélicoptère ou en pirogue à des chantiers isolés et disséminés. La dizaine de gendarmes de Maripasoula[1] ne peut suffire à contrôler la commune de France la plus étendue (1,84 million d'hectares !). […]

Patrick Blancodini, geoconfluences.ens-lyon.fr, 2004.

1. Commune française située au cœur du parc amazonien de Guyane.

3 ▶ Exploitation et protection des milieux en Guyane

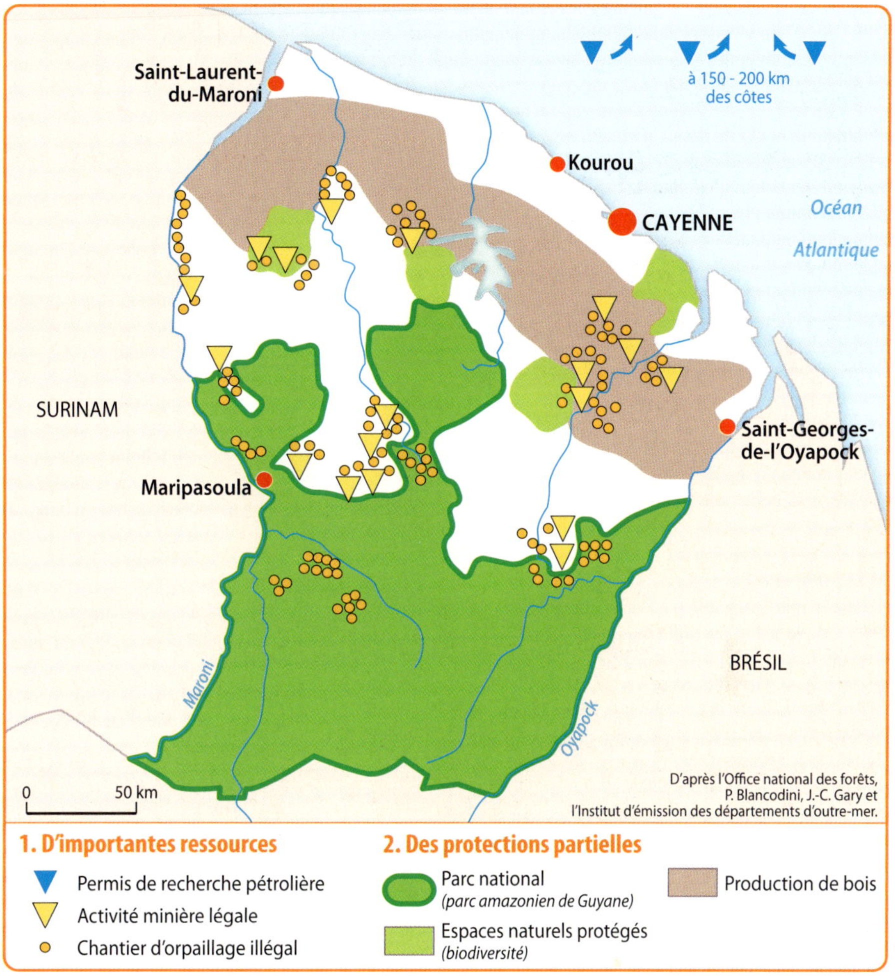

4 ▶ Une ressource touristique à protéger : les tortues

Les tortues marines, exemples de la biodiversité guyanaise, constituent une ressource pour le tourisme. L'afflux de touristes peut leur nuire, mais des mesures de protection sont prises : ce panneau d'information de 2007 précise les sanctions pénales et les bons comportements à adopter.

Prolonger le cours

Documents 1, 3 et 4

1. Localisez la Guyane.
   → *Utilisez les **cartes enjeux** p. 107-108.*
2. Identifiez les principales ressources de la Guyane.

Documents 1 et 2

3. Quels sont les impacts sur l'environnement de l'exploitation de ces ressources ?

Documents 2, 3 et 4

4. Quelles sont les mesures prises pour protéger l'environnement ? En quoi sont-elles efficaces ?

SYNTHÈSE

Montrez que l'exploitation des ressources soulève des problèmes environnementaux difficiles auxquels les sociétés tentent de remédier.

PRÉPARER LE BAC 12

Méthode BAC : p. 280

Réaliser un croquis

CAPACITÉS

- Réaliser des productions cartographiques
- Transposer un texte en croquis

Sujet **À l'aide du texte, réalisez le croquis : « La France, des milieux métropolitains entre valorisation et protection ».**

Conseils

- Notez le titre du texte : il indique celui du croquis.
- En fonction de l'échelle du croquis, toutes les informations ne peuvent pas être cartographiées.
- Surlignez, avec des couleurs différentes, les informations du texte relevant d'un même thème.
- Relevez les sous-titres du texte : ils vous seront utiles pour établir les rubriques de la légende du croquis.
- Définissez « vulnérabilité ».

→ *Utilisez le **lexique** p. 284.*

La France : des milieux valorisés à protéger

Une très grande variété de milieux compose le territoire français.

Des plaines et des plateaux, espaces « ouverts » au potentiel agricole élevé, occupent la moitié occidentale du territoire ; les montagnes sont présentes dans la moitié Est du pays (des Pyrénées aux Vosges en passant par le Massif central, les Alpes et le Jura) ; les grandes vallées fluviales sont des couloirs de circulation. Au Sud, s'étire le domaine méditerranéen, au climat attractif.

Des milieux « naturels » très valorisés.

La variété des milieux a favorisé le développement d'une puissante agriculture intensive des plaines et plateaux du Bassin parisien ou aquitain ainsi qu'en Bretagne. Des aménagements destinés aux activités touristiques et de loisirs ont été réalisés dans tout le territoire : littoraux balnéaires de la Manche, de l'océan Atlantique et surtout de la Méditerranée ; stations de sports d'hiver des massifs montagneux… Mais ces milieux très anthropisés subissent d'importantes dégradations et voient leur vulnérabilité augmentée.

Protéger et gérer les milieux face aux risques naturels et liés aux aménagements.

Le territoire français n'est pas à l'abri de risques naturels qui peuvent être aggravés par les aménagements : tempête alimentée par les vents d'Ouest de la côte Atlantique, zone sismique (Alpes, Pyrénées, Vosges), inondations urbaines …

La demande accrue d'environnement de qualité se traduit par la création des parcs naturels nationaux ou la mise en place de plans de prévention des risques.

ÉTAPE 1

Lire le sujet et le texte d'accompagnement

1. **Lisez le sujet.**
   - À quel territoire le sujet s'applique-t-il ? Les territoires ultramarins entrent-ils dans le sujet ?
   - Que faut-il comprendre par « milieux » et « valorisation et protection » ?

Conseil

- Observez le fond du croquis pour connaître les limites de l'espace à cartographier.

Lisez le texte d'accompagnement.
- Relevez les sous-titres des 3 paragraphes du texte ; comparez les titres des 3 rubriques de la légende du croquis à ces sous-titres.
- Reproduisez le tableau puis classez les informations fournies par chacun des paragraphes du texte.

→ *Utilisez les expressions surlignées dans le texte.*

1er paragraphe	2e paragraphe	3e paragraphe
Reliefs Exemple : *plaines …*	Aménagements Exemple : *stations de sports d'hiver …*	Protection Exemple : *parcs naturels …*

→ *Peut-on représenter les informations : « inondations urbaines » et « plans de prévention des risques » ? Pourquoi ?*

Conseils

- Définissez les thèmes des sous-titres de la légende.
- Identifiez les informations à cartographier.

Croquis et légende imprimables
www.lienmini.fr/geo2-46

Croquis interactifs
www.lienmini.fr/geo2-84

Croquis : ....

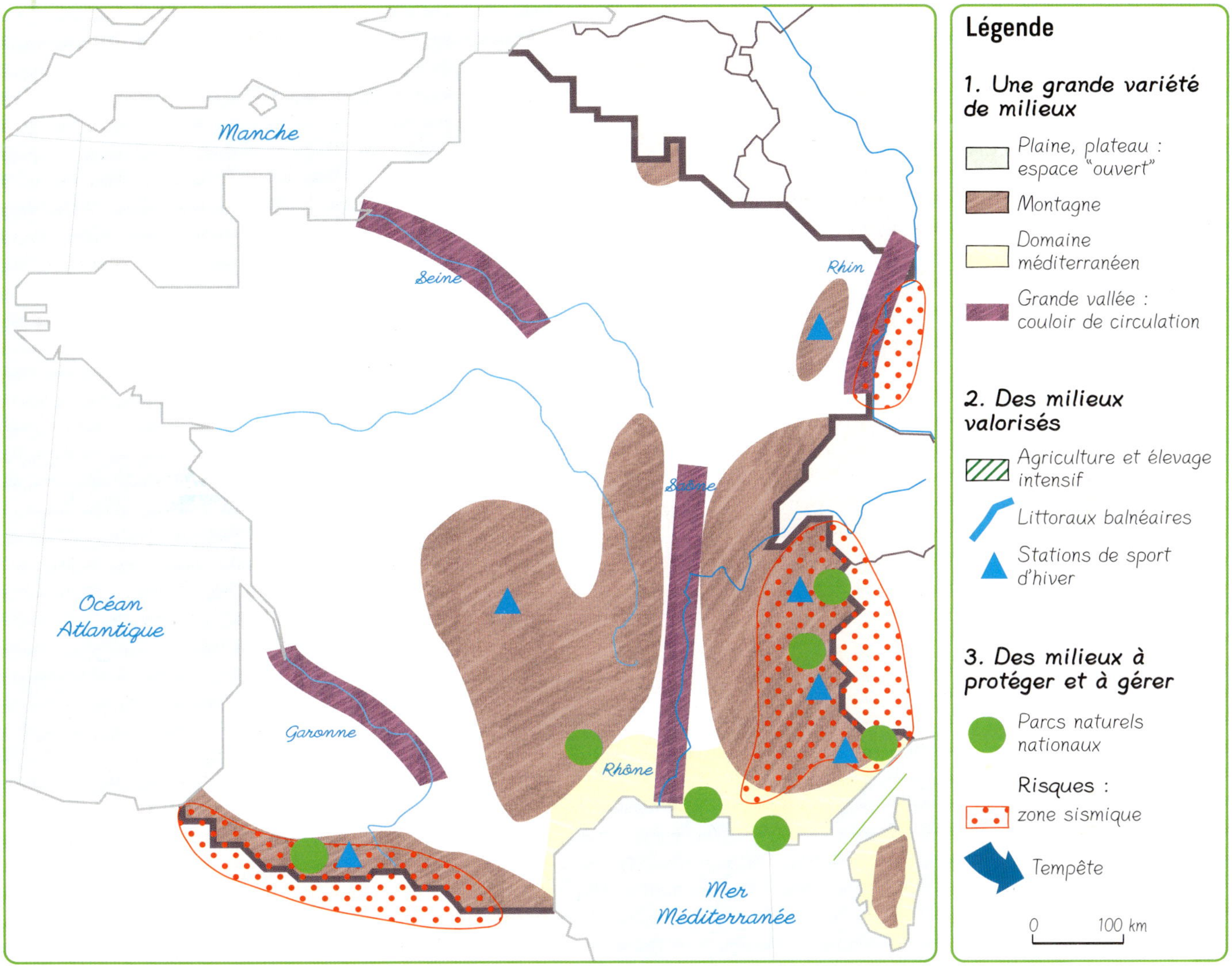

ÉTAPE 2

Organiser la légende et choisir les figurés

3. Classez les informations.
– Quels sont les sous-titres des rubriques de la légende ?

4. Choisissez les figurés.
– Dans la légende, quels sont les différents types de figurés utilisés ? Sont-ils conformes aux règles du langage cartographique ?
→ *Reportez-vous au* ***langage cartographique*** *(rabat arrière du manuel).*

ÉTAPE 3

Réaliser le croquis

5. Reproduisez ou téléchargez le croquis et sa légende.

6. Mettez en forme la légende et dessinez le croquis.
• Reportez sur le croquis :
– le figuré correspondant aux « Plaine et plateau » ;
– les informations de la 2e rubrique représentées par des hachures.
→ *Pourquoi doit-on utiliser des hachures ici ?*
– les figurés de la 3e rubrique. Complétez la légende.
• Complétez la nomenclature avec celle indiquée dans le texte et donnez un titre au croquis.

7. Vérifiez si le croquis possède tous les attributs d'un bon croquis.
→ *Aidez-vous de la* ***méthode*** *p. 280.*

CAPACITÉS
- Devenir autonome
- Construire des outils pour apprendre et mémoriser

8/ Réaliser un portfolio

Pourquoi allez-vous constituer un portfolio ?

- Mettez en valeur les différentes parties et les principales idées du cours.
- Annotez les documents avec vos propres remarques afin de faciliter la mémorisation.
- Après avoir noté les remarques de votre enseignant, lancez-vous un nouvel objectif personnel.

- **Un portfolio est un classeur regroupant les supports de travail :** fiches de cours, croquis, documents iconographiques....

Exemple : Constituez un portfolio concernant la géographie de la France dont l'étude s'étend sur les trois années du lycée.

- **Organisez votre portfolio à partir de trois rubriques principales :**

① *Fiches de révision*
- Pour chacun des chapitres, réalisez **une fiche de révision** regroupant les éléments du cours qu'il est essentiel de retenir : **idées forces, notions** et **mots-clés**...

② *Documents clés du chapitre*
- Sélectionnez les documents vus en classe et apprenez à les exploiter grâce à une fiche de classement.
- Il peut s'agir de cartes, de textes, de photos et de dessins qui illustrent un aspect important du chapitre.
- Ajoutez des documents personnels complémentaires.

③ *Évaluations*
- Conservez et consultez vos évaluations afin d'identifier vos réussites et vos difficultés.

Réalisez votre portfolio

Utilisez la capacité 1 **« Réaliser une fiche de révision » p. 38.**

Fiche de classement pour vos docs clés :

Seconde — Classe
Décembre 2019 — Date
La France : des milieux métropolitains et ultramarins entre valorisation et protection — Chapitre

☐ *Texte* ☐ *Carte*
☒ *Croquis* ☐ *Graphique*
☐ *Photo* ☐ *Vidéo*
— Type de document

Le croquis permet de
– mémoriser les principaux éléments du relief, des climats ;
– localiser les aménagements destinés à valoriser le territoire : pacs naturels, littoraux balnéaires....
— Intérêt du document

MILIEU • RISQUE • ENVIRONNEMENT — Notions

Mémo pour organiser un portfolio

- Pour consulter facilement votre portfolio au long des trois années du lycée, réalisez :
  - un sommaire dans lequel sont répertoriées les fiches de classement ;
  - des fiches de classement des documents retenus.

VÉRIFIER SES CONNAISSANCES

Chapitre 4 • La France : des milieux métropolitains et ultramarins entre valorisation et protection

Retenir les idées fortes du cours

IDÉE 1

La France : des milieux fortement valorisés

1 Un territoire privilégié en raison d'une grande diversité de milieux
- Situé dans la zone dite « tempérée », le territoire métropolitain offre une palette de climats.
- La France d'outre-mer est aussi contrastée : domaine intertropical ou milieux froids.

2 Des milieux anciennement occupés et aménagés
- Les milieux ont été très tôt anthropisés.
- L'urbanisation a provoqué une artificialisation forte des écosystèmes.

3 Se protéger des risques
- Un Français sur quatre vit aujourd'hui en zone inondable.
- La prévention s'appuie sur des PPR.

IDÉE 2

Vers une meilleure protection de l'environnement

1 Des atteintes fortes à l'environnement
- La mise en valeur des ressources naturelles et la circulation automobile très dense polluent l'atmosphère, les eaux et les sols.
- La surpêche, la construction de grandes infrastructures ou l'étalement urbain font disparaître certains écosystèmes.

2 Des milieux de plus en plus protégés
- Les politiques de protection de l'environnement ont commencé à se développer dans les années 1960.

3 Le défi du changement climatique global
- Différents acteurs se mobilisent suite à l'accord de Paris.
- Il s'agit d'accompagner la transformation des modes de vies et des pratiques d'aménagement.

Réviser

Comprendre la notion clé

Anthropisation

1. En quoi ce projet renforce-t-il l'anthropisation des milieux dans la région parisienne ?

2. Quel est le principal argument mis en avant par les opposants à cet aménagement ?

Manifestation le 21 mai 2017 contre le projet d'aménagement « Europa city » (immense complexe de commerces et de loisirs situé au Nord de Paris, à Gonesse, et financé entre autres par le groupe Auchan).

Définir les mots clés

- ☑ Anthropisation
- ☑ Biodiversité
- ☑ Ecosystème
- ☑ Friche
- ☑ Protection de l'environnement
- ☑ Ressources
- ☑ Risques
- ☑ ZEE

Mobiliser ses connaissances

Reproduisez et complétez le schéma fléché à l'aide des mots clés soulignés.

Exploitation des ……………………………………………

↓

……………………… des milieux

→ Atteinte à la ………………………
→ Disparition des ………………………
→ Aggravation des ………………………

↓

Nécessité de mettre en place des politiques de ……………………………………………

THÈME 2

Territoires, populations et développement : quels défis ?

Delhi, quartier de Chandni Chowk

Delhi, capitale de l'Inde, est une mégapole de 26 millions d'habitants. Dans ce quartier abritant l'un des marchés les plus anciens et les plus fréquentés de la ville fortifiée d'Old Delhi, rues engorgées et câblage électrique aérien omniprésent rappellent les défis de développement qui se posent au pays en termes de nombre d'habitants et d'infrastructures.

Chapitres

KARIM'S
INSIDE STREET
IndiaInfoline
IT'S ALL ABOUT MONEY, HONEY!
DIVINE TRADERS
Online Share Trading
Equity, IPO, Future & Option
CURRENCY EXCHANGER
OLD
CURRUNCY
CHANGE
HARE
Memory Card Downloading

De fortes disparités de développement

1 ▶ D'importants écarts de développement : l'indice de développement humain (IDH)*

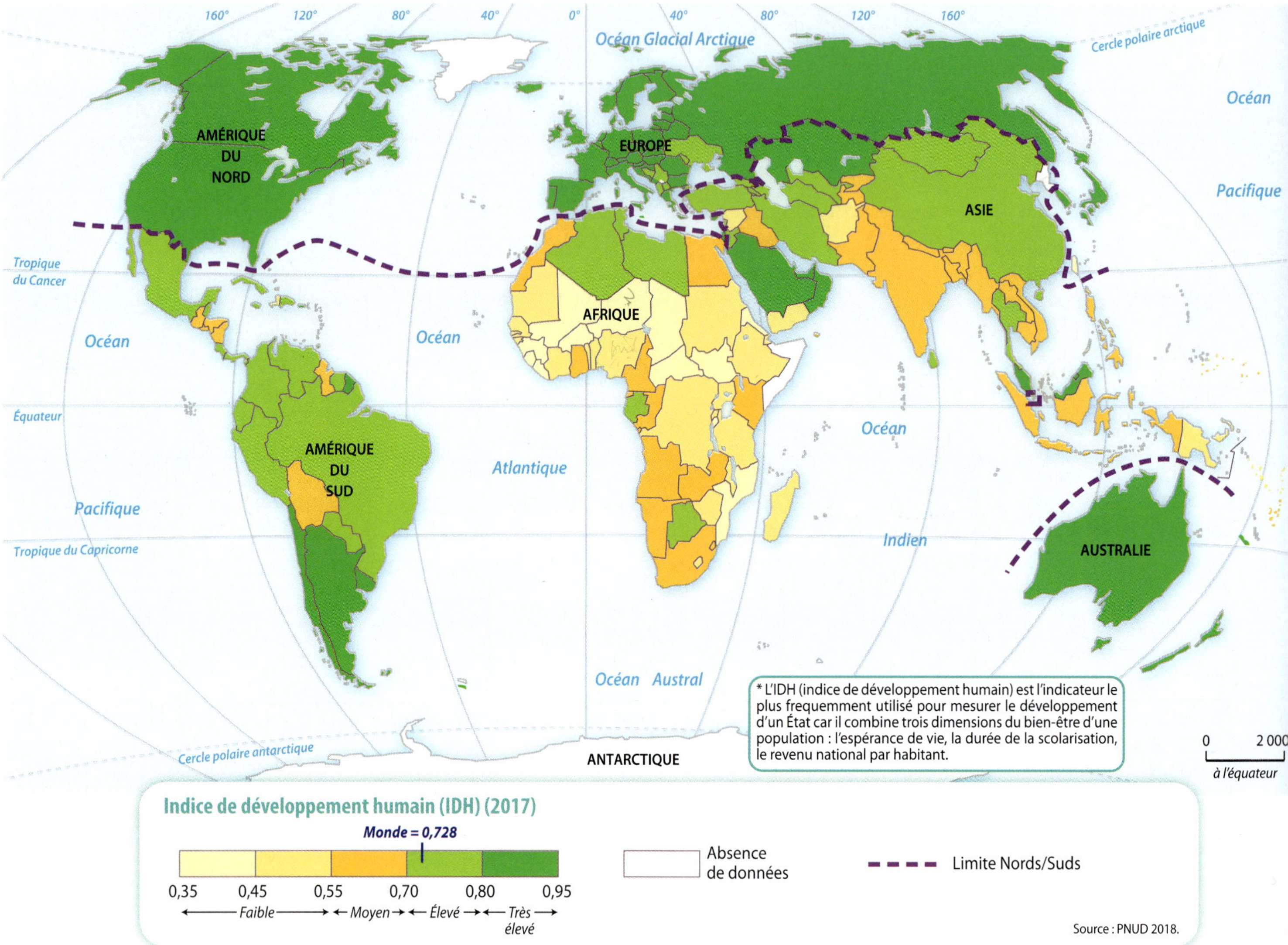

* L'IDH (indice de développement humain) est l'indicateur le plus frequemment utilisé pour mesurer le développement d'un État car il combine trois dimensions du bien-être d'une population : l'espérance de vie, la durée de la scolarisation, le revenu national par habitant.

Retenir l'essentiel de la carte

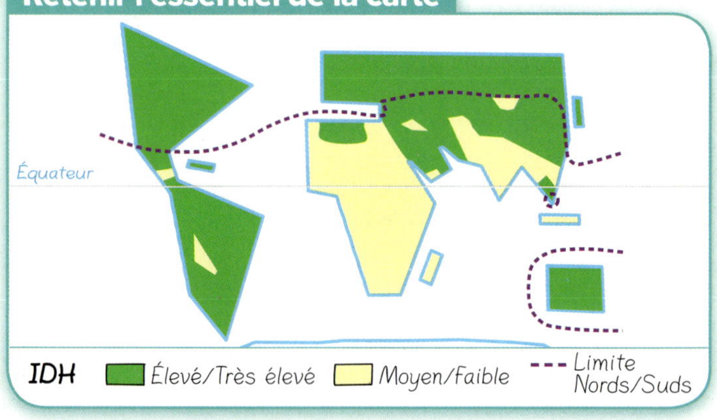

Principaux repères à connaître

- La limite Nords/Suds
- Les principaux pôles de richesse des pays développés : États-Unis-Canada, Europe occidentale, Japon
- Les deux pays des Suds qui ont un très grand poids économique à l'échelle mondiale : Chine, Inde

Cartes interactives
www.lienmini.fr/geo2-47

2 ▶ La richesse mondiale inégalement partagée : le produit intérieur brut (PIB)*

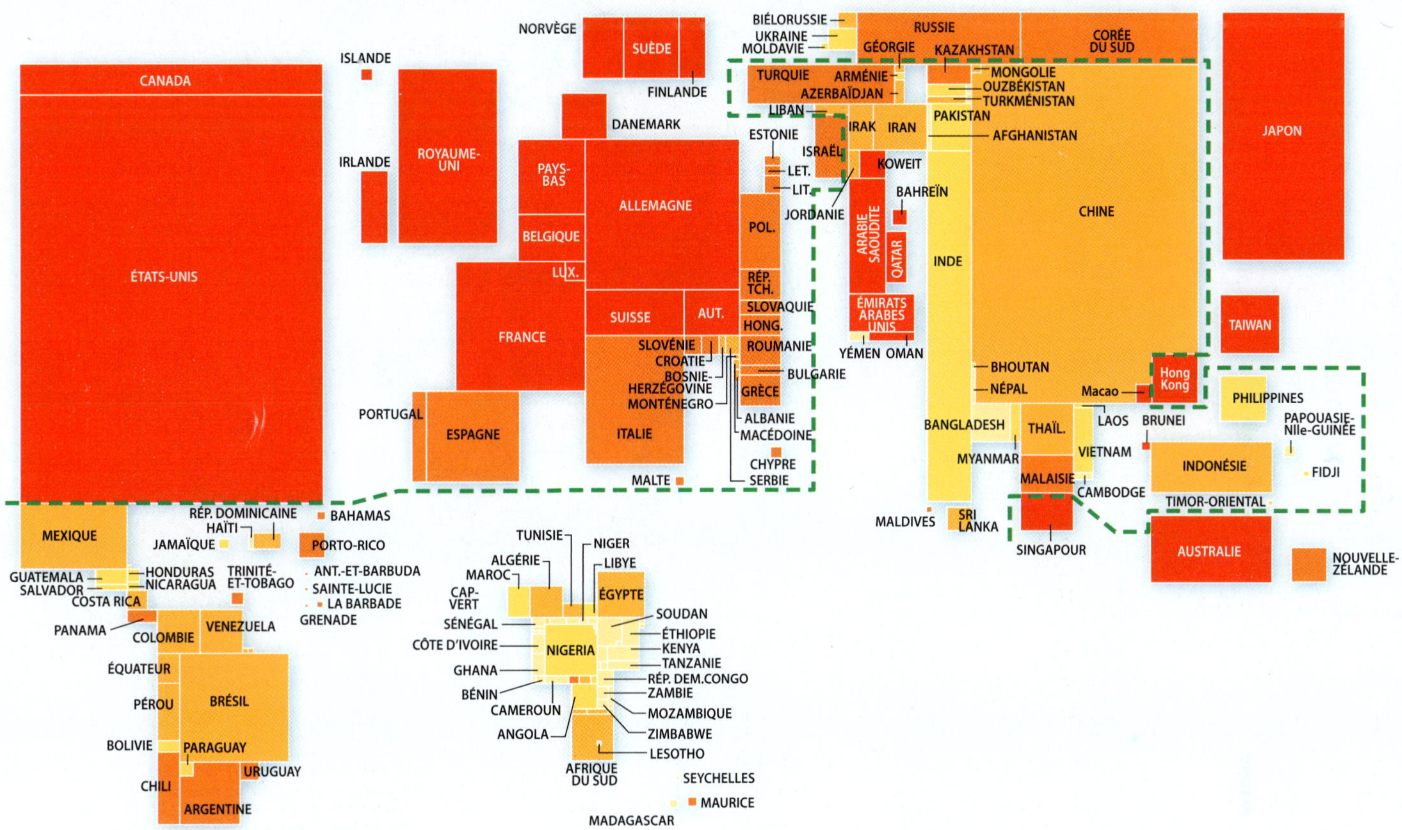

1. Produit intérieur brut (PIB)* par État
(en milliards de dollars)
3 000 – 1 000 – 500 – 100 – 10

Limite Nords/Suds

2. Produit intérieur brut par habitant *(en dollars)*
5 000 – 10 000 – 20 000 – 40 000

Source : RAMSES, 2019.

Principaux repères à connaître

- La limite Nords/Suds
- Les deux grandes régions du monde à IDH faible et moyen : Afrique sub-saharienne, Asie du Sud
- Les trois continents à IDH élevé : Amérique, Europe, Océanie

Retenir l'essentiel de la carte

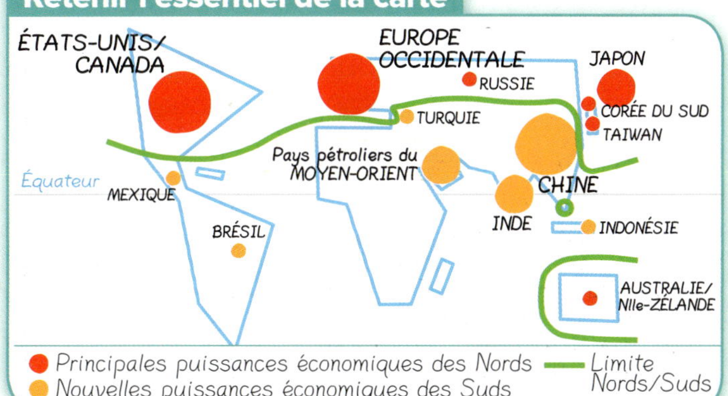

OBJECTIFS
1 PAS DE PAUVRETÉ
2 FAIM «ZÉRO»
3 BONNE SANTÉ ET BIEN-ÊTRE
4 ÉDUCATION DE QUALITÉ
7 ÉNERGIE PROPRE ET D'UN COÛT ABORDABLE
8 TRAVAIL DÉCENT ET CROISSANCE ÉCONOMIQUE
9 INDUSTRIE, INNOVATION ET INFRASTRUCTURE
10 INÉGALITÉS RÉDUITES
13
15 VIE TERRESTRE
16 PAIX, JUSTICE ET INSTITUTIONS EFFICACES

CHAPITRE 5

Le défi du développement

De la problématique du document…

Comment inventer un nouveau mode de développement ?

1. Quand et où ce programme pour le développement a-t-il été voté ? À qui s'adresse-t-il ?
2. Classez les objectifs selon les trois dimensions du développement durable (sociale, économique, environnementale).

… aux problématiques du chapitre

> **Qu'est-ce que le développement ? Quelles sont les inégalités de développement dans le monde ?**

> **Pourquoi et comment mettre en œuvre un développement durable et solidaire ?**

Les 17 Objectifs du développement durable (ODD) à l'horizon 2030

Le Secrétaire général des Nations unies, Ban Ki-moon, présente à la tribune de l'ONU à New-York, devant les représentants de plus de 190 États, l'ambitieux programme pour le développement durable adopté en septembre 2015. Ce programme fait suite aux *huit Objectifs du millénaire* pour le développement (1990-2015).

Cartes
Enjeux

Quelles sont les formes de mal-développement* dans le monde ?

1 L'espérance de vie

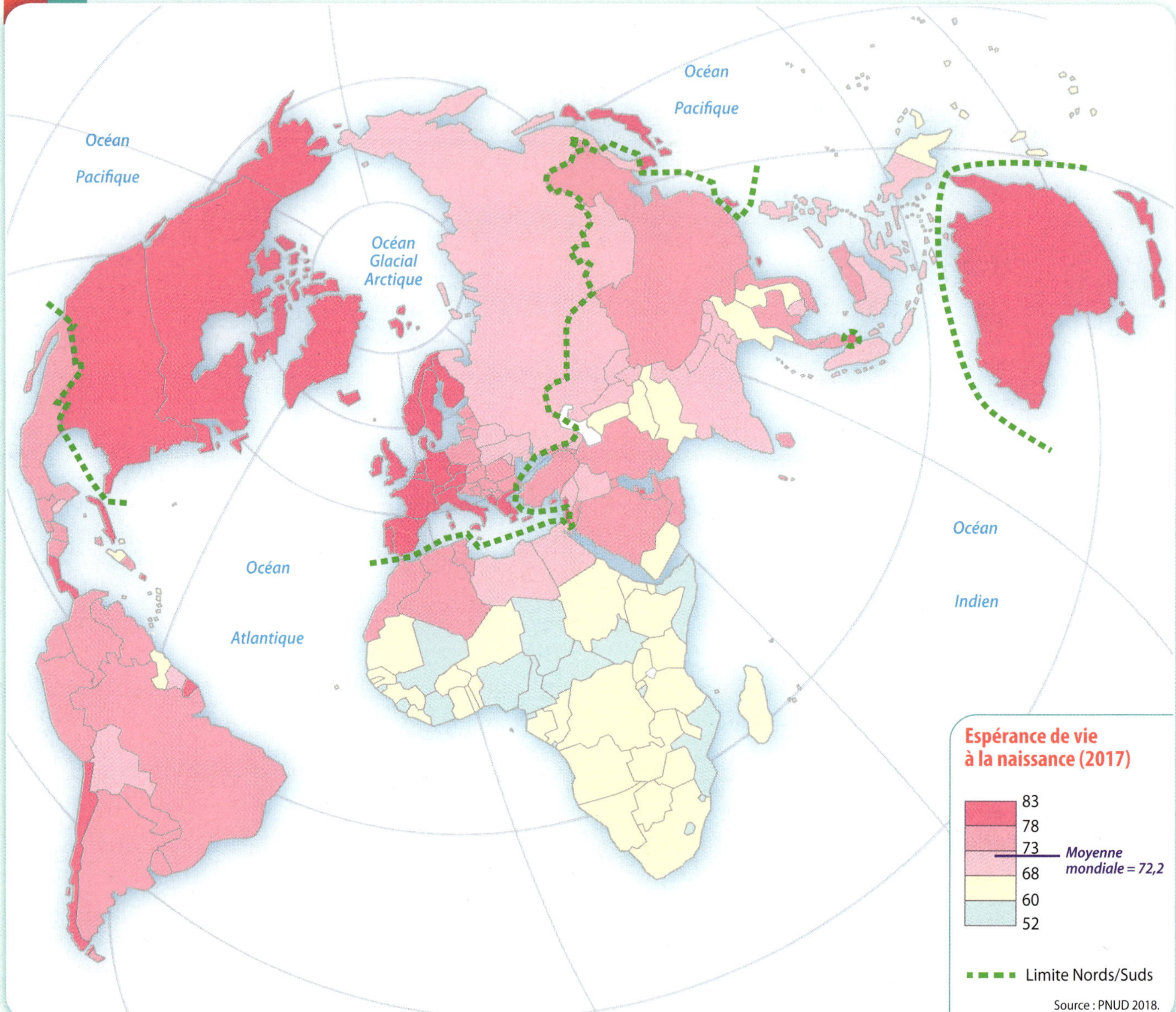

Analyser les cartes

Carte 1

1 Quelle est l'ampleur des écarts d'espérance de vie entre les pays des Nords et les pays des Suds ?

2 Existe-t-il de fortes disparités entre les pays des Suds ?

Carte 2

3 Quelles sont les régions du monde qui connaissent encore la sous-alimentation ? Où la situation est-elle la plus critique ?

4 Quel continent abrite la plupart des pays ayant besoin d'aide alimentaire ?

Carte 3

5 Quelle partie du monde compte le plus grand nombre de pays très pauvres ?

6 Où se concentrent les plus grandes masses de personnes pauvres ?

Mettre les cartes en relation

- Quelles sont les trois facettes du mal-développement des pays des Suds présentées par ces cartes ?
- Quelles régions du monde sont les plus touchées ?

Cartes interactives
www.lienmini.fr/geo2-48

2 Les inégalités alimentaires dans le monde

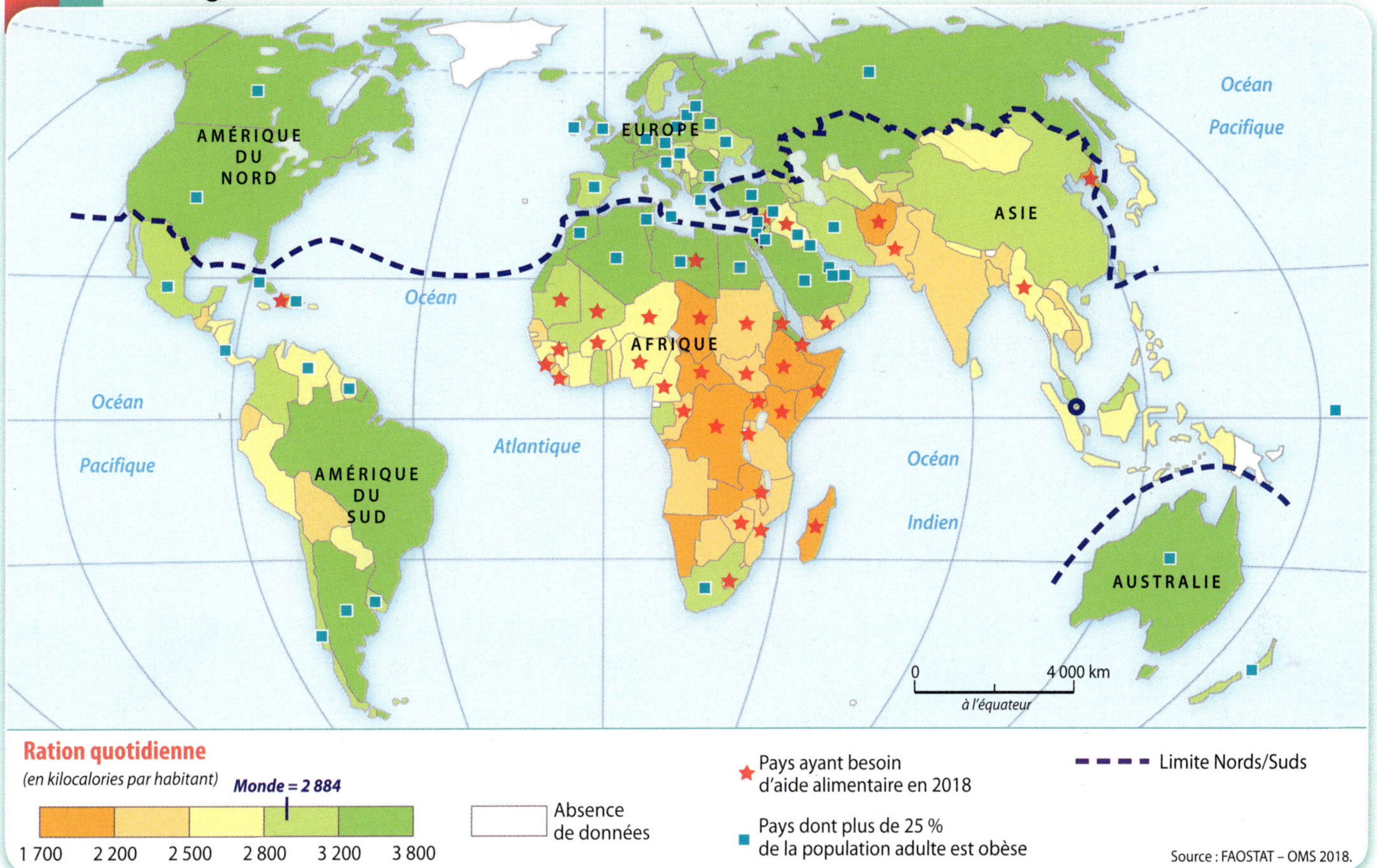

Source : FAOSTAT – OMS 2018.

3 La pauvreté humaine (2016)

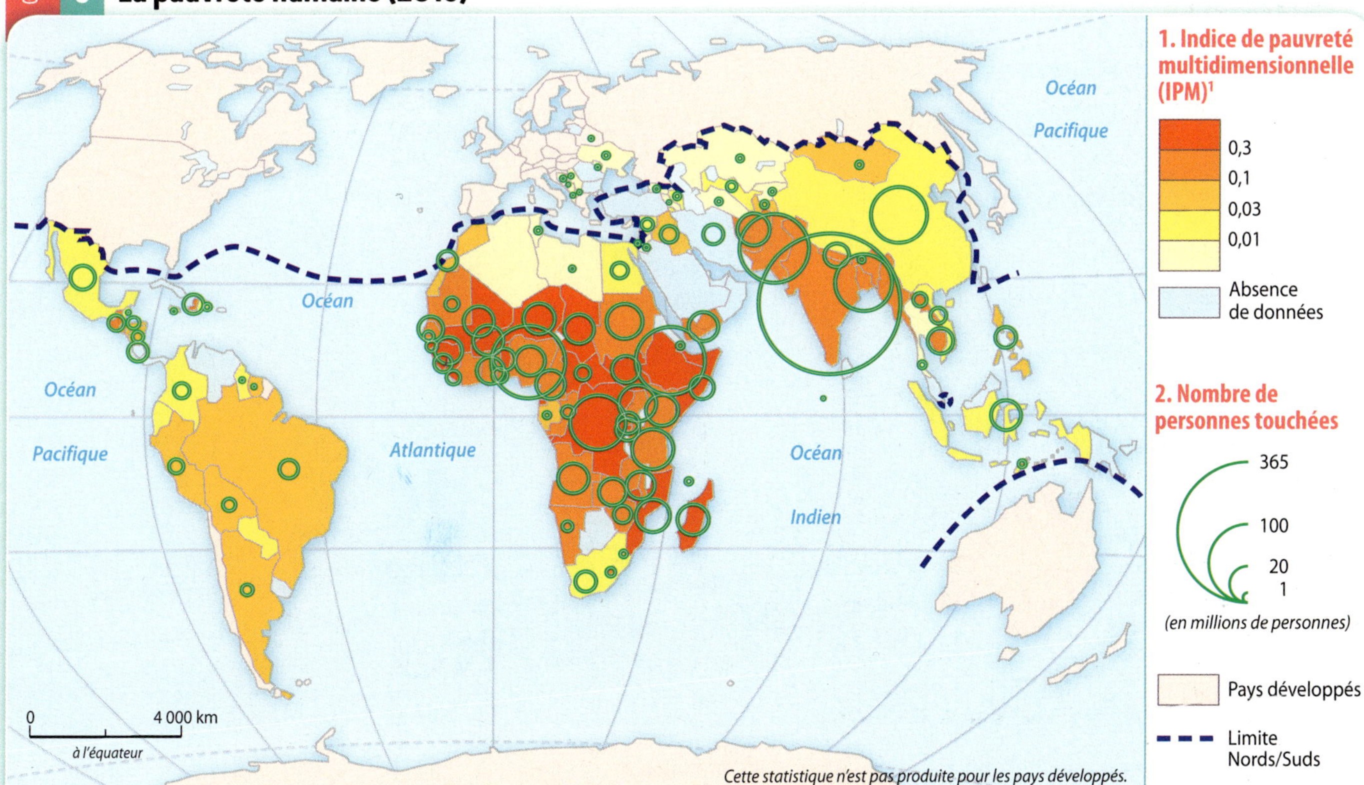

[1]**L'indice de pauvreté multidimensionnelle (IPM)** identifie les difficultés auxquelles sont confrontées les personnes pauvres dans trois domaines (santé, éducation, niveau de vie). *Lecture : plus l'indice est élevé, plus la pauvreté est forte.*

Source : Rapport sur le développement humain, PNUD 2018.

ÉTUDE DE CAS

L'émergence de l'Inde, un réel développement ?

A L'Inde, géant démographique peuplé de 1,4 milliard d'habitants, est la 6e puissance économique du monde. Cette puissance émergente est intégrée à la mondialisation et connaît d'incontestables dynamiques de développement (11e rang en 2017 pour les flux entrants d'IDE*).

B L'Inde apparaît cependant comme le pays du « grand écart ». Les inégalités socio-spatiales sont très marquées, la pauvreté très présente. Néanmoins, certains États semblent mieux engagés que d'autres sur la voie d'un réel développement.

A L'Inde, croissance et développement d'un grand pays émergent

1 ▶ L'Inde, nouveau pôle mondial pour les services de la santé
Hôpital de Fortis Healthcare à Gurgaon, siège de cette chaîne hospitalière indienne, à 30 km au Sud-Ouest de New Delhi. Les investissements dans le secteur de la santé ont contribué à la multiplication des cliniques et hôpitaux privés accueillant une clientèle locale et internationale.

2 ▶ *Startupindia* : encourager l'innovation dans les villes moyennes

Invest India est une agence gouvernementale indienne chargée de promouvoir le développement des entreprises. Le programme *startupindia* encourage les projets innovants dans les villes de 20 000 à 100 000 habitants, souvent délaissées dans les programmes qui favorisent les grandes villes. Extrait du site *startupindia.gov.in*, janvier 2016.

3 ▶ Politique libérale et développement social

L'émergence de l'Inde se poursuit, confirmée par la croissance de l'économie, aux alentours de 7 % par an. La politique du gouvernement se situe dans la continuité de la politique de libéralisation depuis 1991, encore plus poussée qu'avant pour favoriser l'investissement privé, en libéralisant l'accès à la terre par exemple, ou en développant des zones franches afin de permettre aux entreprises de s'installer plus facilement.

Or, malgré le développement, la pauvreté ne diminue pas ou très lentement. La tendance au creusement des disparités entre les États riches de l'Ouest et du Sud avec les autres États se poursuit. Plus inquiétant, je ne suis même pas sûr que ces écarts économiques soient considérés comme un problème par les gouvernants ou les entrepreneurs, étant donné qu'une bonne partie de la compétitivité de l'Inde au niveau international est fondée sur le maintien d'une certaine pauvreté. Cela permet de proposer aux investisseurs potentiels un coût de production vraiment très faible, qui rend l'Inde compétitive sur les marchés internationaux.

Extraits de l'interview de Frédéric Landy par Tirthankar Chanda à RFI, 3 novembre 2018.

4 ▶ Des progrès socio-économiques inégaux

	1990	2005	2017
RNB/habitant (en dollars)	380	700	1820
IDH	0,43	-	0,64 (130e rang mondial)
Espérance de vie (en années)	58	65	68,8
Mortalité infantile (en %)	126	75	39
Sous-alimentation (en %)	18	22	15
Population rurale (en %)	74	71	66
Population pauvre (en %)	46	38	24
Citadins vivant dans des bidonvilles (en %)	55	35	24
Part des femmes parmi les actifs (en %)	28	29	24

Banque mondiale, 2018.

Analyser et confronter les documents

Documents 1 et 2

1. En quoi le secteur de la santé témoigne-t-il de l'émergence économique indienne ?

2. Quel est l'objectif du programme *Startupindia* ?

Document 3

3. Quelle politique a accompagné l'émergence indienne ?
Pourquoi la réduction de la pauvreté ne semble-t-elle pas être une priorité ?

Document 4

4. Dans quels domaines les progrès socio-économiques ont-ils été les plus forts ? Les plus faibles ?

▶ CONCLURE

Quel bilan peut-on dresser de la politique de développement choisie par l'Inde à partir du début des années 1990 ?

B Un développement très inégal sur le territoire et dans la population

5 ▶ Les violences faites aux femmes

Manifestation à Kathua le 3 mai 2018, après le viol et le meurtre d'une jeune fille. Au 1er plan : « Stop à la guerre faite aux femmes », « Levez-vous pour vos droits », « Pas en mon nom ».

Les violences faites aux femmes, bien que dénoncées, restent largement admises, en particulier dans la sphère familiale. Les femmes ne représentent que 48 % de la population, en raison d'un grand nombre d'avortements sélectifs, ou d'infanticides.

6 ▶ Une pauvreté toujours sélective

La pauvreté reste plus marquée en zone rurale qu'en ville, où les opportunités d'emplois et de revenus sont plus nombreuses, surtout dans les grandes métropoles. De plus, à partir de la libéralisation des années 1990, le secteur agricole a décliné. Les prix des productions agricoles ont diminué, ainsi que les subventions de l'État en matière d'engrais, de semences, d'irrigation, ce qui a provoqué un endettement croissant des paysans.

Les *Adivasi* (« habitants originels tribaux ») et les *Dalit* (ex « Intouchables ») sont discriminés et défavorisés du fait de leurs activités traditionnelles (cueillette, tâches jugées impures comme la tannerie, le nettoyage des latrines…), de leur faible accès à la propriété foncière et de leur moindre éducation. Les mesures de discrimination positive (postes réservés et places garanties dans les écoles), les aides au logement, les soins médicaux ont permis une amélioration. Mais l'industrialisation et la création de zones franches ont affecté les populations *Adivasi*, déplacées au gré des exploitations minières et de la construction de barrages.

Lucie Dejouhanet, « L'Inde, puissance en construction », *Documentation Photographique*, n° 8109, 2016.

7 ▶ Croissance économique et pauvreté au Tamil Nadu

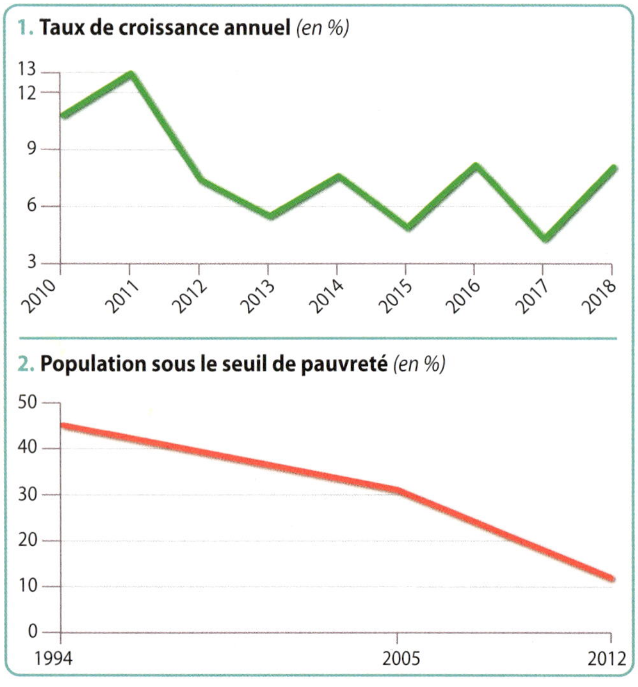

8 ▶ Le développement au Tamil Nadu : atouts et fragilités

a. En 2016, classé second pour ses atouts (stabilité économique, conditions financières, marché de l'emploi, qualité de vie, infrastructures et gouvernance), le Tamil Nadu est aussi l'un des trois États indiens préférés des investisseurs et le second en termes de PIB. Le revenu par habitant se situe à 70 % au-dessus de la moyenne nationale et l'IDH est au 2e rang des États indiens.

D'après A. K. Menon, *India Today*, 07 novembre 2016.

b. Au Tamil Nadu, la baisse marquée de la croissance dans le secteur industriel a eu un impact important sur l'emploi, malgré une main-d'œuvre bien formée. Cela est dû à une certaine inertie des politiques du gouvernement depuis la mort du précédent Premier ministre, alors que d'autres États conduisent des politiques plus attractives. La sécheresse historique de 2016-2017 a d'autre part affecté l'agriculture, comme l'ensemble de l'économie.

D'après B. Sivakumar, *The Times of India*, 23 février 2018.

9 ▶ Mahindra World City : vitrine de Chennai et du Tamil Nadu

À 40 km de Chennai, la firme indienne Mahindra a aménagé une « ville durable » à partir de zones franches* industrielles où sont établies des firmes indiennes et étrangères (38 000 emplois). Cette brochure promotionnelle insiste sur la qualité de vie et l'environnement. Cependant, un habitant de Chennai sur dix vit dans des bidonvilles.
Couverture de la brochure 2017, *mahindraworldcity.com*.

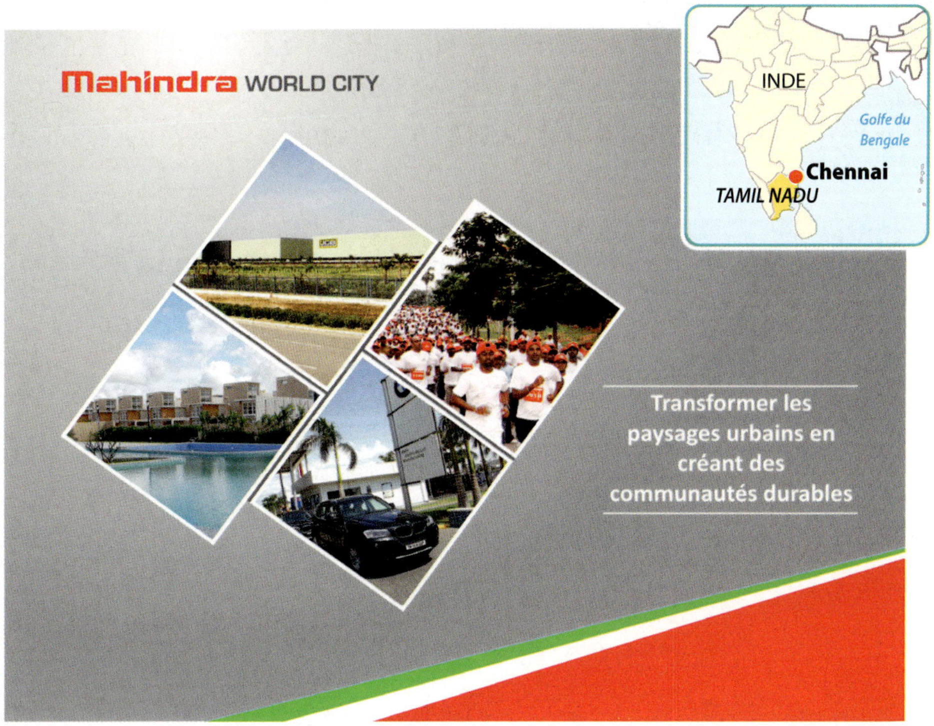

10 ▶ La pauvreté, encore un défi majeur

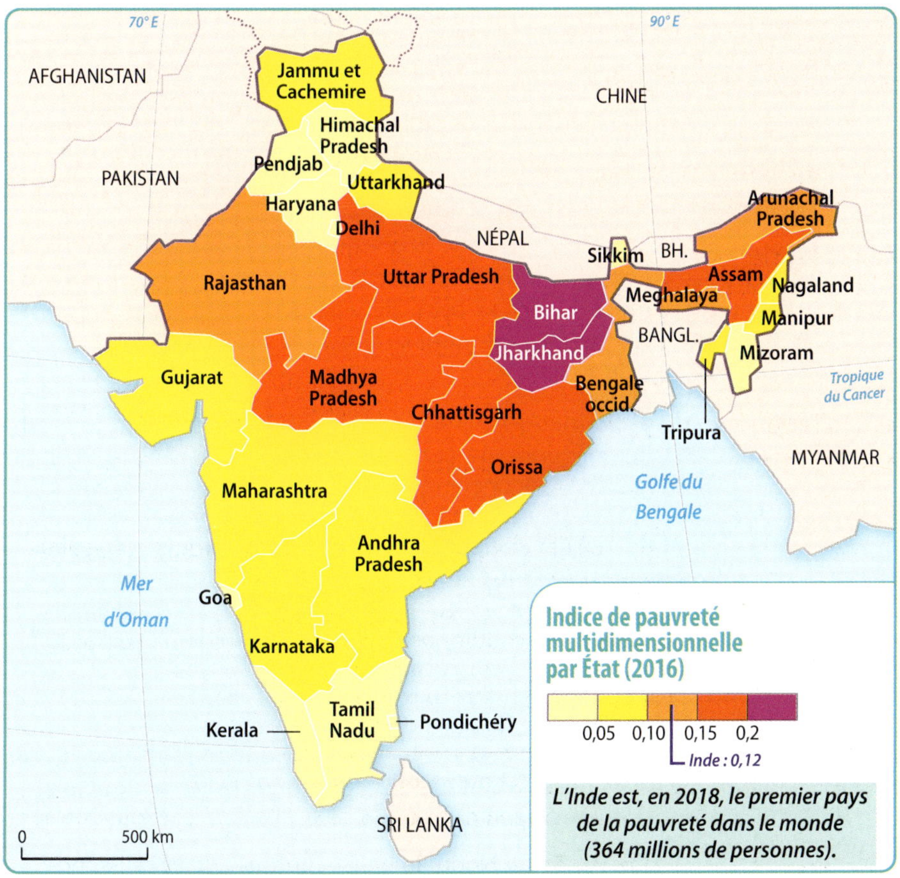

Analyser et confronter les documents

Documents 5 et 6

1. Quelles fortes inégalités socio-spatiales sont observables en Inde ?

Document 10

2. Montrez l'inégale répartition géographique de la pauvreté en Inde.

Documents 7, 8 et 9

3. Montrez les réussites du développement économique et social de l'État du Tamil Nadu. Quelles en sont les limites ?

▶ **CONCLURE**

Pourquoi parle-t-on de l'Inde comme du pays du « grand écart » ?

Pour mettre en perspective à l'échelle mondiale

Les inégalités de développement dans le monde sont fortes à toutes les échelles.

- **Quelles sont les modalités de développement dans le monde ?** → Cours 1 p. 134
- **Comment mettre en œuvre un développement soutenable et solidaire ?** → Cours 2 p. 136

Cours 1

Quel développement dans un monde en transition ?

Qu'est-ce que le développement ? Quelles sont les inégalités de développement dans le monde ?

CHIFFRES
Inégalités

Pays des Nords
17 % de la population
68 % des richesses

Pays des Suds
83 % de la population
32 % des richesses

NOTION
Développement

A. Qu'entendre par le terme « développement » ?

- **Le développement exprime la capacité d'un État à satisfaire les besoins élémentaires de sa population** : l'accès aux ressources vitales (eau, nourriture) et aux services essentiels (éducation, santé...) grâce à la production de richesses. **Le mal-développement** et le **sous-développement sont au contraire synonymes de pauvreté** et sont associés à un fort taux de **mortalité infantile***, à une faible **espérance de vie*** et à des conditions de vie très difficiles. → Cartes enjeux p. 128

- **Le développement d'un État ne se limite pas à la seule croissance économique*** et ne se mesure pas seulement grâce à des indicateurs économiques **(PIB*)**. La qualité de vie de l'ensemble de la population est également prise en compte à partir d'indicateurs socio-économiques (**IDH***). **Le développement comporte enfin une dimension géopolitique** qui se mesure par le rôle joué sur la scène internationale. → Repères spatiaux p. 124

B. Le constat de l'inégal développement

- **Après la Seconde Guerre mondiale, la prise de conscience des inégalités économiques conduit à distinguer les pays dits « industrialisés » ou riches, des pays dits « sous-développés ».** Ce dernier terme, souvent jugé péjoratif, est remplacé à la fin des années 1950 par celui de **« pays en voie de développement »**, puis par **« pays en développement »**. Dans les années 1970 apparaît l'expression de **« Sud » et de « Nord »**.

- **Trop schématique, cette distinction ne prend pas en compte de nouveaux processus, notamment l'émergence de certains États du Sud** (Brésil) ou l'accroissement des disparités socio-économiques et spatiales à l'intérieur d'un même pays, y compris dans les pays riches. **« Nords »** et **« Suds »** sont désormais employés au pluriel, pour insister sur la diversité des situations et rappeler **la persistance des inégalités à toutes les échelles** [doc. 2].

C. Des progrès spectaculaires de développement

- **Depuis les années 1970, différents programmes cherchent à créer et soutenir le développement.** Le bilan des **« Objectifs du millénaire pour le développement » en 2015 a permis de mesurer l'ampleur des progrès accomplis**. Le premier objectif de ce programme, « réduire de moitié la pauvreté absolue », a été dépassé, alors même que la population des États les plus pauvres augmente fortement. La situation reste cependant très inégale selon les continents et les pays [doc. 1]. → Repères spatiaux p. 124

- **Pourtant, l'impact de l'aide au développement est régulièrement critiqué.** Pour certains, **c'est d'abord la croissance économique** résultant de l'entrée de certains pays dans la mondialisation **qui a permis l'amélioration des conditions de vie**. D'autres souhaiteraient privilégier un développement local et **endogène**, où les populations seraient décisionnaires.

Définition
Pauvreté absolue ou monétaire
Disposer de moins de 2 dollars par jour et par personne pour subvenir à ses besoins.

* Lexique p. 284

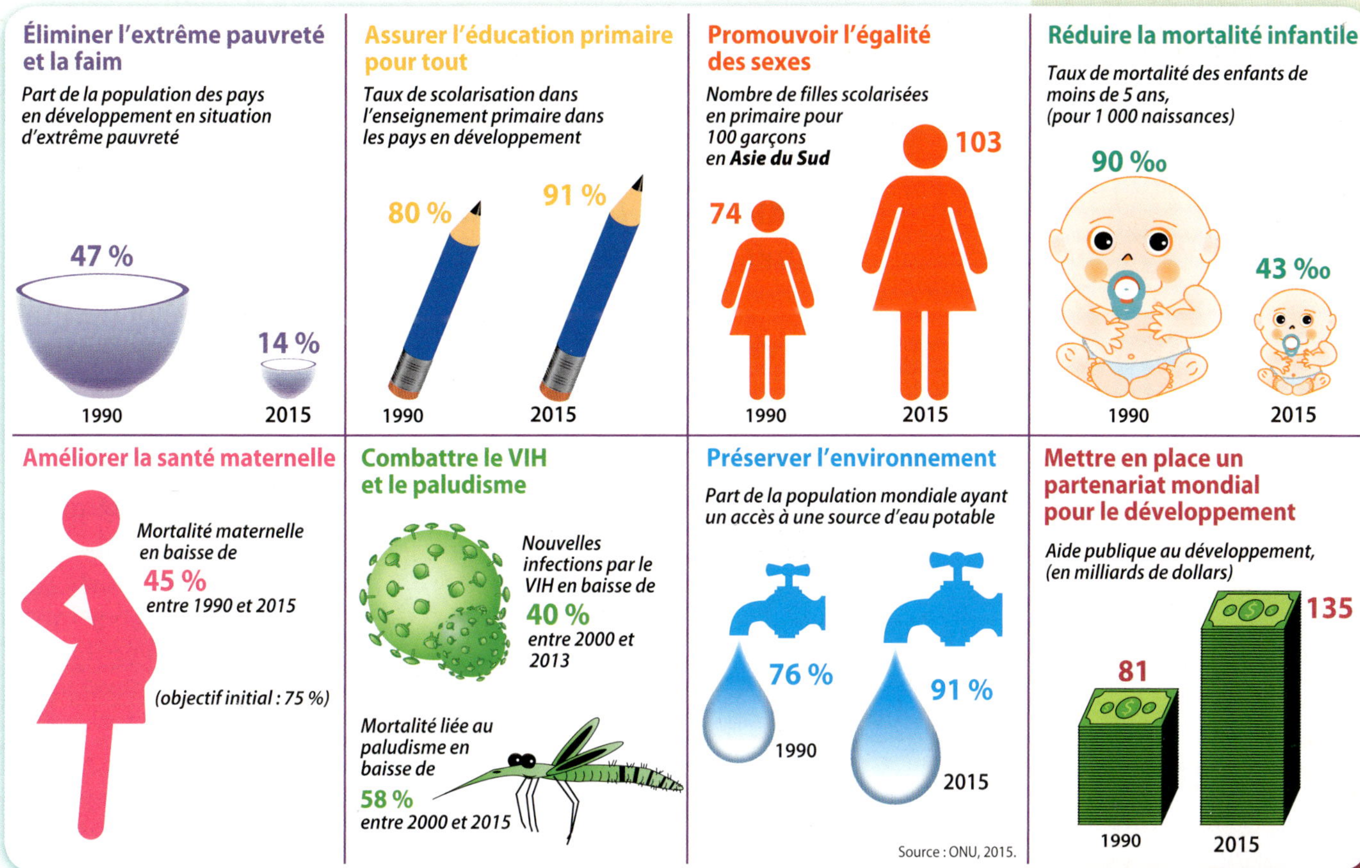

1▶ Le bilan de l'ONU sur les *Objectifs du millénaire pour le développement* (O.M.D.)

Les *Objectifs du millénaire pour le développement* (1990-2015) ont été fixés pour 15 ans par les Nations unies afin de réduire les inégalités de développement dans le monde.

Doc clé

Analyse d'une infographie

Lire l'infographie

1. À quel type de pays ce programme s'adresse-t-il ? Combien d'objectifs comporte-t-il ?
2. À quels grands domaines économiques et sociaux la majorité des Objectifs se rapportent-ils ?

Comprendre l'infographie

3. Quelles évolutions peut-on observer pour chacun des objectifs entre 1990 et 2015 ?

2▶ Les inégalités en Chine : le luxe s'affiche (2011)

En Chine, 1 % des ménages possède un tiers de la richesse nationale tandis que 25 % des ménages en détiennent seulement 1 %.

Cours 2

Penser le développement durable et solidaire

Pourquoi et comment mettre en œuvre un développement durable et solidaire ?

CHIFFRES

Recul de la pauvreté

En Asie de l'Est et Pacifique

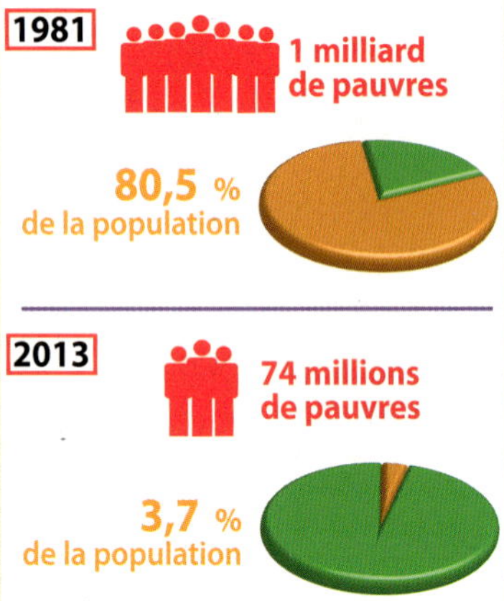

Source : Banque mondiale, Observatoire des inégalités, 2017.

A. Les inégalités s'accroissent dans le monde

- **Si le recul de la pauvreté est spectaculaire en Asie,** avec le décollage des économies de l'Asie du Sud et de l'Est, **la situation des Pays les moins avancés* (PMA) reste préoccupante** dans le monde. En raison de la mondialisation, les pays riches connaissent également une augmentation de l'emploi précaire et du chômage, sources de pauvreté.
- **Dans de nombreux États, les inégalités s'intensifient entre riches et pauvres :** l'écart moyen de revenus entre les plus riches et les plus pauvres, de 1 à 10 à la fin du XIXe siècle, est passé à un écart de 1 à 50 aujourd'hui. **Les inégalités de développement, à toutes les échelles, sont corrélées à d'autres formes d'inégalités :** âge, genre, ethnie, religion, orientation sexuelle... **[doc. 3]**

B. L'envers écologique du développement

- **Les inégalités de développement recoupent désormais les inégalités environnementales :** l'exclusion économique et sociale se conjugue avec une plus forte exposition aux risques et aux nuisances pour les plus pauvres. → Étude de cas p. 130
- **Les modes de développement appuyés sur la croissance économique s'accompagnent de surconsommation, de gaspillage des ressources naturelles, de pollutions** (eaux, sols, air) qui touchent autant l'environnement que les sociétés.
- **Le coût environnemental et social de la croissance et de ses excès** sont dénoncés par les « décroissants », qui rejettent les modèles actuels de développement. **D'autres acteurs appellent à une transition écologique qui serait un levier de croissance,** de création d'emplois. Des pays, situés principalement dans les Nords, incitent à une consommation plus sobre des ressources. **Certains États,** comme l'Inde, **revendiquent leur « droit au développement »** et rappellent la dette écologique des pays développés à leur encontre. **[doc. 4]** → Étude de cas p. 130

NOTION

Développement durable

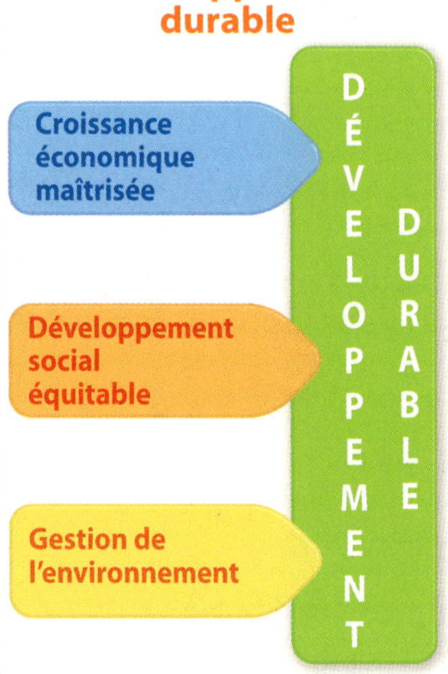

C. Promouvoir un développement durable et solidaire

- **Nombre de pays et d'institutions internationales alertent sur la nécessité d'instituer un développement « durable* » ou « soutenable ».** En 2015, les États membres de l'ONU ont adopté les **17 Objectifs de développement durable (ODD)***. Ceux-ci ont pour but d'éradiquer la pauvreté, de protéger la planète et de garantir la prospérité pour tous. **Les enjeux de l'Agenda 2030,** porté par les ODD, **sont multiples** : allier objectifs de développement et de protection de l'environnement, développer l'idée d'une responsabilité commune, aboutir à des objectifs universels, mais à des engagements différenciés selon les pays. **[doc. 5]** → Photographie p. 126
- **Pour beaucoup de pays pauvres, la croissance économique est une priorité absolue.** Cependant, la marche vers le développement suppose de mettre aussi **en place des politiques sociales et de promouvoir les libertés. [doc. 5]** → Étude de cas p. 130

Définition

Agenda 2030

Programme d'actions des Nations unies pour le développement à l'horizon 2030. Il a été adopté par les 193 États membres des Nations unies en septembre 2015 (voir ODD).

* Lexique p. 284

3 ▶ Les inégalités s'accentuent entre riches et pauvres
Dessin de Philippe Geluck, 2008.

4 ▶ La croissance remise en question ?
Dessin paru dans *Le Monde*, 30 novembre 2018.

5 ▶ Repenser le développement

Conscientes des dangers que présente la croissance économique sous sa forme actuelle, la plupart des institutions internationales promeuvent un développement « durable » ou « soutenable » défini comme celui qui répond aux besoins du présent sans compromettre la possibilité pour les générations à venir de répondre aux leurs. Il s'est imposé progressivement depuis le rapport au Club de Rome (Meadows, 1972) et le rapport *Bruntland* (Commission mondiale sur l'environnement et le développement, 1987).

Associé au concept de « bonne gouvernance », le développement durable est désormais un des fondements de toutes les politiques d'aide au développement internationales. Ces politiques, à leur tour, ne sont pas exemptes de reproches : les institutions internationales tendent à imposer des modes de gouvernance et des politiques économiques forgées au Nord et appliquées sans discussion avec les populations locales, et sans que leurs intérêts soient toujours pris en compte.

D'autres courants de pensée proposent des voies originales comme l'économiste d'origine indienne Amartya Sen (2012). Pour lui, les inégalités entre les individus ne s'apprécient pas au regard de leurs dotations en ressources mais dans leurs capacités à les convertir en libertés réelles. La tyrannie et l'inexistence des services publics sont autant d'entraves à la liberté et au développement durable qu'il faut vaincre.

D'après Jean-Louis Chaléard, Thierry Sanjuan, Géographie du développement. *Territoires et mondialisation dans les Suds*, Paris, © A. Colin, 2017.

Doc clé

Analyse d'un texte

Lire le texte

1. Qu'est-ce que le développement « durable » ?
2. Pourquoi ce modèle s'est-il progressivement imposé ?
3. Quelles critiques sont adressées aux politiques d'aide au développement ?
4. Selon Amartya Sen, qu'est-ce qui fait obstacle au développement ? Qu'est-ce qui peut le favoriser ?

Comprendre le texte

5. Qu'ont en commun les deux courants de pensée présentés dans le texte pour promouvoir le développement ?

PRÉPARER LE BAC 13

CAPACITÉS

- Lire et comprendre un document et exercer un regard critique
- Produire un écrit construit et argumenté

Analyser un dessin de presse

Méthode BAC p. 278-279
Analyse d'un document

Sujet Dans quelle mesure le document reflète-t-il l'inégal développement du monde ?

Doc. ▶ Les deux faces de la malnutrition
Dessin d'Alex Ballaman, *Courrier international*, 18 septembre 2017.

Conseils

- Définissez le terme « malnutrition ».
  → *Utilisez le* ***lexique*** *p. 284.*
- Observez la position des personnages, analysez le cri qu'ils prononcent...

ÉTAPE 1 — Identifier le dessin de presse

1. Relevez la date, l'auteur et la source du dessin.
2. Observez attentivement le dessin.
   - Quel thème général aborde-t-il ?
   - Décrivez chacun des personnages.
3. À quel type de pays les deux personnages correspondent-ils ?

ÉTAPE 2 — Analyser le dessin de presse

4. Quel contraste de développement le dessin illustre-t-il ?
5. Comment le dessin remet-il en cause certains modes de consommation alimentaires ?
6. Quel problème relatif à la sécurité alimentaire le dessin évoque-t-il de façon dramatique ?

Conseil

- Définissez le terme « famine ».

ÉTAPE 3 — Exercer un regard critique

7. Le dessin fait-il apparaître toutes les facettes de l'inégal développement ?

Rédiger la réponse au sujet

À partir du travail effectué sur le dessin de presse, rédigez la réponse au sujet en l'organisant en deux paragraphes :

- **1er paragraphe :** *La malnutrition, reflet de l'inégal développement du monde.*
- **2e paragraphe :** *L'inégal développement se définit par d'autres critères.*

→ *Utilisez les* ***cartes enjeux*** *p. 128.*

VÉRIFIER SES CONNAISSANCES

Retenir les idées fortes du cours

IDÉE 1

Quel développement dans un monde en transition ?

1. **Qu'entendre par « développement » ?**
   – Le développement exprime la capacité d'un État ou d'un territoire à satisfaire les besoins essentiels de sa population (accès aux ressources vitales, éducation, santé...).
   – Le mal-développement et le sous-développement sont au contraire synonymes de pauvreté et d'inégalités.
2. **Le constat de l'inégal développement**
   – On peut distinguer les pays dits industrialisés ou riches et les pays appelés « en développement ».
   – Les inégalités se manifestent à toutes les échelles.
3. **Des progrès spectaculaires de développement depuis les années 1970**
   – La pauvreté absolue a été réduite de moitié entre 2000 et 2015 (« Objectifs du millénaire pour le développement »).

IDÉE 2

Penser le développement durable et solidaire

1. **Les inégalités s'accroissent dans le monde**
   – Un décollage économique spectaculaire en Asie de l'Est, mais une situation préoccupante des PMA.
   – Les inégalités entre riches et pauvres se creusent (écart de 1 à 50 de revenus entre les plus riches et les plus pauvres) et sont multiformes.
2. **L'envers écologique de la croissance**
   – La croissance économique s'accompagne parfois de différents problèmes environnementaux.
   – Certains acteurs appellent à une transition écologique.
3. **Promouvoir un développement soutenable et solidaire**
   – Beaucoup d'institutions et d'États mettent en avant la nécessité d'un développement durable ou soutenable (17 « ODD » mis en place par l'ONU en 2015).

Réviser

Comprendre la notion clé

Le développement

1. Comment la photo montre-t-elle deux situations très contrastées en termes de développement ?
2. À quelles autres échelles les contrastes de développement se manifestent-ils ?

Santa Fe, banlieue de Mexico, Mexique, 2012.

Définir les mots clés

- ☑ Développement
- ☑ Développement durable
- ☑ Nords/Suds
- ☑ Pauvreté absolue
- ☑ Pays en développement
- ☑ PMA
- ☑ Transition écologique

Mobiliser ses connaissances

Reproduisez et complétez le schéma fléché à l'aide des mots clés soulignés

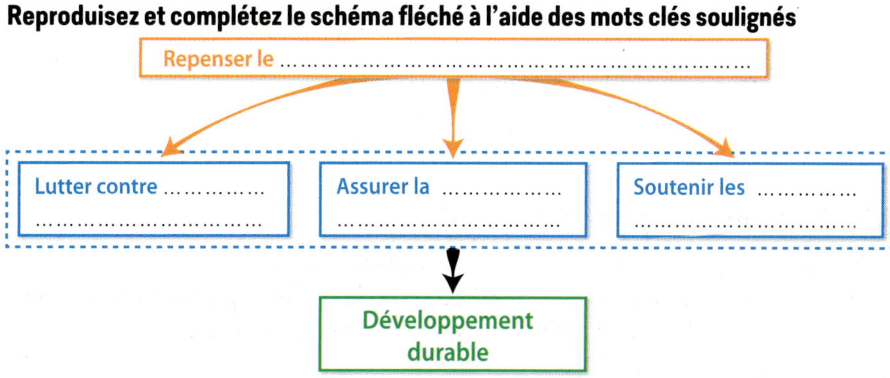

仲見世会
雷神堂
山和証券
司生堂
仲見世会
みずの
フォンテーヌ
河村屋
三好屋

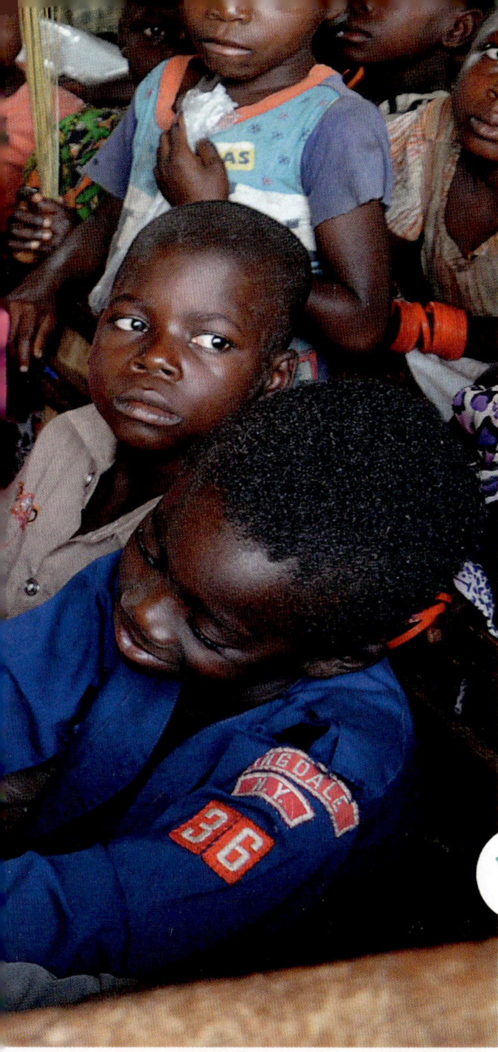

CHAPITRE 6

Des trajectoires démographiques différenciées

De la problématique du document…

Croissance forte et vieillissement : deux grands défis démographiques à relever dans le monde

1. Localisez et décrivez les deux photographies.
2. Où le défi à relever est-il celui du nombre ? Celui du vieillissement ?
3. En quels termes ces défis se posent-ils pour les deux pays ?

… aux problématiques du chapitre

> **Quelles sont les disparités démographiques dans le monde ?**

> **Quelles sont les conséquences de l'évolution différente des populations?**

Afrique, République démocratique du Congo

La salle de classe de l'école de Muhuya, localité agricole au Sud-Est du pays, est pleine à craquer. Dans un pays où l'âge médian est inférieur à 17 ans, l'éducation demeure un défi majeur pour le développement.

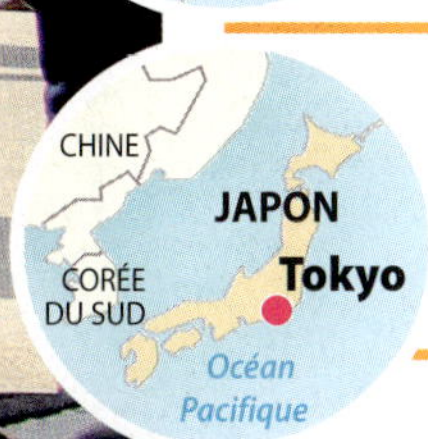

Japon, Tokyo

Des personnes âgées s'entraînent lors d'une manifestation de promotion de la santé. Dans un pays où 28 % de la population a plus de 65 ans, la gestion des personnes âgées constitue un défi majeur pour le Japon.

Cartes Enjeux

Quels sont les enjeux démographiques du monde ?

1 Fécondité : un monde inégal

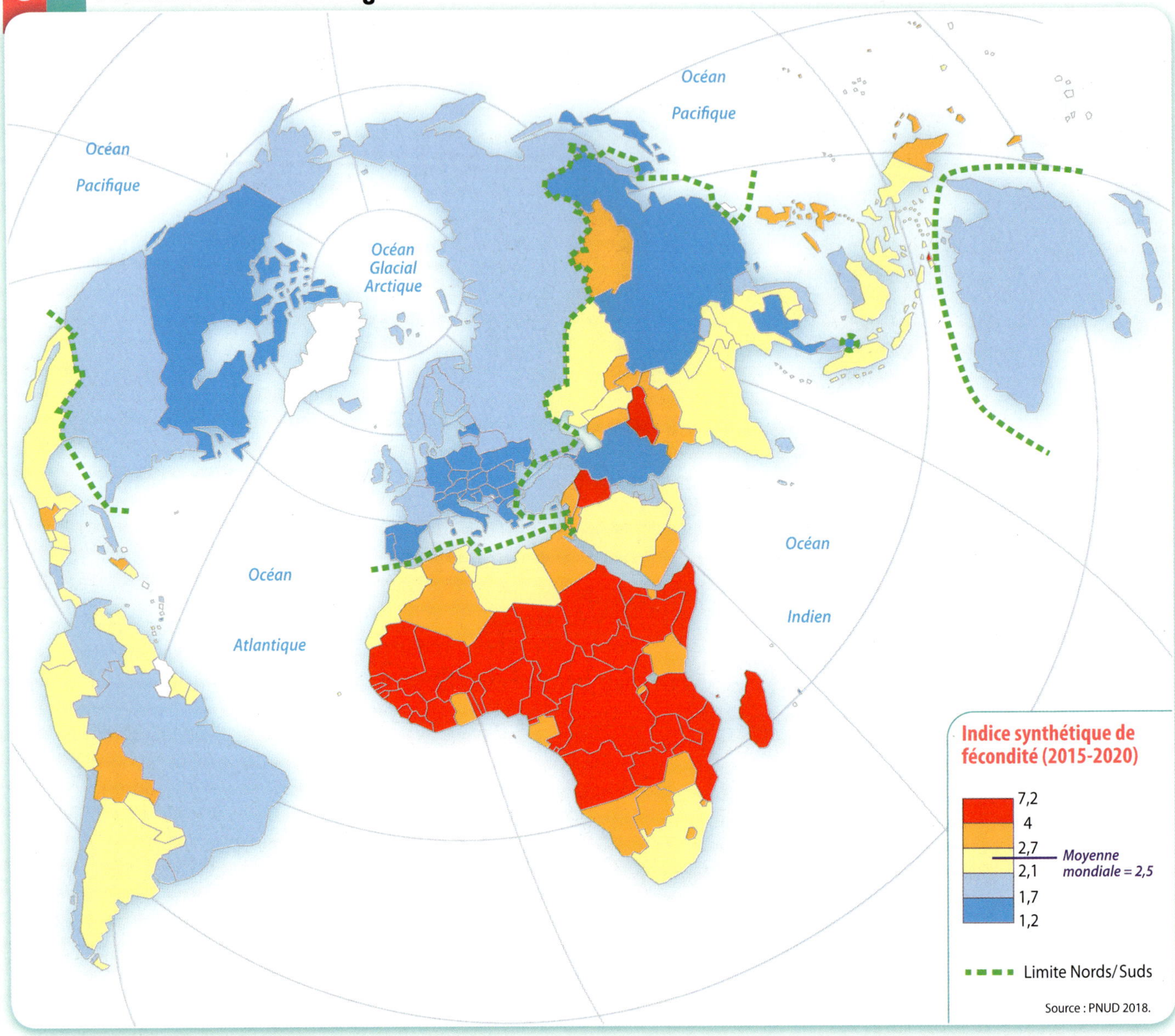

Analyser les cartes

Carte 1

1 Comparez la fécondité* des pays des Nords avec celle des Suds. Dans les Suds, quels sont les pays qui ont une fécondité comparable à celle des pays des Nords ?

2 Quel est le continent qui connaît la fécondité la plus basse ? La plus haute ?

Carte 2

3 Quel est le continent le plus concerné par le vieillissement de sa population ? Quel continent est caractérisé par la jeunesse de sa population ?

Carte 3

4 Quel continent sera le plus peuplé en 2030 ? Quel continent devrait connaître la plus forte croissance ?

Mettre les cartes en relation

Quels sont les deux enjeux démographiques opposés dans le monde qui apparaissent sur ces cartes ?

Cartes interactives
www.lienmini.fr/geo2-49

2 Pays jeunes et pays vieux : l'âge médian

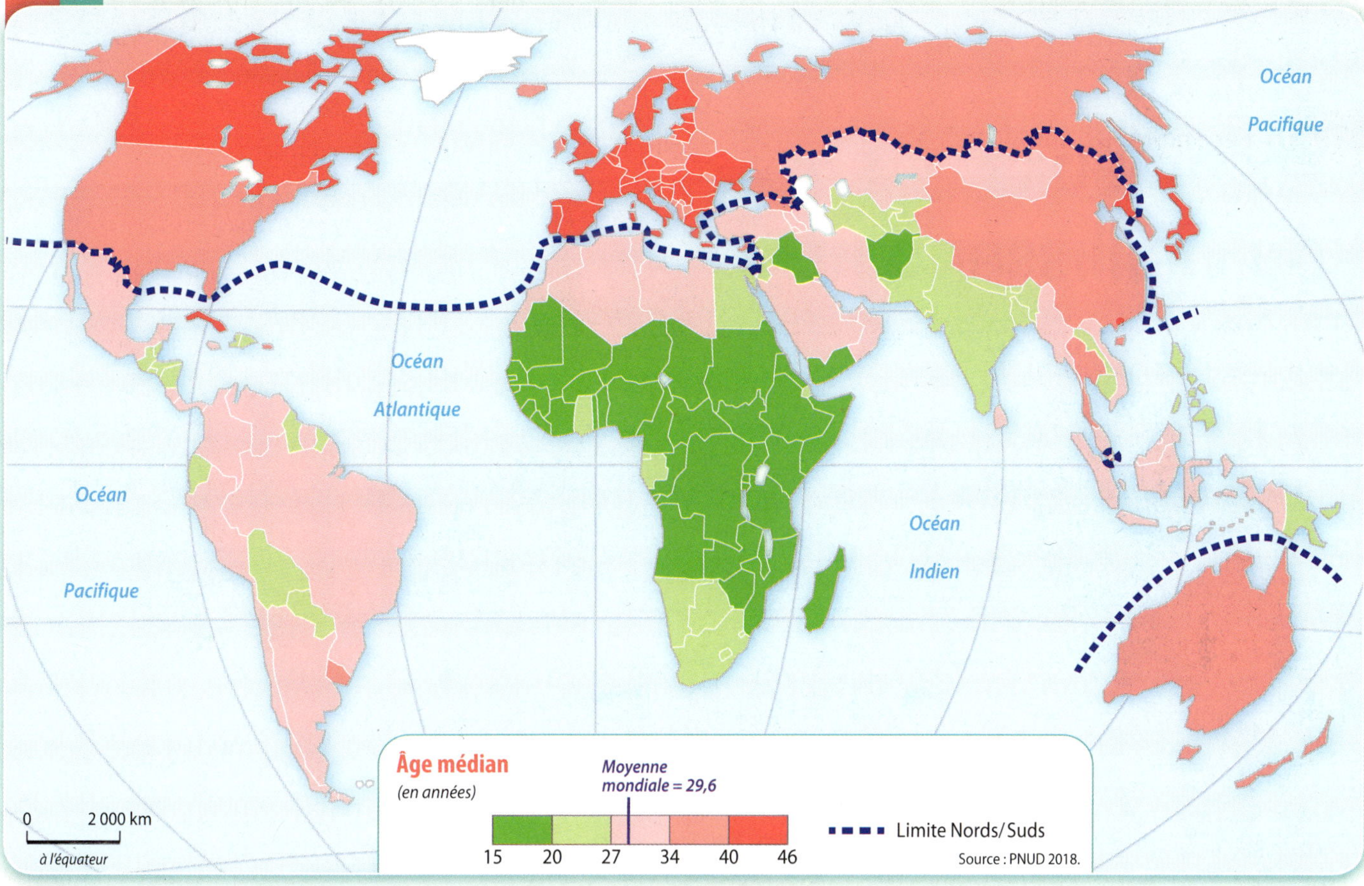

3 Vers une nouvelle répartition de la population dans le monde en 2030

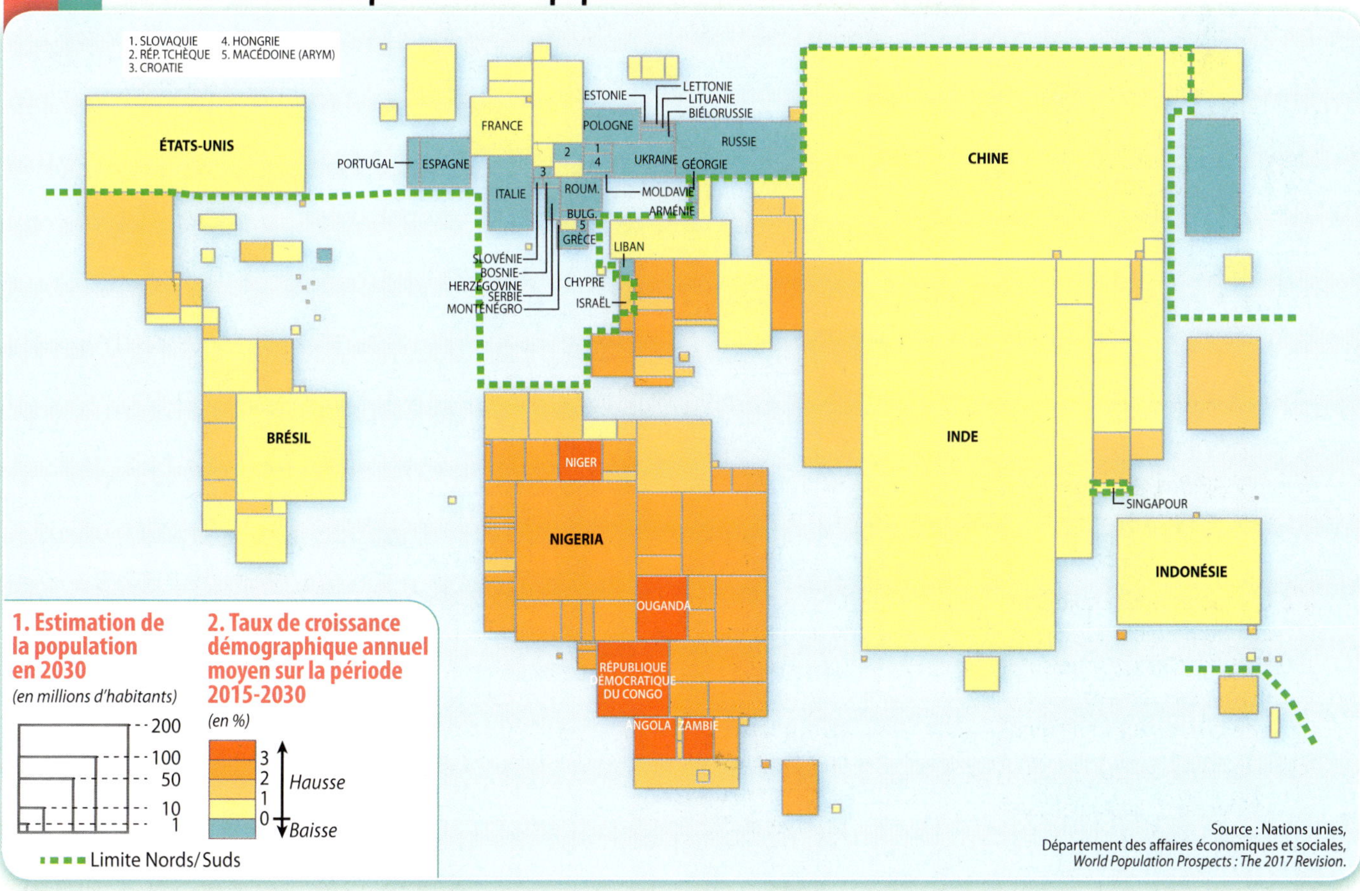

ÉTUDE DE CAS

Japon, les enjeux du vieillissement

- Le Japon est confronté à un vieillissement rapide de sa population : 28 % des Japonais ont plus de 65 ans. La population du Japon devrait passer de 126 millions en 2018 à moins de 100 millions en 2050 selon les projections gouvernementales.
- Depuis 2005, le solde naturel* de la population est négatif ; l'indice conjoncturel de fécondité est très bas (1,4 enfant par femme en 2018), et l'immigration demeure très limitée.

→ Comment le Japon s'adapte-t-il au vieillissement de sa population ?

1 ▶ 8 millions de Japonais de plus de 65 ans exercent un métier
Pour lutter contre la pénurie de main-d'œuvre et la pauvreté des personnes âgées, les seniors japonais sont encouragés à conserver un emploi.

▶▶ Vidéo

Reportage

Travail des seniors japonais : bientôt la retraite à 80 ans ?
France 24, 3'36'', 2018
www.lienmini.fr/geo2-50

Fiche d'étude vidéo imprimable
www.lienmini.fr/geo2-51

2 ▶ Le vieillissement stimule l'innovation

« Je n'ai absolument aucune inquiétude concernant la démographie du Japon », a déclaré Shinzo Abe, Premier ministre japonais. Il fait ainsi valoir que le produit intérieur brut (PIB) du Japon a augmenté en dépit d'une diminution de la population en âge de travailler de trois millions sur les trois dernières années. « Le Japon vieillit et sa population diminue mais ce sont des encouragements pour nous. Pourquoi ? Parce que nous continuerons à être motivés pour faire augmenter notre productivité », a-t-il ajouté avant de citer notamment les robots, les capteurs et l'intelligence artificielle. « Ainsi, paradoxalement, la démographie du Japon est un avantage et pas un handicap ».

« Plus de coupe en argent pour les centenaires japonais », *Ouest-France*, 23 septembre 2016.

3 ▶ Le déclin de la population active

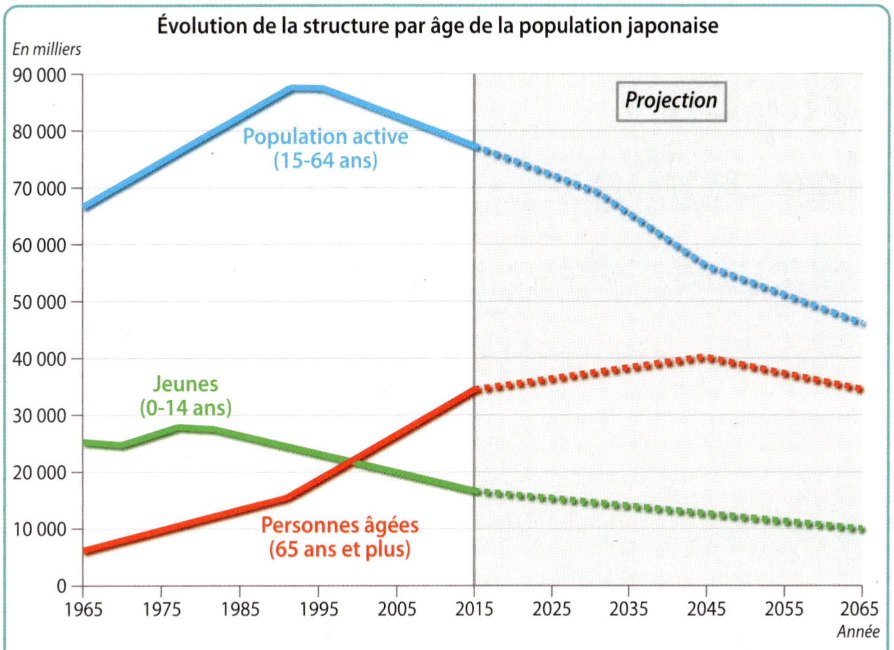

Source : Institut national de recherche sur la population du Japon, 2017.

Analyser et confronter les documents

Documents 1, 3 et vidéo

1. Comment la pénurie de main-d'œuvre au Japon s'explique-t-elle ?
2. Pourquoi de nombreuses personnes âgées travaillent-elles ?

Document 2

3. Pourquoi le vieillissement est-il considéré comme un atout par le Premier ministre japonais ?

Documents 1 à 4

4. Comment pallier la pénurie de main-d'œuvre ?

▶ CONCLURE

Pourquoi peut-on parler de « laboratoire japonais du vieillissement » ?

4 ▶ Un recours limité à l'immigration économique

Dessin de Roger Dahl, *The Japan Times*, 31 mai 2014.

L'immigration au Japon est très contrôlée. Le Japon s'ouvre à des travailleurs peu qualifiés pour pallier la pénurie de main-d'œuvre dans les secteurs de l'agriculture, du BTP, de l'hôtellerie, de la santé, à condition toutefois qu'ils maîtrisent la langue japonaise.

Pour mettre en perspective à l'échelle mondiale

Le vieillissement de la population est un défi à relever pour les pays développés et certains pays émergents.

- Quel vieillissement de leurs populations les pays développés et certains pays émergents connaissent-ils ? → Cours 1 p. 148
- Comment ces pays gèrent-ils cet enjeu démographique ? → Cours 2 p. 150

ÉTUDE DE CAS

Niger, les défis de la forte croissance démographique

- Affecté par des crises alimentaires récurrentes, le Niger, pays du Sahel, figure parmi les PMA* (Pays les moins avancés). Il est au dernier rang mondial pour son IDH*.
- Sa population double tous les 18 ans (21 millions en 2017). Des besoins considérables résultent de cette augmentation spectaculaire et de la jeunesse des Nigériens.

→ Comment le Niger gère-t-il la très forte augmentation de sa population ?

1 ▶ Des besoins sanitaires en augmentation (centre de santé de Madarounfa au Sud du Niger)
L'accès aux soins, avec la scolarisation, est un des besoins de base à satisfaire. Les taux de vaccination contre la tuberculose ont progressé entre 1990 et 2015 de 50 % à 77 %, mais l'incidence du paludisme reste forte et le taux de mortalité infantile* (61 %) est encore élevé. 58 % des Nigériens n'ont pas accès à l'eau potable.

2 ▶ La démographie, une bombe à retardement ?

• **Les deux tiers du territoire du Niger**, 1 267 000 km², étant sahariens, la population est concentrée dans la bande sahélienne méridionale moins sèche. La croissance démographique est soutenue par l'indice synthétique de fécondité le plus élevé de la planète, 7,3 enfants par femme. La population totale (21 millions en 2017) devrait atteindre 68 millions en 2050 et les projections tablent sur 192 millions en 2100.

• Satisfaire les besoins de base d'une population très jeune (69 % de moins de 25 ans) implique **une pression accrue sur les ressources**. Or, le Niger, affecté par des sécheresses chroniques, souffre déjà de l'insécurité alimentaire.

• L'exploitation du potentiel minier et énergétique pourrait fournir des ressources financières pour subvenir aux besoins. Mais l'extraction d'uranium (principal produit d'exportation) et de pétrole dépend des **fluctuations des cours mondiaux**. La croissance économique n'a pas permis de créer assez d'emplois pour les jeunes. Ces derniers constituent un vivier pour les groupes armés.

Alain Dubresson, © Magnard, janvier 2019.

3 ▶ Nourrir la population (Al Baraka, au Sud du Niger)

Concentrées sur 1/5ᵉ du territoire, les cultures de céréales sont soumises aux irrégularités de la saison des pluies. Le grand défi est celui de l'irrigation (moins de 1 % de terres irriguées) à partir du fleuve Niger et des nappes souterraines.

4 ▶ Indicateurs démographiques, économiques et sociaux du Niger

a. Évolution de la population

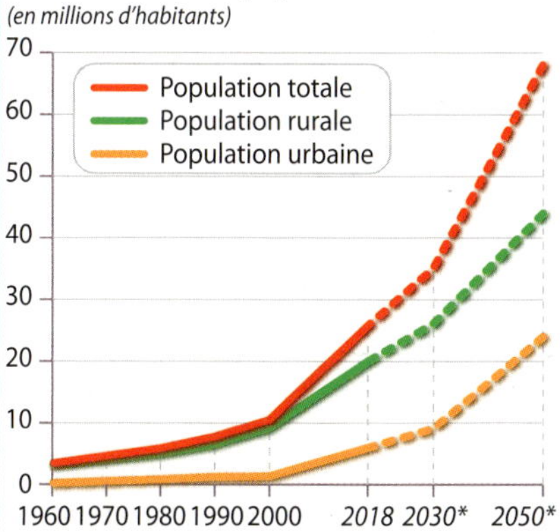

b. Natalité, mortalité et espérance de vie à la naissance

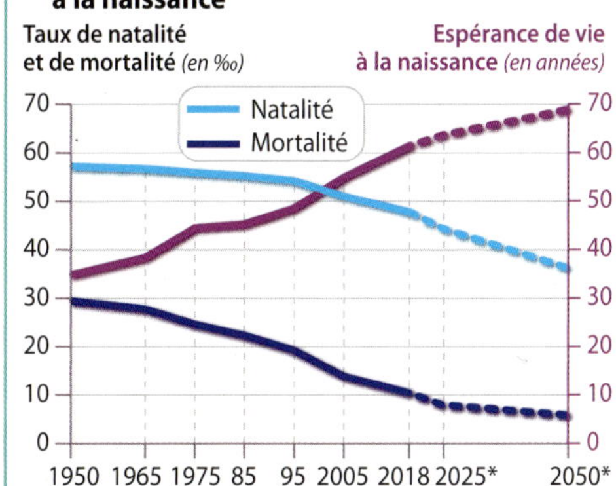

c. Quelques indicateurs économiques (en 2018)

Revenu national brut (RNB)* par habitant *(en dollars)*	**970** (Afrique subsaharienne : 3 400, monde : 15 290)
Revenu de moins de 1,90 dollar par jour et par habitant	**45 %** de la population

d. Quelques indicateurs sociaux

Indice de développement	**0,354** (188ᵉ rang sur 188)
Moins de 15 ans	**50 %** de la population

* Projection

Source : Nations unies et Banque mondiale, 2018.

Analyser et confronter les documents

Documents 2 et 4

1. Analysez la situation du Niger sur le plan démographique, économique et social.

Documents 1 et 2

2. Pourquoi peut-on parler de « bombe démographique à retardement » ?

Documents 1 et 3

3. Quelles évolutions positives se dessinent néanmoins ?

▶ CONCLURE

Quels défis le Niger doit-il relever pour répondre aux besoins de base de sa population ?

Pour mettre en perspective à l'échelle mondiale

La population des pays en développement est de plus en plus nombreuse.

▶ Comment s'effectue la transition démographique* dans les pays en développement?
→ Cours 1 p. 148

▶ Comment les pays en développement gèrent-ils la forte augmentation de leur population?
→ Cours 2 p. 150

Cours 1

Une croissance démographique à plusieurs vitesses

Quelles sont les disparités démographiques dans le monde ?

CHIFFRES

Contrastes démographiques

1950

Population dans le monde : **2 535 millions**

Pays des Nords : 815 millions — Pays des Suds : 1 720 millions

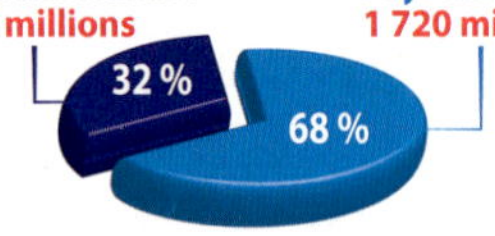

2020

Population dans le monde : **7 795 millions**

Pays des Nords : 1 270 millions — Pays des Suds : 6 525 millions

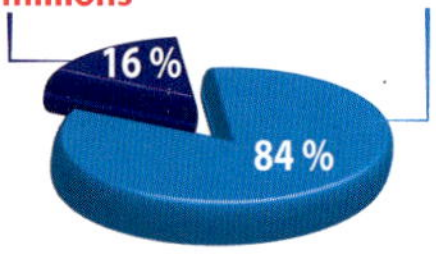

NOTION

Transition démographique

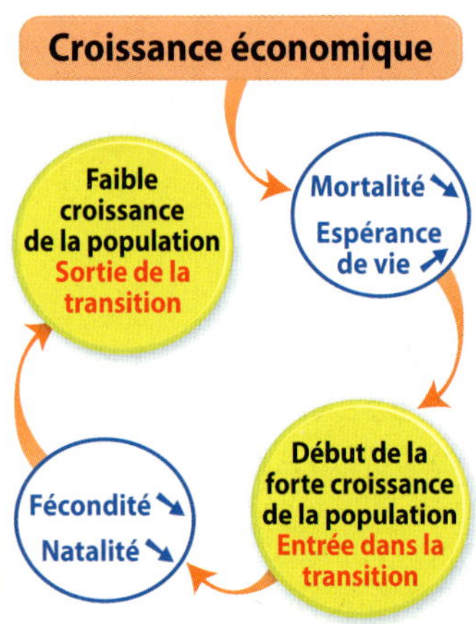

A. Combien d'êtres humains sur Terre ?

- **La population mondiale augmente rapidement depuis plus de deux siècles** : 1 milliard d'habitants en 1800, 1,8 milliard en 1913, **7,7 milliards en 2019, 9,8 milliards attendus pour 2050**, plus de 11 milliards à l'horizon 2100. Au XVIIIe siècle, la croissance de la population alarmait déjà le pasteur Malthus : les ressources suffiraient-elles à nourrir la population mondiale ? Ce questionnement persiste aujourd'hui. En 1972, le rapport Meadows* craignait un épuisement des ressources naturelles par la croissance et une asphyxie due à la pollution.

- **Aujourd'hui, les experts témoignent activement de l'urgence d'agir contre le réchauffement climatique.** Toutefois, **la croissance démographique ralentit**, après avoir connu un pic supérieur à + 2 % par an aux alentours de 1968. Les dernières estimations des Nations unies montrent une croissance de **+ 1,2 % par an sur la période 2010-2015**. La croissance démographique se poursuivra jusqu'à la fin du XXIe siècle selon le scénario le plus probable, mais elle pourrait vraisemblablement cesser au siècle suivant. → Dossier p. 152

B. De larges disparités dans le monde

- Les **contrastes démographiques** sont actuellement très importants **dans le monde : 36 pays, dont le Japon** et un certain nombre de pays situés dans le Sud et l'Est de l'Europe (soit 450 millions d'habitants) **ont une population en baisse. 4,5 milliards d'habitants vivent dans 86 pays**, notamment en Chine, dont la croissance démographique est moins rapide que la moyenne mondiale.

- **La croissance est plus rapide que la moyenne dans 111 pays regroupant 2,4 milliards d'habitants. Les croissances les plus fortes sont concentrées dans le continent africain**, dont la population est passée de 230 millions en 1950 à 1,2 milliard en 2015 ; elle devrait atteindre 2,5 milliards d'habitants à l'horizon 2050. **L'Asie méridionale, dont fait partie l'Inde** (1,3 milliard d'habitants), **est l'autre région principale de forte croissance démographique.** [doc. 1]

C. Comprendre l'évolution de la population mondiale

- **Le modèle de la transition démographique rend compte de l'accroissement de la population mondiale depuis deux siècles**. Au cours de la révolution industrielle, le recul de la mortalité a déclenché la croissance démographique. Face au constat du recul de la mortalité, les comportements ont changé progressivement et la natalité a diminué à son tour. [doc. 2]

- **Amorcée en Europe, la transition démographique s'est ensuite diffusée progressivement dans le monde entier.** Aujourd'hui, **la moitié de la population mondiale, dont celle de la Chine, a achevé sa transition**, tandis que **la transition est toujours en cours en Afrique subsaharienne et en Asie du Sud**. Les pays des Nords ont achevé leur transition démographique : l'espérance de vie* à la naissance est élevée (75 à 85 ans), la fécondité inférieure au seuil de **renouvellement de la génération** (2,1 enfants par femme) et l'âge médian* augmente. → Cartes enjeux p. 142

Définition

Renouvellement de la génération

Nombre moyen d'enfants par femme nécessaire pour qu'une population conserve le même effectif. Il est fixé de façon théorique à 2,1 enfants par femme pour les pays développés.

* Lexique p. 284

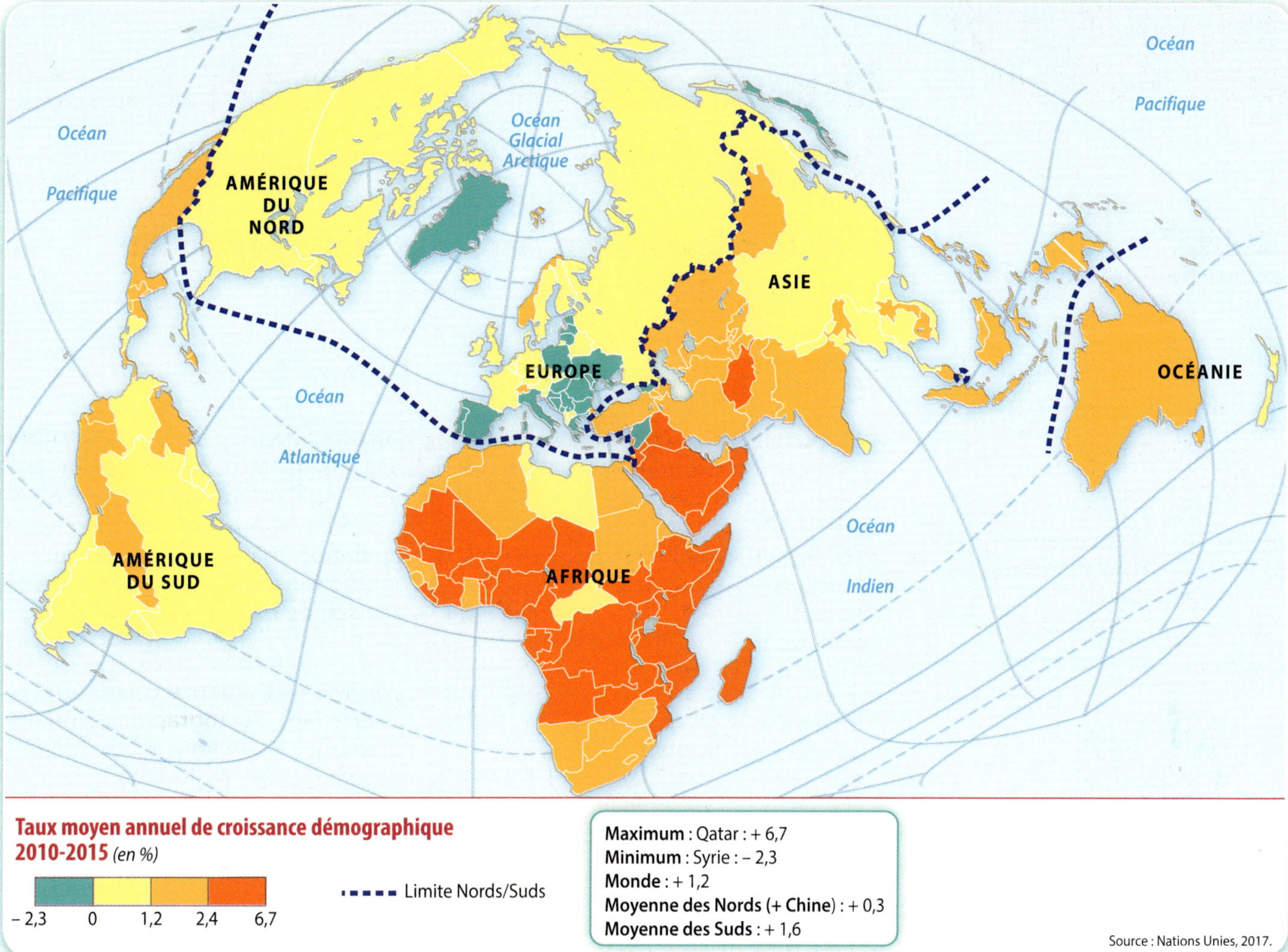

1 ▶ L'inégale croissance de la population

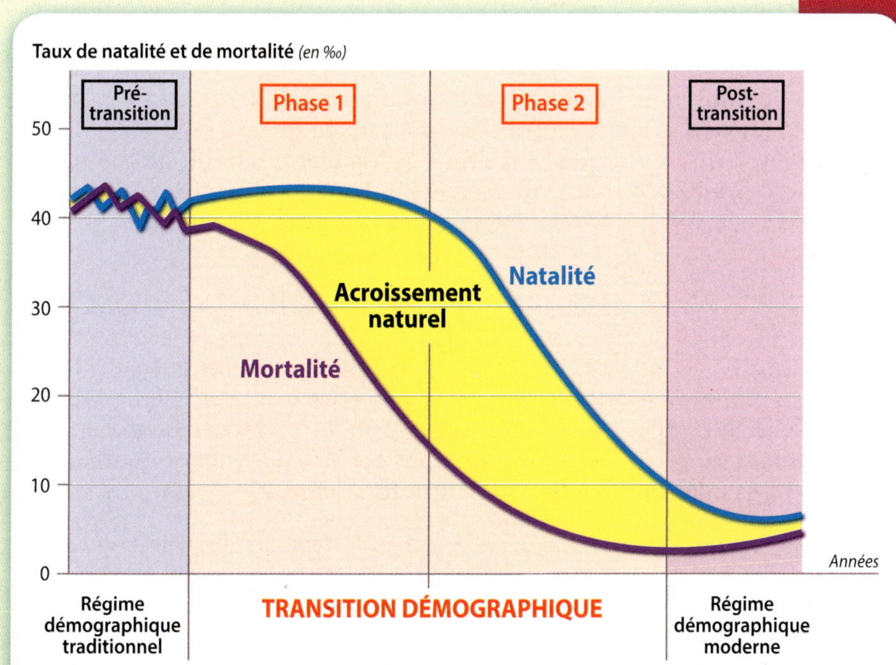

2 ▶ Le modèle théorique de la transition démographique

Doc clé

Analyse d'un graphique

Lire le graphique

1. Pourquoi la population augmentait-elle peu avant la transition démographique ?

2. Comment la mortalité, la natalité et la population évoluent-elles dans chacune des deux phases de la transition démographique ? Quel type de pays se situe encore majoritairement dans cette période de transition démographique ?

3. Comment la population évolue-t-elle dans la période post-transition ? Quel type de pays se situe dans cette période de post-transition ?

Comprendre le graphique

4. Dans ce modèle, expliquez quelles sont les limites à la croissance de la population.

Cours 2

Développement : le défi du nombre et du vieillissement

Quelles sont les conséquences de l'évolution différente des populations ?

CHIFFRES

Rapport fécondité/revenu

Indice de fécondité *(Nombre d'enfants par femme en 2016)*

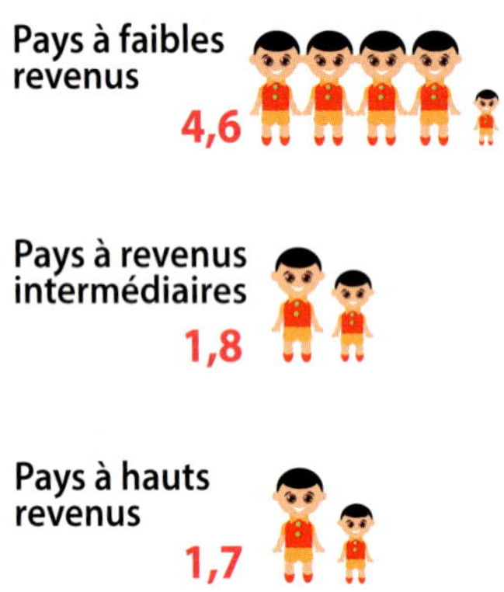

NOTION

Vieillissement démographique

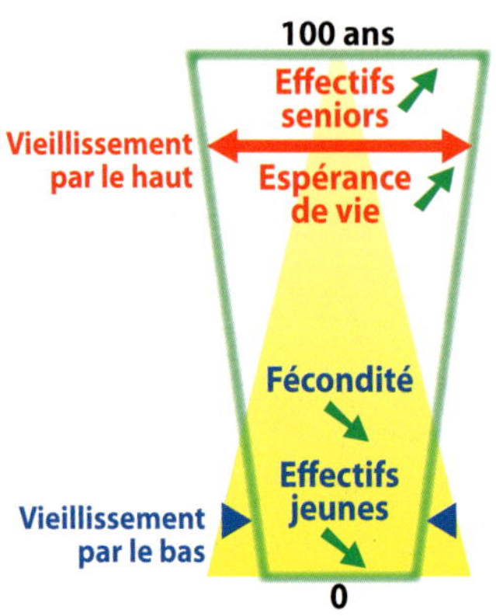

A. Développement et transition démographique

- **La croissance économique a provoqué la transition démographique en faisant reculer la mortalité.** Elle est aussi indispensable pour faire baisser la natalité. Au niveau mondial, une relation inversement proportionnelle s'exerce entre la **fécondité et le revenu moyen par habitant**. La baisse de la fécondité passe d'abord par le développement de la scolarisation des filles et le recul des mariages précoces arrangés.

- **L'indice synthétique de fécondité (hors Afrique subsaharienne) est de 2,1 enfants par femme** : la population mondiale s'est déjà stabilisée. Depuis 1970, elle vieillit ; ce **vieillissement** est plus important pour les pays des Nords (en 2015, l'âge médian était de 41,2 ans) que pour les pays des Suds (27,8 ans). → Cartes enjeux p. 142

B. Les pays en développement, le poids du nombre

- **Les populations des pays des « Suds » sont jeunes.** Selon les estimations des Nations unies, en Afrique subsaharienne, 53 % de la population a moins de 20 ans, contre 33 % pour la moyenne mondiale, tandis que 3 % seulement est âgée de 65 ans ou plus, contre 9 % pour la moyenne mondiale. En Inde, la part des moins de 20 ans est de 37 % de la population, celle de 65 ans ou plus de 6 %.

- **La pression démographique se traduit par de forts besoins** vitaux (nourriture, eau, énergie) mais aussi sociaux (travail, éducation, santé, transports…). **La production agricole doit augmenter**, parfois au prix de la déforestation et de la surexploitation des ressources naturelles. **Il est difficile de concilier besoins de développement économique, protection de l'environnement** et indispensable réduction des émissions de CO_2. **Le manque d'emplois crée une pression migratoire des campagnes vers les villes**, dont la croissance spectaculaire est source de nuisances, et **des pays des Suds vers les pays des Nords**. 85 millions de personnes ont ainsi migré des Suds vers les Nords entre 1990 et 2015. **[doc. 3]** → Étude de cas p. 146

C. Les Nords et la Chine confrontés au vieillissement

- **L'Europe est le continent le plus marqué par le vieillissement :** en Italie, la population âgée de moins de 20 ans a basculé de 32 % en 1970 à 18 % en 2017. Dans le même temps, les seniors âgés de 65 ans et plus sont passés de 11 % à 24 % de la population totale. **Le Japon détient le record mondial avec 28 % de sa population âgée de 65 ans ou plus. La Chine populaire, avec sa politique de l'enfant unique imposée de 1978 à 2015, a connu l'évolution la plus spectaculaire** : la population âgée de moins de 20 ans a chuté de 51 % en 1970 à 23 % en 2017. Dans le même temps, les seniors âgés de 65 ans et plus sont passés de 4 % à 12 % de la population totale. → Étude de cas p. 144

- **Le vieillissement soulève d'importants enjeux économiques** et sociaux : en termes de **problèmes** (renouvellement de la main-d'œuvre, déclin de certains territoires, financement des systèmes de retraite), mais aussi en termes d'**opportunités** : l'économie du vieillissement permet la création d'emplois pour la prise en charge des seniors et le développement de nouveaux services. **[doc. 4]**

Définitions

Indice synthétique de fécondité
Nombre moyen d'enfants que pourrait avoir une femme, au cours de sa vie féconde.

Vieillissement
Augmentation de la part des personnes âgées dans la population due à la diminution de la mortalité et de la fécondité.

* Lexique p. 284

3 ▶ Dacca, capitale du Bangladesh, exposée aux nuisances
Le rythme de croissance très élevé de cette mégapole de 18 millions d'habitants, l'une des plus denses du monde, est de 4,5 % par an. Les niveaux de nuisances y sont alarmants.

Doc clé

Analyse d'une photographie

Identifier la photographie

1. Localisez la ville de Dacca.

2. Décrivez la photographie. Quelles impressions s'en dégagent ?

3. À quels types de nuisances cette capitale est-elle exposée ?

Comprendre la photographie

4. Quelles sont les conséquences de la très forte croissance de la population de la capitale du Bangladesh sur l'environnement et la vie de ses habitants ?

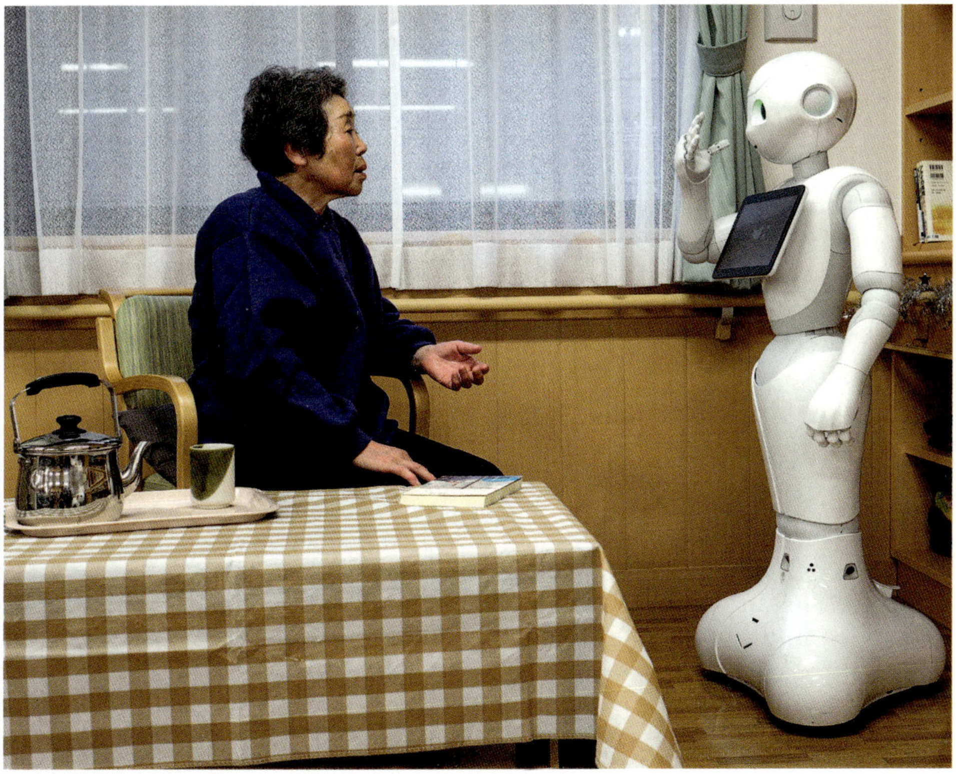

4 ▶ Le vieillissement démographique stimule l'innovation
Revue *6 mois*, 2018.
Le robot japonais Pepper est le premier à reconnaître les émotions humaines.

DOSSIER

POUR APPROFONDIR

9,8 MILLIARDS D'HABITANTS SUR LA TERRE EN 2050 :

existe-t-il une Bombe P(opulation) ?

• Fin 2018, la population mondiale comptait 7,7 milliards de personnes. Elle croît chaque année de presque 90 millions de personnes. Pour certains, la croissance de la population mondiale, même ralentie, mène à la catastrophe : la planète a atteint ses limites et ne pourra supporter de pression démographique supplémentaire.

• La question n'est pas que mathématique car ce ne sont pas les mêmes parties du monde qui augmentent et qui consomment le plus : 20 % des hommes consomment 80 % des ressources mondiales.

Jusqu'où la population mondiale pourra-t-elle augmenter ?

1 La population mondiale en 2100

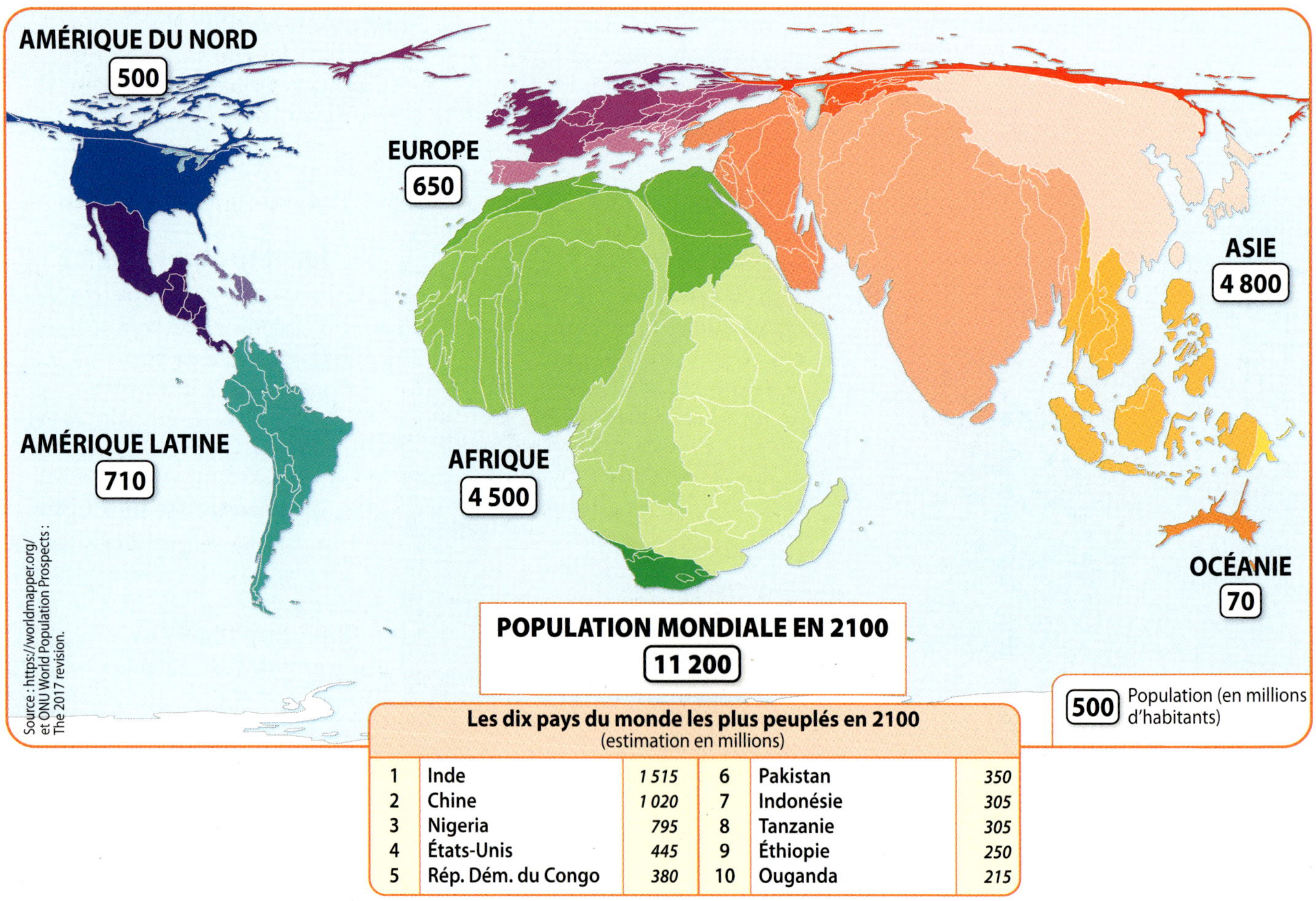

Les dix pays du monde les plus peuplés en 2100 (estimation en millions)

1	Inde	*1 515*	6	Pakistan	*350*
2	Chine	*1 020*	7	Indonésie	*305*
3	Nigeria	*795*	8	Tanzanie	*305*
4	États-Unis	*445*	9	Éthiopie	*250*
5	Rép. Dém. du Congo	*380*	10	Ouganda	*215*

2 ▶ Évolution de la population mondiale depuis 1800

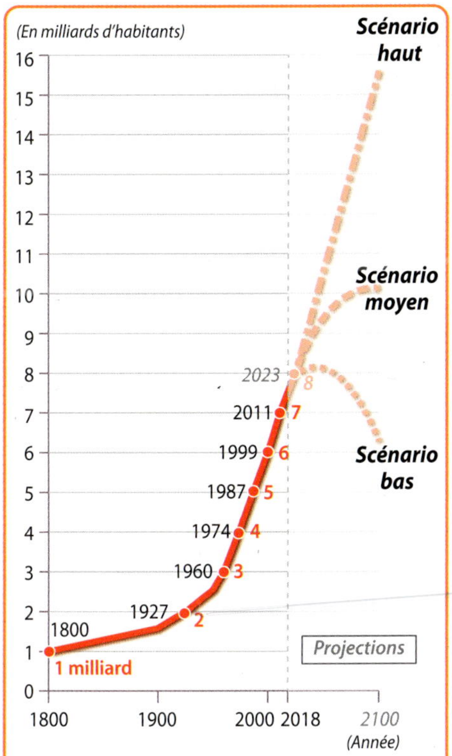

Source : Nations unies, 2017.

3 ▶ Les inégalités de population

Dessin de Rodrigo, *Expresso*, novembre 2017.

4 ▶ Des empreintes écologiques* d'un poids très inégal

Combien de planètes Terre faudrait-il si la population mondiale vivait comme les habitants des pays suivants ?

Australie	5,2
États-Unis	5,0
Corée du Sud	3,4
Russie	3,4
Allemagne	3,2
France	3,0
Royaume-Uni	3,0
Japon	2,9
Italie	2,6
Espagne	2,4
Chine	2,1
Brésil	1,8
Inde	0,6
MONDE	1,7

Source : Global Footprint Network, 2017.

5 ▶ Demain, trop d'humains ?

Le cornucopien est celui qui vit dans le mythe de la corne d'abondance selon lequel l'avenir est un progrès continu et illimité où l'humain continuera à maîtriser son environnement grâce à sa puissance technique et à son inventivité. Pour les malthusiens, au contraire, cette puissance et cette inventivité ont des limites, et nous arrivons à un moment où il devient difficile, pour ne pas dire impossible, de continuer la trajectoire de croissance continue (de nos consommations, de nos impacts environnementaux et de notre démographie) que nous avons empruntée au cours des deux derniers siècles.

Les personnes allergiques au débat sur la dénatalité arguent qu'il faut d'abord diminuer l'empreinte écologique des pays les plus riches. L'argument est recevable, dans la mesure où l'impact d'une population sur son milieu dépend de trois facteurs : sa population, son niveau de vie et son niveau technique. Mais ne compter que les deux derniers termes (réduction du niveau de consommation et amélioration de l'efficacité technique) est loin d'être suffisant. Non seulement nous n'y sommes jamais arrivés, mais tous ces efforts resteront vains si le premier terme continue d'augmenter.

Pablo Servigne et Raphaël Stevens, *Comment tout peut s'effondrer*, © Seuil, 2015.

Prolonger le cours

Documents 1 et 2

1. Quelles sont les perspectives de la croissance de la population mondiale ? Quelles parties du monde vont croître le plus ?

Document 5

2. Quelles sont les différentes analyses de cette croissance de la population mondiale ?

Documents 3 et 4

3. Pourquoi la question de la croissance démographique doit-elle être mise en relation avec celles des inégalités et de l'environnement à l'échelle mondiale ?

SYNTHÈSE

Expliquez quelles sont les orientations nécessaires à mettre en œuvre pour que les pressions exercées sur la planète restent soutenables.

PRÉPARER LE BAC 14

Méthode BAC : p. 278-279

Analyse d'un document

CAPACITÉS

- Lire et comprendre un document
- Produire un écrit construit et argumenté

Analyser un texte

Sujet La croissance démographique de l'Afrique, un handicap au développement ?

Conseils

- Notez au brouillon les chiffres qui caractérisent la situation démographique et le développement en Afrique.
- Localisez la Tunisie.

→ *Utilisez les* ***Repères spatiaux du PIB*** *p. 125.*

Doc. ▶ Croissance démographique et croissance économique, un enjeu majeur pour l'Afrique

L'Afrique est le théâtre d'un match, qu'elle peut perdre, entre deux croissances : celle de la démographie et celle de l'économie.

Des cinq continents, le nôtre est celui où la croissance démographique des pays les plus pauvres est égale ou supérieure à celle de l'économie. Cette dernière s'établit en moyenne à 2,5 % par an, alors que le taux de fécondité frôle les 5 enfants par femme.

Nombreux sont les pays qui seront dans l'incapacité de donner à leurs jeunes le logement, la santé, l'éducation et le travail dont ils ont besoin. L'Afrique compte de 400 à 500 millions de pauvres, qui n'ont pas l'électricité.

Des dirigeants sont flattés de constater que la population de leur pays croît et que les moins de 20 ans en constituent la moitié. Ils se comparent aux pays d'Europe ou d'Asie qui se dépeuplent et vieillissent ; ils préfèrent être dans le camp des pays jeunes, appelés à composer 40 % de la population mondiale en 2100.

Ils se trompent, car nos enfants seraient alors innombrables et misérables. Si nous ne voulons pas en arriver là, la croissance économique devra tendre vers 5 % par an, et la croissance démographique tendre vers 1 % par an. C'est très difficile à réaliser.

Deux moyens principaux pour y parvenir : un vrai contrôle des naissances et l'éducation des femmes. La Tunisie, dès 1956, a mis en œuvre cette politique ; elle s'est révélée être une complète réussite : les Tunisiens ne sont que 11 millions dont la moitié sont des femmes aussi éduquées que les hommes.

Béchir Ben Yahmed, *jeuneafrique.com*, 16 février 2018.

ÉTAPE 1 — Identifier le sujet et le texte

1. Quels sont les mots importants du sujet ?
2. Lisez attentivement le texte.
   - Relevez la date du texte, sa source et son auteur.
   - Quel est le thème général qu'il aborde ?
   - Que signifie « enjeu majeur pour l'Afrique » ?
   - Définissez « taux de fécondité ».

→ *Utilisez le* ***lexique*** *p. 284.*

ÉTAPE 2 — Analyser le texte

3. Qu'est-ce qui caractérise la croissance démographique de l'Afrique ?
4. Quelles informations sont fournies par la phrase surlignée en jaune ?
5. À l'aide des phrases soulignées, indiquez pourquoi l'auteur parle d'un « match entre croissance démographique et croissance économique ».
6. Pourquoi l'exemple de la Tunisie peut-il être une réponse aux défis que l'Afrique doit surmonter ?

ÉTAPE 3 — Exercer un regard critique sur le texte

7. Le texte évoque-t-il la transition démographique dans laquelle sont engagés certains États africains ?
8. Quel effet la transition démographique peut-elle engendrer sur le développement de l'Afrique ?

Rédiger la réponse au sujet

À partir du travail effectué sur le texte, rédigez la réponse au sujet.

PRÉPARER LE BAC 15

CAPACITÉS

- Lire et comprendre un document
- Produire un écrit construit et argumenté

➥ **Analyser une carte**

Méthode BAC : p. 278-279
➥ **Analyse d'un document**

Sujet Quels sont les défis démographique et de développement que l'Afrique doit surmonter ?

Conseils

- Vous devez caractériser les valeurs du PIB et de la fécondité par grands ensembles géographiques.
  → Exemples : États d'Afrique du Nord, d'Afrique subsaharienne, d'Afrique australe
- Relevez la valeur moyenne de la fécondité en Afrique.

Doc. ▶ L'Afrique : PIB et fécondité* des populations

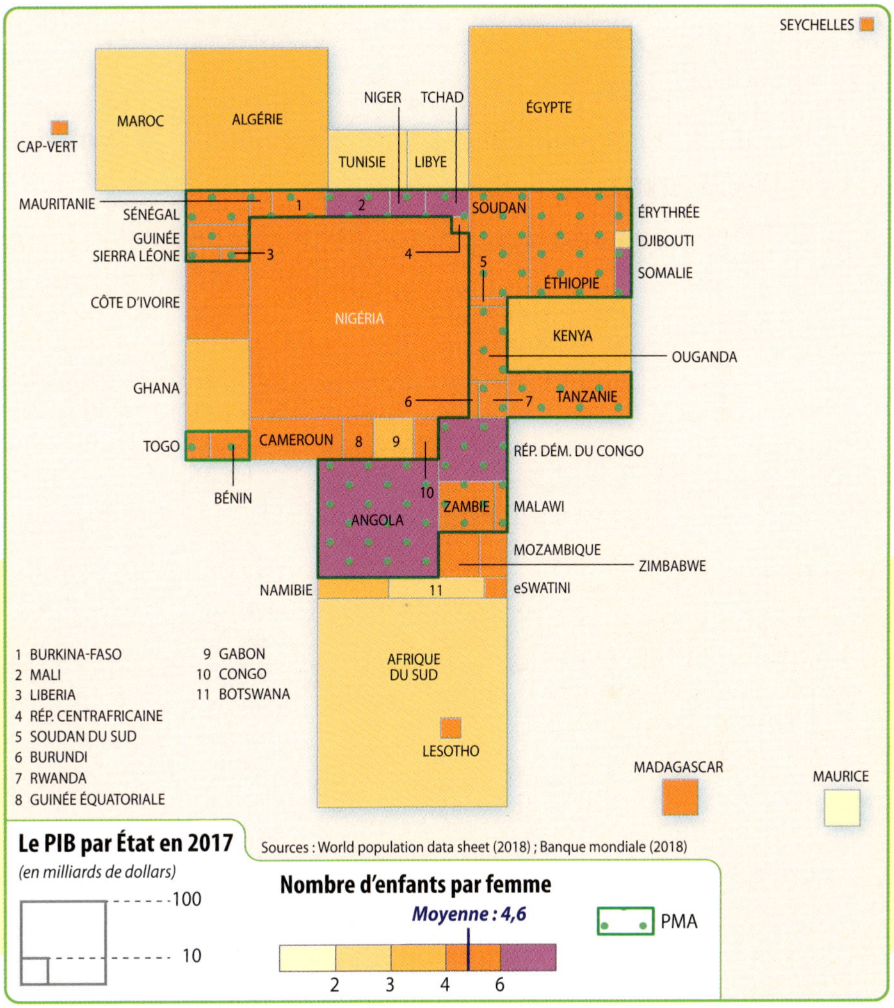

ÉTAPE 1

Identifier les informations de la carte

1. Quelles sont la date et la source de la carte ?
2. Quel est le type de la carte ?
   → *Utilisez les **types de cartes** p. 290.*
3. Quelles informations fournit-elle ?

ÉTAPE 2

Analyser la carte

4. Quels pays ont un PIB élevé ? Faible ?
5. Quels pays ont une fécondité élevée ? Faible ?
6. Définissez « PMA ».
   → *Utilisez le **lexique** p. 284.*
7. Peut-on établir une relation entre la valeur du PIB et celle de la fécondité des populations ?
   → *Comparez l'Afrique du Sud et le Nigeria.*

Rédiger la réponse au sujet

À partir du travail effectué sur la carte, rédigez la réponse au sujet en l'organisant en deux paragraphes :

- 1er paragraphe : *L'Afrique, de forts contrastes démographiques et de richesse.*
- 2e paragraphe : *Le développement peut réduire la fécondité et la croissance des populations.*

→ *Utilisez les **cours** p. 148 à 151.*

PRÉPARER LE BAC 16

Méthode BAC : p. 282-283

Question problématisée

CAPACITÉS

- Utiliser une approche géographique pour construire un argumentaire
- Produire un écrit construit et argumenté

Organiser le plan d'une réponse à une question problématisée

Sujet Transition démographique et développement économique : quels enjeux ?

ÉTAPE 1 Comprendre le sujet et définir la problématique

1. Lisez le sujet et réfléchissez à l'emploi des mots clés.

Transition démographique et développement économique : quels enjeux ?

Le mot de liaison « et » vous invite à mettre en relation « transition démographique » et « développement économique ».

Réfléchissez à la signification du point d'interrogation : le sujet pose une question.

- Définissez « transition démographique ». → *Utilisez le **lexique** p. 284 et le **cours** p. 148.*
- Dans quelle région du monde la transition démographique a-t-elle débuté ?
- Quelles parties du monde sont encore dans la transition démographique ?
- Quelles sont celles dont les populations sont en forte croissance ?
- Le développement est-il nécessaire pour provoquer la transition démographique ? → *Utilisez le **lexique** p. 284.*

2. Reformulez la **problématique** posée par le sujet.

ÉTAPE 2 Mobiliser ses connaissances et organiser le plan de la réponse au sujet

3. Vérifiez si les informations ci-dessous sont utiles au traitement du sujet :

- ☐ transition démographique en cours
- ☐ croissance de la population mondiale
- ☐ pays en développement : coût élevé des équipements à mettre en place (logements, infrastructures...)
- ☐ transition démographique achevée
- ☐ allongement de l'espérance de vie
- ☐ seuil de renouvellement de la génération
- ☐ populations vieillissantes
- ☐ croissance démographique à plusieurs vitesses
- ☐ 7,7 milliards d'habitants sur la planète
- ☐ croissance économique
- ☐ populations jeunes
- ☐ fécondité élevée
- ☐ croissance démographique et surexploitation des ressources

4. Classez les informations retenues autour des **thèmes des deux parties** de la réponse au sujet.

1re partie Titre : *La transition démographique est inégalement engagée dans le monde*	2e partie Titre : *Population et développement, des enjeux majeurs*
Idée 1 : *La population mondiale augmente, mais on observe de fortes disparités dans la croissance.* Exemples :	Idée 1 : *Le développement est indispensable pour terminer la transition démographique.* Exemples : ....
Idée 2 : *Des pays où la transition démographique est achevée, d'autres où la transition démographique est en cours.* Exemples :	Idée 2 : *Population et développement, des enjeux divers :* *– pour les pays des Nords* Exemples : .... *– pour les pays en développement* Exemples : ....

ÉTAPE 3 Rédiger la réponse au sujet

5. Rédigez la réponse au sujet en vous aidant du tableau.

VÉRIFIER SES CONNAISSANCES

Retenir les idées fortes du cours

IDÉE 1

Une croissance démographique à plusieurs vitesses

1. **La population mondiale augmente rapidement depuis deux siècles.**
   - 7,7 milliards d'habitants en 2019, 9,8 milliards sont attendus en 2050.
   - Cette forte augmentation pose la question des relations entre les sociétés et leurs environnements.
2. **Les situations démographiques restent très contrastées dans le monde.**
   - La moitié de la population mondiale a achevé sa transition démographique.
   - La transition démographique est toujours en cours en Afrique et en Asie du Sud.

IDÉE 2

Les populations du monde : entre forte croissance et vieillissement

1. **La croissance économique a provoqué la transition démographique.**
   - Recul de la mortalité et baisse de la natalité.
2. **Les pays en développement connaissent une forte croissance démographique et un rajeunissement.**
   - Forts besoins en développement : écoles et hôpitaux...
   - Pression sur les ressources naturelles.
3. **Plusieurs pays développés et la Chine connaissent un vieillissement démographique.**
   - L'Europe est le continent le plus marqué par ce phénomène.

Réviser

Comprendre la notion clé

Vieillissement de la population

1. Comment le dessin évoque-t-il le défi que représente le vieillissement de la population japonaise ?
2. Les pays en développement sont-ils confrontés au même problème ?

Dessin de Dahl, « La pyramide des âges », *Japan Times*, 14 mai 2014.

Définir les mots clés

- ☑ Croissance démographique
- ☑ Fécondité
- ☑ Pression démographique
- ☑ Transition démographique
- ☑ Vieillissement démographique

Mobiliser ses connaissances

Justifier à l'aide d'exemples

1. La population mondiale augmente rapidement depuis deux siècles.
   → ***Cours 1*** *p. 148*
2. Le vieillissement de la population touche de nombreux pays développés et la Chine.
   → ***Cours 2*** *p. 150*
3. La pression démographique se traduit par de forts besoins en développement.
   → ***Cours 2*** *p 150*

Répondre aux questions

1. Quelles sont les étapes de la transition démographique ?
   → ***Cours 1*** *p. 148*
2. De quelle façon la Chine est-elle touchée par le vieillissement ?
   → ***Cours 2*** *p. 150*
3. Quel est le profil démographique des pays en développement ?
   → ***Cours 2*** *p. 150*

CHAPITRE 7

Développement et inégalités

De la problématique du document...

Quels contrastes spatiaux peut-on identifier dans cet espace urbain de Johannesburg ?

1. Localiser la photographie.
2. Décrivez les habitats de part et d'autres des routes.
3. Que traduisent ces contrastes spatiaux ?

... aux problématiques du chapitre

> **Comment la transition économique provoque-t-elle de nouvelles hiérarchies mondiales ?**

> **La phase actuelle de mondialisation a-t-elle réduit ou développé les inégalités entre les territoires ?**

Les inégalités urbaines : vue aérienne de la banlieue de Johannesburg en Afrique du Sud

Avec 9,6 millions d'habitants, Johannesburg est l'une des plus grandes métropoles d'Afrique. Plus de 25 ans après la fin de l'apartheid* qui a aboli les discriminations raciales, les inégalités sociales y sont encore très brutales. Ici dans le Nord-Est de l'agglomération, la banlieue résidentielle de *Casey Park* jouxte un camp de squatters à proximité du township d'Alexandra qui compte 180 000 habitants.

Cartes Enjeux

La limite Nords-Suds divise-t-elle toujours le monde en deux ?

1 Des Nords, des Suds

1. Limite Nords/Suds

2. Des Nords
- Pays les plus développés
- Pays moins développés

3. Des Suds
- Pays émergents : développement en partie fondé sur les productions agricoles, minières, les produits manufacturés ou le tourisme
- Pays pétroliers à hauts revenus
- Pays les moins avancés (PMA)
- Autres pays en développement

Cartes interactives
www.lienmini.fr/geo2-01

2 Une mesure de l'inégale richesse : le revenu national brut* (RNB)

Analyser les cartes

Carte 1

1. Quelles grandes régions du monde regroupent les pays les plus développés ?
2. Quel continent concentre la majeure partie des PMA* ?
3. Pourquoi parle-t-on des « Nords » et des « Suds » au pluriel ?

Carte 2

4. Nommez les grandes régions à revenu élevé. Les pays à revenu élevé correspondent-ils tous aux « Nords » ?
5. Nommez les grandes régions à revenu intermédiaire. Les pays à revenu intermédiaire correspondent-ils aux « Suds » ?

Mettre les cartes en relation

Pourquoi la limite Nords-Suds doit-elle, aujourd'hui, être relativisée ?

ÉTUDE DE CAS

Le Brésil, développement et inégalités

A En 2018, le Brésil est la 8e puissance économique du monde. 5e pays au rang mondial pour sa population (209 millions d'habitants en 2018) et sa superficie, ce membre du G20* est un pays émergent dont le développement a été rapide, mais irrégulier.

B Son niveau de développement humain reste médiocre (IDH* : 0,759 en 2017, 86e rang mondial). L'ampleur des inégalités spatiales et sociales constitue un frein persistant aux dynamiques de développement.

A Le Brésil, un pays en développement rapide

1 ▶ Une vitrine du développement brésilien : le quartier d'affaires des Nations unies (CENU) à São Paulo
Situé au Sud-Ouest du centre historique, au bord de la rivière *Pinheiros*, enjambée par le pont à haubans Octávio Frias de Oliveira ouvert en 2008, ce quartier d'affaires récent accueille dans quatre gratte-ciel des sièges de firmes transnationales et un hôtel Hilton. Il est relié, par souterrain, au *World Trade Center* de São Paulo à l'arrière-plan.

2 ▶ Le Brésil, du Tiers-monde à l'émergence

Le Brésil est passé de « pays du Tiers-monde », dans les années 1950-60, à « nouveau pays industriel » – NPI, dans les années 1970, puis à « pays à bas salaires et à capacité technologique » avant de devenir « émergent » dans les années 2000.

Le terme d'émergence a d'abord été utilisé par les économistes pour indiquer un PIB en forte augmentation, une place croissante dans le commerce international et dans les investissements directs étrangers. Ce qui distingue les pays émergents des pays développés c'est qu'ils n'ont pas atteint un stade équilibré de développement du fait, notamment, de structures institutionnelles faibles, de politiques hésitantes (pas moins de 30 partis au Brésil) et de très fortes inégalités sociales.

Martine Droulers, « Le Brésil, pays émergent », *Confins*, 2016.

3 ▶ Le Brésil au cœur des débats sur le développement
De 2001 à 2018, les villes brésiliennes de Porto Alegre, Belém et Salvador ont accueilli 6 des 13 forums sociaux mondiaux.

4 ▶ Un développement spectaculaire mais irrégulier

	1984	2003	2013	2017
Population (en millions)	133	182	202	209
RNB*/habitants (en dollars)	1420	2940	12730	8580
Part de la population pauvre (en %)		25	7	9
Espérance de vie (en années)	63	71	74	76
Alphabétisation des adultes (en %)	76	88	91	92

Croissance annuelle depuis 2015 (en %)

2015	2016	2017	2018	2019*	2020*
-3,5	-3,5	+1,0	+2,4	+2,5	+2,4

Prévisions*

Banque mondiale, UNESCO.

Analyser et confronter les documents

Document 1

1. Décrivez ce paysage urbain. En quoi est-il une « vitrine » du développement du Brésil ?

Documents 2 et 3

2. Quelles ont été les étapes du développement du Brésil ?

3. En quoi le Brésil se positionne-t-il comme un des leaders du développement des pays des Suds ?

Documents 3 et 4

4. Montrez la rapidité du développement économique et humain brésilien. Quels indicateurs révèlent des irrégularités ?

▶ **CONCLURE**

Pourquoi l'expression « pays émergent » correspond-elle bien à la dynamique de développement observée au Brésil ?

B De très fortes inégalités révélatrices d'un mal-développement*

5 ▶ Les disparités spatiales du développement

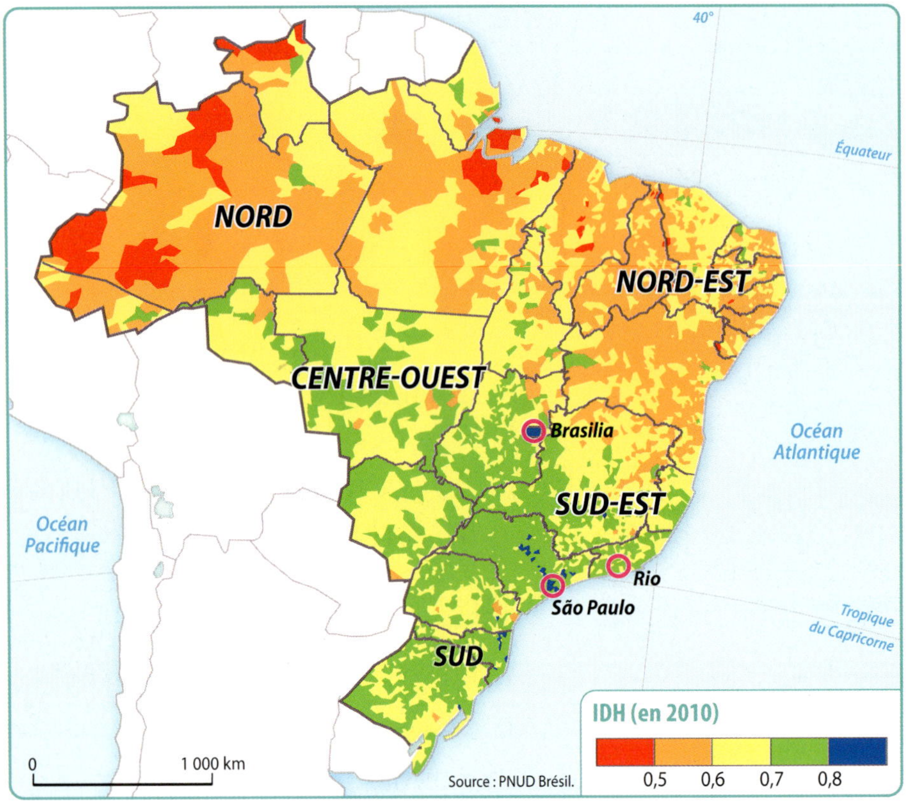

6 ▶ Réduire les inégalités

Au Brésil, les élites politiques et les différents partis qui ont gouverné le pays ces dernières années ont été incapables de mettre en place des politiques conduisant à une distribution plus égalitaire des richesses et des revenus. Je crois que c'est pourtant une condition préalable à la croissance économique.

Il y a eu une petite amélioration dans les tranches inférieures, qui ont bénéficié des programmes sociaux et de la valorisation du salaire minimum. C'est une bonne chose, mais les pauvres ont gagné "sur le dos" de la classe moyenne, et non des plus riches, et l'inégalité reste très forte.

Il faut améliorer les conditions de vie et investir dans l'éducation et les infrastructures, il faut aussi un régime fiscal plus juste pour financer ces dépenses et réduire la concentration des revenus au sommet[1].

Thomas Piketty, journal *Folha de São Paulo*, 28 septembre 2017.

1. Les 10 % les plus riches bénéficiaient de 54 % des revenus en 2001 et 55 % en 2015.

Traduction : « Intervention » (uniforme), « Le long du mur ! » (soldat), « Suspect/Non-suspect » (photos d'identité).

7 ▶ Une société inégalitaire et sous tension

Dessin de Latuff, 2018, *Brasil 247*, journal digital.
L'armée brésilienne conduit des opérations militaires pour lutter contre le crime organisé dans les favelas*, notamment à Rio.

Analyser et confronter les documents

Documents 5 et 6

1. Qu'est-ce que l'IDH* ? Montrez les inégalités de développement au niveau national et régional.
2. Les inégalités se réduisent-elles au Brésil ? Pourquoi, selon cet économiste ?

Document 7, photo p. 176 et vidéo

3. Quelles sont les inégalités sociales mises en avant par le dessin et par la photo p. 176 ?

▶ **CONCLURE**

Montrez en quoi le Brésil est un pays sujet au mal-développement.
Quelles réponses pourraient être apportées à cette situation ?

Pour mettre en perspective à l'échelle mondiale

Le développement est un processus différencié selon les populations et les territoires.

- Quelles sont les dynamiques de développement dans le monde? → Cours 1 p. 168
- Comment les inégalités sociales et spatiales évoluent-elles? → Cours 2 p. 170

Reportage

Vidéo
RTS, 4', 2014
www.lienmini.fr/geo2-02

São Paulo : le fossé riches-pauvres

Capitale économique du Brésil, São Paulo comprend, aussi bien en son centre qu'en périphérie, des centaines de favelas* qui côtoient parfois des quartiers très riches. Les contrastes spatiaux et sociaux sont saisissants et s'accentuent dans la métropole.

Les favelas de São Paolo.

À propos du reportage

- Mégapole de 12,5 millions d'habitants en 2017, São Paolo a vu sa population augmenter d'un million de personnes depuis 2000.
- São Paulo est le principal pôle industriel de l'hémisphère Sud et la première métropole financière. Les quartiers riches où vivent les cadres des firmes transnationales se sont multipliés.
- Plus de 2 millions d'habitants vivent dans les favelas.

Décrypter la vidéo

Réfléchir à la présentation et à l'organisation du document

1. Présentez le document. À qui est-il destiné ?
2. Comment est-il construit ? Identifiez les différentes séquences.

Comprendre le document

3. Comment se manifeste le contraste entre le bidonville et le quartier riche dans le paysage urbain ?
4. Présentez le mode de vie de cette famille riche. En quoi ce quartier semble-t-il coupé de son voisinage ?
5. Quelle clientèle vise cette société immobilière ? Ce marché est-il en développement ?
6. Décrivez le paysage urbain de ce quartier pauvre. Comparez la qualité des constructions de cette favela avec les immeubles du quartier précédent.
7. Dans quelles conditions vit cette famille pauvre ? Quelles difficultés rencontre-t-elle ?

Conclure

8. En quoi peut-on parler d'une double fracture, à la fois sociale et spatiale, dans cette métropole ?

NB : 1 franc suisse vaut environ 0,90 euro.

Fiche d'étude vidéo imprimable
www.lienmini.fr/geo2-03

ÉTUDE DE CAS

Russie, croissance et inégalités ?

A Depuis la fin des années 1990, la Russie connaît une croissance économique soutenue, et donc une forte amélioration du niveau de vie : le PIB par habitant* a doublé entre 1998 et 2008.

B Les inégalités sont pourtant criantes : on dénombre une centaine de milliardaires en dollars, et 20 millions de personnes sous le seuil de pauvreté. Le pays se situe au 49e rang pour l'IDH* en 2017 (0,82), l'espérance de vie des hommes culmine à 68 ans.

A Comment les inégalités ont-elles évolué depuis la fin de l'URSS ?

1 ▶ Des vendeuses de rue à Smolensk (2012)
Les difficultés économiques, aggravées par les sanctions économiques qui touchent la Russie, relèguent près de 20 millions de Russes sous le seuil de pauvreté (environ 160 euros par mois).

▶▶ Vidéo

Reportage

De plus en plus de Russes s'appauvrissent
Radio Canada, 3'01", avril 2017
www.lienmini.fr/geo2-04

Fiche d'étude vidéo imprimable
www.lienmini.fr/geo2-05

2 ▶ Loin de la capitale, la crise sévit

Le centre de Moscou n'a jamais été aussi clinquant. Les voitures, les boutiques et les restaurants de luxe qui habillent les rues de la capitale rappellent que le pays abrite un des plus grands groupes de milliardaires au monde.

Il suffit cependant de s'éloigner de la métropole pour voir que tout n'est pas rose…

Visite à Volgograd où une personne sur cinq vit dans la pauvreté extrême. Longtemps, le quartier Traktornaïa a été une des fiertés de Volgograd. Les artisans de l'usine de tracteurs la plus légendaire de l'Union soviétique y vivaient avec leur famille. Écoles, magasins, services : tout se trouvait à quelques pas de l'usine, située sur le bord de la Volga. Un joyeux paradis communiste dans cette ville héroïne de l'Union soviétique qui porta jadis le nom de Stalingrad.

Au milieu des vieilles voitures de la marque Lada abandonnées, difficile d'imaginer aujourd'hui cette ère glorieuse de l'après-guerre. L'usine est fermée. Le chômage afflige une large partie de la population du quartier. « Aujourd'hui, à partir de 22 heures, les ivrognes déambulent comme des zombies dans les arrière-cours », raconte le père Vyacheslav.[…] Dans un tout petit local au rez-de-chaussée d'un immeuble résidentiel, il héberge des laissés-pour-compte de Volgograd. Presque chaque pouce carré de l'appartement est occupé par des lits superposés. Chaque résidant a un minuscule espace privé. Il n'y a pas de table, pas de télévision, juste un vieil ordinateur des années 80 sur lequel passent de vieilles cassettes de dessins animés soviétiques.

Laura-Julie Perreault, « Les fissures dans l'Empire Poutine », *La Presse* +, 26 novembre 2017.

3 ▶ Moscou attire les investissements

Traduction : « Pourquoi Moscou ? Des atouts pour les affaires. »

La moitié de la population active de Moscou est diplômée du supérieur. La capitale concentre 20 % des activités de recherche-développement de Russie et recueille 27 % des brevets déposés dans le pays.

Extrait du site internet www.investmoscow.ru, 2019.

4 ▶ 20 ans de croissance économique

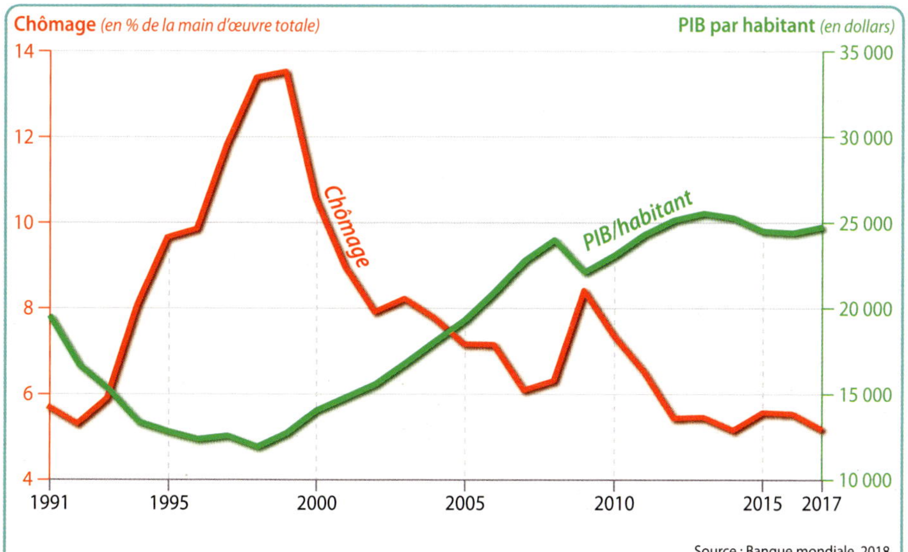

Source : Banque mondiale, 2018.

Analyser et confronter les documents

Document 4

1. Depuis 20 ans, comment a évolué le pouvoir d'achat moyen en Russie ? Et le chômage ?

Documents 1 et 2

2. Quelles sont cependant les conséquences des difficultés économiques récentes sur l'évolution de la pauvreté ?

Documents 2 et 3

3. Comment se manifestent les inégalités entre Moscou et le reste de la Russie ?

▶ CONCLURE

Pourquoi peut-on parler de croissance et d'inégalités à propos de la Russie ?

Pour mettre en perspective à l'échelle mondiale

Le développement implique une amélioration du niveau de vie de l'ensemble de la population.

- La croissance économique entraîne-t-elle forcément le développement humain ? → Cours p. 168
- Dans quelle mesure le développement réduit-il les inégalités sociales et territoriales ? → Cours p. 170

Cours 1

Développement des pays : un monde inégal

Comment la transition économique provoque-t-elle de nouvelles hiérarchies mondiales ?

A. Une division Nords-Suds à relativiser

- **Dans le monde multipolaire actuel, la division Nords-Suds est contestée.** Classée parmi les Suds, la Chine est devenue une grande puissance. De même, des pays situés dans les Nords (Ukraine, Espagne…) ont des **IDH*** comparables à ceux de pays des Suds (Mexique, Brunei…). → Repères spatiaux p. 124 ; cartes enjeux p. 160

- **Cependant, le noyau dur de la pauvreté reste concentré : parmi les 47 États classés dans les Pays les moins avancés (PMA)*, 33 sont africains.** Les importants flux migratoires du Mexique et d'Amérique centrale vers les États-Unis illustrent une inégalité toujours réelle aux échelles continentale et planétaire.

- **Cette inégalité est liée à la transition économique.** Le passage de la troisième à la **quatrième révolution industrielle** est plus ou moins rapide selon les continents et les pays d'un même continent. Il creuse les inégalités et avantage surtout les Nords, la Chine et quelques pays émergents.

B. Les Suds sont très divers

- **Un premier ensemble regroupe les pays dits « émergents »**, à fort potentiel de croissance économique et où les niveaux de vie convergent vers ceux des pays des Nords. Dans cet ensemble, les **BRICS** occupent une place à part car ils combinent potentiel économique et poids politique international. [doc. 2]
→ Cartes enjeux p. 160 ; études de cas p. 162 et p. 166

- **Un deuxième ensemble est formé par les pays à revenus intermédiaires** selon la Banque mondiale*. Il comprend des pays sortis des critères de la pauvreté monétaire*, comme la Bolivie, l'Indonésie ou le Vietnam. Cependant, leur essor est fragile et leur situation réversible. → Débat p. 172

- **Un troisième ensemble est constitué du bloc de pauvreté.** Selon **l'indice de pauvreté multidimensionnelle**, la plupart des pays concernés sont localisés en Afrique subsaharienne et en Asie du Sud. → Cartes enjeux p. 128 ; débat p. 172

C. Pluralité des modèles de développement

- **Regroupés dans le G7, les pays les plus riches constituent toujours de puissants pôles économiques.** Ils doivent assumer la transition vers la quatrième révolution industrielle fondée sur l'économie numérique et sur des technologies novatrices : intelligence artificielle, robotique, nano et biotechnologies, stockage de l'énergie par exemple. **Le changement des modèles de développement** induit par cette quatrième révolution industrielle est en cours, au prix d'énormes difficultés sociales et politiques. [doc. 1]

- **Depuis les années 1980, deux grands types de modèles caractérisent les Suds. Le premier est la re-primarisation économique**, accentuant la spécialisation de certains pays dans l'exportation de matières premières agricoles (Côte d'Ivoire) ou minières (Afrique du Sud). **Le second est le développement de productions industrielles pour l'exportation** (Asie du Sud-Est, Mexique, Maroc). La **Chine**, devenue l'atelier du monde pour les produits industriels à bas prix, tente d'occuper des créneaux plus sophistiqués (intelligence artificielle). → Cartes enjeux p. 160

CHIFFRES

Pôles économiques

2 pôles économiques mondiaux majeurs

(en % du produit intérieur brut mondial)

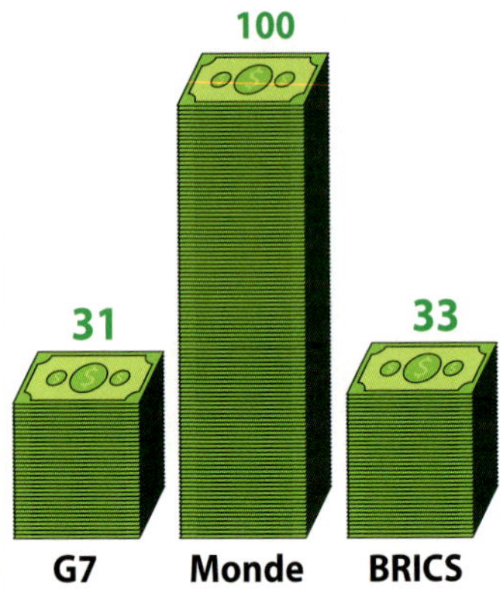

NOTION

Transition économique

Définitions

Re-primarisation économique
Spécialisation accrue dans l'exportation de produits bruts (miniers, agricoles…).

BRICS
Acronyme qui désigne les pays émergents suivants : Brésil, Russie, Inde, Chine, Afrique du Sud.

G7
Regroupe les plus grandes puissances économiques du monde : États-Unis, Japon, Allemagne, France, Royaume-Uni, Italie, Canada.

* Lexique p. 284

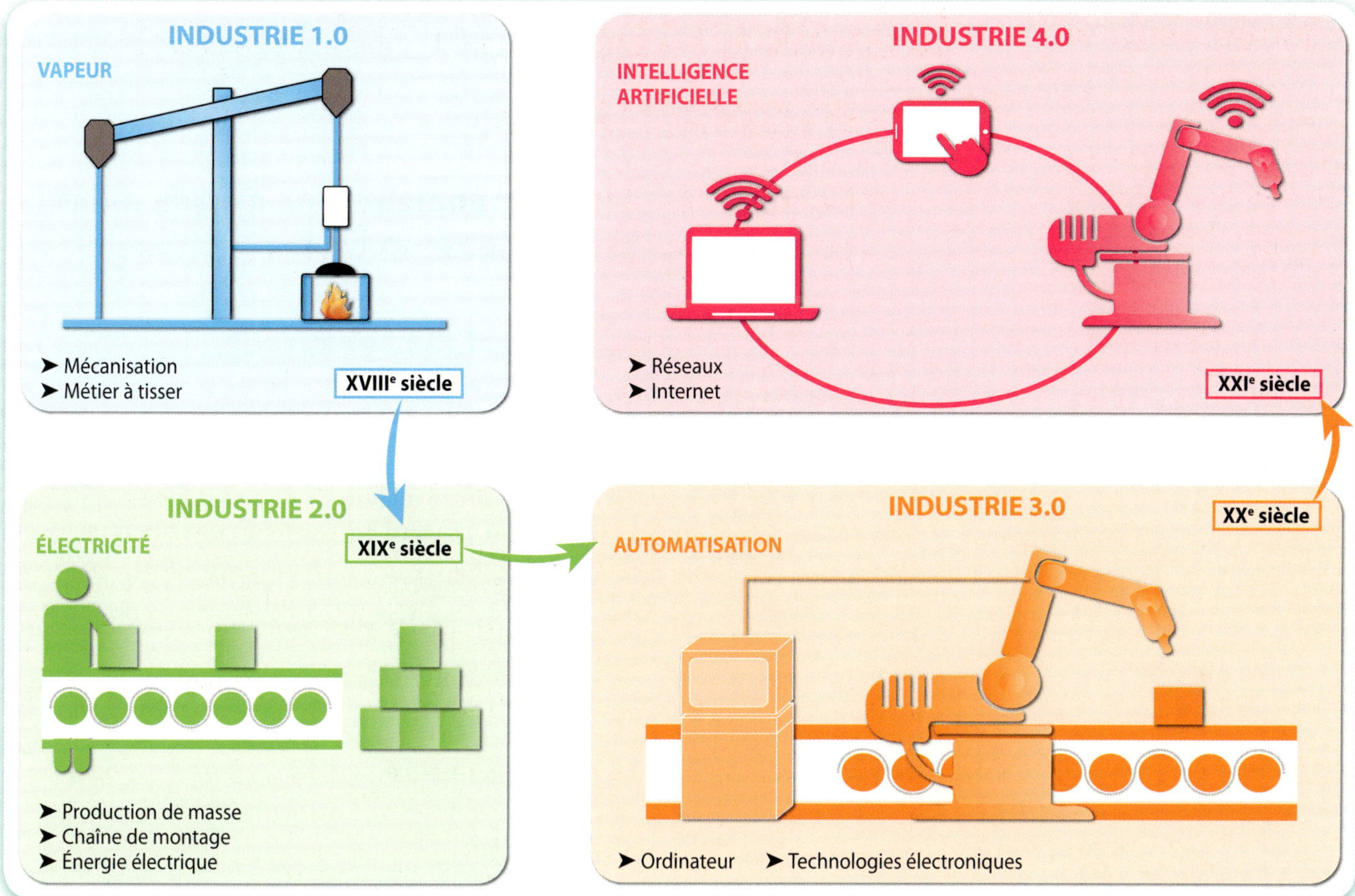

1 ▶ La quatrième révolution industrielle

La quatrième révolution industrielle devrait bouleverser toute la vie économique et sociale (travail, entreprises, administrations, vie quotidienne...).

2 ▶ Naissance de nouvelles hiérarchies mondiales

En ce début de XXIe siècle, de nouveaux équilibres géopolitiques apparaissent. L'hyper puissance américaine est remise en question. Des puissances régionales émergent et ne relèvent plus de l'Occident, comme la Chine, l'Inde, le Brésil ou l'Afrique du Sud. Enfin, une porosité grandissante s'exerce entre Nords et Suds, en termes de flux d'hommes pour l'éducation et le travail, de marchandises... et d'informations grâce aux moyens de communication actuels.

Le fait le plus marquant est surtout que cette circulation des hommes, des biens et des idées augmente entre les pays des Suds sans plus désormais passer par les anciens pays industrialisés.

Il en découle de nouvelles hiérarchies entre les pays en développement et émergents, qui se basent surtout sur l'économique, mais où des enjeux de puissance géopolitique, diplomatique, militaire croisent des intérêts nationaux, voire portent le heurt de mondes culturels et religieux différents.

Des trajectoires inégales s'observent entre États, les uns montant en puissance, d'autres en faillite, d'autres enfin acceptant un rôle secondaire dans la mondialisation en recomposition.

D'après Jean-Louis Chaléard, Thierry Sanjuan, *Géographie du développement. Territoires et mondialisation dans les Suds*, A. Colin, 2017.

Doc clé

Analyse d'un texte

Lire le texte

1. Quelles sont les caractéristiques de la nouvelle organisation du monde en ce début du XXIe siècle ?
2. Expliquez la phrase surlignée.
3. Comment se traduit la diversification des Suds ?

Comprendre le texte

4. Pourquoi peut-on parler d'une recomposition du monde depuis la fin du XXe siècle ?

Cours 2

Nords et Suds, les inégalités territoriales

La phase actuelle de mondialisation a-t-elle réduit ou développé les inégalités entre les territoires ?

CHIFFRES

Inégalités de revenus

Inégalités de revenus entre les populations du monde

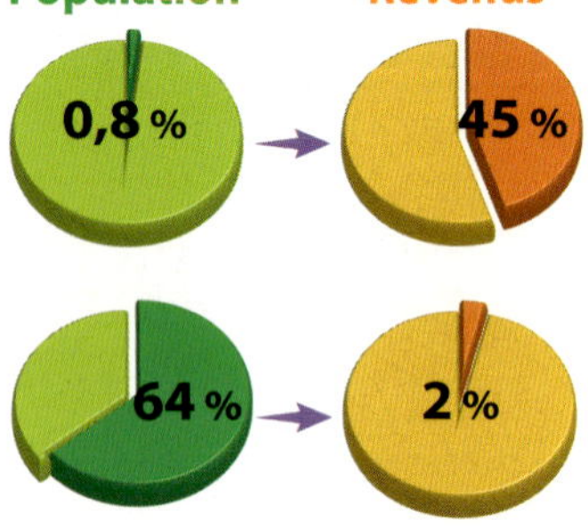

NOTION

Inégalités

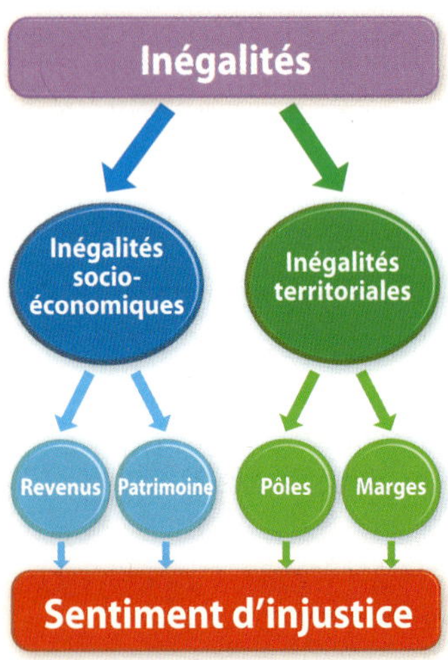

A. L'augmentation des inégalités de revenus

- **D'après les bases de données sur le patrimoine et le revenu, les inégalités entre riches et pauvres augmentent depuis quarante ans.** Les plus riches, 1 % de la population mondiale, ont profité deux fois plus de la croissance des revenus que les 50 % les plus pauvres. Entre riches et pauvres, les revenus des classes moyennes ont souvent stagné et, dans les Nords, ils ont diminué.

- **L'accroissement des inégalités de revenus n'est pas uniforme.** Dans les Nords, **les États-Unis**, dont le niveau était comparable à celui de l'Europe occidentale dans les années 1980, sont aujourd'hui plus inégaux : **1 % des plus riches possèdent 20 % du revenu, 50 % des plus pauvres 12 %**. Les écarts sont encore plus criants dans les Suds, mais ils dépendent des politiques des États. **En Inde, 10 % des plus riches captent 55 % des richesses, contre 41 % en Chine.** [doc. 4]
→ Étude de cas p. 162

B. Les territoires qui gagnent

- **Dans les Nords et dans les Suds, les grands bénéficiaires de la phase récente de mondialisation sont d'abord les métropoles et les mégalopoles***, nœuds de réseau d'une économie « d'archipel » **qui concentrent de plus en plus la production de richesses.** À New York et Los Angeles, Londres, Paris et Tokyo s'ajoutent aujourd'hui **les métropoles des Suds, qui seront 17 parmi les 20 premières du monde en 2030, dont 4 des 5 premières (Delhi, Shanghai, Mumbai et Beijing).** → Repères spatiaux p. 16 ; études de cas p. 162 et p. 166

- **Les triangles de développement asiatiques (ex. : Sijori) profitent également de la mondialisation, les corridors formés par les axes de transport aboutissent aux grands ports maritimes** et attirent les investissements. Enfin se déploient les enclaves agro-industrielles, énergétiques, minières exportatrices (soja au Brésil, hydrocarbures en Russie, cuivre au Pérou), et les espaces ruraux de plus en plus spécialisés et directement connectés aux circuits marchands internationaux (floriculture au Kenya). [doc. 3]

C. Les territoires qui perdent

- **En contrepartie, des territoires sont marginalisés** ; aux Nords comme aux Suds, le dynamisme des métropoles s'oppose au **déclin de périphéries rurales ou urbaines**. Des régions d'agriculture commerciale paysanne ont profité de l'ouverture des marchés, mais sont souvent confinées à des productions non rentables ; elles souffrent de la concurrence internationale. D'autres régions sont mal desservies par les transports ou pénalisées par des conditions naturelles défavorables. Les villes d'anciennes régions industrielles ont perdu leur base économique. → Étude de cas p. 166

- **Des inégalités territoriales internes caractérisent aussi les régions qui gagnent.** Dans les **espaces périurbains**, l'écart entre grandes exploitations agricoles et petits agriculteurs s'accroît. Les métropoles ne sont pas uniformes : la **ségrégation socio-spatiale***, **entre quartiers et à l'intérieur des quartiers,** caractérise toutes les grandes villes du monde. → Photographie p. 158

Définitions

Inégalités territoriales
Disparités entre territoires vécues comme injustes.

Ségrégation socio-spatiale
Séparation des groupes sociaux dans l'organisation de l'espace.

* Lexique p. 284

3 ▶ La cité-État de Singapour, un des pôles de richesse de l'Asie du Sud-Est

La cité-État de Singapour est le pôle de commandement et de financement du triangle SIJORI qui intègre l'État malaisien de Johor et l'archipel de Riau (au nord de l'Indonésie).

4 ▶ Manifestation du mouvement *Occupy Wall Street* (*Occupons Wall Street*) aux États-Unis (11 octobre 2011)

« *We are the 99 %, Nous sommes les 99 %* » est le slogan du mouvement « Occupons Wall Street » lancé en 2011 pour dénoncer les inégalités aux États-Unis.

Doc clé

Analyse d'une photographie

Identifier la photographie

1. Localisez la cité-État de Singapour.

2. Quels sont les territoires qui constituent le triangle « SIJORI » ?

3. Quels sont les avantages liés à la position de Singapour ?

4. Décrivez la photographie.
- Quels types de constructions et d'aménagements apparaissent sur la photographie ?
- À quoi voit-on que Singapour est aussi un grand port ?

Comprendre la photographie

5. En quoi la cité-État de Singapour apparaît-elle comme prospère ?

DÉBAT

« La mondialisation, clé du développement du Vietnam ?

Acteur pour

Le Fonds monétaire international (FMI)

Le FMI est une institution internationale de 189 pays dont le siège est à Washington. Il a pour but de prévenir les crises monétaires et de prêter des fonds aux États membres pour mettre en place des réformes économiques, favorisant notamment l'insertion dans la mondialisation.

Un développement économique spectaculaire à poursuivre

Un développement économique remarquable

En une seule génération, le Vietnam, naguère parmi les pays les plus pauvres du monde, s'est hissé au rang de pays à revenu intermédiaire[1]. Il s'est affranchi de la dépendance vis-à-vis des matières premières pour développer une industrie manufacturière de renom. Il faut voir dans cette transformation des politiques gouvernementales résolues et des décisions commerciales avisées, et surtout l'énergie […] du peuple vietnamien.

Une ouverture à l'économie mondiale à renforcer

Au fil des trente dernières années, le Vietnam est devenu une des économies les plus ouvertes du monde, une nation qui a énormément profité du commerce international et des investissements directs étrangers, moteurs de croissance et de réduction de la pauvreté. Maintenant que la Chine se détourne des industries manufacturières de second plan, à forte intensité de main-d'œuvre, cela peut ouvrir de gros débouchés aux pays voisins […]. Le Vietnam peut en profiter de deux manières : d'abord en remportant des parts de marché dans les secteurs du bas de la chaîne de valeur, et ensuite en saisissant l'occasion unique de vendre plus de produits finis, par exemple téléphones mobiles et ordinateurs, aux consommateurs chinois. L'an dernier les exportations du Vietnam vers la Chine ont augmenté presque deux fois plus vite que ses exportations totales.

Cependant, c'est l'ouverture au marché mondial qui offre les meilleures perspectives et qu'il faut renforcer en stimulant les exportations du pays vers les grands marchés, tels que les États-Unis et le Japon, et en encourageant davantage les flux d'investissements directs étrangers au Vietnam.

Discours de Christine Lagarde, 17 mars 2016.

1. Au Vietnam, le RNB par habitant était de 2 170 dollars en 2017 contre 330 en 1997.

Christine Lagarde, présidente du FMI (2011-2019) est accueillie par le Premier ministre vietnamien à Hanoï, le 16 mars 2016

Je prépare le débat

ANALYSER LES ARGUMENTS DU FMI

1. Présenter l'acteur et son domaine d'action.
2. Quels sont les arguments en faveur de l'ouverture à la mondialisation et à l'investissement étranger ?
3. Quelle orientation économique la directrice du FMI recommande-t-elle pour le Vietnam ?

ANALYSER LES ARGUMENTS D'OXFAM

4. Présenter l'acteur et ses objectifs.
5. D'après le rapport, quels sont les effets négatifs de l'ouverture à la mondialisation sur l'économie et la société ?
6. Les progrès observés dans le développement ont-ils permis au Vietnam de diminuer sa vulnérabilité vis-à-vis des aléas naturels ?

Contexte : la République socialiste du Vietnam est un État d'Asie du Sud-Est dirigé par le parti communiste. À partir de 1986, le Vietnam s'est ouvert aux investissements étrangers et au commerce mondial, mettant en place un « socialisme de marché ». De 1990 à 2017, le PIB du pays a été multiplié par 10, l'IDH a augmenté de 46 %.

OXFAM

OXFAM est une Organisation non gouvernementale (ONG)* basée à Oxford (Royaume-Uni). Présente dans près de 100 pays, elle agit « contre les injustices et la pauvreté » dans le monde. Au Vietnam, le programme 2015-2019 d'Oxfam aide 23 projets de développement local.

Acteur contre

Des inégalités accrues et un territoire fragilisé

Évaluation des politiques d'incitations fiscales du Vietnam

Ce rapport d'Oxfam et « d'ONU Femmes » dénonce des politiques fiscales avantageuses pour les investisseurs dans certaines régions du Vietnam, au détriment des politiques de soutien aux petits producteurs et des politiques sociale et environnementale.

Des inégalités qui se renforcent

Certes l'IDH[1] vietnamien augmente, mais les inégalités entre la majorité Kinh […] et la plupart des minorités ethniques se creusent. Ces groupes représentent seulement 14 % de la population totale mais 70 % des populations extrêmement pauvres. […] les inégalités sont fortes entre villes et campagnes et entre groupes ethniques […]. Alors que les firmes agroalimentaires et les agriculteurs productivistes profitent de la croissance agricole, les petits paysans sont en difficulté, en raison de prix volatils et de la concurrence pour les terres et les ressources en eau. Les femmes continuent à être victimes de discriminations et de stéréotypes, malgré un solide cadre législatif en faveur de l'égalité des genres. Elles ont moins d'opportunités dans le domaine économique et politique. Plus de la moitié des femmes mariées sont victimes de violences domestiques.

Une exposition plus forte aux risques et une dégradation de l'environnement

[…] La vulnérabilité environnementale du Vietnam reste très forte ; le pays perd 1 à 1,5 % de son PIB à cause de catastrophes comme les inondations, les typhons, les glissements de terrain et les sècheresses. […] La hausse des températures, l'élévation du niveau de la mer, l'intrusion des eaux salées dans l'eau douce conduisent à une perte de terres agricoles, à des rendements plus faibles et à des coûts de production plus élevés. […]

1. L'IDH vietnamien était de 0.694 en 2017 contre 0.475 en 1990.

D'après vietnam.oxfam.org, janvier 2019 (Traduction Magnard).

« Évaluation des politiques d'incitation fiscale du Vietnam »
Rapport d'Oxfam et d'ONU Femmes

oral

Le débat

- Choisissez l'un des deux acteurs.
- Présentez ses arguments devant la classe en trois minutes.
  - Classez les informations retenues en 2 ou 3 thèmes.
  - Annoncez le sujet de votre intervention et écrivez les titres des 2 ou 3 parties au tableau.

→ *Reportez-vous à la p. 81* ***Réaliser un exposé oral.***

Vidéo
www.lienmini.fr/geo2-06
S'entraîner à l'oral

APRÈS LE DÉBAT

À partir des arguments présentés, montrez que, pour les pays des Suds, l'ouverture à la mondialisation peut s'accompagner d'une dynamique de développement mais que cet essor reste fragile.

PRÉPARER LE BAC 17

CAPACITÉS

- Lire, comprendre un document et exercer un regard critique
- Produire un écrit construit et argumenté

Analyser un dessin de presse

Méthode BAC p. 278-279

Analyse d'un document

Sujet Le document traduit-il l'inégal développement du monde ?

Doc. ▶ **Inégalités Nord-Sud**
Dessin de Falco, 2012

Conseils

- Remarquez l'emploi du singulier pour les mots « Nord » et « Sud » dans le titre du document.
- Identifiez quelles parties du monde sont représentées sur le globe.
- Relevez la manière dont est dessiné l'hémisphère Sud.

ÉTAPE 1

Identifier le dessin de presse

1. Relevez la date, l'auteur et la source du dessin.
2. Observez attentivement le dessin et lisez son titre.
   - Quel thème général aborde-t-il ?
   - Décrivez la composition du dessin (le globe terrestre, les hémisphères...).

Conseil

- Notez toutes ces informations au brouillon.

ÉTAPE 2

Analyser le dessin de presse

3. Recherchez le message que le dessinateur souhaite faire passer :
   - quelle partie du dessin représente le Nord ? Le Sud ?
   - observez la position des hémisphères Nord et Sud : quels contrastes du monde actuel l'auteur veut-il montrer ?
4. Expliquez le titre du dessin : « Inégalités Nord-Sud ».

ÉTAPE 3

Exercer un regard critique sur le dessin de presse

5. Confrontez le message du dessin avec vos connaissances sur le sujet.
6. Pourquoi est-il plus juste de parler aujourd'hui de « Nords » et de « Suds » au pluriel ?

Conseils

- Utilisez le **cours 1** p. 168.
- Donnez des exemples et reportez-vous aux **cartes enjeux** p. 160.

Rédiger la réponse au sujet

À partir du travail effectué sur le dessin de presse, rédigez la réponse au sujet.

PRÉPARER LE BAC 18

Méthode BAC : p. 278-279
➥ Analyse d'un document

CAPACITÉS

- 1. Lire et comprendre un document
- 2. Produire un écrit construit et argumenté

➥ Analyser une carte

Sujet Quels sont les contrastes de richesse du monde actuel ?

Doc. ▶ La richesse mondiale : produit intérieur brut* (PIB) en 2017

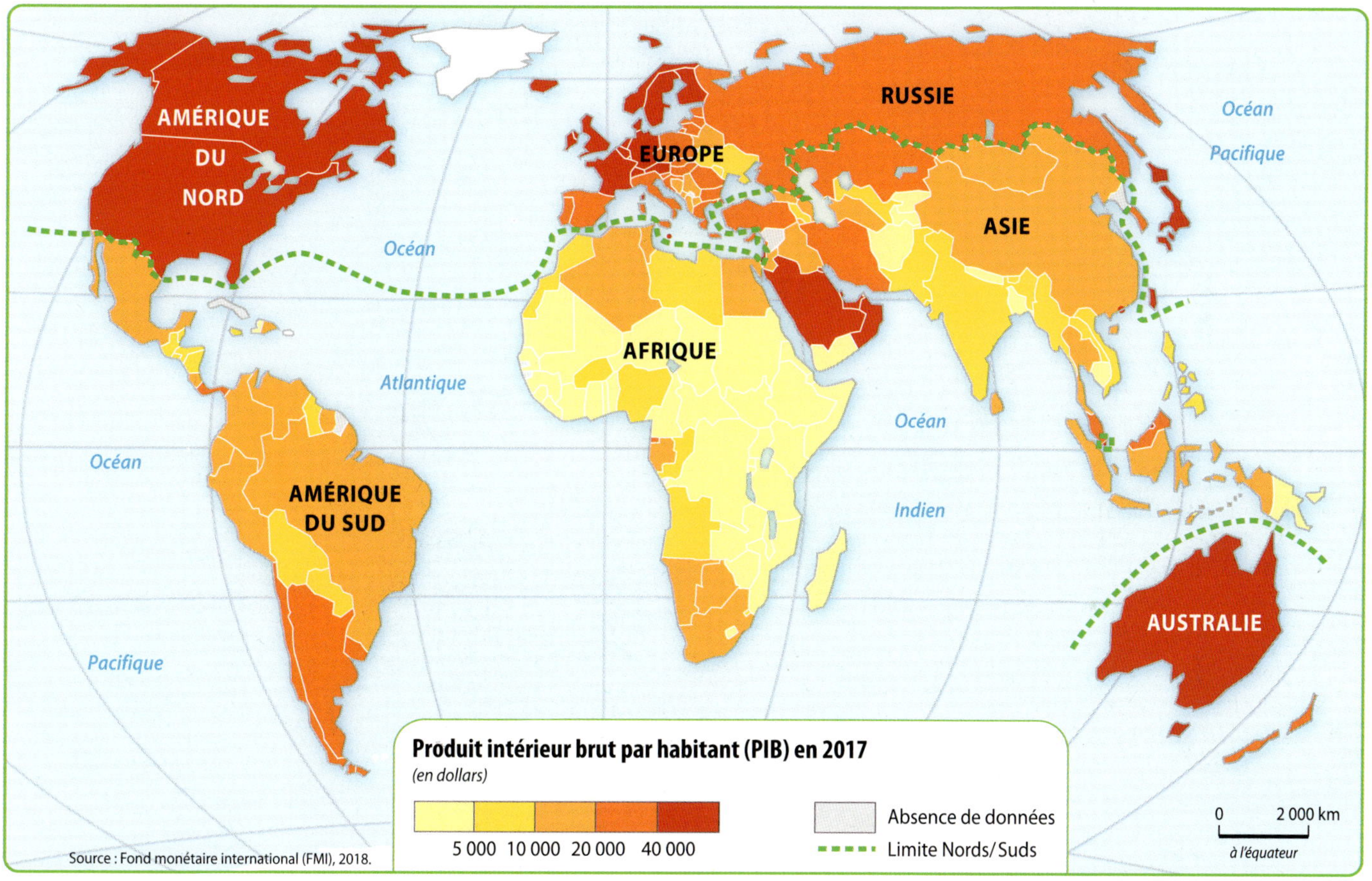

ÉTAPE 1
Identifier les informations de la carte

1. Quelles sont la date et la source de la carte ?
2. Quel est le type de la carte ?
   ➞ *Utilisez les **types de cartes** p. 290.*
3. Quelle information la légende fournit-elle ? Définissez « PIB » par habitant.
4. Pourquoi le cartographe a-t-il utilisé un dégradé de couleurs ?

ÉTAPE 2
Analyser la carte de façon globale

5. En utilisant le tracé de la limite Nords/Suds, indiquez dans quel **ensemble géographique** les valeurs du PIB sont plutôt élevées.

Conseil

- Appuyez votre analyse en donnant des exemples de valeurs du PIB. Exemple : ensembles de pays au PIB supérieur à 40 000 dollars par habitant.

ÉTAPE 3
Analyser la carte de façon détaillée

6. Dans les Nords et les Suds, quels pays ou ensembles de pays ont des valeurs du PIB :
   - élevées ou très élevées ?
   - faibles ou très faibles ?
7. Montrez que de forts contrastes de richesse existent dans les Nords et dans les Suds.

Conseil

- Citez des exemples précis dans les Nords et dans les Suds (**cartes enjeux** p. 160 et **cours** p. 168 à 171).

Rédiger la réponse au sujet

À partir du travail effectué sur la carte, rédigez la réponse au sujet.

PRÉPARER LE BAC 19

Méthode BAC : p. 278-279

Analyse d'un document

CAPACITÉS

- 1. Lire, comprendre un document et exercer un regard critique
- 2. Produire un écrit construit et argumenté

Analyser une photographie

Sujet Les inégalités socio-spatiales des pays des Suds : Rio de Janeiro

ÉTAPE 1
Identifier les informations de la photographie

1. Localisez la photographie à l'aide des informations fournies dans le titre et dans le carton de localisation.
2. Observez la prise de vue :
   - ☐ vue au sol
   - ☐ vue aérienne oblique
   - ☐ vue aérienne verticale
3. Définissez « favelas ».
   → *Utilisez le* ***lexique*** *p. 284.*

ÉTAPE 2
Décrire le paysage

4. Pour chacun des trois quartiers repérés sur l'image :
   - précisez leur situation géographique ;
   - décrivez leur paysage urbain.

Conseil

- Décrivez les quartiers en notant leur disposition, les types d'habitat (forme, hauteur…).

ÉTAPE 3
Analyser le paysage

5. À partir de la photographie, montrez quels sont les contrastes urbains dans une grande ville des Suds.

Rédiger la réponse au sujet

À partir du travail effectué sur la photographie, rédigez la réponse au sujet en l'organisant en deux paragraphes :

- **1er paragraphe :** *Rio de Janeiro : des paysages urbains très contrastés.*
- **2e paragraphe :** *L'organisation des villes des Suds, reflet des inégalités sociales.*

VÉRIFIER SES CONNAISSANCES

Retenir les idées fortes du cours

IDÉE 1

Un monde inégal

1 Division Nords / Suds à relativiser
- Des pays situés dans les Nords ou dans les Suds ont des IDH comparables (Ukraine et Mexique).
- Le noyau dur de la pauvreté reste concentré : 33 PMA* sur 47 sont africains.

2 Diversité des Suds
- On distingue des pays émergents, des pays à revenus intermédiaires et des pays pauvres.

3 Différents modèles de développement
- Dans les Nords : transition vers la quatrième révolution industrielle.
- Dans les Suds : re-primarisation* économique ou développement industriel.

IDÉE 2

Nords et Suds : des inégalités territoriales

1 Les inégalités de revenus augmentent dans le monde
- L'écart entre riches et pauvres s'est accru au cours du dernier demi-siècle.
- Aux États-Unis, les 1 % les plus riches concentrent 20 % des revenus.

2 Les territoires qui gagnent
- Les bénéficiaires de la mondialisation sont les métropoles et les mégalopoles.

3 Les territoires qui perdent
- Déclin de périphéries rurales ou urbaines.
- Ségrégation socio-spatiale*, entre quartiers et à l'intérieur des quartiers.

Réviser

Comprendre la notion clé

Inégalités de développement

1. De quelle façon le dessin évoque-t-il les inégalités de développement à l'échelle mondiale ?
2. Les personnes les plus riches se situent-elles uniquement dans les pays des Nords ?

Traduction : « 1 % de la population mondiale concentre 46 % des richesses mondiales selon Oxfam. »
Personnage en haut : « ...Ce n'est pas encore assez... »

Dessin de Matt Wuerker, janvier 2014.

Définir les mots clés

- ☑ BRICS
- ☑ G7
- ☑ Inégalités de revenus
- ☑ Pays émergents
- ☑ PMA
- ☑ Transition économique

Mobiliser ses connaissances

Reproduisez et complétez le schéma fléché à l'aide des mots-clés surlignés.

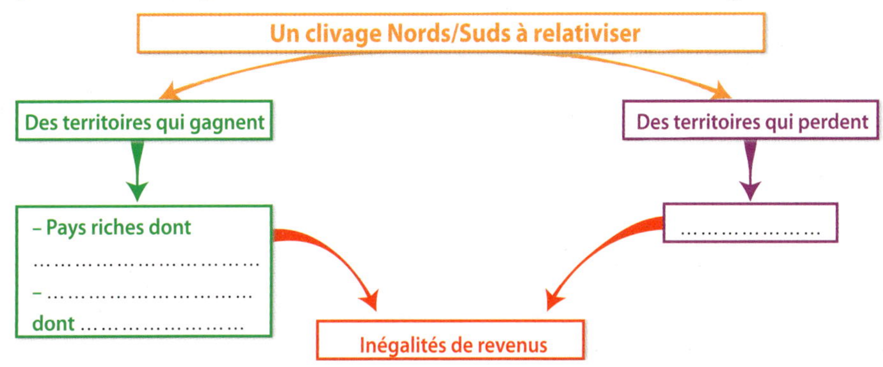

WORK IN
Lannion
www.workinlannion.bzh
Perroz
SEA SIDE
LE SWITCH
QUIET ZONE
#JOIN US
FRENCH TECH BREST LANNION

CHAPITRE 8

La France : dynamiques démographiques, inégalités socio-économiques

De la problématique du document...

À quel grand défi géo-économique certaines régions françaises sont-elles confrontées ?

1. Localiser la photographie
2. À qui s'adresse un tel visuel de communication ?
3. Quels sont les arguments employés ?
4. À quelles inégalités socio-spatiales à l'échelle nationale et régionale répond ce document ?

... aux problématiques du chapitre

> **Quelles sont les grandes dynamiques démographiques du territoire français ?**

> **Quelle ampleur prennent les inégalités socio-spatiales en France ?**

Recruter une main-d'œuvre qualifiée à Lannion (Côtes d'Armor)

Lannion est une petite ville de 20 000 habitants située sur le littoral Nord de la Bretagne (Côtes d'Armor). La ville abrite un technopôle, *Anticipa*, spécialisé dans les télécommunications, et qui regroupe 3 500 chercheurs et 1 600 étudiants. Ce technopôle est chargé de soutenir l'innovation, en particulier dans la filière numérique/électronique, autour de grands groupes comme *Orange Labs*, *Alcatel-Lucent* et d'un réseau de 230 PME/PMI. Le territoire est classé pôle de compétitivité mondial « Images et Réseaux » et a obtenu le label *French Tech* en 2015.

Répartition spatiale et évolution de la population

1 ▶ France du « vide », France des « pleins »

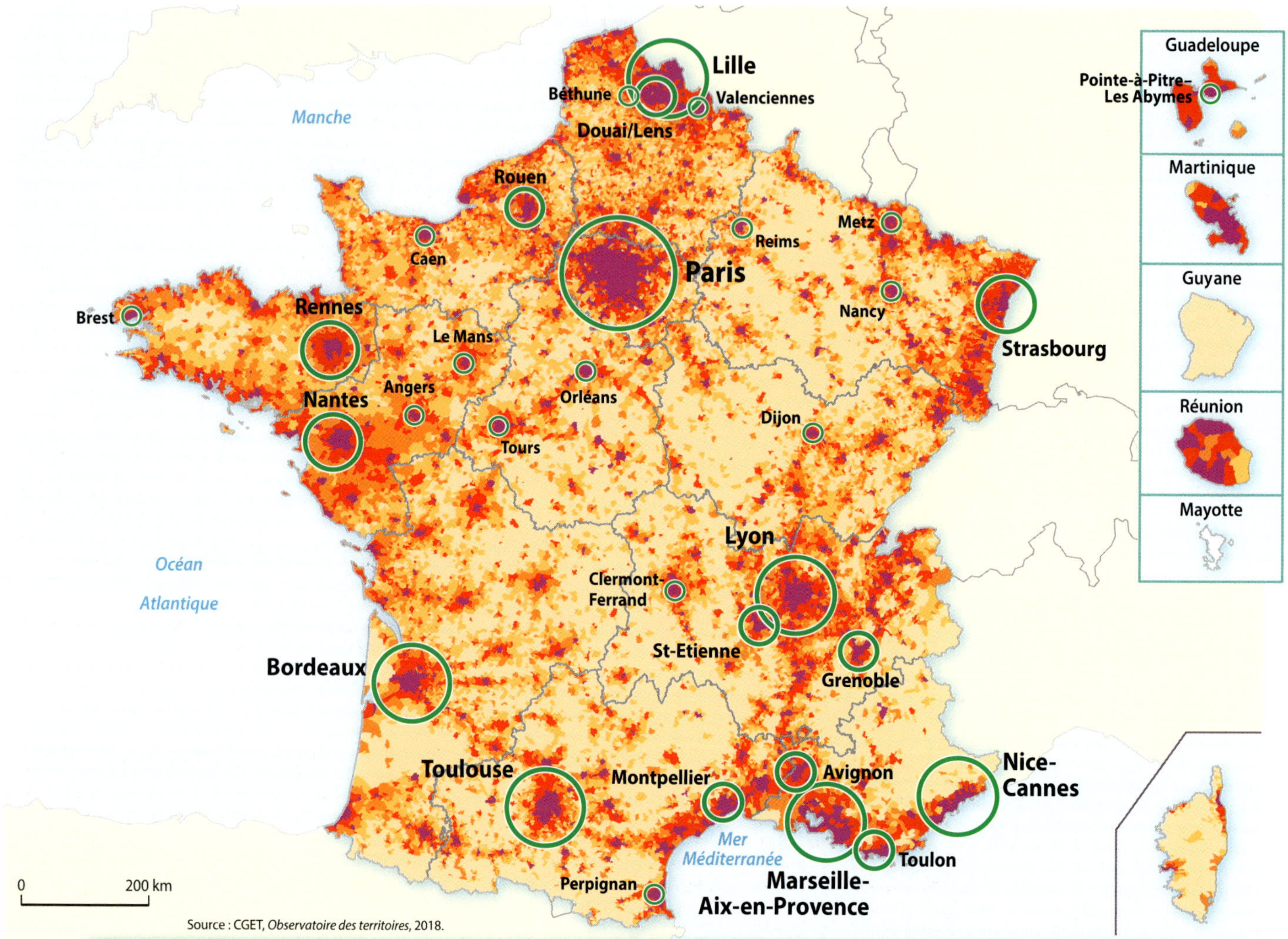

Source : CGET, *Observatoire des territoires*, 2018.

1. Densité de population (2015)
(en habitants/km²)
Moyenne France entière = 104,6
25 | 50 | 100 | 300
Pas de données

2. Population des aires urbaines (2015)
(en millions d'habitants)
0,3 | 0,5 | 0,7 | 1 | 2,2 | 12,5

Principaux repères à connaître

1. Les aires urbaines de plus de 500 000 habitants
2. Les cinq grandes vallées
   - Seine
   - Loire
   - Garonne
   - Rhône
   - Rhin
3. La diagonale de faibles densités

Retenir l'essentiel de la carte

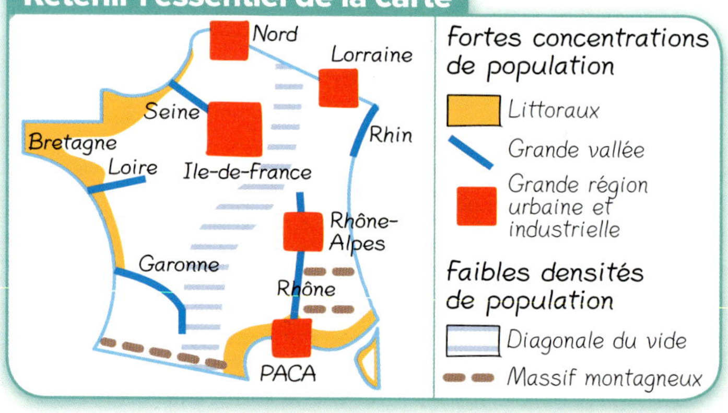

française

Cartes interactives
www.lienmini.fr/geo2-07

2 ▶ Évolution de la population de la France (2010-2015)

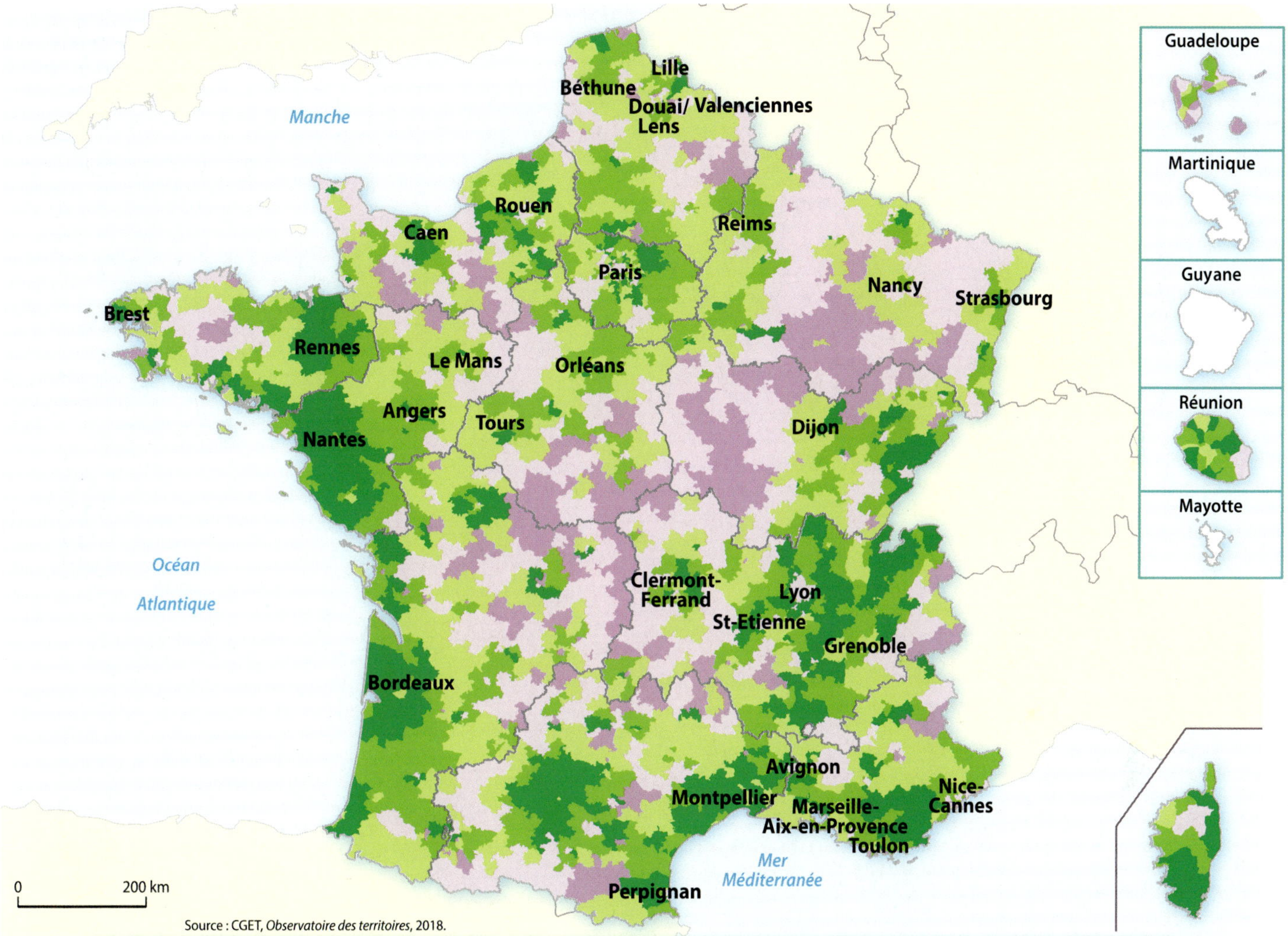

Source : CGET, *Observatoire des territoires*, 2018.

Taux d'évolution annuel de la population (2010-2015)
(par canton 2010 - en %)

France = 0,48

– 2,2 – 0,5 0 0,5 1

Pas de données

Retenir l'essentiel de la carte

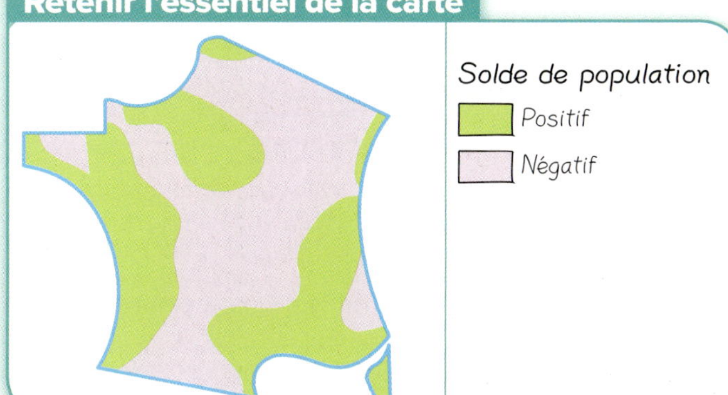

Principaux repères à connaître

Les métropoles de l'arc de croissance démographique
• Rennes • Nantes • Bordeaux • Toulouse
• Montpellier • Marseille-Aix • Grenoble
• Lyon.

Cartes
Enjeux

Quelles sont les inégalités territoriales en France ?

1 L'emploi : une France à deux vitesses

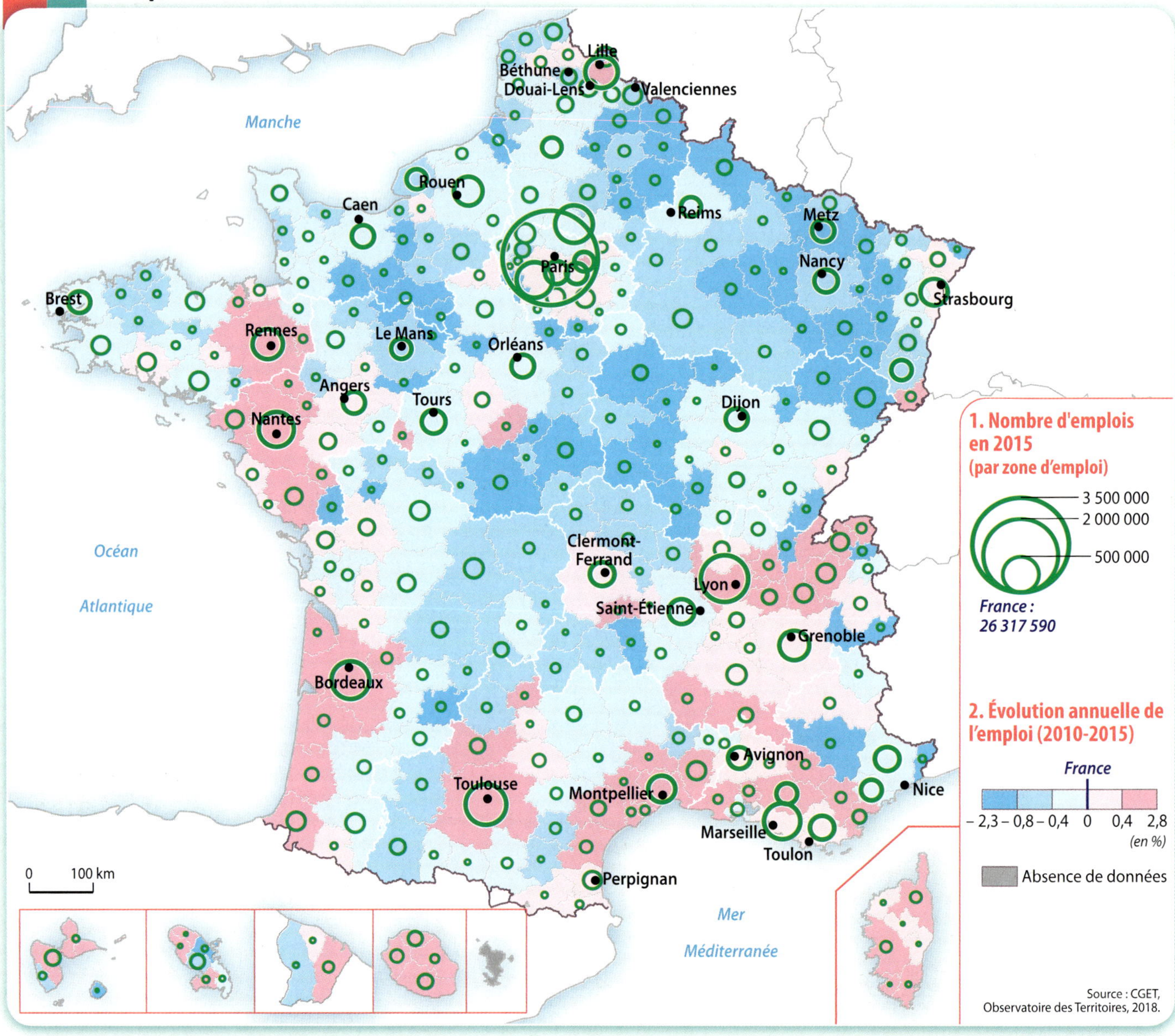

Analyser les cartes

Carte 1

1 Où se situent les territoires qui gagnent des emplois entre 2010 et 2015 ? Ceux qui en perdent ?

Carte 2

2 Où se situent les territoires dans lesquels l'offre de soins de proximité est très favorable ? Dans la moyenne ? Très mauvaise ?

3 Comment peut-on expliquer ces inégalités de la desserte médicale ?

Carte 3

4 Quelles régions comptent la plus grande proportion de population pauvre ? La plus faible proportion ?

Mettre les cartes en relation

Dans quelle mesure les inégalités socio-spatiales présentées par les trois cartes se superposent-elles sur les territoires ? Quelles régions sont les plus favorisées ? Les plus en difficulté ?

Cartes interactives
www.lienmini.fr/geo2-08

2 Une offre de soins de proximité très inégale

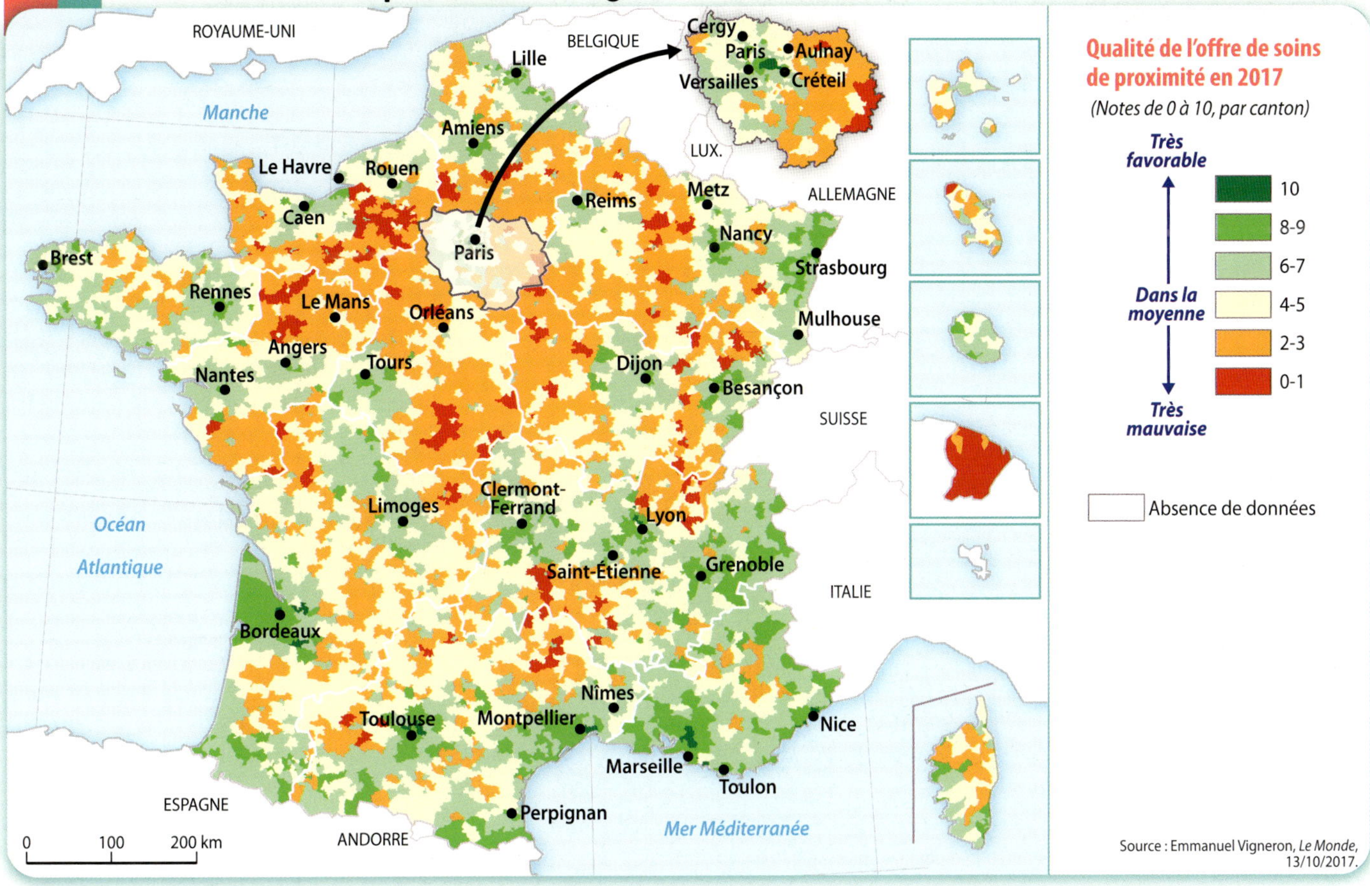

Source : Emmanuel Vigneron, *Le Monde*, 13/10/2017.

3 D'importantes disparités régionales de pauvreté

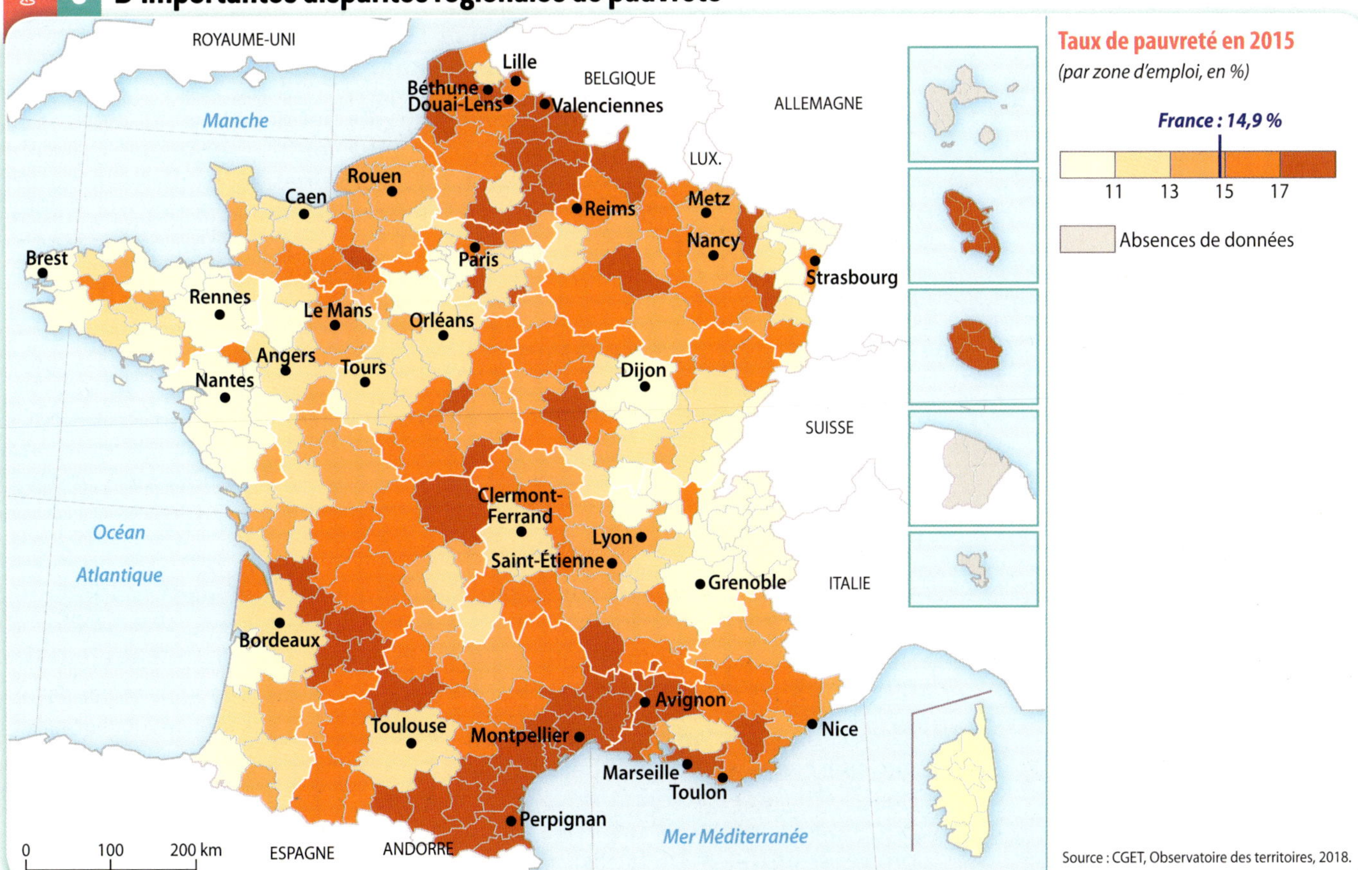

Source : CGET, Observatoire des territoires, 2018.

Une croissance démographique à plusieurs vitesses

Quelles sont les grandes dynamiques démographiques du territoire français ?

A. Une croissance démographique ralentie mais originale en Europe

- **Au 1er janvier 2019, la France compte près de 67,2 millions d'habitants,** soit un tiers de plus qu'il y a 50 ans. La croissance de la population française se poursuit, mais à un rythme ralenti (0,3 % en 2017). En baisse depuis 2010, **l'accroissement naturel** en reste le moteur principal. **[doc. 3]**
- **Le nombre de naissances diminue depuis 2010, avec le recul de la fécondité.** En 2018, l'indice synthétique de fécondité* s'établit à 1,87 enfant par femme ; l'âge moyen à la maternité est en hausse et atteint 30,6 ans. À l'échelle de l'Europe, cette fécondité reste tout de même élevée et conduit à une plus grande jeunesse de la population.
- **L'augmentation du nombre de décès résulte du vieillissement des nombreuses générations du baby-boom***. Cependant, l'espérance **de vie à la naissance*** ne cesse d'augmenter : elle a gagné 11 ans en 50 ans (85,3 ans pour les femmes et 79,4 ans pour les hommes en 2018).

B. Un vieillissement rapide et inégal

- **La population française vieillit rapidement :** 20 % des Français sont âgés de 65 ans ou plus en 2018, contre 13,9 % en 1990. Le vieillissement est lié à la fois au recul de la mortalité à des âges élevés et à la réduction des naissances. Il est inégal selon les territoires : 25 % des habitants de l'ancienne région Limousin ont 65 ans ou plus, contre 11 % en Île-de-France et 2,6 à Mayotte.
- **Les migrations internes à la France jouent un rôle clef dans le vieillissement de certains territoires.** Les espaces peu denses sont confrontés au vieillissement de leur population locale associé à un exode des jeunes, alors que les littoraux de l'Ouest et du Sud vieillissent par l'afflux de retraités. Les apports migratoires extérieurs, majoritairement jeunes, bénéficient aux grandes agglomérations, aux zones frontalières et au pourtour méditerranéen.

C. Des contrastes de densité qui s'intensifient

- **La concentration de la population est marquée et se renforce.** Le déclin démographique continue dans le Centre et le Nord-Est du pays alors que le Sud et l'Ouest restent très attractifs. Parmi les **DROM***, la Martinique et la Guadeloupe, en recul démographique, se distinguent de Mayotte et de la Guyane à la croissance record ; la Réunion se positionne au niveau de la moyenne nationale. → Repères spatiaux p. 180.
- **La croissance de la population se polarise autour de quelques grandes** aires urbaines, en particulier Rennes, Nantes, Bordeaux, Toulouse, Montpellier et Lyon. Les territoires en repli sont surtout des villes moyennes situées loin des grands pôles urbains. → Repères spatiaux p. 181
- **Ces dynamiques démographiques ont des conséquences sur les territoires.** L'extension des couronnes périurbaines allonge la durée des déplacements domicile-travail et accélère l'artificialisation des sols. La dévitalisation de certains espaces ruraux et urbains s'accompagne de difficultés pour les populations restantes. → Dossier p. 188

CHIFFRES

Fécondité

Indice de fécondité* *(en 2016)*

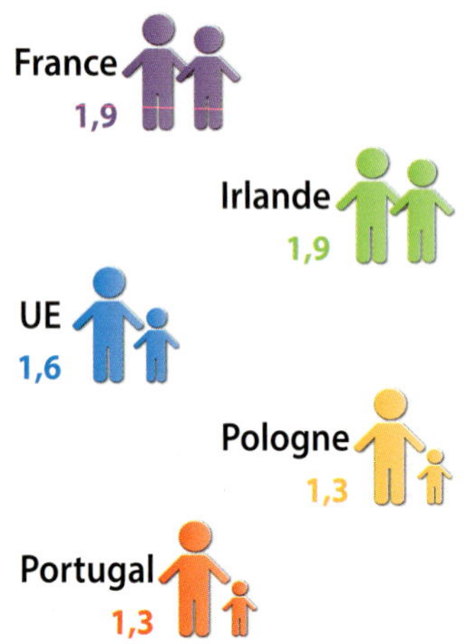

NOTION

Vieillissement démographique

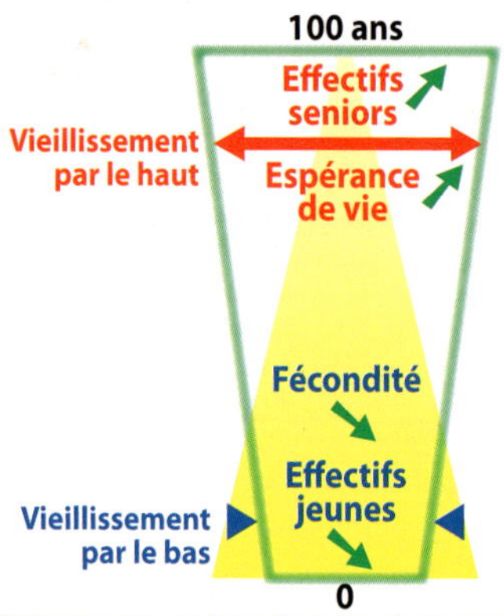

Définition

Accroissement naturel

Différence entre le nombre de naissances et le nombre de décès au cours d'une période donnée (le plus souvent l'année).

* Lexique p. 284

1 ▶ L'inégale croissance démographique

Entre 1999 et 2013, près d'un bassin de vie sur deux a bénéficié à la fois d'un excédent naturel et d'un excédent migratoire : les espaces attractifs et jeunes se situent dans les agglomérations qui constituent le « U » de la croissance urbaine en France (Rennes, Nantes, Bordeaux, Toulouse, Montpellier, Marseille et Lyon), ainsi que dans les Alpes du Nord et la vallée du Rhône.

Inversement, la croissance ne tient qu'aux dynamiques naturelles dans la vallée de la Seine de Paris à Rouen et les espaces densément peuplés du Nord. Ces territoires, plutôt jeunes, peinent à attirer de nouveaux habitants et à retenir leur population, notamment du fait d'importantes pertes d'emploi.

Dans les DROM, la population reste assez jeune, et le solde naturel* est positif. Mais les soldes migratoires* sont déficitaires, à l'exception notable de la Guyane.

La croissance de l'Île-de-France repose exclusivement sur son solde naturel. Son solde migratoire négatif résulte d'un débordement du développement démographique de l'Ile-de-France sur les régions voisines.

Par contre, des bassins de vie connaissent un déclin démographique. Le déficit migratoire est tel que l'excédent naturel ne le compense pas dans les anciennes régions Champagne-Ardenne, Lorraine, Nord-Pas-de-Calais, Haute-Normandie et aussi dans les Antilles.

Enfin, quelques bassins de vie, situés sur un arc qui relie les Ardennes au Cantal, cumulent déficit naturel et déficit migratoire.

Observatoire des Territoires, « *Dynamiques de population* », 5 juillet 2017.

2 ▶ Un vieillissement inégal

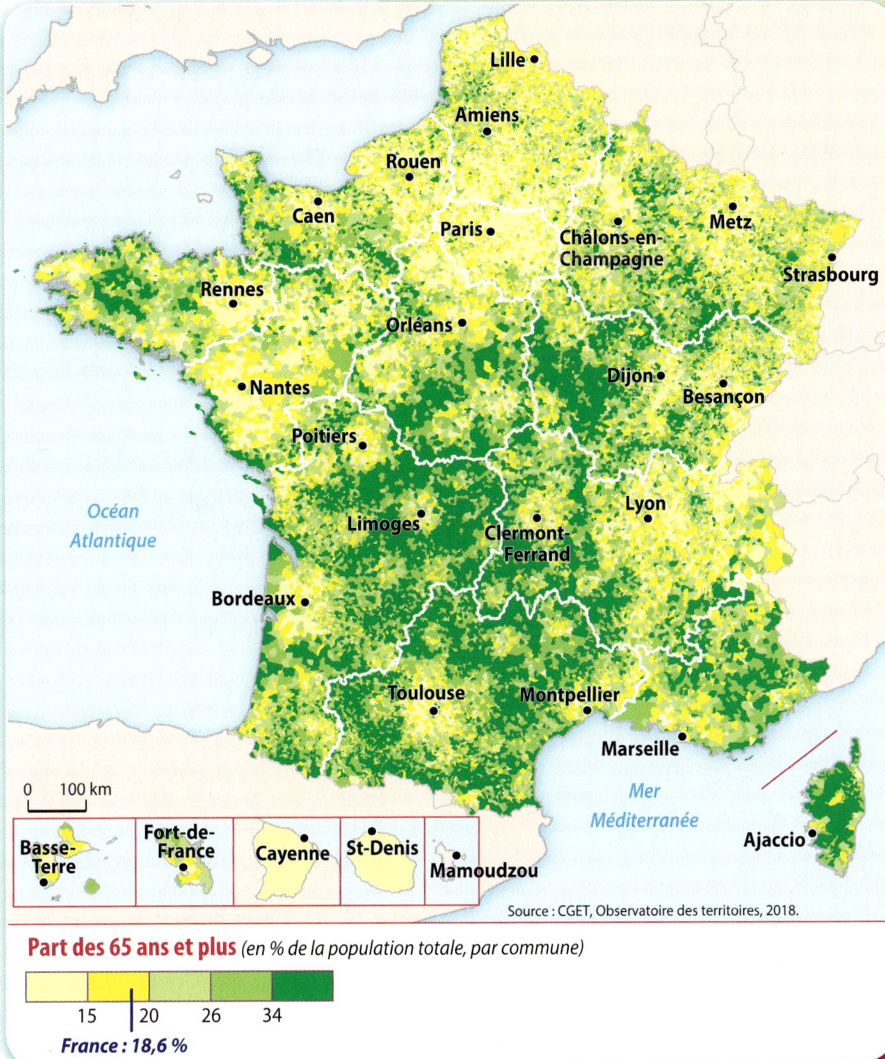

Doc clé

Analyse d'une carte

Lire la carte

1. Quels sont les territoires où la population est la plus âgée ? La plus jeune ?
2. À l'échelle des deux régions Bretagne et Auvergne-Rhône-Alpes, quels sont les contrastes dans la répartition par âge de la population ?

Comprendre la carte

3. Comment peut-on expliquer le vieillissement plus prononcé de certains territoires français ? Quelles difficultés ce vieillissement peut-il entraîner pour ces territoires ?

3 ▶ L'excédent naturel s'amenuise

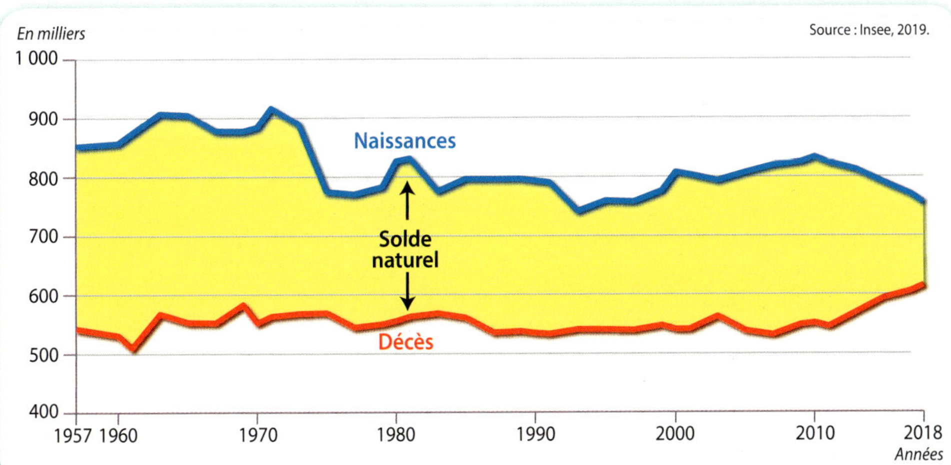

Cours 2

Des inégalités socio-économiques au risque de fractures

Quelle ampleur prennent les inégalités socio-spatiales en France ?

CHIFFRES

PIB* par habitant
(en 2015, en euros)

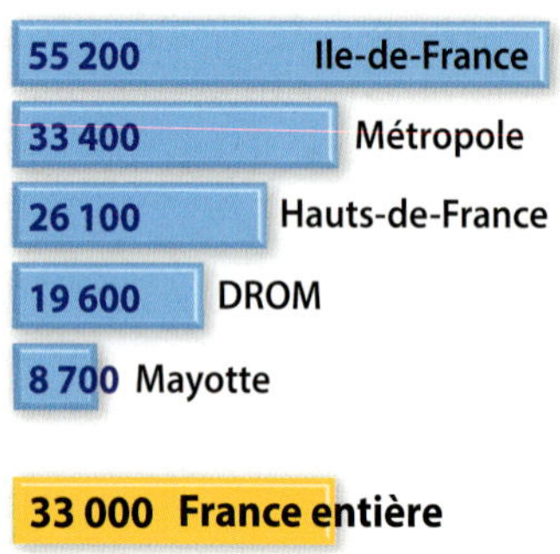

A. Des inégalités de revenus à plusieurs échelles

- **La France fait partie des pays les plus riches du monde avec un revenu moyen de plus de 33 000 euros de PIB* par habitant en 2017. Ce classement cache pourtant des disparités régionales.** Certaines régions bénéficient de revenus élevés (Île-de-France, Auvergne-Rhône-Alpes) quand d'autres connaissent une pauvreté diffuse (Hauts-de-France, Occitanie). Au regard des voisins européens, les écarts de revenus entre régions françaises sont plutôt limités, mis à part les DROM* : Mayotte affiche le revenu médian le plus faible des régions de l'Union européenne.

- **Les inégalités spatiales se mesurent aussi à une autre échelle.** Les plus aisés résident dans l'Ouest de l'Île-de-France, les métropoles*, les espaces frontaliers du Nord-Est, les lieux de villégiature et les vignobles. Le **taux de pauvreté*** n'est pas plus élevé dans les métropoles, mais par leur densité, elles concentrent les 2/3 des populations pauvres. Les inégalités de revenus entre riches et pauvres se manifestent davantage au sein des grands pôles urbains. → Cartes enjeux p. 183

B. L'inégal accès à l'emploi et aux services

- **L'accès à l'emploi est très inégal sur le territoire national.** Le chômage touche fortement la pointe nord de la France, une large bordure méditerranéenne et de nombreuses villes moyennes, alors que l'Ouest et le Centre-Est résistent beaucoup mieux. Dans les DROM, le taux de chômage dépasse 20 %. → Carte enjeux p. 182

- **Les Français n'ont pas la même facilité d'accès aux services de la vie courante.** L'offre de soins, l'éducation et la formation, les services publics, la couverture numérique sont inégalement répartis. Ces inégalités forment une mosaïque complexe : elles s'exercent en région, entre espaces urbains et ruraux ainsi qu'à l'intérieur des villes. Malgré les progrès enregistrés, des effets d'inertie territoriale pèsent sur les espaces mal desservis. → Cartes enjeux p. 183

NOTION

Inégalités socio-économiques

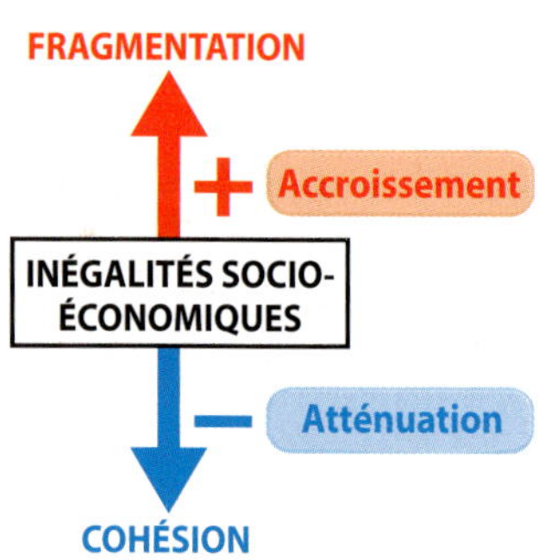

C. Réduire les fractures socio-économiques

- **Les inégalités socio-économiques se sont accentuées** sous l'effet de plusieurs dynamiques : la désindustrialisation du Nord-Est, les trajectoires divergentes des territoires ruraux et des villes petites et moyennes, la métropolisation qui conduit à une **fracturation spatiale**. → Dossier p. 188

- **Toutefois, les politiques de redistribution financières et d'aménagement visent à maintenir une certaine cohésion entre les territoires et à réduire les écarts de richesse** par un mécanisme de péréquation* grâce à la protection sociale, à l'emploi public, aux services publics et aux dispositifs d'aides à certains territoires (zones rurales, quartiers sensibles, DROM). [doc. 4] → Dossier p. 190

- **L'Union européenne participe à la réduction des disparités par sa politique de cohésion territoriale.** Ainsi, les régions françaises bénéficient de 15 milliards de transferts financiers de l'UE entre 2014 et 2020, dont 27 % pour les DROM.

Définition

Fracturation spatiale

La fracturation spatiale caractérise des espaces proches qui fonctionnent sans liens entre eux en raison d'importants écarts sociaux au sein de la population. Il n'y a aucune mixité sociale.

* Lexique p. 284

4 ▶ Une active politique de redistribution

Depuis soixante ans, les politiques d'aménagement du territoire, puis des territoires, les dispositifs d'attractivité et de compétitivité par la suite, ont eu pour objectif d'intervenir en faveur du développement des territoires, afin de renforcer l'équilibre de la France et de lutter contre les inégalités spatiales.

L'État a, durant les dernières décennies, garanti la solidarité entre les territoires par différents leviers - soutien aux investissements, dotations, transferts financiers etc. – afin de répondre aux besoins des territoires les plus fragiles, des populations les plus en difficulté.

Il a également œuvré dans ce sens, aux côtés des collectivités territoriales, à améliorer la qualité de vie en organisant l'équipement du pays en grandes infrastructures (transports, télécommunications, énergies, eau), en favorisant la mixité sociale et en incitant au renouvellement urbain.

CGET, *Rapport sur la cohésion des territoires*, juillet 2018.

6 ▶ Les jeunes sans diplôme (en 2015)

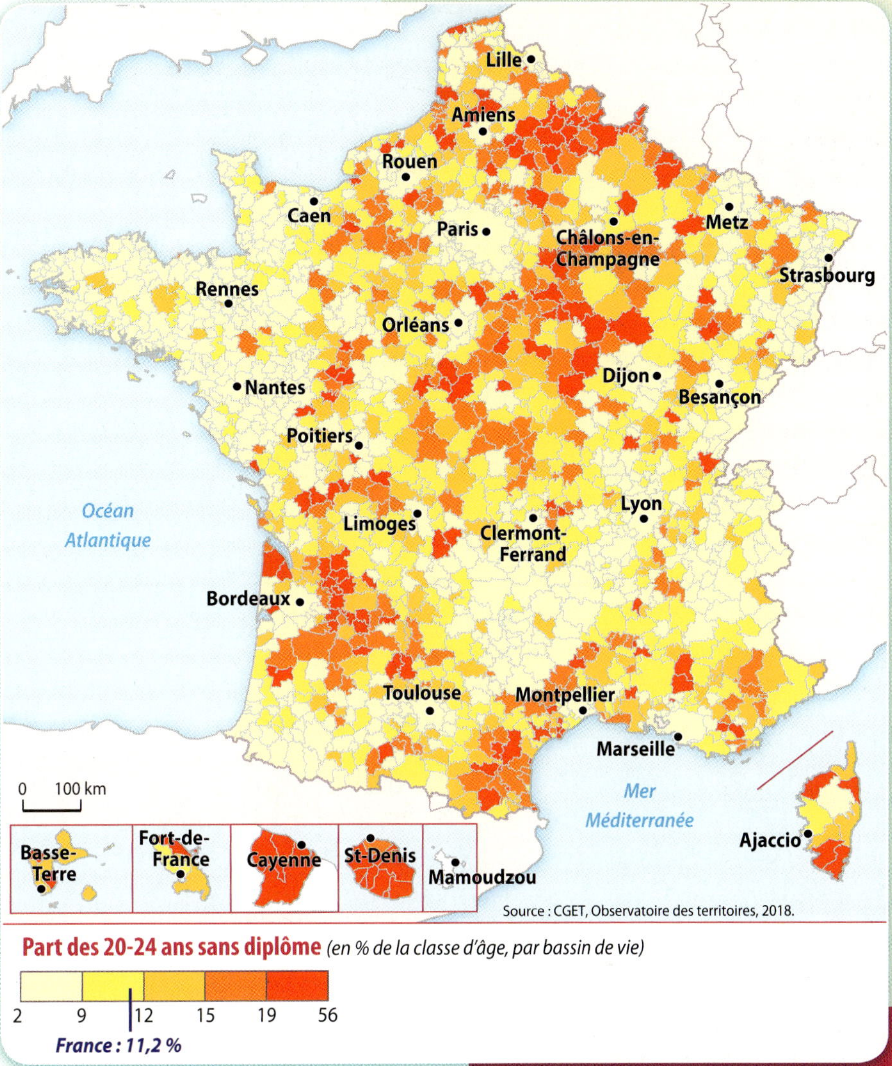

5 ▶ Les déserts médicaux

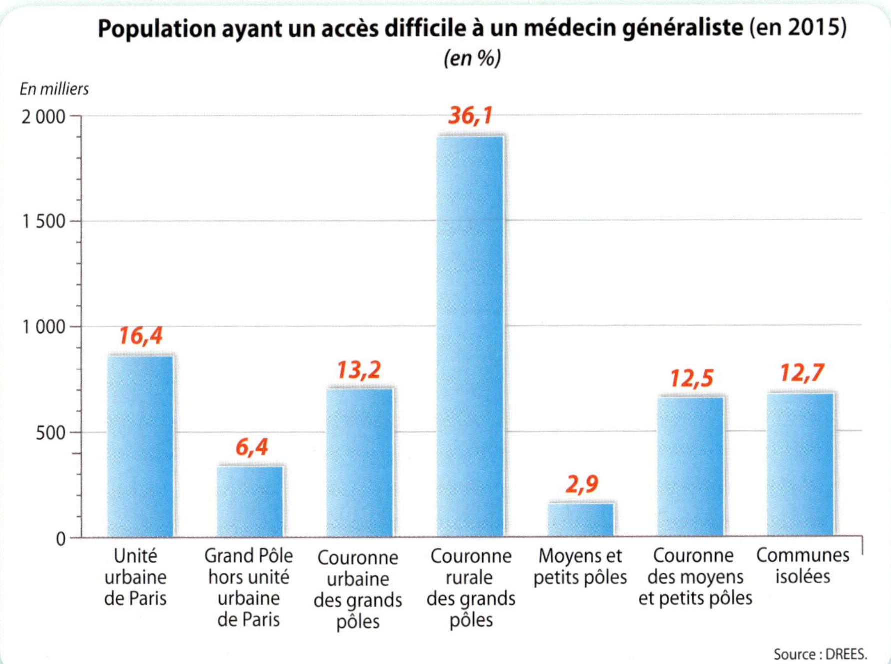

Doc clé

Analyse d'une carte

Lire la carte

1. Quels sont les territoires où la part des jeunes sans diplôme est la plus forte ?
2. Quels sont ceux où elle est la plus faible ?
3. Quels grands contrastes se dégagent sur la carte de la métropole et des DROM ?

Comprendre la carte

4. Quelles conséquences la forte part de jeunes sans diplôme peut-elle avoir sur les territoires concernés ?

DOSSIER POUR APPROFONDIR

LA CREUSE : du déclin à la revitalisation ?

La spirale du déclin démographique et économique peut-elle être enrayée ?

- Le département de la Creuse, dont la densité est de 22 habitants/km², est emblématique des espaces à très faibles densités du Centre de la France. Guéret, sa préfecture, compte moins de 15 000 habitants.
- La Creuse dispose d'un secteur industriel peu étoffé et fragile. Elle est riche cependant d'une forte tradition rurale (4 400 exploitations agricoles, autour de l'élevage bovin extensif notamment) et d'une forêt très étendue (30 % du territoire).

1 ▶ Un espace de basses densités

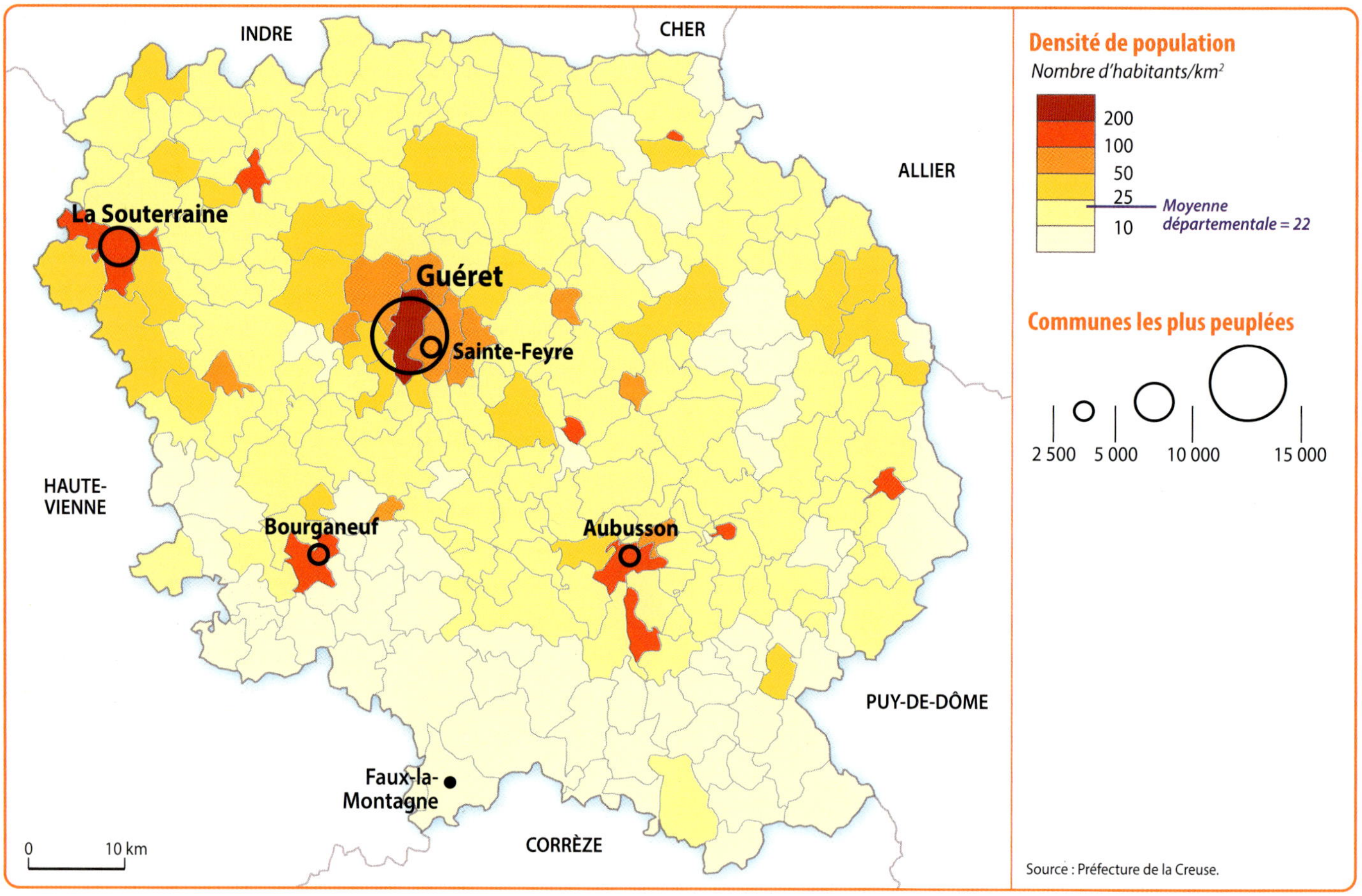

Source : Préfecture de la Creuse.

2 ▶ Un territoire hyper-rural*

La Creuse est l'un des départements les plus ruraux et les moins peuplés de France. Au sein de 258 petites communes vivent quelque 120 000 Creusois. Plus de 75 % des communes ont moins de 500 habitants, et elles ne disposent que de faibles moyens pour porter les projets. Ce département de la région Nouvelle Aquitaine subit une déprise démographique due au vieillissement de sa population.

Moins de 100 médecins libéraux sont encore actifs dans le département et 39 % des généralistes ont plus de 60 ans. Du fait du chômage et d'un niveau de revenu faible, la Creuse connaît un taux de pauvreté de 19,5 %, contre 14,1 % au niveau national.

www.cget.gouv.fr, 12 septembre 2018.

3 ▶ Valoriser la ressource touristique

Page d'accueil du site internet de l'office du tourisme de la Creuse, www.tourisme-creuse.com, 2018.
Les paysages sauvegardés et les faibles densités deviennent des atouts touristiques.

4 ▶ Innover localement, l'exemple du village de Faux-la-Montagne

Dans le Sud creusois, sur le plateau de Millevaches, le village de Faux-la-Montagne accueille de nouveaux habitants : des retraités de retour au pays et de jeunes actifs attirés par la dynamique du plateau, où fourmillent les initiatives de l'économie sociale et solidaire. Un contre-exemple de la désertification qui frappe de nombreux territoires ruraux, à une heure dix de route de la première grande ville, Limoges.

C'est ici qu'est née la plus ancienne des télés locales de France (Télé Millevaches), c'est ici qu'a été créée la première intercommunalité rurale du Limousin […], c'est ici que le premier écoquartier rural labellisé a vu le jour, c'est ici qu'une des premières maisons médicales du secteur a été bâtie […], c'est ici qu'a été créée l'une des cinq ou six sociétés anonymes à participation ouvrière de France (Ambiance Bois) […].

www.fauxlamontagne.fr, 2018.

Prolonger le cours

Documents 1 et 2

1. Quels sont les éléments de fragilités démographiques, sociales et économiques de la Creuse ?

Documents 3 et 5

2. Quelles actions sont menées pour la revitalisation de la Creuse ?

Document 4

3. Recenser les types d'initiatives locales innovantes à Faux-la-Montagne.

SYNTHÈSE

En vous appuyant sur les documents, expliquez dans quelle mesure on peut parler de « désertification » de la Creuse. Ce constat est-il irréversible ?

5 ▶ Repeupler la Creuse

L'objectif *du Plan Particulier pour la Creuse* (PPC) est de redonner une dynamique démographique positive et durable à partir de la création d'emplois.

PPC – Plan Particulier pour la Creuse

Objectifs stratégiques	Projets structurants
Valoriser les atouts creusois	- Promouvoir l'agriculture et l'agroalimentaire responsables - Faire de Guéret une destination pour la pratique du sport et des loisirs de nature - Faire de la Creuse un haut lieu du tourisme de nature - Développer les savoir-faire autour des tapis d'Aubusson
Créer, développer et conforter des « activités de niche » productrices d'emplois	- Développer la *silver économie* (métiers de la domotique[1] et de la santé, des services à la personne…) - Développer les activités liées à l'usage des drones, aux biotechnologies, à la logistique ou à la filière bois
Améliorer les conditions du *bien vivre* en Creuse	Donner accès au numérique et à la téléphonie, développer les transports, la santé, l'éducation, la culture, les loisirs, l'habitat

1. Ensemble des techniques qui visent à intégrer à l'habitat tous les automatismes en matière de sécurité, de gestions de l'énergie, de communication.

www.creuse.gouv.fr, 26 Juin 2018.

DOSSIER POUR APPROFONDIR

LYON *LA DUCHÈRE* : un quartier au défi de la revalorisation

- Construit au début des années 1960, le quartier de *La Duchère*, situé sur un plateau au Nord-Ouest de Lyon, concentre d'importantes difficultés depuis les années 1980. La population est passée, de 20 000 à 12 500 habitants.
- Dans le cadre du « grand projet de ville » (GPV) de Lyon *La Duchère*, une politique d'aménagement prioritaire est engagée par les pouvoirs publics depuis 2001 afin de revaloriser le quartier.

Comment mener une politique de réduction des fractures urbaines* ?

1 Place Abbé-Pierre, nouveau cœur du quartier (2012)
2 Halle d'athlétisme Stéphane Diagana (2012)
3 Nouveaux immeubles
4 Barre 200, en partie démolie en 2003 et en partie réhabilitée

1 ▶ *La Duchère* aujourd'hui : un nouveau visage
Une offre immobilière variée (logements sociaux, locatif privé, accession à la propriété) est structurée en îlots. L'ensemble, de hauteur limitée, est situé à proximité d'une place centrale et d'un équipement sportif majeur.

Vidéo – Reportage

« Le grand projet de ville » de Lyon *La Duchère*
Projet *La Duchère* Lyon 2017, 5'06"
www.lienmini.fr/geo2-09

Fiche d'étude vidéo imprimable
www.lienmini.fr/geo2-10

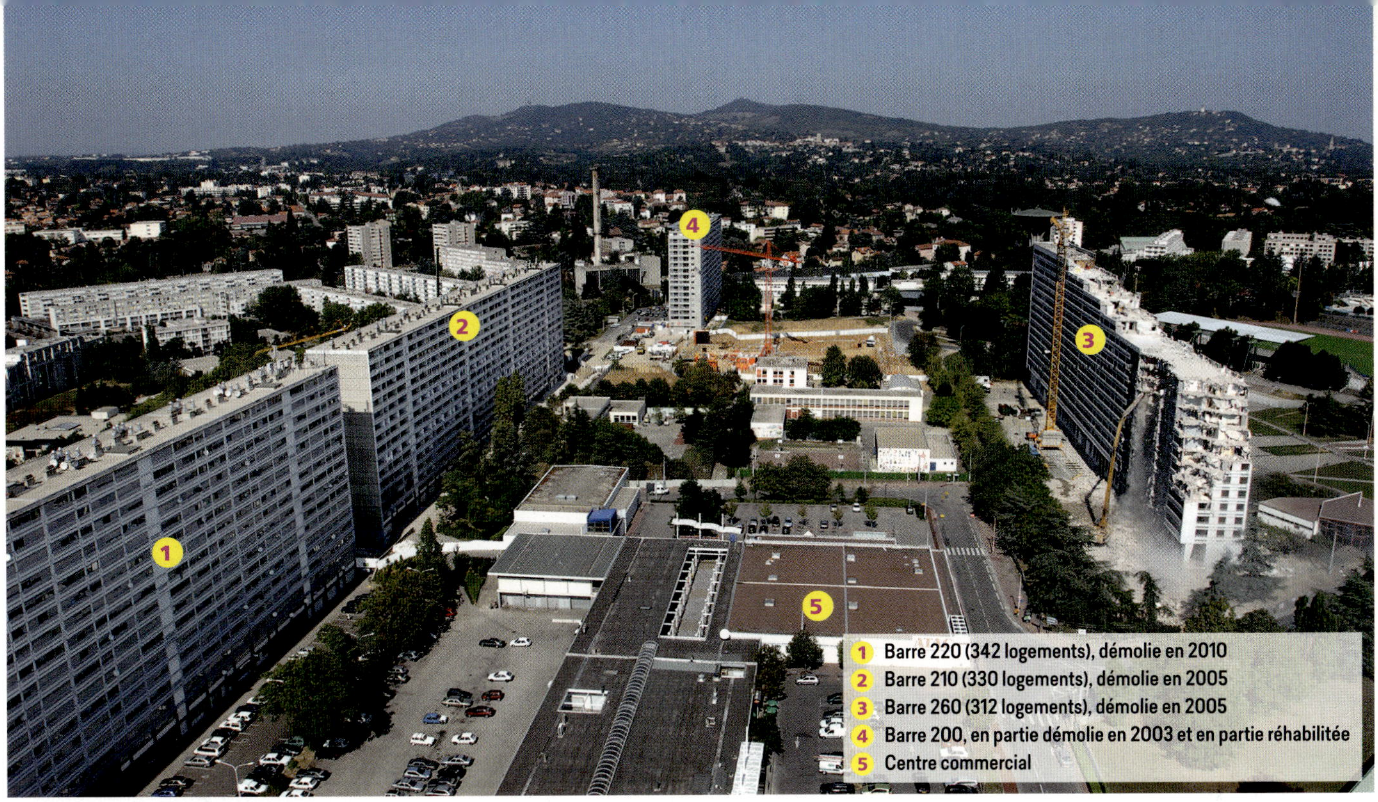

2 ▶ *La Duchère* en 2005

Dans le contexte de la crise du logement des années 50, le quartier de *La Duchère* s'est constitué sous forme de barres abritant 5 300 logements. Le quartier, enclavé, se structure uniquement autour du centre commercial.

3 ▶ La politique de la ville à l'épreuve de l'emploi

« Pour les promoteurs, on a une charge foncière moins chère que sur d'autres sites de l'agglomération », explique Audrey Delaloy (référente en renouvellement urbain chez SERL) ; *La Duchère* a le statut de zone franche urbaine*.

Le taux de chômage y reste cependant important : 27 % selon les derniers chiffres contre 12 % pour le reste de Lyon. En cause, « un taux de qualification très faible ». Beaucoup de jeunes rechignent à rejoindre « l'École de la deuxième chance ».

« *La Duchère* est un petit laboratoire », s'enthousiasme pour sa part Romain Jimenez (responsable d'un centre de formation) qui voit des signes positifs dans le quartier. Mais la France doit mettre l'accent sur le domaine de la formation, comme l'Allemagne et les pays scandinaves. Car trop souvent, déplore-t-il, on embauche « pour prendre des bras, pas pour former et garder les jeunes. »

AFP/Le Point, 4 octobre 2017.

4 ▶ Un quartier défavorisé

Caractéristiques socio-démographiques des ménages 2014 (en %)

	Duchère	Lyon 9e arrondissement	Métropole de Lyon
Ménages imposés[1]	29	54	60
Familles monoparentales parmi les ménages	17	11	9
Ménages locataires	87	65	55
Pauvreté	37	21	16
Retard à l'entrée en 6e	22	10	11
Retard à l'entrée en 3e	39	16	18
Demandeurs d'emploi sans diplôme	28	11	15

1. Soumis à l'impôt sur le revenu

Source : INSEE

Prolonger le cours

Documents 1, 2 et vidéo

1. Quelles sont les modifications de Lyon *La Duchère* réalisées entre 2005 et 2015 ?

Documents 3 et 4

2. Quels sont les problèmes qui subsistent aujourd'hui ?

SYNTHÈSE

En vous appuyant sur l'exemple de Lyon *La Duchère*, montrez l'intérêt et les limites des aménagements pour faire face aux fractures urbaines* et revitaliser un quartier.

PRÉPARER LE BAC 20

CAPACITÉS

- Réaliser des productions cartographiques
- Transposer un texte en croquis

Méthode BAC p. 280

↳ **Réaliser un croquis**

Sujet **À l'aide du texte, réalisez le croquis de la : « répartition et des dynamiques spatiales de la population française métropolitaine ».**

Répartition et dynamiques spatiales de la population française métropolitaine

• **Une distribution de la population inégale sur le territoire métropolitain.**

Les littoraux atlantique et méditerranéen, les grandes vallées (Seine, Rhin, Rhône, Garonne) sont des territoires densément peuplés, alors qu'une « diagonale du vide », depuis les Ardennes au Nord, jusqu'aux Pyrénées et aux Alpes au Sud en passant par le Massif Central, est peu peuplée. Entre ces deux types d'espaces, on trouve un espace à dominante rurale, moyennement peuplé.

Les très fortes densités se trouvent par contre dans les grandes aires urbaines et industrielles. Ainsi, autour de Paris, s'agrègent près de 13 millions d'habitants, plus de 1 million autour de Lyon, Marseille-Aix-en-Provence, Toulouse, Bordeaux, Lille ou Nice et plus de 500 000 à Nantes, Strasbourg, Rennes, Grenoble, Montpellier, Toulon ou Rouen.

• **Les dynamiques spatiales modifient la distribution de la population**

Les mobilités internes font lentement glisser la population du Nord vers le Sud. Les régions au solde migratoire positif sont localisées dans un vaste « croissant périphérique » qui court de la Bretagne à la région lyonnaise et à l'Alsace, intégrant aussi les Midis aquitain et méditerranéen.

À l'échelle des villes, l'étalement urbain favorise la densification des espaces périurbains.

Conseils

- Notez le titre du texte : il indique celui du croquis.
- Notez que les dynamiques spatiales de la population sont évoquées à des échelles différentes.
- Établissez les rubriques de la légende du croquis en relevant les sous-titres du texte.
- Utilisez des figurés ponctuels de tailles différentes pour représenter la population des aires urbaine.

→ *Reportez-vous au* ***langage cartographique*** *(rabat arrière du manuel).*

ÉTAPE 1

Lire le sujet et le texte d'accompagnement

1. Lisez le sujet.

– À quel territoire le sujet s'applique-t-il ? Les territoires ultramarins entrent-ils dans le sujet ?

– Quels sont les traits majeurs de la répartition de la population française ?

– Que faut-il comprendre par « dynamiques spatiales » ?

Conseil

- Observez le fond du croquis pour connaître **les limites de l'espace à cartographier**.

2. Lisez le texte d'accompagnement.

– Relevez les **sous-titres** des **deux paragraphes** du texte et comparez-les avec les titres des deux rubriques de la légende du croquis.

Conseils

- Définissez les thèmes des sous-titres de la légende.
- Identifiez les informations à cartographier.

• Reproduisez le tableau ci-dessous, puis classez les différents territoires en fonction des informations fournies par le texte

→ *Utilisez les expressions surlignées en vert.*

Densité de population	Territoires
Très forte	...
Forte	...
Moyenne	...
Faible	Ex. : *Massif central*

• Où sont situées les régions les plus attractives du territoire français ?

• Quel type de mobilité est évoqué dans la phrase surlignée en jaune ?

Croquis et légende imprimables
www.lienmini.fr/geo2-11

Croquis interactifs
www.lienmini.fr/geo2-86

▶ Croquis : ....

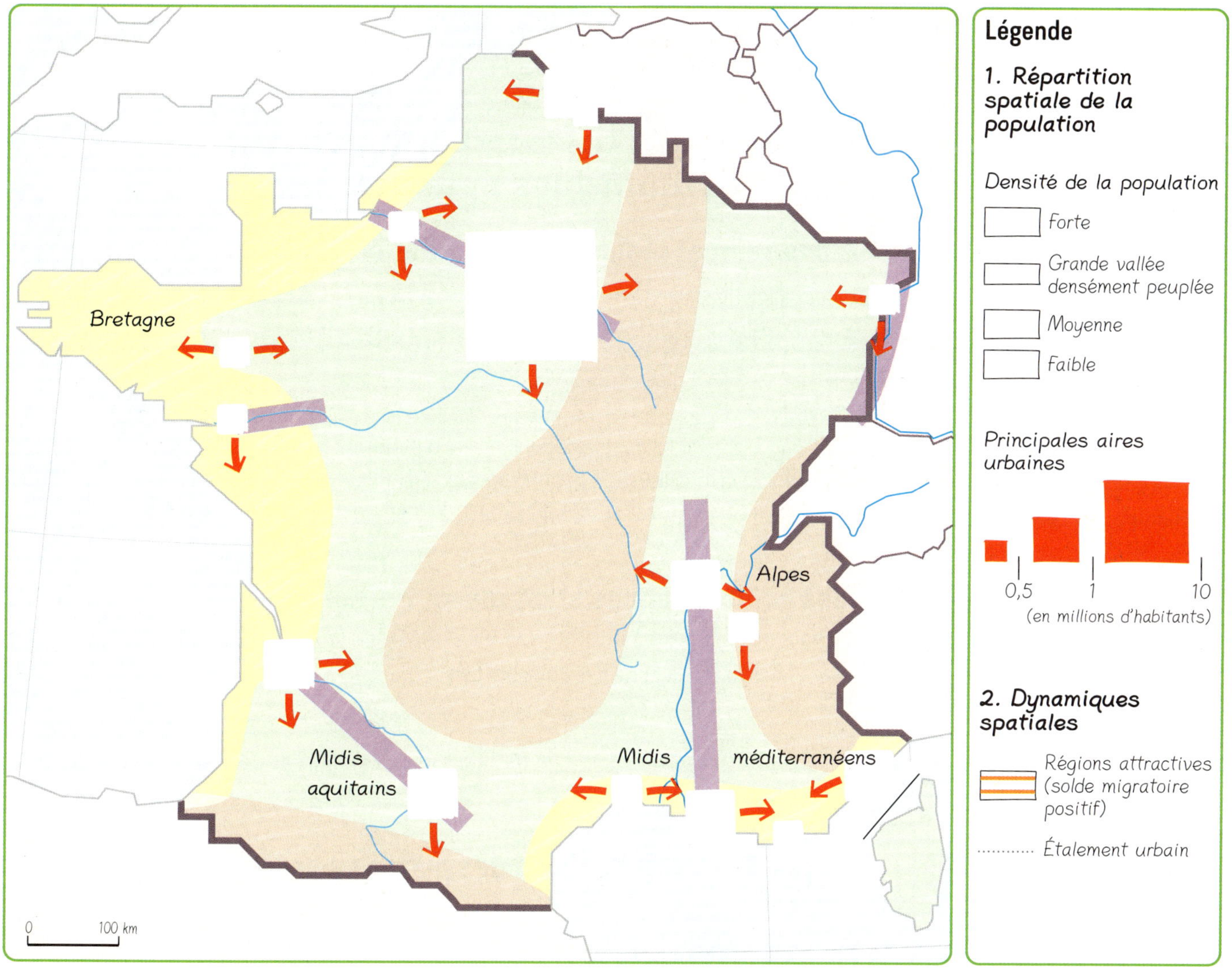

ÉTAPE 2

Organiser la légende et choisir les figurés

3. Classez les informations.

– Quelles informations ont été rassemblées dans la première rubrique de la légende ? Dans la seconde ?

4. Choisissez les figurés.

– Dans la légende, quels sont les différents types de figurés utilisés ?

– Pourquoi les aires urbaines sont-elles représentées par des carrés de tailles différentes ?

→ *Utilisez le* ***langage cartographique*** *(rabat arrière du manuel).*

ÉTAPE 3

Réaliser le croquis

5. Reproduisez ou téléchargez le croquis et sa légende.

6. Mettez en forme la légende et dessinez le croquis.

▶ **Dans la légende :**
coloriez les figurés par plages colorées en fonction des informations qui conviennent.

▶ **Sur le croquis :**
coloriez les figurés représentant les aires urbaines ; dessinez les informations de la légende représentées par des hachures. Pourquoi doit-on utiliser des hachures ici ?
– Quel figuré correspond à l'information « Étalement urbain » ? Complétez la légende.
– Écrivez la nomenclature indiquée dans le texte et les noms des océans et mers. Donnez un titre au croquis.

7. Vérifiez si le croquis possède tous les attributs d'un bon croquis.
→ *Aidez-vous de la* ***méthode*** *p. 280.*

PRÉPARER LE BAC 21

Méthode BAC : p. 282-283

Question problématisée

CAPACITÉS

- Utiliser une approche géographique pour construire un argumentaire
- Produire un écrit construit et argumenté

Répondre à une question problématisée

Sujet La population de la France métropolitaine : quelle répartition ? quelles dynamiques spatiales ?

ÉTAPE 1 Comprendre le sujet et rédiger la problématique

1. Lisez le sujet et réfléchissez aux deux idées surlignées dans le texte :

La population de la France métropolitaine : quelle répartition ? quelles dynamiques spatiales ?

Vérifiez les affirmations suivantes :

	V	F
– le sujet comprend les territoires ultramarins ;	☐	☐
– le mot « répartition » vous conduit à réfléchir à la manière dont la population est répartie sur le territoire français ;	☐	☐
– l'expression « dynamiques spatiales » renvoie à la mobilité de la population, aux migrations internes.	☐	☐

2. Reformulez la **problématique** posée par le sujet.

ÉTAPE 2 Mobiliser ses connaissances et organiser le plan

3. Faites la liste des informations à retenir pour traiter le sujet.
4. Dessinez un tableau et classez les informations dans chacune des **deux parties** du plan :

I. Une distribution inégale de la population française	II. Une nouvelle géographie du peuplement du territoire

ÉTAPE 3 Rédiger la réponse au sujet à l'aide des pistes suivantes

- **Introduction**

La population est inégalement répartie sur le territoire français. Où sont localisés les «pleins» et les «vides» du territoire ? Comment les mouvements de population modifient-ils cette distribution ?

- **1re partie**

La carte de la densité de la population fait apparaître les contrastes du peuplement :

1er paragraphe – *Des régions densément peuplées*

2e paragraphe – *La «France du vide»*

- **2e partie**

Les mouvements de population introduisent une modification de la carte du peuplement, lisible à deux échelles :

1er paragraphe – *À l'échelle du territoire métropolitain.*

2e paragraphe – *À l'échelle des aires urbaines.*

Conseil

- Insérez deux schémas pour illustrer les arguments de vos deux parties.

- **Conclusion**

Bilan : *Une forte concentration de la population sur quelques espaces.*

Perspectives : *Une distribution qui tend à se modifier en fonction des dynamiques spatiales de la population.*

Schéma 1 – Répartition de la population française

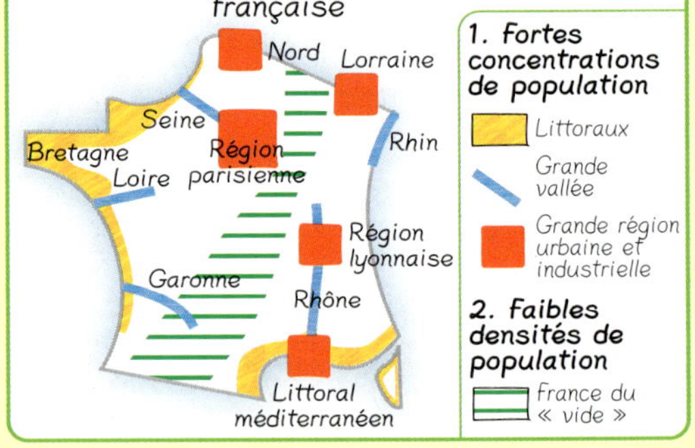

Schéma 2 – Dynamiques spatiales de la population

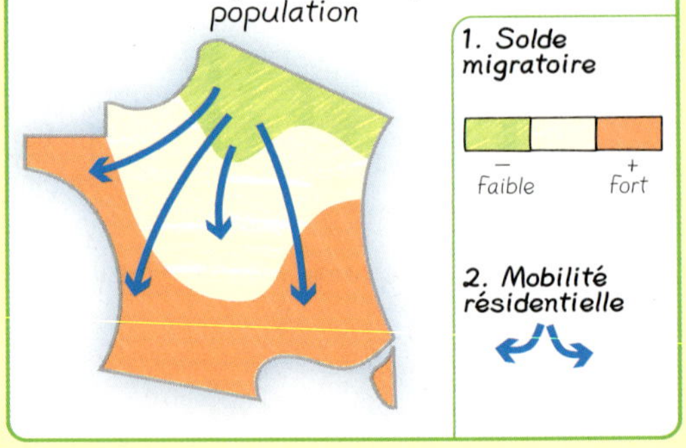

VÉRIFIER SES CONNAISSANCES

Chapitre 8 • La France : dynamiques démographiques, inégalités socio-économiques

Retenir les idées fortes du cours

IDÉE 1

Une croissance démographique ralentie mais originale au sein de l'Europe

1. **La population mondiale augmente rapidement depuis deux siècles**
   - La croissance de la population française se poursuit mais à un rythme ralenti (0,3 % en 2017).
2. **Un vieillissement rapide et inégal**
   - La population française vieillit rapidement : 20 % des Français sont âgés de 65 ans ou plus en 2018.
   - Les migrations internes jouent un rôle clef dans le vieillissement de certains territoires.
3. **Des contrastes de densité qui s'accentuent**
   - La croissance de la population se polarise autour de quelques grandes aires urbaines. Les territoires en repli sont surtout des espaces ruraux isolés.

IDÉE 2

Des inégalités socio-économiques au risque de fractures

1. **Des inégalités de revenus à plusieurs échelles**
   - Revenu moyen de plus de 33 000 euros de PIB par habitant en 2017.
   - Cette moyenne cache des disparités régionales et locales très fortes.
2. **Les inégalités d'accès se cumulent**
   - L'accès à l'emploi est très inégal sur le territoire national.
   - Les Français n'ont pas la même facilité d'accès aux services de la vie courante.
3. **Les enjeux des politiques nationales et européennes**
   - L'Union européenne participe à la réduction des disparités par sa politique de cohésion territoriale.

Réviser

Comprendre la notion clé

Inégalité spatiale

1. Comment le dessin fait-il apparaître les inégalités socio-spatiales au sein des grands pôles urbains ?
2. À quelles autres échelles s'exercent de fortes inégalités spatiales en France ?

Dessin de Soulcié, « La France périphérique », *Télérama*, 4 décembre 2018.

Définir les mots clés

- ☑ Cohésion
- ☑ Espérance de vie à la naissance
- ☑ Fécondité
- ☑ Inégalité spatiale
- ☑ Redistribution
- ☑ Taux de pauvreté
- ☑ Vieillissement

Mobiliser ses connaissances

Justifier à l'aide d'exemples

1. La croissance démographique française se poursuit à un rythme ralenti.
   → **Cours 1** p. 184
2. Les contrastes de densité s'accentuent sur le territoire français.
   → **Cours 1** p. 184
3. Différents acteurs participent à la réduction des disparités.
   → **Cours 2** p 186

Répondre aux questions

1. Quel pourcentage de Français a plus de 65 ans ?
   → **Cours 1** p. 184
2. Quel est le profil des espaces en repli démographique ?
   → **Cours 1** p. 184
3. Quelles sont les régions françaises où les revenus sont les plus élevés ?
   → **Cours 2** p. 186

THÈME 3 Des mobilités généralisées

Milan, capitale Erasmus en 2014, réunit des jeunes issus de 460 universités européennes.

Le « Programme d'action européen pour la mobilité des étudiants » dont le nom en anglais permet l'acronyme ERASMUS, du nom du célèbre humaniste et voyageur, a été lancé par la Communauté européenne en 1987. Le programme, initialement prévu pour les étudiants et les enseignants, s'est élargi aux lycéens, apprentis et formateurs. Avec Erasmus+, depuis 2014, le programme concerne 33 pays européens ; 9 millions de personnes en ont bénéficié en 30 ans.

Chapitres

1 Qu'est-ce que la mobilité ?

Des Indiens rentrent du travail dans une banlieue de Patna, dans le Nord-Est de l'Inde. Les mobilités sont rendues difficiles par le manque de moyens permettant d'assurer les déplacements.

▶ **La mobilité désigne la capacité d'un individu à se déplacer, et le mouvement lui-même.** Elle peut être « forcée » lorsqu'il s'agit de fuir un danger. C'est un facteur d'aménagement des espaces.

▶ **La mobilité concerne uniquement les personnes.** Les flux intègrent aussi les marchandises, les capitaux ou les informations.

▶ **Les migrations sont des mobilités** mais les **déplacements sont définitifs**, contrairement aux **mobilités touristiques.**

La mobilité désigne la population en mouvement. Elle se traduit par des flux divers et des migrations lorsqu'il s'agit d'aller s'installer dans un autre lieu.

2 Des mobilités croissantes

▶ **La mobilité fait partie de l'histoire de l'humanité** qui a investi progressivement le monde. La révolution des transports, à partir du XIXe siècle, a amplifié les mouvements.

▶ **Depuis 1950, les arrivées touristiques internationales ont été multipliées par 50,** atteignant 1,3 milliard en 2017. **On compte 258 millions de migrants internationaux** en 2017, trois fois plus qu'en 1975.

Aussi ancienne que l'humanité, la mobilité est un phénomène mondial depuis les années 1980.

Foule touristique sur l'Acropole à Athènes (juin 2018).
La Grèce accueille plus de 30 millions de touristes par an.

de plus en plus mobiles

3 Des mobilités diversifiées

- **Les inégalités de développement** restent un facteur essentiel de déplacement des populations.
- **Les causes des mobilités sont de plus en plus variées :** recherche de sécurité, poursuite d'études, tourisme de croisière, d'affaires ou culturel et tourisme de masse balnéaire.
- **Le changement climatique entraîne de nouvelles migrations** de populations, menacées par la submersion de leurs lieux de vie par exemple.

La diversification des causes de déplacements contribue à la généralisation des mobilités dans le monde.

« Une seule route, deux destins » dessin de Kroll (2015). Des mobilités opposées qui se rencontrent parfois sur les plages méditerranéennes.

4 Vers une gestion durable des mobilités ?

- **La généralisation des mobilités** est liée au développement des transports dans le monde : ceux-ci sont actuellement responsables du quart des émissions de CO_2, et ils augmentent encore.
- **Les réactions se multiplient** face aux migrants ou aux touristes jugés trop nombreux. Les « murs » se déploient aux frontières, ainsi que les politiques restrictives sur les migrations ou la fréquentation de lieux touristiques.

Comment concilier des mobilités croissantes et généralisées avec le respect des droits de l'homme et la recherche du développement durable pour tous ?

« Repenser la mobilité de demain », forum organisé par Annemasse Agglo, l'ONU, l'État français et la ville de Genève (novembre 2018).

Tribune de la conférence intergouvernementale organisée par l'ONU à Marrakech pour approuver le pacte mondial pour « une migration sûre, ordonnée et régulière ».

Bienvenido a la República del
ECUADOR
Gracias por visitar la República de
COLOMBIA
Fin
Concesion Vial
Unión Del Sur
PESADOS SOLO
LIVIANOS SOLO
TAXIS SOLO
48

CHAPITRE 9

Des migrations internationales croissantes

De la problématique du document…

Comment avoir accès à un pays refuge pour les migrants internationaux ?

1. Localisez la photographie. À quel endroit précis a-t-elle été prise ?
2. Pourquoi y a-t-il une forte concentration de population au premier plan ?
   D'où viennent ces personnes ? Quel est leur projet ?
3. Comment les autorités équatoriennes font-elles face à la pression migratoire ?

… aux problématiques du chapitre

> **Quelles sont les caractéristiques des migrations internationales aujourd'hui ?**

> **Comment gérer demain les migrations internationales ?**

Des milliers de Vénézuéliens veulent passer la frontière sur le pont de Rumichaca, entre la Colombie et l'Équateur, le 9 août 2018

Après avoir fui la crise économique et politique dans leur pays et avoir traversé la Colombie, des milliers de Vénézuéliens espèrent entrer en Équateur pour continuer vers le Pérou et le Chili en suivant la route panaméricaine. Face à une pression migratoire historique (4 000 migrants par jour), l'Équateur a déclaré l'état d'urgence dans trois provinces pour déployer les moyens d'accueil nécessaires avec l'aide du Haut Conseil aux Réfugiés* (HCR).

Cartes Enjeux

Quelles migrations internationales ?

1 De plus en plus de migrants internationaux dans le monde et dans la majorité des États

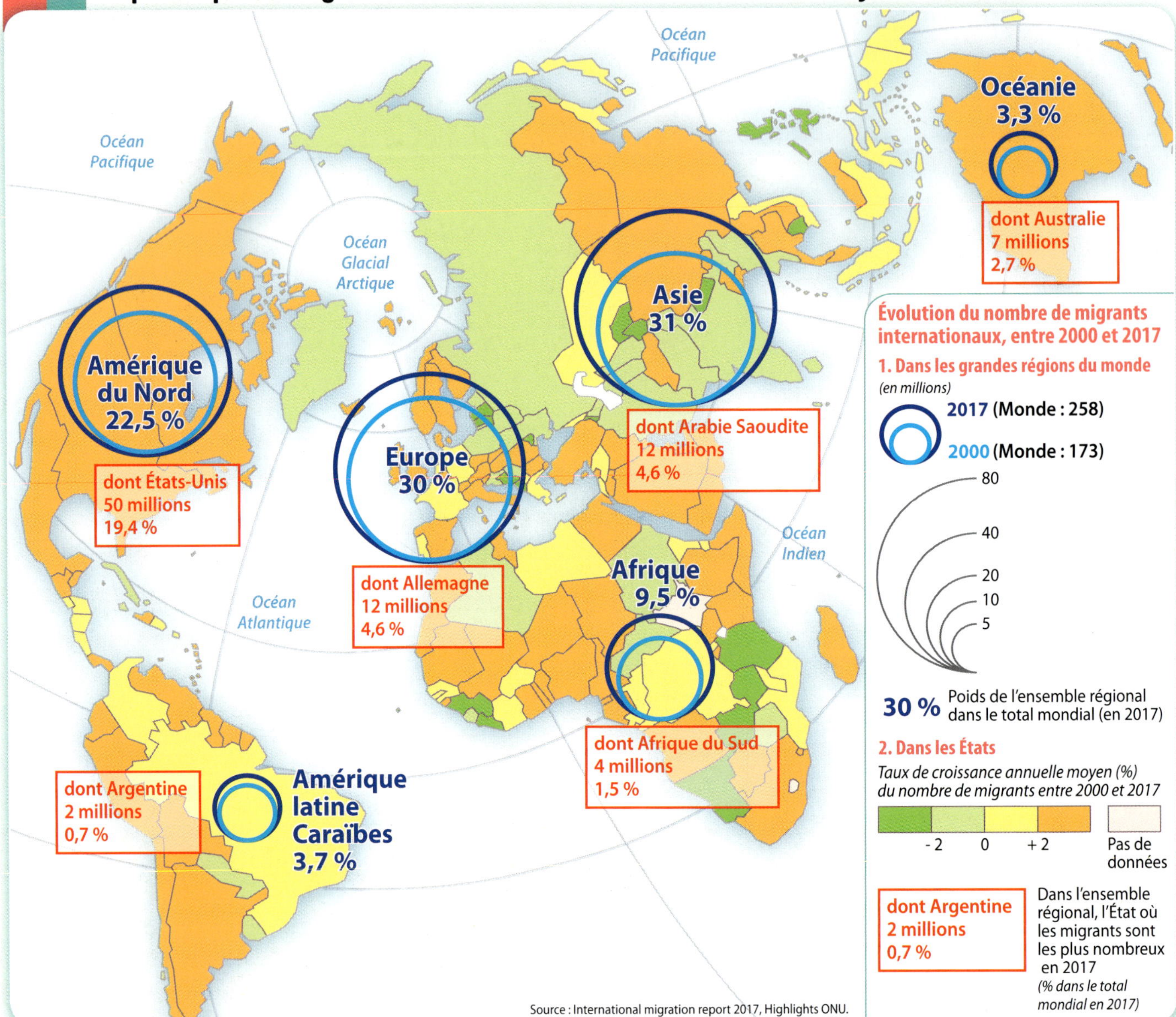

Analyser les cartes

Carte 1

1 Où (régions, États) les migrants sont-ils les plus nombreux en 2017 ?

2 Quelle région a enregistré la plus forte augmentation de migrants ?

Carte 2

3 Quelles régions ont connu des migrations internes très importantes ?

4 Quels régions et pays ont été les plus attractifs entre 2000 et 2017 ?

Carte 3

5 Où se trouvaient les principaux « murs » à la fin des années 1990 ?

6 Où ont-ils été multipliés ou projetés depuis les années 2000 ?

Mettre les cartes en relation

À partir des trois cartes, montrez que les migrations internationales se sont généralisées, diversifiées et qu'elles ont parfois entraîné de nouvelles tensions.

Cartes interactives
www.lienmini.fr/geo2-12

2 Les grands flux migratoires dans le monde

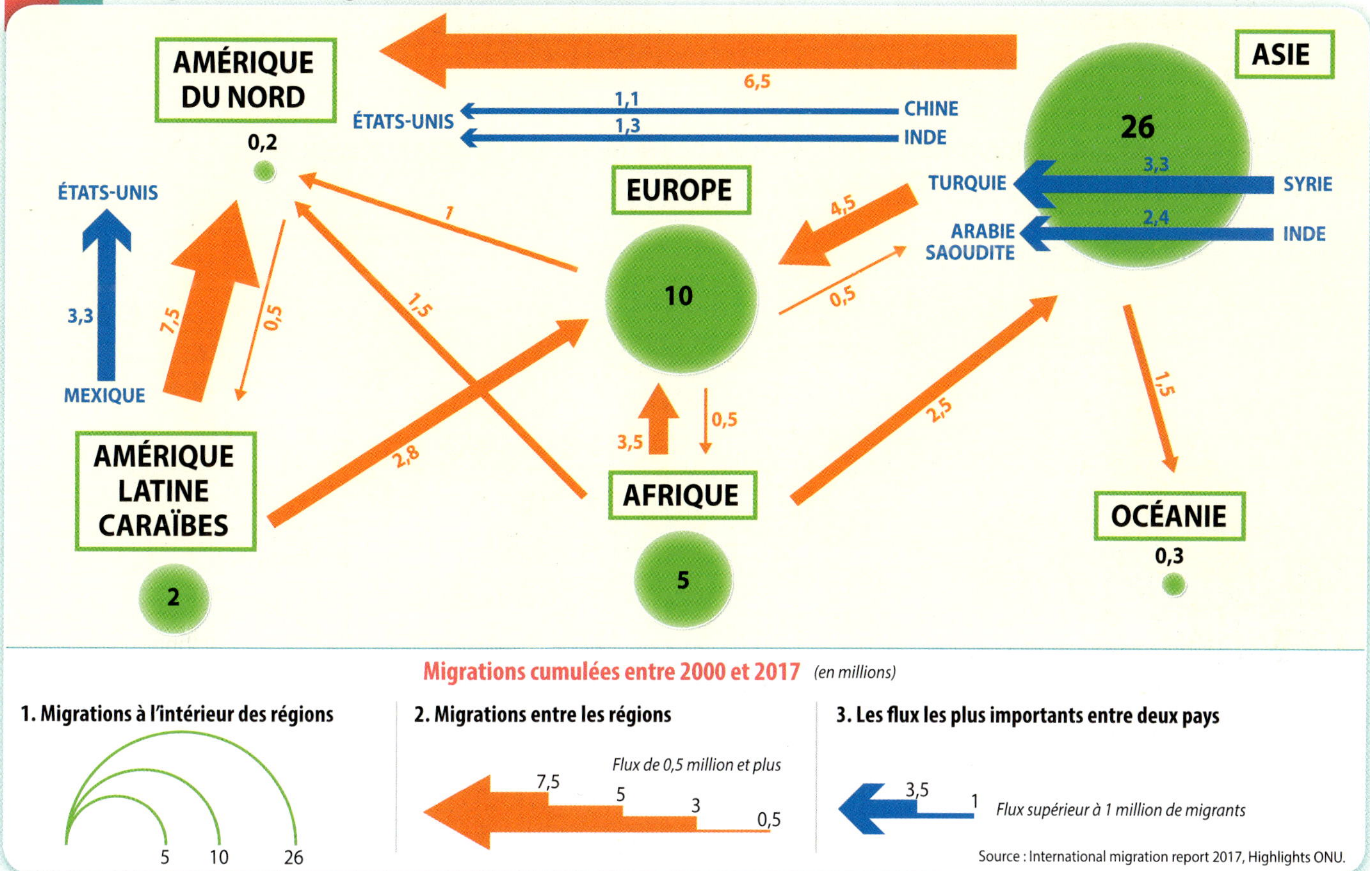

Source : International migration report 2017, Highlights ONU.

3 Depuis 2000, les obstacles aux frontières se sont multipliés pour les migrants

Mur* existant ou entrepris avant 2000
Mur réalisé } après 2000
Mur planifié } après 2000
Pays initiateur du mur
Barrière maritime : surveillance renforcée autour de l'espace Schengen et de l'Australie

* Mur, haut grillage, dispositif électronique pour empêcher le passage.

Source : *Murs contemporains*, Sciences Po – 2010 ; *Le monde se referme : la carte des murs aux frontières*, France culture – 2016 ; *Ces murs qui séparent les hommes à travers le monde*, Sud-Ouest – 2016.

ÉTUDE DE CAS

La Méditerranée, un bassin migratoire : Lampedusa, porte de l'Europe

- La Méditerranée met en contact des mondes démographiques, politiques et économiques très différents, à l'origine de pressions migratoires vers l'Europe.
- Depuis les années 2000, des milliers de migrants africains à la recherche de sécurité ou de ressources rejoignent l'île italienne de Lampedusa, devenue leur principale porte d'entrée en Europe. Ces migrations ont été amplifiées par la guerre en Syrie et les crises africaines des années 2010.

→ Dans quelles conditions les migrants gagnent-ils l'Europe ?

1 ▶ Sauvetage de migrants à Lampedusa, 2017

Secourus en mer par les gardes-côtes italiens, des migrants africains, soulagés, sont pris en charge par la Croix Rouge et la police italiennes. Ils sont ensuite acheminés vers un « hotspot* », centre d'accueil et d'identification de l'Union européenne, où leur demande d'asile politique est étudiée. En cas de refus, les migrants sont expulsés.

Vidéo

Reportage

Les portes de Lampedusa
Euronews, 3'53", 2018
www.lienmini.fr/geo2-13

Fiche d'étude vidéo imprimable
www.lienmini.fr/geo2-14

2 ▶ Lampedusa veut tourner la page des migrations

Le 3 octobre 2013, une embarcation partie de Libye avec 550 migrants, essentiellement érythréens, chavire devant les côtes de l'île de Lampedusa, faisant 366 morts. Les images des centaines de cercueils dans un hangar de l'aéroport font le tour du monde et lancent une série de dispositifs de secours au large de la Libye.

Si les traversées entre l'Afrique et l'Europe se sont multipliées entre 2013 et 2017, Lampedusa, « gros caillou » italien de 20 km² et 6 100 habitants posé près des côtes africaines, a vu de moins en moins de migrants arriver sur ses côtes, ceux-ci étant secourus plus au Sud.

Le centre d'accueil des migrants est toujours là. [...] Un grand portail en fer, des militaires, des caméras : l'endroit est très surveillé. Depuis le début de l'année, l'île a vu passer plus de 2 500 migrants, partis pour l'essentiel de Tunisie, et les arrivées de Libye ont repris.

Mais alors que les habitants de Lampedusa ont longtemps aidé les migrants, l'humeur a changé. [...] La Ligue[1] a obtenu 15 % aux législatives de mars avec son slogan « Les Italiens d'abord ».

D'après « Cinq ans après un terrible naufrage de migrants, Lampedusa veut tourner la page », *France soir avec AFP*, 2 octobre 2018.

1. Parti politique italien au pouvoir classé à l'extrême droite.

3 ▶ Les flux migratoires en Méditerranée centrale

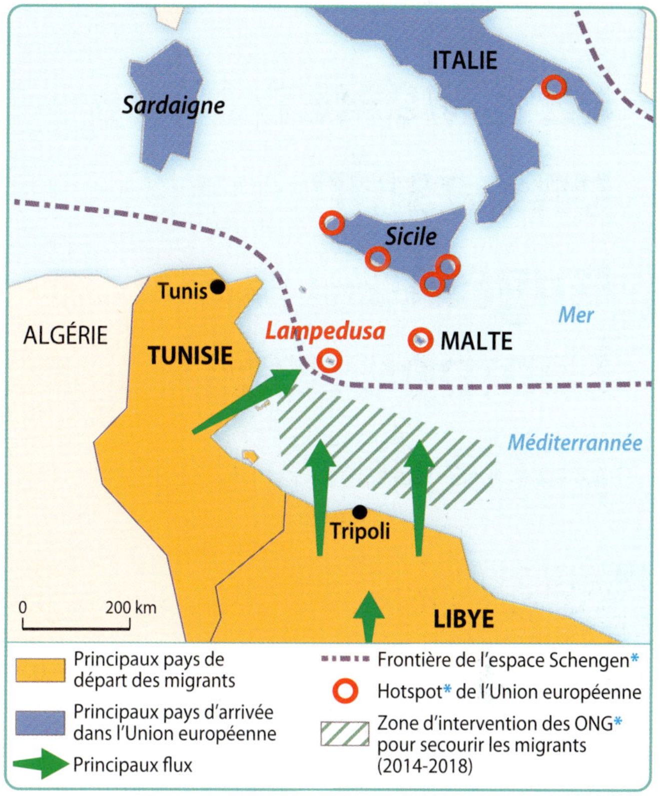

4 ▶ Les migrants victimes des passeurs en Libye

Dessin de Moluk, *La Méduse*, avril 2015.

Entre 1993 et 2018, 27 000 personnes se sont noyées en tentant d'atteindre l'Europe sur des embarcations de fortune.

Analyser et confronter les documents

Documents 1 et 3

1. Qu'est-ce qui fait de l'île italienne de Lampedusa un relais des migrations venant d'Afrique ?

Documents 1, 2, 4 et vidéo

2. Dans quelles conditions les migrants font-ils ce parcours vers l'Europe ? Quels sont les acteurs qui interviennent ?

Document 2

3. Quel a été l'impact des migrations à Lampedusa ? Quel changement peut-on noter vis-à-vis des migrants ?

▶ CONCLURE

Pourquoi une autre gestion des migrations semble-t-elle souhaitable en Méditerranée centrale ?

Pour mettre en perspective à l'échelle mondiale

Migrer vers un autre pays peut avoir des conséquences dramatiques.

- Comment les migrations se sont-elles généralisées dans le monde ? → Cours 1 p. 208
- Comment gérer autrement les migrations internationales ? → Cours 2 p. 210

ÉTUDE DE CAS

La Suisse, pôle migratoire majeur au cœur de l'Europe occidentale

- La Suisse est l'un des pays qui comptent la plus forte proportion d'étrangers sur son territoire (25 % en 2016), originaires à 80 % des pays européens. C'est également un pôle d'attraction quotidien pour 320 000 travailleurs frontaliers dont 175 000 Français.
- La Suisse est membre de l'espace Schengen*. L'amplification des mobilités suscite des tensions à l'intérieur du pays. La mise en place en 2018 d'une « préférence indigène » inquiète notamment les travailleurs frontaliers.

→ Quelle est l'importance des travailleurs frontaliers en Suisse ?

1 ▶ L'afflux de frontaliers français vers Genève (novembre 2015)
Le nombre de travailleurs frontaliers en Suisse a doublé en 15 ans. En 2018, un emploi sur quatre à Genève est occupé par un travailleur venant de Haute-Savoie ou de l'Ain. Les temps de trajets s'allongent vers la Suisse (1 h 25 entre Annecy et Bardonnex) en raison de l'affluence et du renforcement des contrôles de sécurité.

▶▶ Vidéo

Reportage

Canton de Genève : la ruée des frontaliers français dans l'eldorado suisse
France 3, 2'16'', 2018
www.lienmini.fr/geo2-15

Fiche d'étude vidéo imprimable
www.lienmini.fr/geo2-16

2 ▶ Les travailleurs frontaliers dans les cantons suisses en 2017

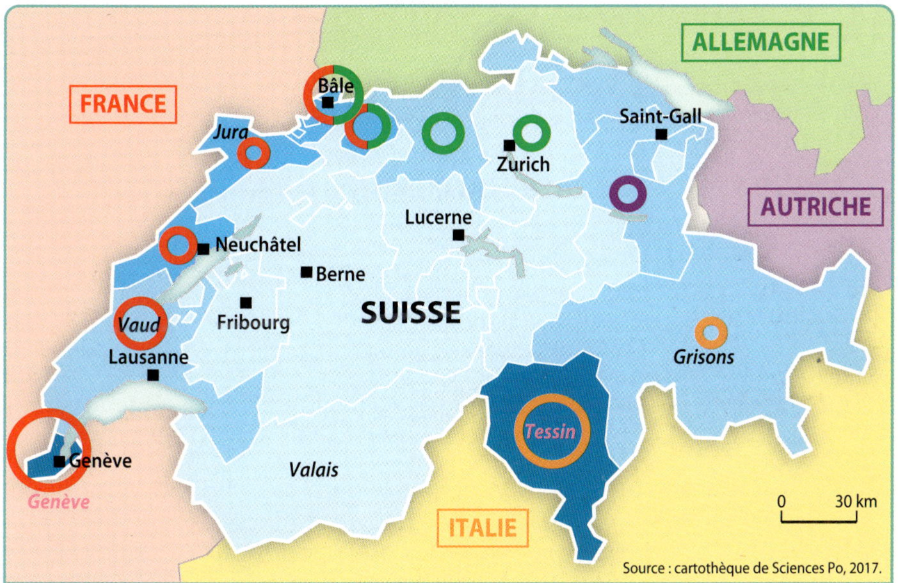

En 2016, 175 000 travailleurs frontaliers provenaient de France (55 %), 72 000 d'Italie (23 %), 61 500 d'Allemagne (19 %), 9 500 d'Autriche (3 %)
Source : travailler-en-suisse.ch, 16 octobre 2018.

3 ▶ Genève : notre priorité !

Campagne de l'extrême droite genevoise pour donner la priorité à l'embauche aux Genevois (avril 2015). La « préférence cantonale » y est instaurée dès 2012 pour les emplois de l'État.

4 ▶ L'avenir incertain des frontaliers à Genève

Le canton de Genève n'est plus forcément l'Eldorado pour les salariés venus de France y chercher un emploi et… un bon salaire. Ils sont de plus en plus nombreux à ressentir de la discrimination à l'embauche, en raison de leur situation de travailleurs frontaliers.

Certains candidats à un emploi dans le canton rapportent qu'habiter en France fait désormais office de critère rédhibitoire. Pire, certains Genevois d'origine, déclarant une adresse française, se voient fermer la porte du recrutement dans leur ville natale.

La raison de ce changement d'attitude ? Les effets collatéraux de la directive, édictée fin 2014, en faveur de la « préférence cantonale » à Genève. Elle oblige les entreprises et organismes qui reçoivent une aide de l'État à présenter leurs postes vacants systématiquement à l'office cantonal de l'emploi (OCE). Ces employeurs doivent en retour recevoir les demandeurs d'emploi du canton proposés par l'OCE. À compétences égales, ils doivent privilégier leur recrutement face à un travailleur résidant en France ou dans un autre canton.

Même si cette directive ne concerne pas les entreprises privées du canton en les contraignant à embaucher local, elle suscite un climat de défiance, selon la presse locale.

La presse suisse fait remarquer que les travailleurs frontaliers participent activement à la prospérité économique du canton. Elle souligne que les travailleurs de Haute-Savoie et de l'Ain contribuent pour presque 20 % au PIB genevois.

Frédéric Berger, « Pourquoi les frontaliers français ne sont plus les bienvenus à Genève », *BFM Business*, 17 octobre 2016.

Analyser et confronter les documents

Documents 1, 2 et 4

1. Comment le flux de travailleurs frontaliers s'organise-t-il ? Quel est leur impact sur le territoire et l'activité suisses ?

Documents 1, 4 et vidéo

2. Comment s'explique l'attractivité de la Suisse sur les pays voisins ?

Documents 3 et 4

3. Quelle évolution se manifeste en Suisse vis-à-vis des travailleurs frontaliers ? Avec quelles conséquences possibles ?

▶ CONCLURE

Montrez que la Suisse est un pôle migratoire important pour ses voisins dans une Europe occidentale très développée.

Pour mettre en perspective à l'échelle mondiale

Des flux migratoires importants se développent entre pays voisins d'une même région.

- Quelles sont les caractéristiques des migrations internationales aujourd'hui ? → Cours 1 p. 208
- Comment gérer demain les migrations internationales ? → Cours 2 p. 210

Cours 1

Des sociétés mobiles, des migrations mondialisées

Quelles sont les caractéristiques des migrations internationales aujourd'hui ?

A. Des mobilités croissantes et de plus en plus variées

- Depuis les années 1980, la révolution des transports favorise la reprise et l'extension des migrations internationales ; **le nombre de migrants a triplé pour atteindre 258 millions en 2017** (3,4 % de la population mondiale). → Cartes enjeux p. 202

- **Les pays à revenu élevé accueillent les deux-tiers des migrants internationaux.** Les migrants quittent des zones de pauvreté [doc. 1] ou des zones en crise économique et sociale. Ils se déplacent aussi pour poursuivre des études [doc. 2]. L'insécurité, la guerre, les violences contre les opposants politiques et les minorités constituent également des facteurs d'émigration. **26 millions de réfugiés et demandeurs d'asiles sont comptabilisés dans le monde en 2016.** → Photographie p. 196 ; photographie p. 200 ; étude de cas p. 204 ; dossier p. 212

- **Les migrants internationaux sont majoritairement des hommes** jeunes, disposant souvent d'un certain capital ; les plus pauvres sont contraints à l'immobilité ou au déplacement intérieur. Dans leurs parcours, ils sont fréquemment confrontés à des réseaux mafieux qui les rançonnent. → Étude de cas p. 204

B. Des flux migratoires inscrits dans une double échelle

- **Les migrations intra-régionales concernent plus de la moitié des migrants.** Elles sont très importantes en Asie et en Europe. → Cartes enjeux p. 202 ; dossier p. 212

- **À l'échelle mondiale, la logique Suds-Nords continue de prévaloir**, malgré le développement des migrations entre les Suds (Afrique et Asie). L'Amérique du Nord reste l'espace le plus attractif avec une concentration de flux depuis l'Amérique latine et l'Asie. L'Europe est l'aire d'immigration la plus diversifiée avec des migrants d'Asie, d'Afrique et d'Amérique latine. [doc. 1] → Cartes enjeux p. 202

- **Au niveau des frontières, de nombreux migrants sont bloqués dans des camps de transit.** Le franchissement des frontières s'effectue de façon légale ou clandestinement, parfois tragiquement (3 200 morts en Méditerranée en 2017). [doc. 1] → Étude de cas p. 204 ; dossier p. 212

C. Nouveaux enjeux, nouvelles logiques migratoires

- **La multiplication des catastrophes naturelles liées au changement climatique est un nouveau facteur déclencheur de migrations.** Les migrants environnementaux, estimés à 200 millions en 2050, fuient la montée du niveau des mers dans les zones côtières ou la désertification dans les zones sèches (Afrique sahélienne).

- **Toute brutale déstabilisation d'un territoire modifie aussi les logiques migratoires.** Entre 2011 et 2013, l'effondrement géopolitique de la Libye puis du Mali a entraîné une augmentation des migrations sahéliennes vers l'Europe. La guerre en Syrie pousse à l'exil plus de 5 millions de personnes qui trouvent d'abord refuge en Turquie, en Jordanie et au Liban. Ces migrations forcées renforcent les problèmes de développement au sein des pays d'accueil. → Cartes enjeux p. 202 ; étude de cas p. 204

CHIFFRES

Migrants internationaux

NOTION

Migrations internationales

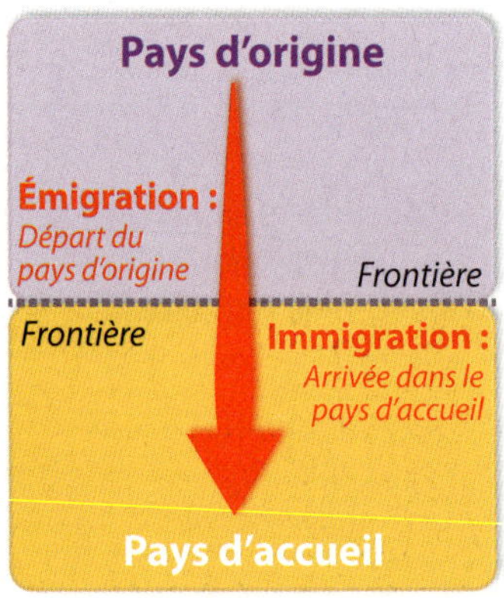

Définitions

Demandeur d'asile
Étranger inscrit dans une procédure visant à obtenir la reconnaissance du statut de réfugié.

Réfugié
Pour obtenir le statut de réfugié, le demandeur doit répondre aux conditions fixées par la Convention de Genève (texte international adopté en 1951) en particulier s'il risque d'être persécuté pour des raisons d'origine ethnique, religieuse ou d'opinions.

* Lexique p. 284

1 ▶ Des migrants tentent d'entrer en Europe par le club de golf de Melilla

Le golf a été aménagé, en 2008, contre la haute barrière qui sépare le territoire espagnol et le Maroc. Seules frontières terrestres de l'Europe avec l'Afrique, les deux enclaves espagnoles de Melilla et Ceuta sont exposées à de très fortes pressions migratoires. Elles sont ceinturées de dispositifs constitués notamment de hauts grillages. En 2014, sur 20 000 migrants, seulement 2 000 sont parvenus à franchir la frontière à Melilla.

Doc clé

Analyse d'une photographie

Identifier la photographie

1. Situez Melilla. Quelles sont les particularités de ce territoire ?
2. Dans quel lieu, dans quels types de pays (Nords ou Suds) se trouvent les personnes au premier plan de l'image ?
3. Que font les personnes en arrière-plan de l'image ? De quels types de pays viennent-elles ?

Comprendre la photographie

4. En quoi cette photographie montre-t-elle deux mondes très différents ?
5. Comment illustre-t-elle l'une des causes principales des migrations internationales ?

2 ▶ Erasmus+, pour des mobilités d'études intra-européennes

Trente ans après son lancement, le programme d'échanges d'étudiants et d'enseignants entre universités, Erasmus, est considéré comme l'une des plus grandes réussites de l'Union européenne. [...]

La première année, seuls 3 200 étudiants ont pu en bénéficier. Rebaptisé Erasmus+ en 2014, le programme est désormais disponible dans 33 pays européens, auxquels il faut ajouter 169 pays partenaires. Il s'est en outre élargi aux apprentis, aux formateurs et aux personnels administratifs.

Plus de 5 millions de personnes ont profité du programme lors des trois dernières décennies, dont 3,3 millions d'étudiants. La Commission européenne évoque une « génération Erasmus ». Celle-ci serait soudée par cette expérience synonyme d'apprentissage d'une langue étrangère, de découverte d'une nouvelle culture et... de fêtes arrosées.

616 000 Français et plus de 120000 enseignants ou formateurs ont tenté l'aventure Erasmus [...]. Quelque 85 % des étudiants (français et étrangers) passés par Erasmus voient leur employabilité croître grâce à cette mobilité, selon une étude de Bruxelles.

Le programme Erasmus bénéficie d'un budget de 16 milliards d'euros pour la période 2016-2020, contre 3 milliards pour 2007-2013. De quoi permettre à quatre millions de personnes de s'expatrier. Les crédits pour la France dépassent 1 milliard d'euros [...]. Le programme Erasmus octroie une bourse à chaque étudiant. Celle-ci varie entre 150 à 400 euros par mois, en fonction du coût de la vie dans le pays d'accueil. Les étudiants français peuvent compléter ce montant par des aides à la mobilité internationale allouées par les régions françaises.

Adrien Lelievre, « Le succès du programme Erasmus en 7 chiffres », *Les Échos*, 9 janvier 2017.

Vers une gestion mondiale et durable des migrations ?

Comment gérer demain les migrations internationales ?

A. Les migrations : des atouts majeurs

- **Dans les pays d'accueil, les migrants soutiennent** la croissance démographique de populations confrontées au vieillissement*. Ils constituent une main-d'œuvre diversifiée, à la fois formée d'actifs sans qualification ou de personnes dotées d'un niveau d'étude élevé. Dans le Golfe persique, 25 millions d'étrangers fournissent l'essentiel de la force de travail [doc. 3]. Dans le cadre d'une immigration choisie, plusieurs pays (Australie, Canada) favorisent l'entrée des migrants hautement qualifiés (ingénieurs, chercheurs). [doc. 4]

- **Pour les pays d'émigration,** le départ d'actifs entraîne la perte d'un potentiel de compétences (« fuite des cerveaux »). Mais les migrants, qui forment parfois de grandes **diasporas*** (indienne, chinoise), **envoient des fonds** vers leurs pays d'origine. Ces transferts financiers, trois fois plus importants que l'aide publique au développement, sont vitaux pour les économies et les sociétés locales.

B. Une tendance nette des États à la fermeture

- **De nombreux états votent des législations migratoires restrictives :** tutelle étroite des immigrés dans les pays du Golfe persique, nouveaux murs construits ou projetés aux frontières (entre les États-Unis et le Mexique), « préférence indigène » en Suisse, durcissement de l'accès à la nationalité. L'immigration peut générer des crises géopolitiques. Dans l'Union européenne, **l'espace Schengen** de libre-circulation est fragilisé par le retour des frontières nationales soutenues par les législations anti-migrants de certains pays (Hongrie, Italie). → Carte enjeux 3 p. 203 ; étude de cas p. 204

- **Les immigrés sont vecteurs de diversité culturelle** dans des contextes socio-économiques parfois difficiles (chômage). Pouvant céder au **communautarisme***, ils sont aussi victimes de **xénophobie***. → Étude de cas p. 206

C. Vers des mobilités « sûres, ordonnées et régulières ? »

- **De grands textes fondateurs sont censés protéger les migrants** (Déclaration universelle des droits de l'homme, Convention de Genève*). Dans leur itinérance, ils peuvent compter sur l'aide **d'Organisations non gouvernementales** (ONG)*. L'agence des Nations unies pour les réfugiés (UNHCR) mobilise une logistique mondiale pour secourir les réfugiés. → Dossier p. 212

- **Des organisations intergouvernementales comme l'OMI** (Organisation internationale pour les migrations) s'efforcent de construire une gouvernance et un droit international des migrants pour le bénéfice de tous.

- **L'ONU a introduit en 2015** « la migration et la **mobilité** de façon ordonnée, sans danger, régulière et responsable » parmi les **Objectifs de Développement Durable*** (objectif 10 sur la réduction des inégalités). En 2018, elle a adopté un pacte mondial pour des « migrations plus sûres ». Le **Forum mondial sur la migration et le développement** (FMMD) invite les États à instaurer un droit à la mobilité. Les États restent les maîtres du jeu en matière de législation sur les migrations. [doc. 5]

CHIFFRES

Envois de fonds des migrants vers leur pays d'origine (en 2017)
(en milliards de dollars)

Monde : 613
dont : 466
vers les pays en développement

Principaux bénéficiaires aux Suds

(en milliards de dollars)	*(par rapport à leur PIB, en %)*
1 - Inde : 69	1 - Tonga : 34
2 - Philippines : 32	2 - Kirghizistan : 33
3 - Mexique : 30	3 - Tadjikistan : 31

NOTION

Mobilité

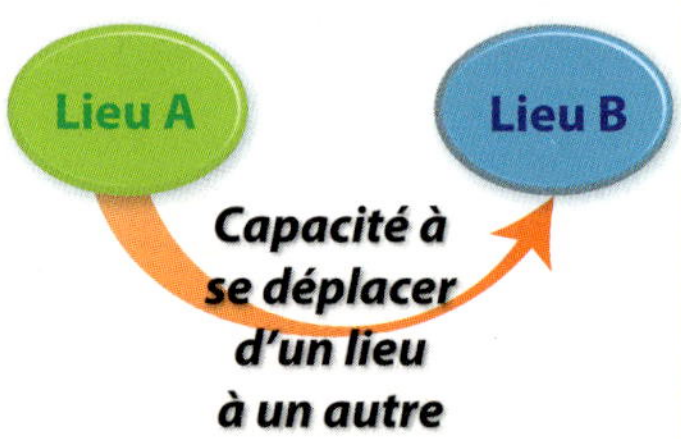

Définition

Espace Schengen

Depuis 1995, espace de libre circulation des personnes entre les États signataires de l'accord Schengen en 1985 (localité Luxembourgeoise).

• 26 États en 2018 : 22 États de l'UE (sauf Royaume-Uni, Irlande, Bulgarie, Roumanie, Chypre, Croatie) et 4 États associés : Norvège, Islande, Suisse et Liechtenstein.

Tout individu, une fois entré sur le territoire de l'un des pays membres, peut franchir les frontières des autres pays sans subir de contrôles. Un État peut rétablir des contrôles en cas d'atteinte à l'ordre public ou à la sécurité nationale.

* Lexique p. 284

3 ▶ Le rôle essentiel des migrations internationales dans les pays du Golfe

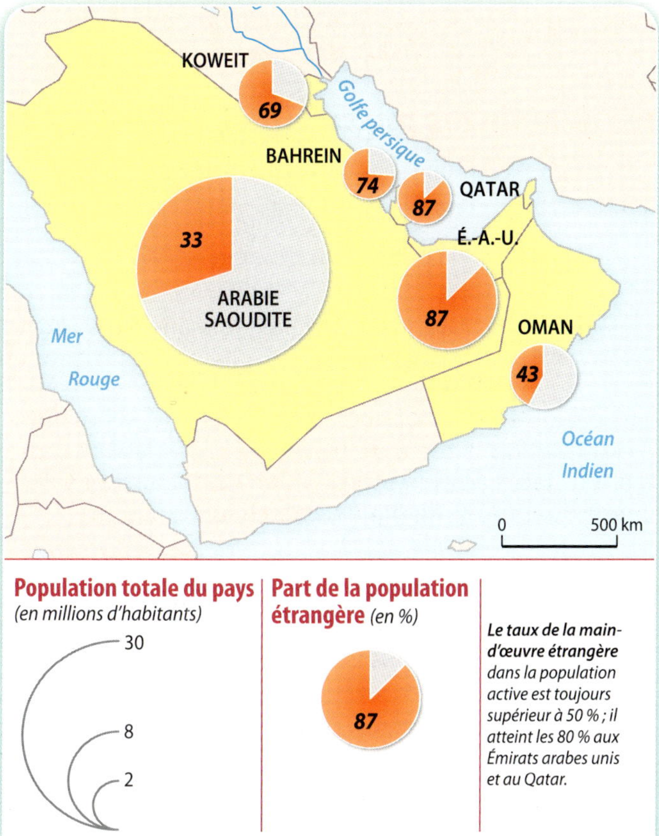

Source : « Derrière l'eldorado, l'enfer, » *Manière de voir, Le Monde diplomatique*, 2016.

4 ▶ Les conditions à remplir pour s'installer au Canada

Couverture du hors-série l'*Express Réussir*, 2018.

Chaque année, le Canada adopte un « plan des niveaux d'immigration ». Il fixe un quota à ne pas dépasser : 300 000 personnes en 2017, 1/3 pour le regroupement familial et les réfugiés, 2/3 pour répondre de façon très sélective aux besoins économiques du pays.

5 ▶ Vers une gestion internationale des migrations ?

L'ONU a démontré que le multilatéralisme n'était pas complètement mort en s'accordant, le vendredi 13 juillet 2018, sur un pacte mondial sur la migration, l'un des sujets les plus controversés du moment.

Au total, 192 États membres des Nations unies – excepté les États-Unis[1], qui se sont retirés des négociations au mois de décembre – ont entériné l'idée d'un « *pacte mondial pour une migration sûre, ordonnée et régulée* » [...].

La manœuvre était périlleuse, tant les États membres sont soucieux de préserver leur souveraineté sur un sujet qui suscite de vives réactions à travers le monde, et notamment en Europe qui connaît sa plus grave crise migratoire depuis la Seconde Guerre mondiale.

Le président de l'Assemblée générale [de l'ONU], le Slovaque Miroslav Lajčák, avait rappelé l'urgence de trouver un accord : « *On peut se mettre la tête dans le sable, se dire qu'on s'en occupera demain. Ou alors agir, planifier, organiser un système et répondre à un phénomène mondial par une solution mondiale.* »

Grâce à ce document non contraignant, les États s'engagent à mieux coopérer pour réduire le chaos de la migration irrégulière et combattre les trafics d'êtres humains, comme en Libye notamment.

« *C'est un pari sur l'avenir, car la mobilité humaine est non seulement un phénomène inévitable mais surtout, bien gérée, elle peut donner des dividendes extrêmement positifs* », assure Mme Arbour[2]. Selon l'ONU, les migrants contribuent à près de 10 % du produit intérieur brut global du monde.

Marie Bourreau, « L'ONU s'accorde sur un pacte mondial sur la migration », *Le Monde*, 14 juillet 2018.

1. D'autres pays ont quitté les négociations, dont l'Autriche, la Pologne et la Hongrie.
2. Représentante spéciale du Secrétaire général de l'ONU.

Doc clé

Analyse d'un texte

Lire le texte

1. Dans quel cadre une nouvelle gestion des migrations est-elle recherchée ?
2. À quelles situations vécues par les migrants ce pacte est-il supposé mettre fin ?
3. Pourquoi ces négociations sont-elles très difficiles ?
4. Pourquoi, d'après les négociateurs, sont-elles indispensables ?

Comprendre le texte

5. Montrez qu'une gestion internationale pour « une migration sûre, ordonnée et régulée » est un défi difficile à relever.

DOSSIER

POUR APPROFONDIR

L'AGENCE DES NATIONS UNIES POUR LES RÉFUGIÉS face au drame des Rohingyas

- Depuis 2017, plus de 900 000 birmans rohingyas fuient le Myanmar (Birmanie) vers l'État voisin du Bangladesh pour échapper aux violences commises par les forces armées birmanes contre cette minorité musulmane ; c'est l'une des plus grandes migrations forcées de l'histoire.
- Les Rohingyas s'entassent dans des camps de la région de Cox's Bazar, devenue la plus grande zone de réfugiés au monde. Le gouvernement bangladais, des ONG* et l'agence des Nations unies pour les réfugiés (l'UNHCR) sont mobilisés pour lutter contre une situation de plus en plus alarmante.

Comment l'UNHCR intervient-elle au Bangladesh ?

1 ▶ *Kutupalong*, le plus grand camp de réfugiés au Bangladesh
Géré par l'UNHCR, *Kutupalong* est le camp officiel de transit pour les nouveaux arrivants. Pour faire face à l'afflux croissant de réfugiés, une nouvelle extension du camp a dû être aménagée en 2018. Elle abrite 600 000 réfugiés soumis quotidiennement au risque d'inondation et aux glissements de terrain.

Vidéo

Reportage

Le HCR porte secours aux réfugiés Rohingyas pendant la crise
HCR, 1'46, 2017
www.lienmini.fr/geo2-17

Fiche d'étude vidéo imprimable
www.lienmini.fr/geo2-18

2 ▶ L'UNHCR face à l'urgence en septembre 2017

Afin d'éviter aux réfugiés rohingyas de vivre en plein air, l'UNHCR, l'Agence des Nations unies pour les réfugiés, a commencé à distribuer des bâches en plastique et des articles de première nécessité aux réfugiés. Donner aux réfugiés la possibilité de construire leur propre abri, de commencer à cuisiner pour eux-mêmes et de prendre soin de leur famille est une première étape importante vers le retour à un semblant de vie normale.

Pour faciliter l'acheminement de l'aide humanitaire vers le site de Kutupalong, l'armée bangladaise a commencé à construire une route. Le HCR contribue à hauteur de deux millions de dollars sur un budget total de 4,2 millions de dollars […]. Le HCR expédie également de toute urgence 23 véhicules pour aider à l'aide humanitaire, dont 10 camionnettes qui seront données au gouvernement.

Nous constatons un besoin pressant en termes de soutien psychosocial et d'aide psychologique parmi les réfugiés. Des vivres et une alimentation complémentaire pour les mères allaitantes et leurs bébés […] sont également nécessaires d'urgence.

Le HCR travaille avec son partenaire « Action contre la Faim » (ACLF) pour fournir des repas chauds. […] Parallèlement, le HCR appelle tous les pays de la région à faire preuve de solidarité, en maintenant leurs frontières ouvertes et en protégeant les réfugiés qui fuient la discrimination, la persécution et la violence au Myanmar.

Conférence de presse du HCR, Genève, 29 septembre 2017.

3 ▶ La mise en cause des dirigeants birmans

Courrier International n° 1404, 28 septembre 2017.

Le dessinateur dénonce la passivité de Aung San Suu Kyi, ancienne opposante historique aux dirigeants militaires, face à une situation qualifiée de « nettoyage ethnique » par le HCR. Prix Nobel de la paix, elle est devenue porte parole de la présidence de la République.

4 ▶ Les Rohingyas réfugiés au Bangladesh 2017 - 2018

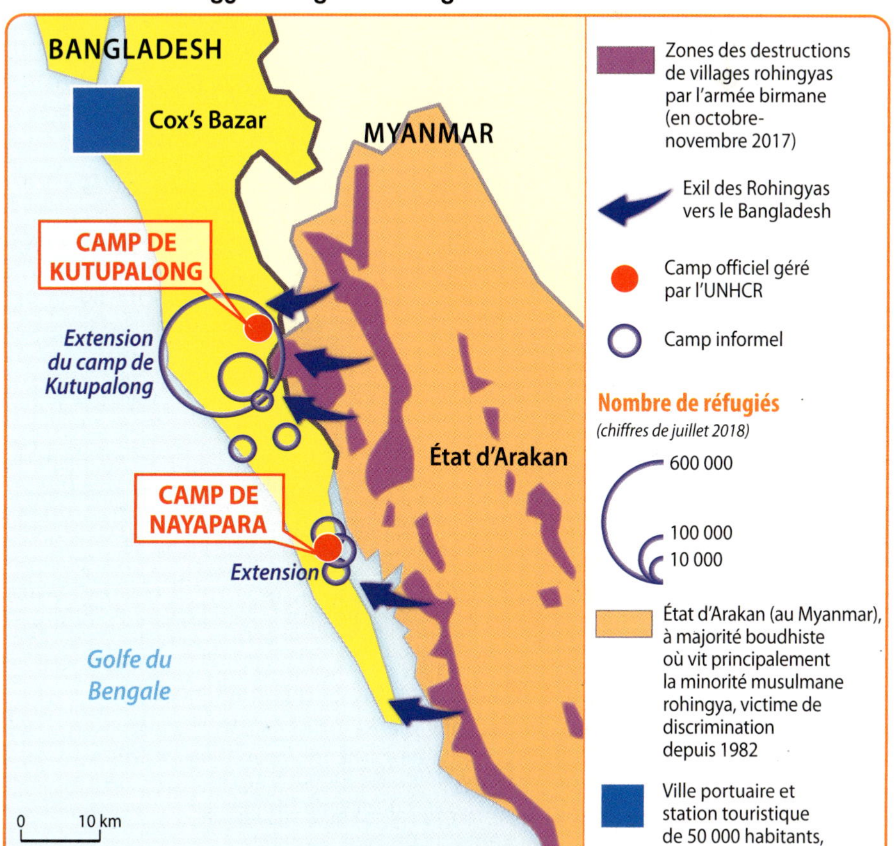

Source : « Atlas des nouvelles routes », *Courrier international*, sept.-oct. 2018.

Prolonger le cours

Documents 2, 3 et 4

1. Pourquoi les Rohingyas fuient-ils le Myanmar (Birmanie) ? Où trouvent-ils refuge ?

Documents 1, 2, 4 et vidéo

2. Par quels moyens l'UNHCR essaie-t-elle de répondre à la crise humanitaire provoquée par l'afflux de réfugiés au Bangladesh ?
3. Quels sont les partenaires qui travaillent aux côtés de l'UNHCR pour venir en aide aux Rohingyas ?

Montrez l'importance et les limites du rôle de l'UNHCR.

PRÉPARER LE BAC 22

Méthode BAC : p. 278-279
Analyse d'un document

CAPACITÉS

- Lire et comprendre un document
- Produire un écrit construit et argumenté

Analyser un texte

Sujet Les flux migratoires, un enjeu économique majeur pour les pays des Nords et des Suds

Doc. ▶ Migrations internationales et développement économique

Selon la Banque mondiale, les migrations internationales ont permis à des millions d'êtres humains d'échapper à la pauvreté tout en stimulant la croissance économique.

L'ampleur des écarts de salaires qui persistent dans le monde est le principal facteur de migration économique des pays à faible revenu vers les pays à revenu élevé. Bien souvent, les migrants triplent leur salaire en s'expatriant, ce qui permet à des millions d'entre eux et à leurs familles restées au pays, de sortir de la pauvreté.

Les pays d'accueil eux aussi tirent souvent avantage des flux migratoires, car les immigrés exercent des activités essentielles allant de leur participation aux avancées technologiques de la Silicon Valley à la construction de gratte-ciel au Moyen-Orient.

Les flux migratoires sont très concentrés selon la profession et l'emplacement géographique. Les dix premiers pays d'immigration rassemblent 60 % des quelque 258 millions de migrants internationaux recensés dans le monde.

Étonnamment, les niveaux de concentration augmentent avec les niveaux de compétence. Ainsi, les États-Unis, le Royaume-Uni, le Canada et l'Australie hébergent-ils près des deux tiers des migrants diplômés de l'enseignement supérieur.

Les politiques migratoires doivent agir en harmonie avec les forces du travail. Des programmes de migration temporaire peuvent pallier la pénurie de main-d'œuvre tout en décourageant l'immigration illégale. Il est aussi possible de répondre aux besoins du marché du travail en mettant en contact les migrants avec les employeurs qui ont besoin de leurs services.

Rapport de la Banque mondiale, banquemondiale.org, juin 2018.

Conseils

- Relevez les chiffres et les arguments qui montrent l'impact positif des migrations sur l'économie mondiale.
- Notez les noms des pôles récepteurs des migrations et les profils des populations qui migrent.

ÉTAPE 1 — Identifier le texte

1. Lisez attentivement le texte.
   - Relevez la date et la source du texte.
   - Quel thème général aborde-t-il ?
   - À quelle échelle porte la réflexion ?

Conseil

- Notez que le texte provient d'une organisation internationale.

ÉTAPE 2 — Analyser le texte

2. À l'aide des phrases surlignées en jaune, expliquez quelles sont les relations entre migrations et lutte contre la pauvreté.
3. En vous appuyant sur les phrases surlignées en vert, montrez que les pays développés tirent aussi profit des migrations.
4. Dans le dernier paragraphe, quelles recommandations sont préconisées au sujet des migrations économiques ?

Rédiger la réponse au sujet

À partir du travail effectué sur le texte, rédigez la réponse au sujet en l'organisant en deux paragraphes et en utilisant les mots et expressions proposés :

1er paragraphe : *les effets positifs des migrations internationales pour les pays en développement*
pôles émetteurs • migrations économiques • lutte contre la pauvreté • transferts d'argent

2e paragraphe : *les effets positifs des migrations internationales pour les pays développés*
pôles récepteurs • pays développés • travailleurs qualifiés • faire face à la pénurie de main-d'œuvre

PRÉPARER LE BAC 23

Méthode BAC : p. 278-279
Analyse d'un document

CAPACITÉS

- Lire et comprendre un document
- Produire un écrit construit et argumenté

Analyser une carte

Sujet Montrez comment s'organisent les flux migratoires à l'échelle mondiale.

Doc. Flux migratoires dans le monde

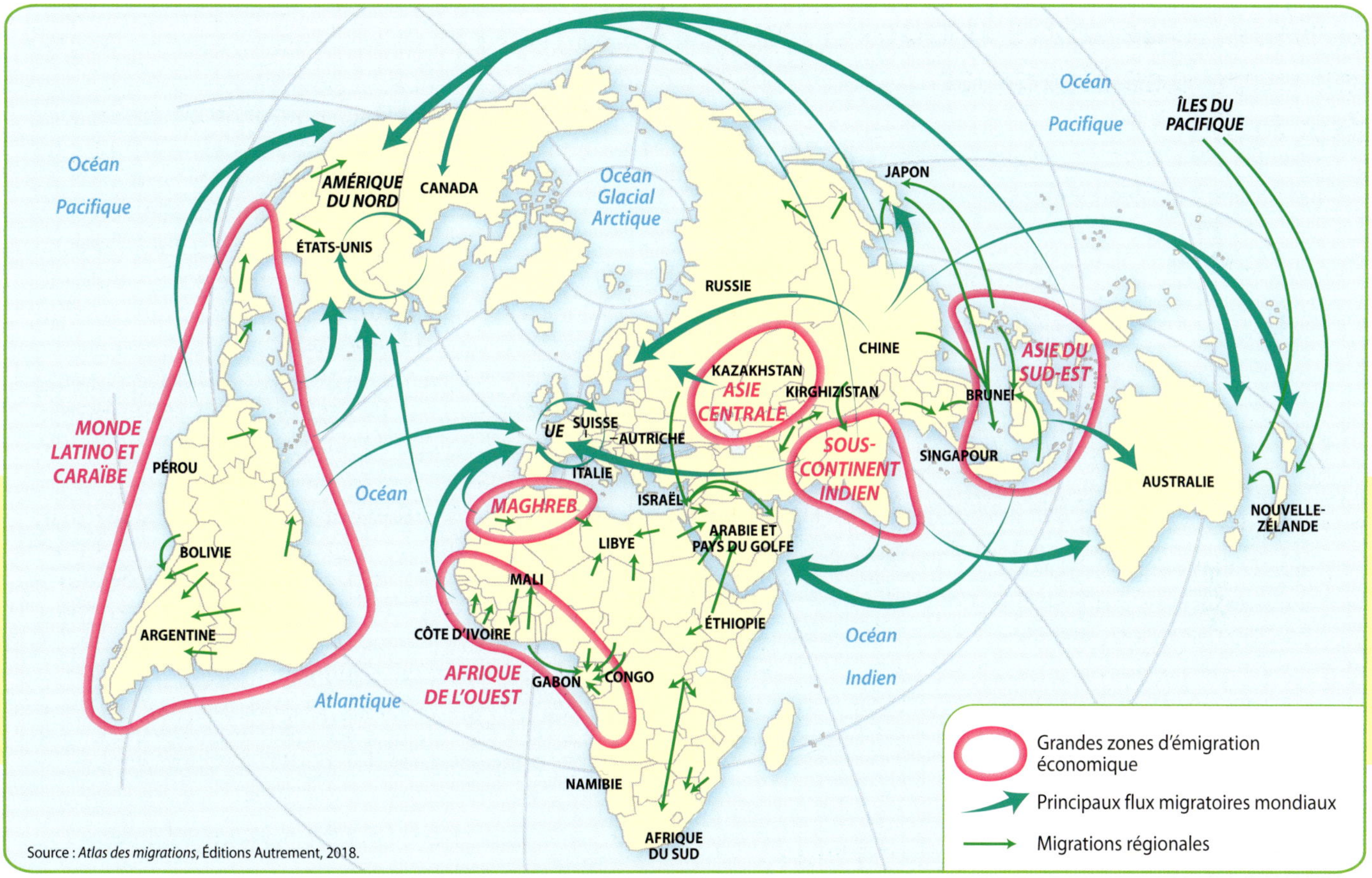

Source : *Atlas des migrations*, Éditions Autrement, 2018.

ÉTAPE 1 — Identifier les informations de la carte

1. Quelles sont la date et la source de la carte ?
2. Quel est le type de la carte ?
   → *Utilisez les* ***types de cartes*** *p. 290.*
3. Combien d'informations la légende fournit-elle ?

Conseil

- Observez bien la différence de taille des flèches sur la carte.

ÉTAPE 2 — Analyser la carte

4. Relevez les principaux pôles émetteurs et les principaux pôles récepteurs de flux migratoires mondiaux.
5. Identifiez les pôles récepteurs régionaux en Amérique latine, en Afrique et en Asie.
6. Quelles peuvent être les motivations principales des migrants ?

Rédiger la réponse au sujet

À partir du travail effectué sur la carte, rédigez la réponse au sujet en utilisant les mots et expressions clés suivants :

- *pôles émetteurs*
- *pôles récepteurs mondiaux*
- *pôle mondial*
- *pôle régional*
- *flux migratoires mondiaux*
- *flux migratoires régionaux*
- *motivations économiques*
- *carte de flux*

PRÉPARER LE BAC 24

CAPACITÉS

- Utiliser une approche géographique pour construire un argumentaire
- Produire un écrit construit et argumenté

Méthode BAC p. 282-283

Question problématisée

Répondre à une question problématisée

Sujet **Les mobilités migratoires internationales : quelle répartition géographique ? quels enjeux pour les pays de départ et d'accueil ?**

ÉTAPE 1 Comprendre le sujet et définir la problématique

1. Lisez le sujet et réfléchissez aux deux idées surlignées dans le texte :

Les mobilités migratoires internationales : quelle répartition géographique ? quels enjeux pour les pays de départ et d'accueil ?

Quelles sont les caractéristiques géographiques des migrations internationales ?

Quelles conséquences provoquent ces migrations pour les pays de départ et d'accueil ? (économiques, sociales...)

– Définissez le terme « mobilité ». → *Utilisez le* ***lexique*** *p. 284.*

2. Reformulez la **problématique** posée par le sujet.

ÉTAPE 2 Mobiliser ses connaissances et organiser le plan

3. Classez les informations qui vont illustrer les **trois thèmes du plan** :

1. Des mobilités migratoires à différentes échelles géographiques	*2. Les mobilités migratoires internationales, des atouts majeurs*	*3. Les enjeux actuels : entre fermeture et régulation des migrations*

ÉTAPE 3 Rédiger la réponse au sujet

4. Rédigez **l'introduction** à l'aide des pistes suivantes :
   - *des mobilités migratoires internationales en forte croissance ;*
   - *des migrations de plus en plus variées : migrations de travail, réfugiés, demandeurs d'asile... ;*
   - *des flux migratoires à toutes les échelles ;*
   - *les migrations internationales : des enjeux majeurs.*

5. Rédiger la 1re partie à l'aide des pistes suivantes :
   - **1er paragraphe :** *des migrations inter-régionales importantes.*
   - **2e paragraphe :** *à l'échelle mondiale, des migrations Suds-Nords prédominantes ; des flux migratoires entre des grands pôles de départs et des pôles d'arrivés.*
   - **3e paragraphe :** *des migrations intra-régionales.*

6. Rédigez les **deux autres parties** en utilisant les informations sélectionnées dans l'étape 2.

7. Rédigez **la conclusion** en faisant le bilan du devoir et en annonçant les perspectives.

Conseils

- Insérez un **schéma** dans le paragraphe pour illustrer vos arguments.
- Vous pouvez l'introduire par l'expression : « Comme le montre le schéma... »

→ *Utilisez la* ***Capacité 5*** *p. 57 pour réviser la méthode.*

Conseils

- Introduisez votre problématique sous forme de question.
- Annoncez le plan en reprenant les idées principales des trois parties.

Doc. ▶ Les migrations internationales

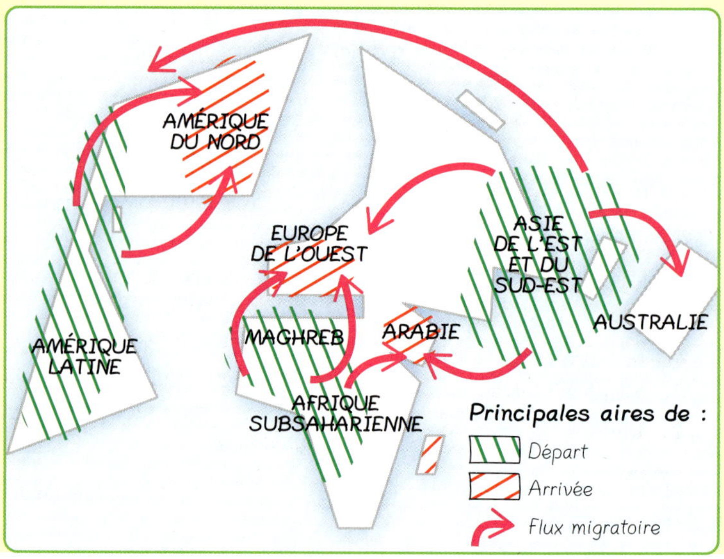

VÉRIFIER SES CONNAISSANCES

Chapitre 9 • Des migrations internationales croissantes

Retenir les idées fortes du cours

IDÉE 1

Le système migratoire est mondialisé

1 **Des mobilités croissantes et de plus en plus variées**
- 258 millions de migrants internationaux sont comptabilisés dans le monde en 2017.
- 2/3 des migrants sont accueillis dans des pays à revenus élevés.

2 **Des flux migratoires qui s'inscrivent dans une double échelle**
- Les migrations intra-régionales concernent plus de la moitié des migrants.
- La logique Suds-Nords continue de prévaloir à l'échelle mondiale.

2 **De nouveaux enjeux et de nouvelles logiques migratoires**
- Les migrants environnementaux pourraient être 200 millions en 2050.

IDÉE 2

Vers une gestion mondiale et durable des migrations ?

1 **Les migrations peuvent constituer des atouts majeurs**
- Les migrants soutiennent la croissance démographique et constituent une main-d'œuvre variée.
- Ils envoient des fonds vers leur pays d'origine.

2 **Une tendance nette des États à la fermeture**
- Plusieurs États adoptent des législations migratoires restrictives : pays du Golfe persique, États-Unis, Suisse...

3 **Vers des mobilités régulées et sûres ?**
- L'ONU et l'OMI promeuvent des « migrations plus sûres » (Pacte mondial pour les migrations).

Réviser

Comprendre la notion clé

Migration

1. Quels éléments du dessin évoquent les difficultés rencontrées par les migrants ?
2. À quelle route migratoire majeure est-il fait référence ici ?

Dessin de Balaban, *Courrier international*, juin 2018.

Définir les mots clés

- ☑ Demandeur d'asile
- ☑ Espace Schengen
- ☑ Migrations internationales
- ☑ Migrations intra-régionales
- ☑ Mobilité
- ☑ Réfugié

Mobiliser ses connaissances

Justifier à l'aide d'exemples

1. Il existe différents facteurs de migrations.
→ ***Cours 1*** *p. 208*
2. À l'échelle mondiale, la logique Suds-Nords continue de prévaloir.
→ ***Cours 1*** *p. 208*
3. Les migrants peuvent représenter des atouts pour les pays d'accueil et de départ.
→ ***Cours 2*** *p. 210*

Répondre aux questions

1. Quels problèmes les migrants environnementaux fuient-ils ?
→ ***Cours 1*** *p. 208*
2. Quel facteur peut, dans certains cas, faciliter les migrations intra-régionales ?
→ ***Cours 1*** *p. 208*
3. Quels acteurs internationaux tentent de rendre les migrations plus sûres ?
→ ***Cours 2*** *p. 210*

EOS 6D

CHAPITRE 10

La mondialisation du tourisme

De la problématique du document…

Comment se traduit la mondialisation du tourisme ?

1. Localisez et décrivez la photographie. Quelle est l'importance de ce site pour le tourisme en France ?
2. Qui sont les touristes qui apparaissent majoritairement sur la photographie ? De quel type de tourisme s'agit-il ?
3. En quoi cette photo illustre-t-elle la mondialisation du tourisme ?

… aux problématiques du chapitre

> Comment s'organisent les mobilités touristiques dans le monde ?

> Pourquoi le tourisme international est-il mis en cause ?

Touristes chinois au château de Versailles, dans la salle du Sacre consacrée à la gloire de Napoléon 1er

Le château de Versailles est le second site culturel français payant derrière le musée du Louvre. En 2017, il a accueilli 7,7 millions de visiteurs dont 79 % de clientèle étrangère. Les Chinois représentent, après les Français et les Américains (15 %) la troisième nationalité de visiteurs (12 %).

Cartes
Enjeux

Les flux touristiques, un phénomène mondial ?

1 Des flux touristiques mondialisés mais concentrés sur quelques pôles majeurs

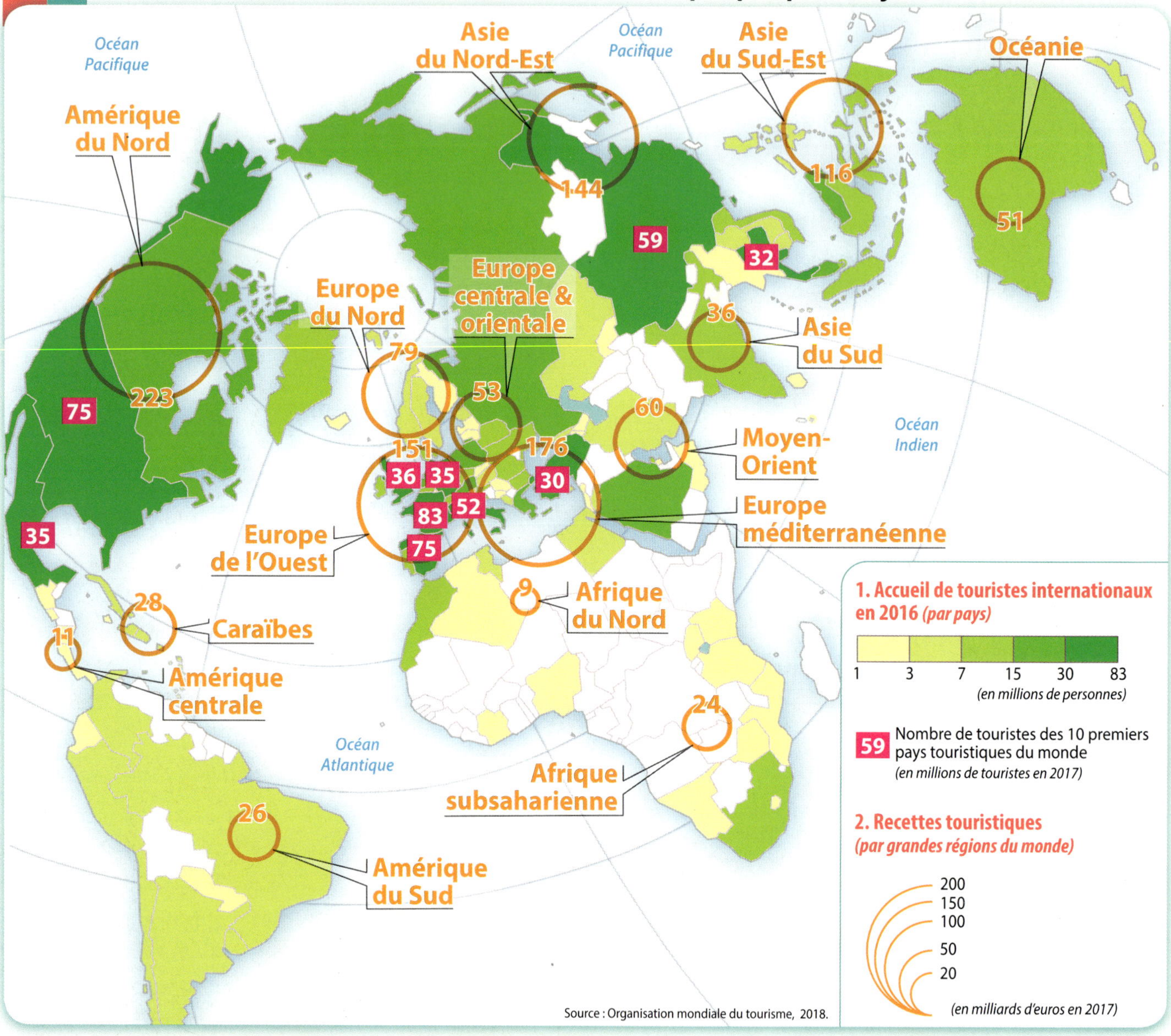

Analyser les cartes

Carte 1

1 Où se situent les principaux pays qui accueillent le plus de touristes internationaux ?

2 Quelles parties du monde sont les moins concernées par les flux touristiques ?

Carte 2

3 Quels sont les trois principaux bassins touristiques balnéaires dans le monde ?

4 Quel est aujourd'hui le plus important d'entre eux ? Qu'est-ce qui peut l'expliquer ?

Carte 3

5 Dans quelles parties du monde le tourisme se développe-t-il le plus rapidement ?

6 Dans quelles parties du monde est-il officiellement déconseillé aux Français de se rendre ?

Mettre les cartes en relation

Les flux touristiques internationaux sont-ils vraiment mondiaux ?

2 Les îles, au cœur du tourisme balnéaire

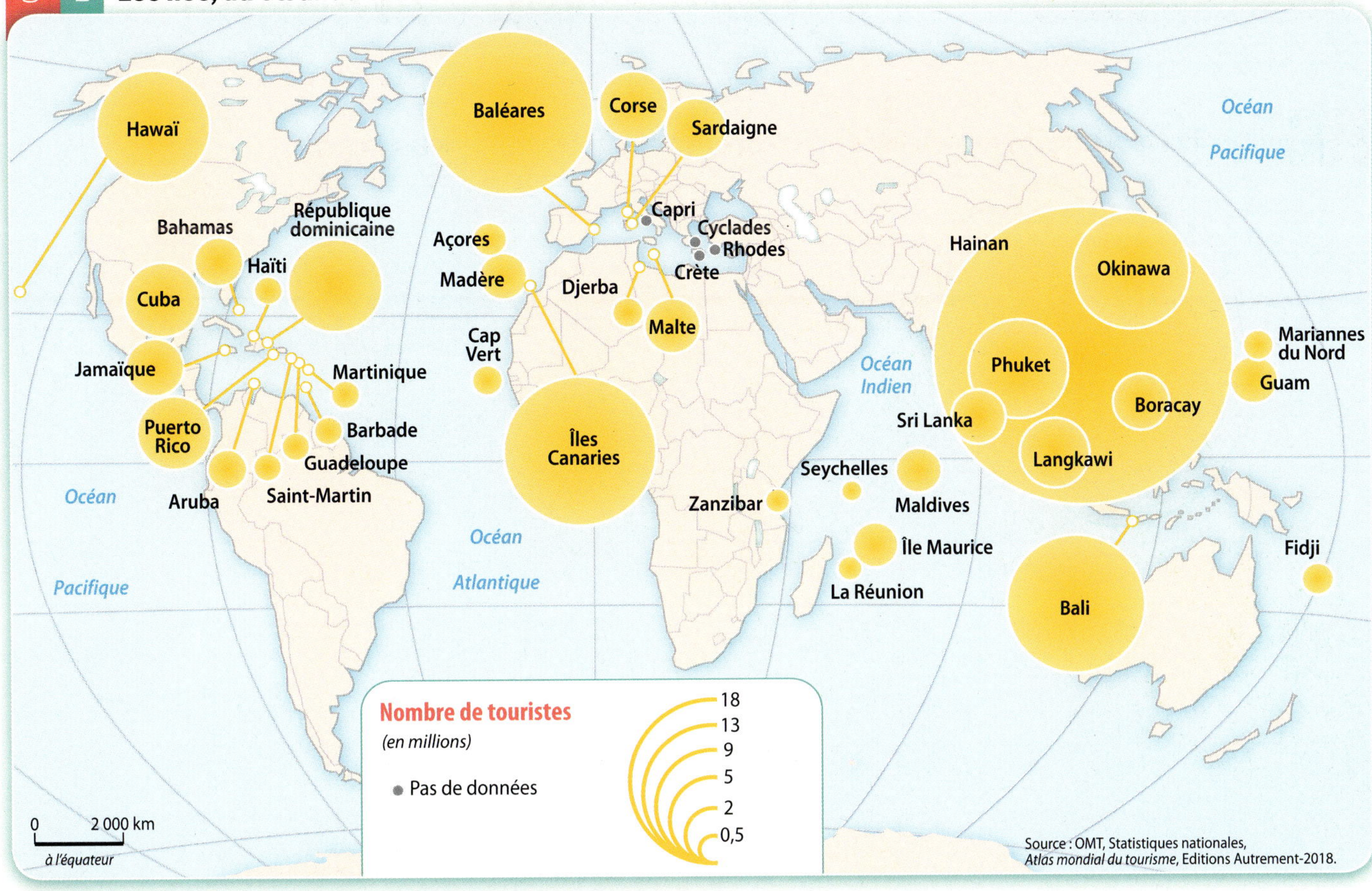

Source : OMT, Statistiques nationales, *Atlas mondial du tourisme*, Editions Autrement-2018.

3 La croissance inégale du tourisme mondial

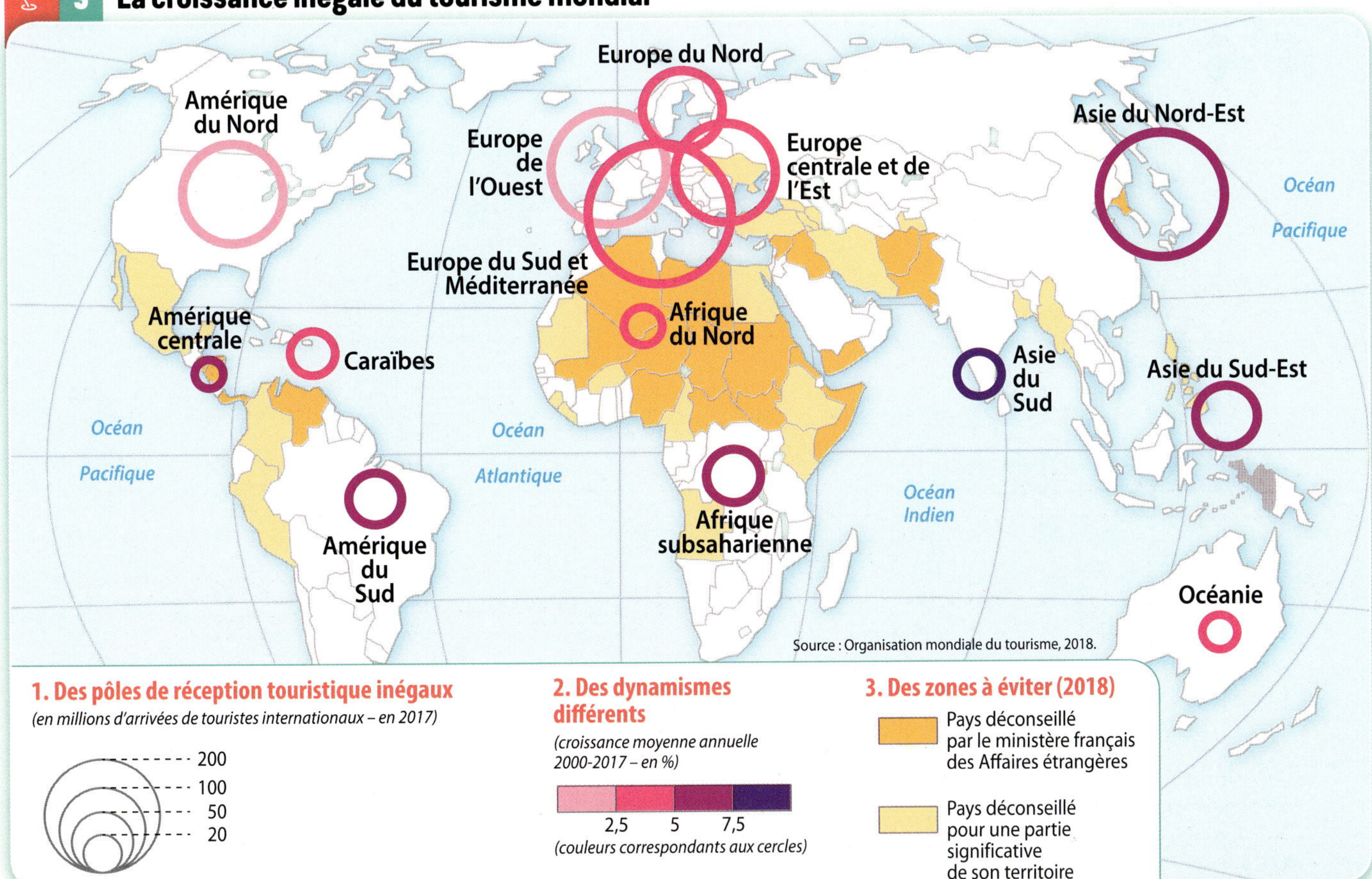

Source : Organisation mondiale du tourisme, 2018.

ÉTUDE DE CAS

La Floride, un pôle touristique majeur à l'échelle mondiale

A Les États-Unis occupent le 3e rang mondial pour le nombre de touristes étrangers accueillis (77 millions en 2017), mais ils arrivent en tête des revenus générés grâce au tourisme (210 milliards de dollars). La Floride est, avec la Californie, l'État américain le plus visité par les touristes du monde entier.

B Malgré son climat tropical humide et son environnement marécageux, la Floride est devenue un paradis touristique, grâce à sa situation et à de considérables investissements.

A Le tourisme, une industrie en plein essor

1 ▶ L'hôtellerie, la course au gigantisme (Hollywood à Miami)
Pour un budget de 1,5 milliard de dollars, cet hôtel insolite en forme de guitare (36 étages et 638 chambres), est aussi équipé d'un spa de 3 800 m², d'un plan d'eau de 5 hectares, d'une salle de spectacle de 6 500 places, de salles de jeux, de restaurants, de clubs, d'une galerie marchande et de 11 000 m² de salles de réunion.

2 ▶ La migration des « snowbirds »

Ces dizaines de milliers de Canadiens qui se réfugient chaque année aux États-Unis pour fuir le froid et qu'on nomme des « Snowbirds » pourraient désormais vivre deux mois de plus aux États-Unis selon un projet de loi présenté à Washington.

Pour le moment, la loi américaine ne permet pas à un Canadien de séjourner plus de 183 jours consécutifs, par exemple en Floride, sans pénalité.

Malgré les tensions accrues autour de la frontière entre le Canada et les États-Unis depuis l'arrivée au pouvoir du Président Trump, la nouvelle loi bipartite devrait permettre aux Canadiens – et aux Canadiens seulement – de plus de 55 ans de rester sur le territoire des États-Unis jusqu'à huit mois, à condition de posséder une maison ou de signer un contrat de location pour la durée de leur séjour.

Radio Canada International, 7 mars 2017.

3 ▶ Les dépenses touristiques : un impact économique majeur

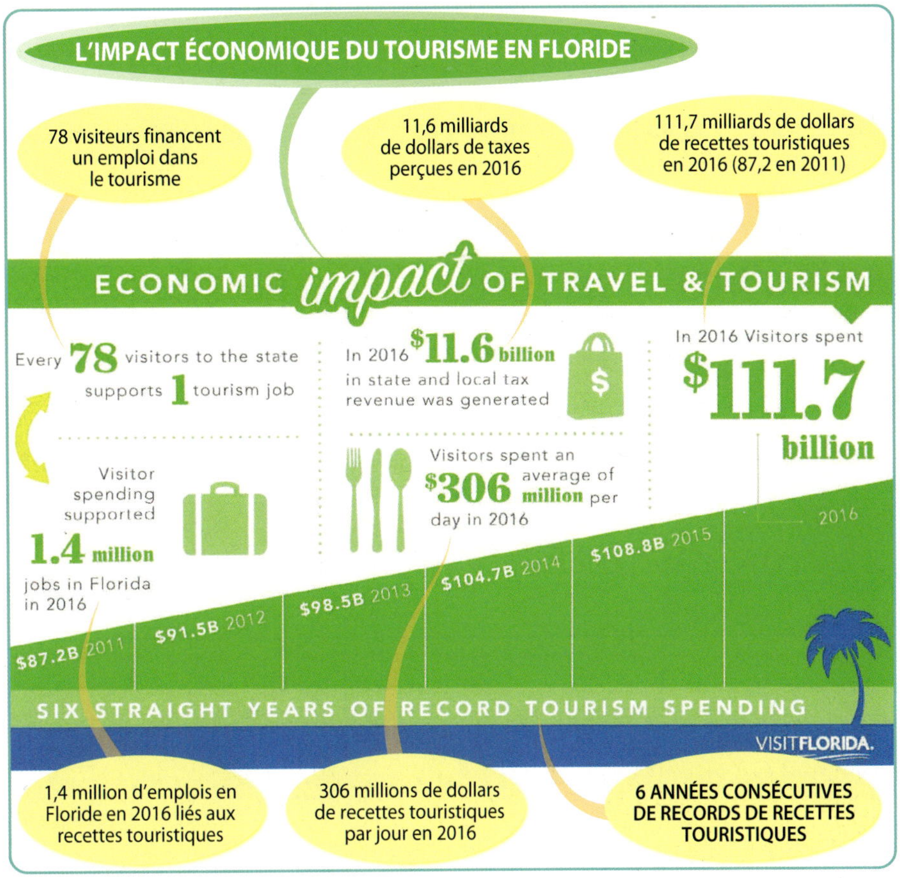

visitflorida.org, 2017 (traduction Magnard).

4 ▶ Des touristes d'horizons variés de plus en plus nombreux en Floride

a. Évolution du nombre de touristes en Floride *(en millions)*

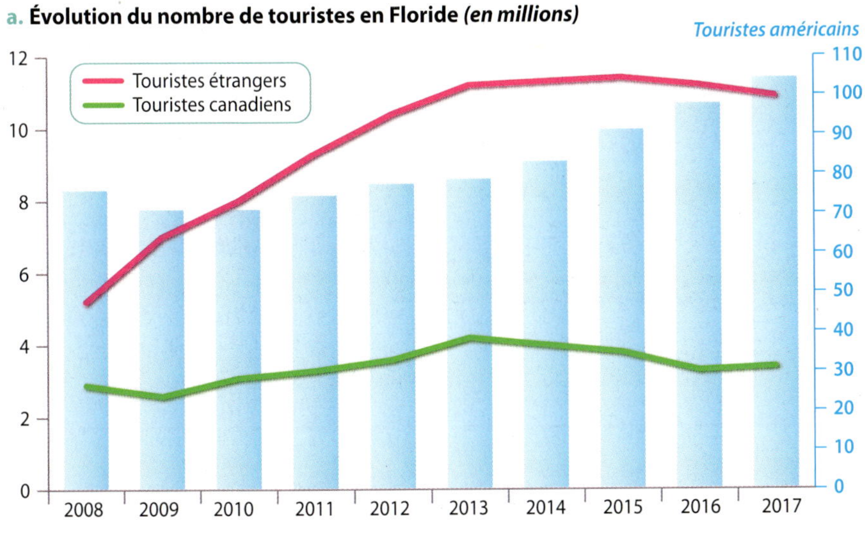

b. Provenance des touristes étrangers en Floride, en 2017 *(en millions)*

Canada	1	3,4	Allemagne	6	0,5
Royaume-Uni	2	1,5	Mexique	7	0,4
Brésil	3	1,1	Venezuela	8	0,4
Argentine	4	0,8	France	9	0,3
Colombie	5	0,6	Chine	10	0,3

Source : Visit Florida.

Analyser et confronter les documents

Documents 1 et 4

1. Comment l'attractivité touristique de la Floride évolue-t-elle depuis 10 ans ?

Documents 2 et 4

2. Quelle est la part des touristes étrangers en Floride ? De quelle partie du monde sont-ils originaires ? Quels sont les touristes étrangers les plus nombreux ?

Document 3

3. Quel est l'impact économique du tourisme mondial ?

▶ CONCLURE

Pourquoi peut-on dire que la Floride est un pôle touristique majeur à l'échelle mondiale ?

B Un paradis pour toutes les formes de tourisme

5 ▶ La capitale mondiale de la croisière

Le port de Fort Lauderdale, qui a reçu le nom de « Port Everglades » dès 1928, a connu des aménagements successifs qui en ont fait un excellent port en eau profonde, pouvant recevoir les plus grands navires de croisières, en particulier les derniers de la classe Oasis de la compagnie *Royal Caribbean*. [...]

L'articulation port-aéroport pour l'embarquement et le débarquement des croisiéristes est particulièrement bien organisée puisque les pistes et l'aérogare sont situées à quelques kilomètres seulement du port.

Par ailleurs, les documents d'information touristique insistent aussi sur le fait que le stationnement des voitures ne coûte que 15 dollars par jour, de sorte que des voyageurs peuvent commodément parquer leur véhicule pour un prix raisonnable et le retrouver à la fin de leur croisière.

Christian Girault, « *La métropole de Miami. Dynamiques de croissance et projection régionale et mondiale* », Problèmes d'Amérique latine, n° 1, 2015.

6 ▶ Un site idéal pour les golfeurs

Golf de Wiloughby à 160 km au Nord de Miami : transformation d'une plaine marécageuse en un immense complexe immobilier pour golfeurs.

7 ▶ Une concentration inégalée de parcs d'attractions

	Nombre de visiteurs en 2017 (en millions)	Rang mondial	Date d'ouverture
Parcs d'attractions			
Magic Kingdom (Walt Disney World)	20,5	1	1971
Disney's Animal Kingdom (Walt Disney World)	12,5	6	1998
Epcot (Walt Disney World)	12,2	7	1982
Disney's Hollywood Studios (Walt Disney World)	10,7	9	1989
Universal Studios (Universal)	10,2	10	1990
Islands Of Adventure (Universal)	9,5	14	1999
Parcs aquatiques			
Typhoon Lagoon (Disney World)	2,2	2	1989
Blizzard Beach (Disney World)	1,9	4	1995
Universal's Volcano Bay (Universal)	1,5	6	2017
Aquatica (Seaworld)	1,4	8	2008

Global attractions Attendance Report, AECOM, 2017.

Analyser et confronter les documents

Documents 1, 5, 6, 7 et vidéo

1. Quels sont les types de produits touristiques qui attirent en Floride ?

2. Qui est à l'origine des investissements dans ces produits ?

Documents 1 et 5

3. Quelles sont les conditions nécessaires pour attirer les touristes en ces lieux ?

▶ **CONCLURE**

Justifiez l'expression « industrie du tourisme » pour caractériser l'activité touristique en Floride.

Pour mettre en perspective à l'échelle mondiale

Le tourisme est concentré autour de quelques pôles mondiaux.

▸ Pourquoi et comment le tourisme s'internationalise-t-il? → Cours 1 p. 228

▸ Quels sont les enjeux du tourisme dans le monde de demain? → Cours 2 p. 230

Vidéo
France 3, 5'03", 2017
www.lienmini.fr/geo2-20

Reportage

Port Everglades, le géant des croisières

Les États-Unis sont le premier pôle mondial du tourisme de croisière. Ils détiennent les compagnies les plus puissantes et trois des quatre plus grands ports mondiaux (Miami, Port Canaveral et Port Everglades), tous situés en Floride.

À propos du reportage

- Port Everglades, le port de Fort Lauderdale, situé au nord de Miami, a vu passer 3,9 millions de croisiéristes en 2017 : c'est le 4e port de croisière du monde.
- Ce port est aménagé pour recevoir de plus en plus de paquebots, géants des mers appartenant aux plus grandes compagnies de croisière du monde comme *Carnival* et *Royal Carribean International*.
- Le tourisme de croisière au départ des ports de Floride vers les Caraïbes est une forme particulière de tourisme de masse.

Décrypter la vidéo

Réfléchir à la présentation et à l'organisation de la vidéo

1 Présentez le document. À qui est-il destiné ?

2 Comment est-il construit ? Identifiez les différentes séquences.

Comprendre la vidéo

3 Relevez quelques données du gigantisme de l'industrie de la croisière à Port Everglades.

4 Comment s'organise une journée d'arrivée et de départ des paquebots ? Comment les compagnies gèrent-elles les flux ? Quelles sont les pratiques touristiques des voyageurs sur de tels navires ?

5 Quelles sont les conditions de vie et de travail des membres d'équipage à travers les exemples montrés ?

Conclure

6 Pourquoi peut-on parler de « tourisme de masse » et de mondialisation à propos du tourisme de croisière ?

Fiche d'étude vidéo imprimable
www.lienmini.fr/geo2-21

ÉTUDE DE CAS

Dubaï, un pôle touristique mondial au Moyen-Orient

- Membre de la Fédération des Émirats arabes unis, Dubaï compte plus de 3 millions d'habitants, dont 85 % d'étrangers. Sans grandes réserves pétrolières, l'Émirat a développé d'autres secteurs économiques rentables. Aujourd'hui, le tourisme est devenu une priorité.
- En 2017, Dubaï a accueilli près de 16 millions de touristes grâce à ses infrastructures haut de gamme et à un réseau aérien performant.

→ Comment Dubaï est-elle devenue une grande destination touristique ?

1 ▶ L'hôtel *Atlantis*, un hôtel cinq étoiles parmi les plus prestigieux du monde

Situé dans l'archipel artificiel de Palm Jumeirah aménagé entre 2001 et 2009, cet hôtel de plus 1500 chambres accueille chaque année près d'un million de visiteurs venus admirer les aquariums, nager avec les dauphins, profiter des piscines et parcs aquatiques. 3 500 employés, bien souvent originaires d'Asie, travaillent sur ce site.

2 ▶ Dubaï : des atouts très porteurs

Ses complexes touristiques luxueux et ses méga centres commerciaux lui assurent déjà des millions de touristes étrangers [...].

La Cité-Etat, où vivent plus de deux millions d'expatriés, ne semble pas craindre une saturation de son florissant secteur touristique en dépit du marasme économique dans les riches émirats et royaumes voisins où les revenus du pétrole sont en chute libre. Elle espère faire venir 20 millions de touristes d'ici l'Exposition universelle qu'elle organisera en 2020.

En un peu plus d'une décennie, les autorités ont investi des milliards de dollars pour positionner Dubaï comme centre pour les affaires et le tourisme, à la jonction entre l'Asie, l'Europe et l'Afrique. La ville dispose d'infrastructures ultramodernes, bien supérieures à celles de ses voisins. Dubaï a en outre capitalisé sur la crise du tourisme dans toute la région Moyen-Orient-Afrique du Nord, affectée par les guerres et les violences, et s'affiche depuis des années comme une destination sûre.

Pour attirer davantage de touristes, Dubaï, membre des Émirats arabes unis, veut élargir son marché au-delà des pays du Golfe. Près du deuxième aéroport de Dubaï, conçu pour devenir le plus grand du monde, le promoteur *Dubaï Parks and Resorts* (DPR) poursuit ses ambitieux projets. *Bollywood Parks Dubaï* est inspiré du cinéma indien et ambitionne d'améliorer l'attractivité de Dubaï pour les touristes d'Asie du Sud qui sont, pour certains, à moins de trois heures de vol.

AFP, *L'Expansion*, 5 juin 2016.

3 ▶ Dubaï, paradis du shopping

Lors du *Dubaï Shopping Festival*, des millions de visiteurs se pressent dans les malls, vastes centres commerciaux, et profitent des offres promotionnelles sur les produits de luxe. Concerts, comédies musicales, événements sportifs sont aussi organisés pendant cette période. Affiche, 2016.

4 ▶ L'attractivité de Dubaï

Provenance	Nombre de touristes (en 2017)	Évolution 2016 – 2017 (en %)
Inde	2 100 000	+ 2
Royaume-Uni	1 300 000	+ 2
Pays d'Europe de l'Ouest	3 200 000	+ 5,5
Pays du Golfe dont Arabie Saoudite	3 020 000	– 4
Russie- Pays d'Europe de l'Est	1 100 000	+ 7,7
Amérique	1 000 000	+ 6
Afrique	780 000	+ 6,7
Chine	600000	
Australie	340 000	
Autres (dont Iran)	2 360 000	
Monde	**15 800 000**	**+ 6,6**

Source : www.etubonews.com

Analyser et confronter les documents

Documents 1 et 3

1. Quels grands aménagements ont été réalisés à Dubaï pour attirer et accueillir les touristes ?
→ *Reportez-vous au **doc 1** du **cours 1** p. 33.*

Documents 1, 2 et 4

2. Quels atouts géographiques et politiques ont favorisé le développement du tourisme ?

3. Par quoi les touristes sont-ils attirés à Dubaï ? Quel type de clientèle est recherchée ?

Documents 2 et 3

4. Pourquoi le tourisme à Dubaï peut-il être qualifié de « secteur florissant » ?

▶ **CONCLURE**

Montrez comment Dubaï est devenue une destination touristique mondiale.

Pour mettre en perspective à l'échelle mondiale

Le tourisme est une composante majeure de l'attractivité d'une grande métropole.

- Comment s'organisent les mobilités touristiques dans le monde ? → Cours 1 p. 228
- Quels sont les enjeux du tourisme dans le monde pour demain ? → Cours 2 p. 230

Cours 1

Le tourisme international, des mobilités en plein essor

Comment s'organisent les mobilités touristiques dans le monde ?

CHIFFRES

Les touristes internationaux
(Évolution en millions)

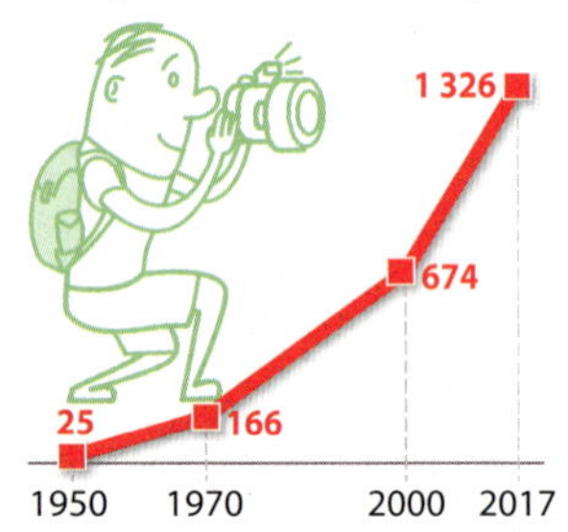

NOTION

Chaîne de valeur touristique

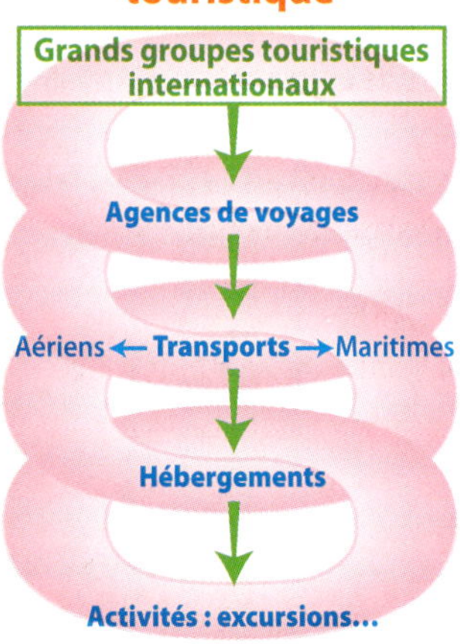

A. Des flux croissants mais sélectifs

- **Le tourisme international ne constitue qu'une faible part des mobilités touristiques, qui se déploient d'abord dans les territoires nationaux. Il ne cesse cependant de prendre de l'ampleur** depuis les années 1970. Il s'est démocratisé pour devenir un phénomène de masse dans sa composante de tourisme de loisirs et de culture (55 % du total). Il inclut également le tourisme d'affaires (13 %), les déplacements familiaux et de santé (27 %).

- **Les touristes qui voyagent à l'étranger sont très majoritairement issus des pays riches** d'Amérique du Nord, du Japon ou de l'Europe. Néanmoins, le tourisme se développe très rapidement dans les pays émergents* où une partie de la population accède à un niveau de vie suffisant pour s'offrir des loisirs à l'étranger : Brésil, Chine, Inde, Asie orientale en particulier. → Photographie p. 218

B. Des mobilités qui restent concentrées

- **Les mobilités touristiques ne sont guère planétaires. 80 % des voyages s'effectuent entre pays d'un même continent.** Elles sont très concentrées à l'échelle mondiale dans les pays riches et dans les bassins touristiques de quelques pays en développement. À plus grande échelle, l'attractivité touristique des pays repose sur un nombre limité de lieux privilégiés. → Cartes enjeux p. 220 ; études de cas p. 222 et p. 226

- **Le tourisme urbain est essentiellement capté par les villes qui disposent d'un patrimoine historique et/ou religieux remarquable, et par les plus grandes métropoles* mondiales** qui allient des offres culturelles, commerciales et de loisirs. [doc. 2]

- **Le tourisme de loisirs privilégie les bords de mer ensoleillés et les montagnes enneigées.** Ces pôles touristiques forment de grandes concentrations régionales comme les rubans balnéaires espagnols, ou bien des isolats, fréquents dans les pays des Suds. Les stations balnéaires et encore plus les stations de ski nécessitent de lourds investissements : résidences hôtelières, logements, installations de loisirs… [doc. 1]

C. Une activité devenue une industrie

- **Le secteur touristique occupe un poids croissant dans l'économie mondiale :** il représente 10 % du PIB et de l'emploi au niveau mondial. La mondialisation a permis son essor : ouverture des frontières, développement et baisse des coûts des transports aériens et maritimes.

- **Le tourisme se structure autour de grandes entreprises internationales** qui offrent des services à l'échelle mondiale : compagnies aériennes, groupes hôteliers, agences de voyages qui sont en concurrence pour capter la clientèle touristique internationale ; elles maîtrisent toutes la chaîne de valeur touristique pour proposer des circuits et séjours clé en main. [doc. 3] → Dossier p. 232

- **L'offre touristique est de plus en plus segmentée en produits très différenciés.** Elle évolue très vite, que ce soit au niveau des acteurs les plus puissants (croisières maritimes) ou des modes d'hébergements (succès des plates-formes numériques de location d'appartements). → Étude de cas p. 222

Définitions

Chaîne de valeur
Ensemble des activités qui participent à la fabrication d'un produit.

Isolat
Lieu isolé, sans relations avec son espace environnant.

* Lexique p. 284

1 ▶ La station balnéaire de Cancún (Mexique)
Lancée dans les années 1970, la station balnéaire de Cancún s'étire désormais vers la Riviera Maya sur plus de 100 kilomètres.

Doc clé

Analyse d'une photographie

Identifier la photographie

1. Quels sont les attraits majeurs de cette partie du littoral mexicain ?

2. Décrivez la photographie en identifiant les équipements et aménagements destinés aux loisirs balnéaires.

Comprendre la photographie

3. Pourquoi peut-on parler d'une forte pression touristique sur ce littoral ?

2 ▶ Palmarès des villes touristiques

Villes	Nombre de visiteurs internationaux (en millions)
Bangkok (Thaïlande)	20
Londres (Royaume uni)	20
Paris (France)	17
Dubaï (Émirats arabes unies)	16
Singapour	14
New York (États-Unis)	13
Kuala Lumpur (Malaisie)	13
Tokyo (Japon)	12
Istanbul (Turquie)	11
Séoul (Corée du Sud)	10

Source : Mastercard, Global destination Cities Index 2017.

3 ▶ TUI, premier voyagiste mondial

Friedrich Joussen, directeur général du groupe allemand TUI, défend son modèle d'intégration verticale[1], TUI étant présent dans la distribution (1 600 agences), l'hôtellerie (plus de 300 établissements), le transport aérien (plus de 150 avions) et même la croisière (14 paquebots). […]

Présent dans plus de 100 pays, TUI a un modèle d'entreprise robuste et flexible. Environ un million de clients qui, auparavant, voyageaient en Turquie ou en Afrique du Nord, ont choisi d'autres destinations, dans la Méditerranée occidentale ou ailleurs, car nous étions en mesure de proposer des capacités d'accueil. Le potentiel est énorme, notamment sur les nouveaux marchés hors Europe où nous ne sommes pas présents, comme l'Asie et l'Amérique du Sud. […]

Antoine Boudet, Christophe Palierse, *Les Échos*, 8 février 2017.

1. Contrôle par une entreprise des divers stades de production et de distribution d'un produit ou d'un service.

Cours 2

Vers un tourisme international plus durable ?

CHIFFRES

Revenus du tourisme

Part du tourisme dans le PIB des États *(en %, 2017)*

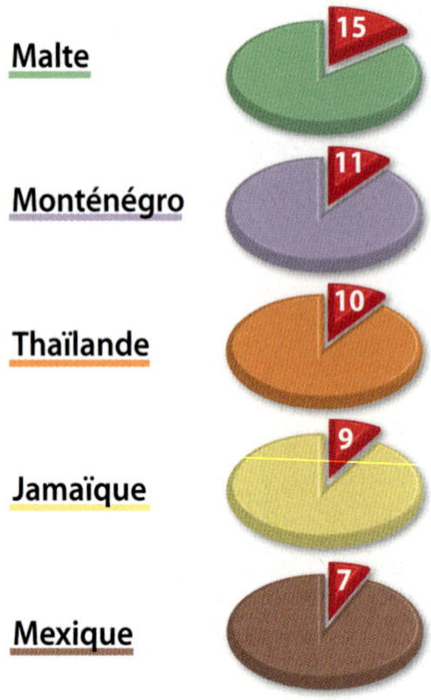

NOTION

Tourisme durable

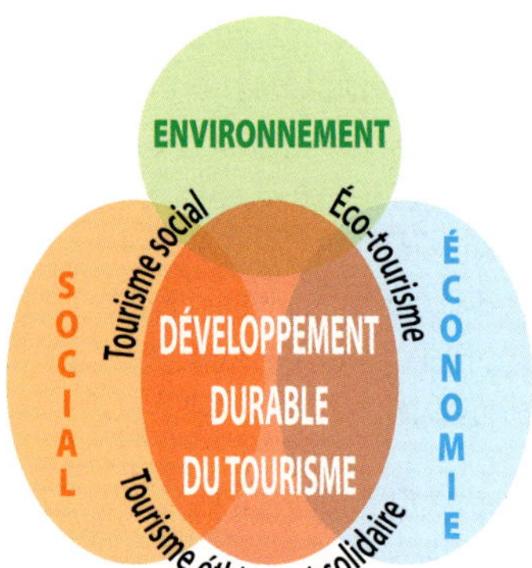

Définitions

Écotourisme

Tourisme centré sur la découverte de la nature, dans le respect de l'environnement et de la culture locale.

Mitage

Éparpillement plus ou moins dense de constructions dans un espace rural.

* Lexique p. 284

Pourquoi le tourisme international est-il mis en cause ?

A. Une base fragile de développement

- **Le tourisme international est créateur de richesses et d'emplois.** Il est promu comme un moyen de développement* et d'intégration dans l'économie mondialisée. **Les revenus du tourisme** constituent la première source de devises pour plus d'un tiers des États. La dépendance économique devient totale dans le cas de petits États insulaires comme les Maldives.

- **Le tourisme international est cependant une activité très vulnérable.** Des attentats terroristes ou une instabilité géopolitique font s'effondrer les recettes touristiques au sein des pays concernés, par exemple la Tunisie ou l'Égypte. Des risques sanitaires (virus Zika en 2015 en Amérique latine) ou des aléas* naturels (séismes, tsunamis, cyclones) ont également des impacts très négatifs. Une crise économique comme celle de 2008 ou des fluctuations monétaires affectent aussi fortement le tourisme.

B. Le tourisme génère des déséquilibres

- **Le caractère saisonnier plus ou moins marqué du tourisme pose problème.** Les équipements doivent être adaptés à des pics de fréquentation. L'afflux de population entraîne une surconsommation des ressources locales, notamment celles en eau.

- **Les impacts sur les paysages peuvent être importants.** Certains littoraux, comme la côte méditerranéenne espagnole, ont été bétonnés par de vastes ensembles immobiliers en bordure des plages. La Côte d'Azur française est totalement urbanisée par un **mitage** très dense de constructions individuelles.

- **L'essor du tourisme de masse se traduit par de multiples dommages :** dégradation du patrimoine visité, qu'il soit naturel ou historique, pollutions et risques divers [doc. 4]. Il entre en concurrence avec les autres activités et provoque un renchérissement des prix du foncier et de l'immobilier. Certains centres-villes historiques se muséifient avec le départ des habitants et des commerces de proximité. Les populations locales dénoncent les méfaits de la fréquentation touristique sur leur ville et appellent au respect des cultures locales. [doc. 5] → Débat p. 234

C. La nécessité d'un tourisme plus durable

- **Les déséquilibres territoriaux engendrés par le tourisme sont tels qu'ils peuvent le remettre en cause.** L'activité touristique doit être régulée pour préserver les ressources et la qualité de vie des populations locales. De plus en plus, les flux d'entrée sur les sites ont tendance à être limités (Machu Picchu au Pérou, Santorin en Grèce) et les offres d'hébergement réglementées.

- **Des formes de tourisme durable se développent. L'écotourisme est** centré sur la découverte de la nature : le Costa-Rica par exemple en a fait une marque de fabrique. Le **tourisme équitable** cherche à faire profiter davantage les populations locales des revenus qu'il génère. C'est un enjeu très important dans les pays en développement où les revenus du tourisme sont principalement captés par les grands groupes internationaux.

4 ▶ Développement des croisières dans des espaces fragiles
Publicité de l'agence de voyages *Grands Espaces* pour des croisières au Spitzberg (2018).

Doc clé

Analyse d'une publicité

Identifier la publicité

1. Relevez les contenus de cette publicité. Quel type de tourisme propose-t-elle ?
2. S'agit-il d'un tourisme de masse ?
3. Le touriste peut-il présenter des risques pour cet espace ?

Comprendre la publicité

4. Sommes-nous dans une forme de tourisme durable ?

5 ▶ Barcelone, manifestation contre le « surtourisme », 2017
Traduction : « Barcelone n'est pas en vente ».
L'essor des compagnies aériennes low cost et de la plateforme de location Airbnb* a considérablement augmenté le nombre de touristes, avec des conséquences négatives pour les habitants.

DOSSIER POUR APPROFONDIR

ACCORHOTELS :

un acteur du tourisme international

Quelle est la stratégie mondiale du groupe de tourisme *AccorHotels* ?

- 50 ans après la création de son premier hôtel, le groupe français *AccorHotels* est la sixième chaîne hôtelière mondiale. Il compte plus de 4 300 hôtels, près de 620 000 chambres, répartis dans 100 pays sur les cinq continents.
- Le groupe se mondialise dans un contexte de très forte concurrence et de l'émergence de nouveaux acteurs comme Airbnb*. La révolution digitale bouleverse les modes de réservation des hébergements et place Internet au cœur de la stratégie de l'entreprise.

ACCOR HOTELS
Feel Welcome

1 ▶ *AccorHotels*, une chaîne hôtelière internationale

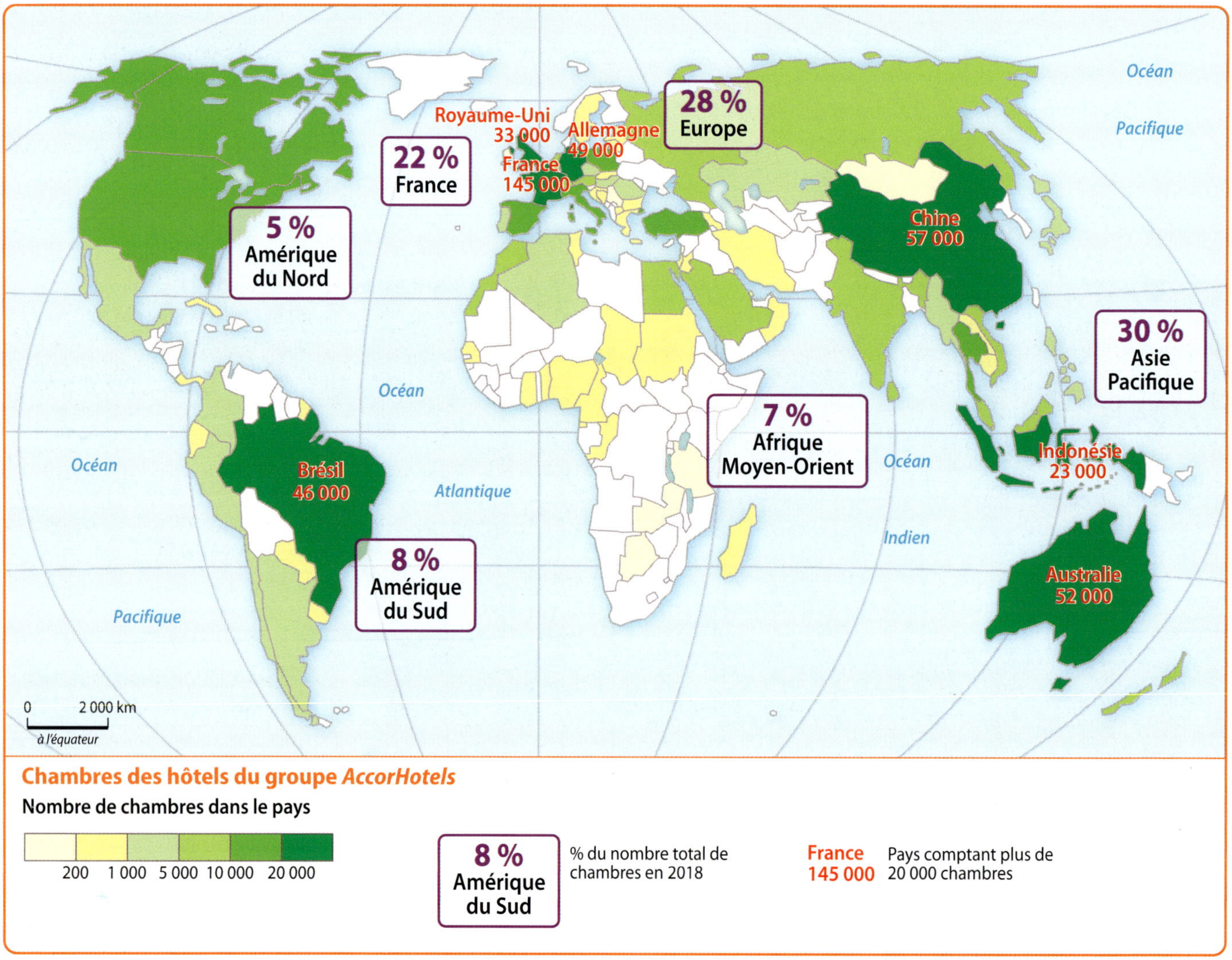

2 ▶ Une stratégie mondiale et digitale

En 2016, *AccorHotels* a finalisé l'acquisition de trois groupes mondiaux de l'hôtellerie de Luxe : *Fairmont*, *Swiss Hôtels* et *Raffles*. Cet axe de développement international est clairement imposé par la digitalisation de la réservation hôtelière : la domination des *Booking* et *Expedia* a prouvé que pour exister sur le web il faut une offre et une audience mondiales.

Dans le même temps, *AccorHotels* a également racheté des start-up et lancé de nombreuses initiatives pour s'adapter aux nouveaux usages des clients. Là encore, c'est le digital, avec la notion de parcours client, qui impose le changement. *AccorHotels* entend répondre à la totalité des attentes du client à chaque étape de la chaîne du voyage : inspiration, réservation, séjour, après-séjour.

Enfin, et c'est la grande nouveauté, *AccorHotels* cherche à se renforcer en fédérant l'hôtellerie indépendante et peut-être bientôt en contrôlant sa distribution… L'ouverture du site accorHotels.com aux hôtels indépendants marque clairement une révolution culturelle chez Accor. Petit à petit, Accorhotels.com se transforme, passant d'un site de distribution de marque à une véritable « marketplace ».

Nicolas Barret, etourisme.info, 11 avril 2017.

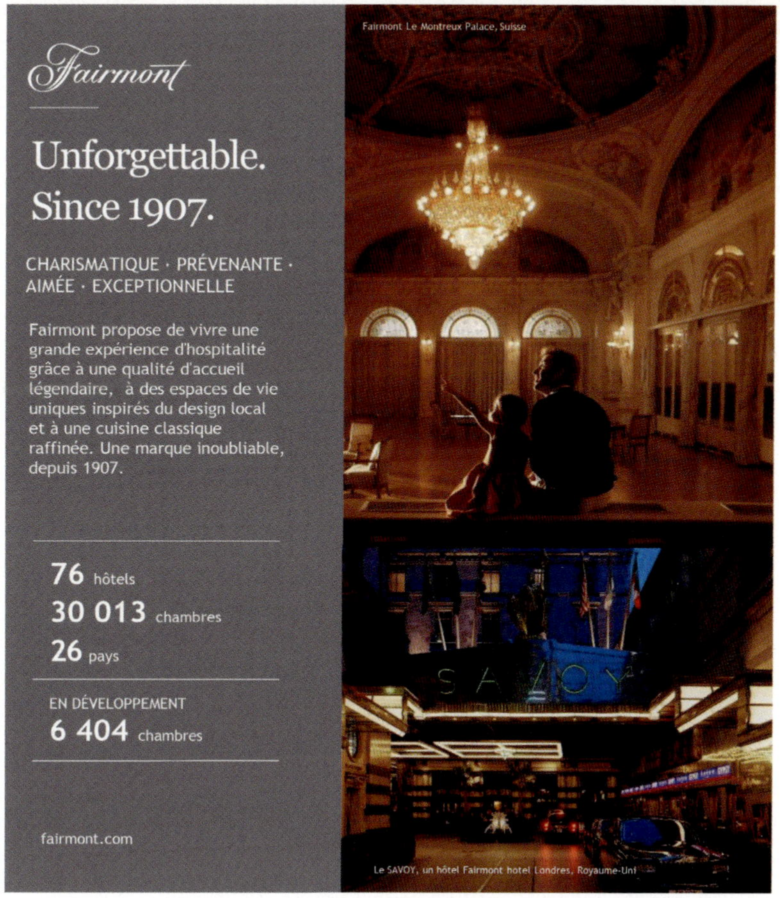

3 ▶ L'hôtellerie de luxe, une nécessité pour exister à l'échelle mondiale

Fairmont est une des trois acquisitions de groupes mondiaux de l'hôtellerie de luxe faite par *AccorHotels* en 2016, soit 56 000 chambres supplémentaires réparties sur 34 pays et 5 continents. Extrait de la brochure, *Accor Hotels, Feel welcome*, juin 2018.

Prolonger le cours

Documents 1 et 4

1. Analysez la carte 1. Pourquoi peut-on dire qu'*AccorHotels* est une chaîne hôtelière mondiale ? D'où sont originaires ses principaux concurrents ?

Documents 2 et 3

2. Comment expliquer la volonté d'être présent dans l'hôtellerie de luxe ?

Document 2

3. Quelle est l'importance d'Internet dans le secteur du tourisme ? Comment *AccorHotels* s'adapte-t-il à cette nouvelle donne ?

SYNTHÈSE

Montrez que la stratégie des acteurs du tourisme international est désormais mondiale.

4 ▶ Palmarès des plus grands groupes hôteliers mondiaux (en 2018)

Rang mondial	Groupe	Pays	Nombre d'établissements *(en milliers)*	Nombre de chambres *(en milliers)*
1	*Marriott International*	États-Unis	6,4	1236
2	*Hilton Worldwide*	États-Unis	5,2	848
3	*Intercontinental Hotel Groupe*	Royaume-Uni	5,3	798
4	*Wyndham Hotel Group*	États-Unis	9	795
5	*Jim Jiang International Hotel Group*	Chine	6,8	676
6	*AccorHotels*	France	4,5	664
7	*Choice Hotel International*	États-Unis	6,7	526
8	*BTH Hotels*	Chine	3,7	384
9	*Huazhu*	Chine	3,6	357
10	*Best Western*	États-Unis	3,8	307

Source : Hospitality ON

« Le tourisme à Dubrovnik : bienfait ou fléau ?

Acteur pour

L'office du tourisme de Dubrovnik constate avec satisfaction l'augmentation continue de la fréquentation et des nuitées. Cependant, l'essor de l'industrie de la croisière inquiète les autorités.

Le tourisme, une ressource vitale

Un riche héritage culturel et historique

La principale activité économique de Dubrovnik est le tourisme, qui contribue à 17 % du PIB de la ville. Il génère 126 millions d'euros par an et est à l'origine d'un emploi sur six. L'art, la culture et l'histoire sont parmi les facteurs qui incitent les voyageurs à visiter Dubrovnik.

La ville est l'une des destinations les plus attrayantes de la Méditerranée. Depuis 2006, l'activité touristique a augmenté en moyenne de 5 % par an. Pour 2018, on compte 8 % de plus de touristes qu'en 2017.

Les visiteurs internationaux représentent 91 % des revenus touristiques de la ville. Les touristes proviennent principalement du Royaume-Uni, des États-Unis, d'Allemagne, de France…

Étendre la saison touristique

L'augmentation la plus forte du nombre de visiteurs a été observée en basse saison, preuve que l'offre touristique de Dubrovnik est de stature mondiale, qu'elle donne satisfaction aux clients et qu'elle offre un service de qualité, notamment par la solidité de ses infrastructures. Avec la devise « Une ville pour toutes les saisons », Dubrovnik mise sur la prolongation de la saison touristique, tandis que le nouveau projet « Respect the City » contribuera au développement d'un tourisme durable.

Limiter[1] le nombre de passagers des paquebots de croisière à 4000 visiteurs le matin et 4000 l'après-midi vise à protéger et préserver le patrimoine de la ville pour permettre à tous les touristes de découvrir Dubrovnik dans de bonnes conditions toute l'année.

Interview de S. Milovcevic, responsable du service communication de l'office de tourisme, réalisée le 30 novembre 2018 (traduction Magnard).

1. La mairie a fait installer des caméras à l'entrée de la vieille ville afin de limiter l'affluence quotidienne.

Dubrovnik est un des principaux lieux de tournage de la série télévisée américaine *Games of Thrones*.

Quinze entreprises, outre la découverte de la vieille ville, proposent des visites liées à la série.

Je prépare le débat

ANALYSER LES ARGUMENTS DE L'OFFICE DE TOURISME

1. Présentez l'acteur et son domaine d'action.
2. Quels sont les aspects positifs de l'activité touristique à Dubrovnik ?
3. Quels sont les nouveaux axes de développement du tourisme choisis par les autorités de la ville ?

ANALYSER LES ARGUMENTS DU COLLECTIF *SRD JE NAS*

4. Présentez l'acteur et le groupe auquel il appartient.
5. Quelles formes prend le tourisme de masse à Dubrovnik ?
6. Quelles sont les conséquences négatives pour la ville et ses habitants ?

Contexte : Dubrovnik, la « perle de l'Adriatique » située au Sud de la Croatie, est devenue une grande destination touristique européenne. La vieille ville est inscrite sur la liste du patrimoine mondial de l'UNESCO depuis 1979, mais l'institution a récemment menacé de retirer son patronage. Quels sont les impacts du tourisme sur la ville de Dubrovnik ?

Le collectif *Srd je nas*

(« Srd nous appartient ») est né il y a dix ans d'une opposition à la construction, sur la colline de Srd qui surplombe la ville, d'un immense complexe de 310 hectares de villas et d'appartements, avec deux golfs. Ce combat perdure et le mouvement dénonce aussi les méfaits du tourisme de masse pour les habitants.

Acteur contre

Le tourisme de masse : un cauchemar

L'âme de la ville a disparu

La plupart des touristes étaient auparavant attirés par le patrimoine culturel de Dubrovnik. Aujourd'hui, il semble que beaucoup soient fascinés par les lieux où ont été tournées des séries télévisées comme *Game of Thrones*, et même une série d'amour coréenne, à tel point que presque tous les jours nous avons des touristes coréennes en robes de mariée. Ajoutez aussi les passagers de bateaux de croisière qui ne savent même pas où ils sont.

Le tourisme de masse a ruiné tous les aspects de la vie locale de la ville. Un bon exemple est notre marché aux poissons. Le conseil municipal en a donné la moitié pour en faire un restaurant. Ce petit restaurant a contourné la réglementation en augmentant le nombre de ses tables de 5 à 110 !

Des conséquences négatives pour les habitants

Le prix des loyers des magasins a grimpé en flèche, de sorte que seuls des commerces rentables (pièges à touristes) survivent. On compte 168 boutiques de souvenirs et 143 établissements de restauration rapide dans la vieille ville. En comparaison, il y a 3 épiceries pour les 1 557 habitants locaux !

Notre saison touristique couvre 6-7 mois. Comme il y a peu d'emplois à l'année, seuls les habitants qui ont la possibilité de louer un logement peuvent bien gagner leur vie.

Les autorités n'essaient pas vraiment de limiter les impacts négatifs du tourisme sur la vie des habitants. Il est arrivé que nous ayons 13 bateaux de croisière en une seule journée. Les autorités ont réduit le nombre de navires, mais ils sont encore trop nombreux.

Interview de Marc van Bloemen, membre du collectif *Srd je nas*, réalisée les 16 et 17 décembre 2018 (traduction Magnard).

Manifestation contre le projet touristique de la colline de Srd

La participation au referendum organisé en avril 2013 n'a pas été suffisante pour bloquer le projet.

oral

Le débat

- Vous avez analysé les arguments de chacun des acteurs.
- Quels sont ceux qui vous ont convaincu ? Pourquoi ?
- Défendez votre point de vue à l'oral :

- maîtrisez votre gestuelle et votre posture ;
- posez votre voix : ne parlez pas trop vite, variez les intonations.

→ *Reportez-vous à la p. 81* ***Réaliser un exposé oral***

APRÈS LE DÉBAT

À partir des arguments développés, montrez l'intérêt de réguler l'activité touristique de masse et de s'orienter vers des formes plus durables de tourisme.

PRÉPARER LE BAC 25

CAPACITÉS
- Réaliser des productions cartographiques
- Transposer un texte en croquis

Méthode BAC p. 280

Réaliser un croquis

Sujet **À l'aide du texte, réalisez le croquis : « Les mobilités touristiques internationales : zones d'arrivées, zones de départs et flux ».**

Conseils

- Notez le titre du texte : il indique celui du croquis.
- Surlignez en vert les pôles attractifs, en bleu les pôles émetteurs.
- Relevez les trois sous-titres du texte : ils donnent des indications pour établir les rubriques de la légende du croquis.
- Classez les pôles récepteurs et les pôles émetteurs en fonction de leur importance afin de hiérarchiser la taille des figurés utilisés pour les cartographier.
  → *Reportez-vous au* ***langage cartographique*** *(rabat arrière du manuel).*
- Pour représenter les pôles récepteurs et leurs bassins touristiques, il faudra employer deux types de figurés différents.

Les mobilités touristiques internationales

Les grandes mobilités touristiques s'organisent à partir de trois grands pôles à la fois récepteurs et émetteurs de touristes.

L'Europe, qui accueille plus de 50 % des touristes internationaux, l'Asie-Pacifique (plus de 25 %), et l'Amérique du Nord (16 %) sont les plus grands pôles attractifs de touristes.

L'Europe et les États-Unis émettent aussi beaucoup de touristes. Cependant, l'Asie occupe désormais une place importante dans les mobilités touristiques, avec des touristes en provenance du Japon et de la Chine. La Chine est maintenant le premier pays émetteur de touristes devant les États-Unis.

Les voyageurs se distribuent dans ces trois espaces et dans trois grands bassins touristiques qui leurs sont proches : l'Amérique du Nord et le bassin caraïbe, l'Europe et le bassin méditerranéen, l'Asie-Pacifique et le bassin de l'Asie du Sud-Est.

D'autres pôles récepteurs et émetteurs de touristes occupent une place plus secondaire

L'Afrique (5 % des touristes mondiaux), le Proche Orient ou l'Amérique latine, par leurs atouts naturels ou culturels, sont aujourd'hui des pôles attractifs qui comptent.

Dans le même temps, de nouveaux venus alimentent les mobilités touristiques : le Brésil, la Russie, l'Inde, l'Afrique du Sud, Australie, le Canada… s'intègrent aux flux mondiaux en émettant de plus en plus de touristes.

Les mobilités touristiques engendrent des flux importants à l'échelle planétaire.

Les grands flux s'organisent entre les grandes zones de départ et d'arrivée. Des flux de moindre importance s'établissent à partir des nouveaux acteurs des mobilités touristiques.

D'après l'Organisation mondiale du tourisme (OMT), 2018

ÉTAPE 1

Lire le sujet et le texte d'accompagnement

1. Lisez le sujet.
- À quel territoire le sujet s'applique-t-il ?
- Que faut-il comprendre par « zones d'arrivée et de départs » ?

Conseil
- Observez le fond du croquis pour connaître les limites de l'espace à cartographier.

2. Lisez le texte d'accompagnement et relevez les informations à cartographier.
- Relevez les sous-titres des 3 paragraphes du texte.
- Reproduisez le tableau ci-dessous, puis classez les différents territoires en fonction des informations fournies par le texte.

→ *Utilisez les expressions surlignées en vert et en bleu.*

	Territoires
Pôles attractifs	....
Pôles de départ	....

Conseils
- Définissez les thèmes des sous-titres de la légende.
- Repérez les informations à cartographier.

Croquis et légende imprimables
www.lienmini.fr/geo2-24

Croquis interactifs
www.lienmini.fr/geo2-85

▶ Croquis : ....

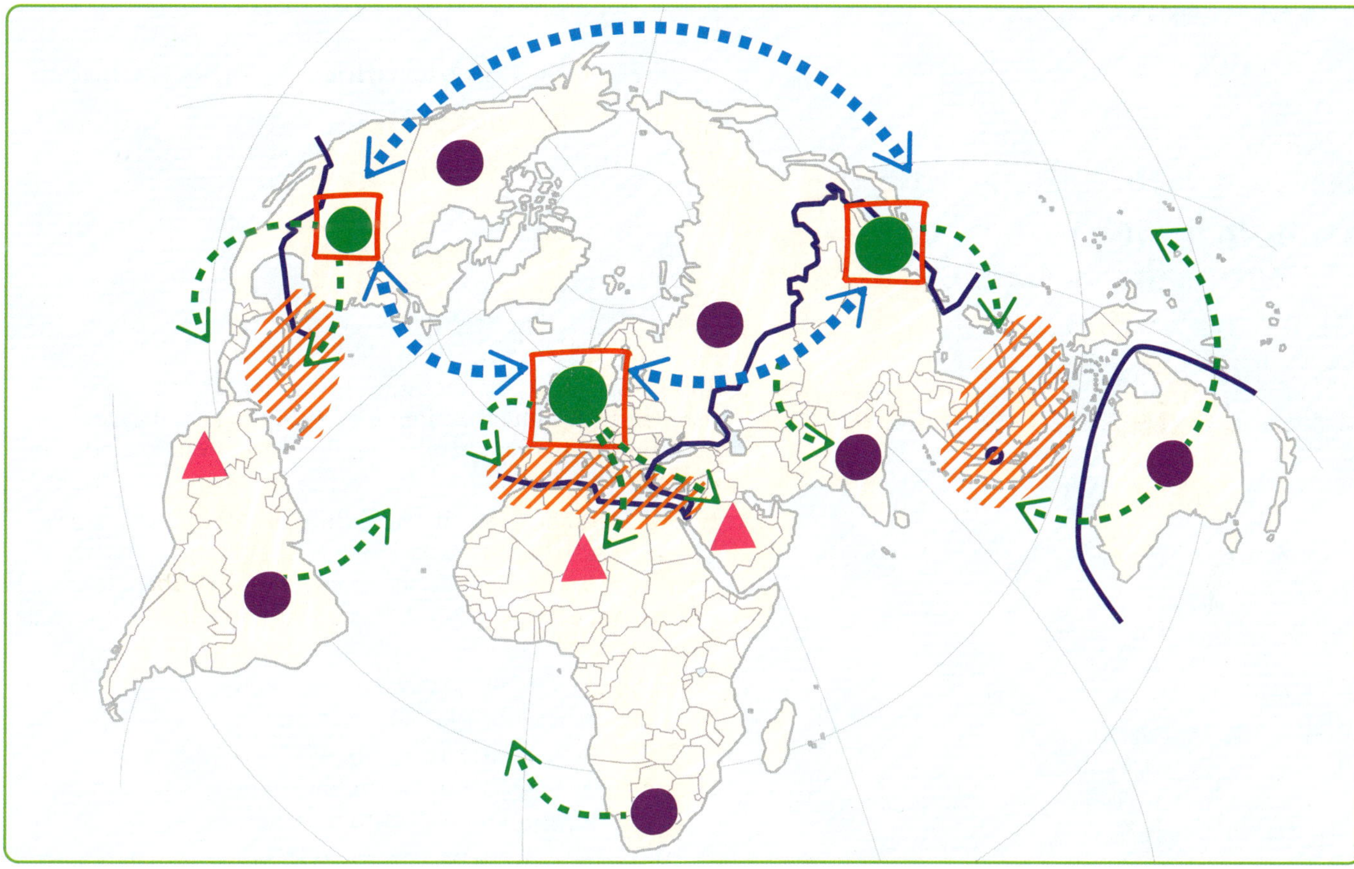

Légende

1.		2.		3.	
.... + important –	*Grand pôle émetteur et récepteur*	....	*Pôle attractif secondaire*	.... + important –	*Flux de touristes internationaux*
....	*Grand bassin touristique*	....	*Nouveau pôle émetteur de touristes*	(ligne)	*Limite Nords/Suds*

ÉTAPE 2

Organiser la légende et choisir les figurés

3. Reproduisez la légende.

4. Classez les informations de la légende.
– À l'aide des différents paragraphes du texte et des informations indiquées dans la légende, donnez des **sous-titres** aux rubriques 1, 2 et 3.

5. Choisissez les figurés.
– Choisissez les figurés qui conviennent à chacune des informations des rubriques 1 et 2 de la légende.
→ *Utilisez **le langage cartographique** (rabat arrière du manuel).*

ÉTAPE 3

Réaliser le croquis

6. Dessinez le croquis. Tracez les flux touristiques.
– Complétez la rubrique 3 de la légende.
– Écrivez la **nomenclature** indiquée dans le texte et les noms des océans.
– Donnez un **titre** au croquis.

7. Vérifiez si le croquis possède tous les attributs d'un bon croquis. → ***Aidez-vous** de la **méthode** p. 280.*

Conseil
• Utilisez des feutres et des traits pointillés de couleurs différentes pour tracer les flux.

PRÉPARER LE BAC 26

CAPACITÉS
- Lire, comprendre et comparer deux documents
- Produire un écrit construit et argumenté

Analyser une couverture de magazine et un texte

Méthode BAC : p. 278-279

Analyse de documents

Sujet Gérer les mobilités touristiques, un défi majeur pour Venise ?

Doc. 1 ▶ Couverture du magazine *Courrier international*, septembre 2018.

Doc. 2 ▶ **Venise, un tourisme de masse**

[...] La ville est envahie par les touristes, ce qui entraîne la fermeture des commerces de proximité au profit de boutiques de souvenirs.

On estime à plus de 28 millions le nombre de touristes en 2016, soit un habitant pour 400 touristes [...].

Une partie de ces visiteurs arrive par la mer dans des paquebots de croisière. [...]Les vagues causées par les manœuvres de ces monstres de la mer font même vibrer la basilique Saint-Marc.

Pour faire face à cela, les très gros bateaux avaient été interdits en 2013, décision annulée en 2015.[1] [...]

La première interdiction avait fait perdre un demi-million de passagers à la ville. L'industrie de la croisière apporte 283 millions d'euros dépensés à Venise et dans ses alentours et assure l'emploi direct de 4 300 personnes. L'équilibre est ainsi délicat à trouver entre les enjeux économiques, écologiques, sociaux et vitaux pour cette ville ultra dépendante du tourisme.

Julien Camy, *Carto* n° 47, mai-juin 2018.

1. Ces bateaux seront désormais interdits en 2019.

Conseil
- Observez l'équipement des touristes et ce sur quoi ils se déplacent.

ÉTAPE 1
Identifier les documents

1. Localisez Venise.
2. Relevez la date et la source des deux documents.
3. Lisez attentivement les documents : quel thème abordent-ils ?

ÉTAPE 2
Analyser les documents

▶ Doc. 1
4. Expliquez l'expression : « Tourisme, ça déborde ».

▶ Doc. 2
5. Expliquez l'expression : « tourisme de masse ». Expliquez les conséquences du tourisme à Venise.
6. À l'aide des phrases surlignées en jaune, dites pourquoi la gestion du tourisme constitue un enjeu majeur pour Venise.

Rédiger la réponse au sujet

Rédigez la réponse au sujet en l'organisant en deux paragraphes et en utilisant les mots et expressions proposés :

1er paragraphe : *Une ville confrontée au tourisme de masse*
Tourisme de masse • Flux touristique • Croisière...

2e paragraphe : *Le tourisme de masse, un défi majeur pour Venise*
Surfréquentation • Impacts économiques, environnementaux • Gestion durable du tourisme...

VÉRIFIER SES CONNAISSANCES

Retenir les idées fortes du cours

IDÉE 1

Un tourisme de plus en plus mondial

1 Des flux croissants mais sélectifs

- Le tourisme international ne cesse de prendre de l'ampleur depuis les années 1970.
- Les touristes qui voyagent à l'étranger sont très majoritairement issus des pays riches.

2 Des mobilités qui restent concentrées

- 80 % des voyages s'effectuent entre pays d'un même continent.
- Le tourisme privilégie les bords de mer et les montagnes avec de grandes concentrations touristiques et des isolats.

3 Une activité devenue une industrie

- Le secteur touristique représente 10 % du PIB mondial.
- Il se structure autour de grandes entreprises internationales.

IDÉE 2

Les enjeux du tourisme international

1 Une base fragile de développement

- Le tourisme international est créateur de richesses et d'emplois (première source de devises pour plus d'un tiers des États).
- Le tourisme international reste toutefois une activité très vulnérable (risques d'attentats, aléas naturels...).

2 Le tourisme génère des déséquilibres

- Le caractère saisonnier du tourisme pose problème.
- Les impacts sur les paysages et l'environnement peuvent être conséquents (mitage de l'espace, surfréquentation...).

3 La nécessité d'un tourisme de masse plus durable

- Le tourisme engendre des déséquilibres territoriaux.
- Des formes durables de tourisme se développent : écotourisme, tourisme équitable.

Réviser

Comprendre la notion clé

Le tourisme de masse

1. La photographie illustre-t-elle l'importance des mobilités touristiques ?
2. Quels problèmes environnementaux et humains sont liés au tourisme de masse ?

Tourisme de masse à Porto Rico.

Définir les mots clés

- ☑ Chaîne de valeur
- ☑ Écotourisme
- ☑ Isolat
- ☑ Mitage
- ☑ Tourisme durable
- ☑ Tourisme équitable
- ☑ Tourisme international

Mobiliser ses connaissances

Justifier à l'aide d'exemples

1. Les touristes qui voyagent à l'étranger sont majoritairement issus des pays riches.
→ ***Cours 1*** *p. 228*
2. Les stations balnéaires et de ski nécessitent de lourds investissements.
→ ***Cours 1*** *p. 228*
3. L'essor du tourisme de masse se traduit par de multiples dommages à l'environnement.
→ ***Cours 2*** *p. 230*

Répondre aux questions

1. Quel pourcentage des voyages s'effectue entre pays d'un même continent ?
→ ***Cours 1*** *p. 228*
2. Quels sont les facteurs de vulnérabilité du tourisme international ?
→ ***Cours 2*** *p. 230*
3. Comment peut-on définir le tourisme équitable ?
→ ***Cours 2*** *p. 230*

Réinventer
les mobilités
LYON PART-DIEU
2017 - 2023
Votre pôle d'échanges
multimodal se transforme
Plus d'informations :
www.lyon-partdieu.com/gare
La Région
Auvergne-Rhône-Alpes
GRANDLYON
VILLE DE LYON
SNCF
SYTRAL
Voies
CD
Arrivées

CHAPITRE 11

La France : mobilités, transports et enjeux d'aménagement

De la problématique du document…

Quels aménagements envisager pour développer les mobilités durables ?

1. Quelle est la nature du projet d'aménagements de la gare de Lyon Part-Dieu ?
2. À quels besoins cet aménagement répond-il ?
3. L'aménagement de la gare favorisera-t-il les mobilités durables ? Pourquoi ?

… aux problématiques du chapitre

> **Pourquoi les mobilités réorganisent-elles le territoire français ?**

> **Quels aménagements permettent d'envisager des transports et des mobilités durables ?**

Gare de Lyon Part-Dieu : des aménagements majeurs pour faire face aux nouveaux défis de la mobilité

À l'horizon 2023, la gare de Lyon Part-Dieu sera un pôle d'échanges multimodal complet. TGV, TER, tramways, métro, autocars, moyens de transport « doux », tous les modes de déplacement convergeront en un même lieu. Chaque jour, plus de 120 000 personnes pourront passer d'une mobilité à l'autre.

Cartes
Enjeux

En France, une société de plus en plus mobile ?

1 La France, un réseau de communication ouvert sur l'Europe et le monde

1. La densité des réseaux de communication

⊕ denses ⊖

2. Les axes majeurs de communication

Axe terrestre ⊕ ⊖ important

Grands aménagements

Pont, tunnel existant

Tunnel en construction

3. Les carrefours

⊕ ⊖ importants

4. Les ouvertures mondiales

Dix premiers aéroports européens (2017)

Grands aéroports français (2017)

2 heures de vol au départ de Paris

Dix premiers ports européens (2017)

Source : Port de Rotterdam, données 2014 ; ACI (Airport Council International), 2014.

Cartes interactives
www.lienmini.fr/geo2-25

2 Des mobilités à toutes les échelles

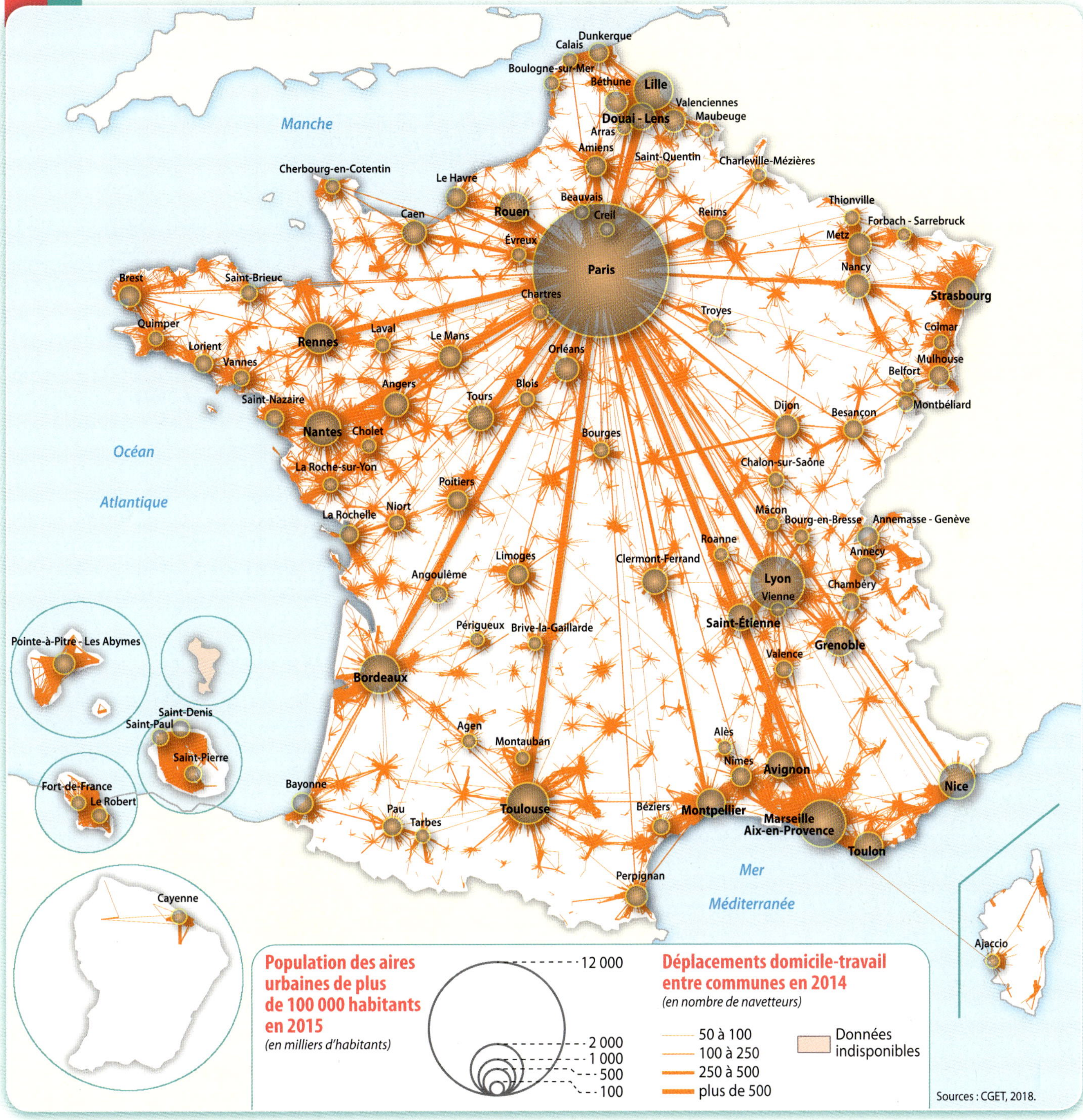

Analyser les cartes

Carte 1

1 Quels réseaux de communication favorisent les mobilités à l'échelle du territoire national ? Du territoire européen ?

2 Montrez que la France est au cœur du dispositif de communication européen.

Carte 2

3 Entre quels pôles urbains français les mobilités à longue distance s'organisent-elles ?

4 Quels types de pôles urbains concentrent les mobilités sur des distances plus courtes ?

Mettre les cartes en relation

À l'aide de ces deux cartes, montrez que les mobilités et les réseaux de communication sont des éléments majeurs de l'organisation du territoire français.

Cours 1

CHIFFRES

Les différentes mobilités

Moyens de déplacement utilisés par les Français (en 2017)
(en % du nombre de déplacements)

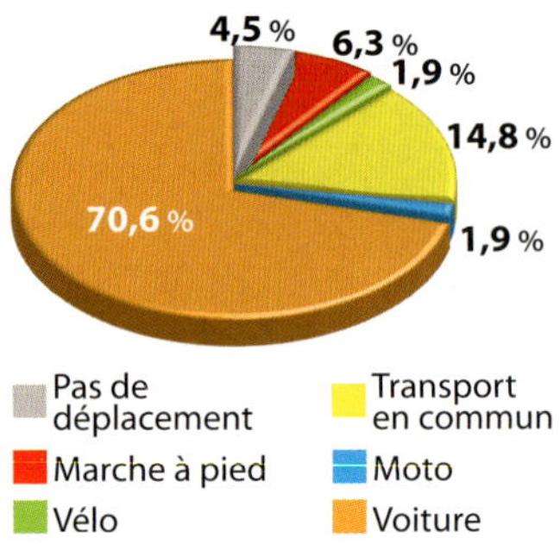

NOTION

Mobilité

3 grandes formes de mobilités

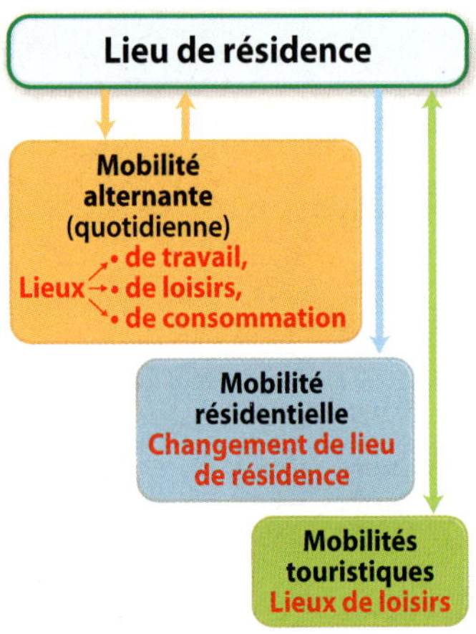

La France, une population hyper mobile

Pourquoi les mobilités réorganisent-elles le territoire français ?

A. Des mobilités à toutes les échelles

- **En France, les mobilités s'amplifient et se diversifient.** Les aménagements qu'elles engendrent contribuent à façonner le territoire. Traversée par des flux de voyageurs en provenance d'Europe du Nord et du Sud, la France est un pays de transit. Trois grands types de mobilités coexistent. → Carte enjeux p. 243

- **Les mobilités quotidiennes** concernent le travail, les loisirs ou la consommation. La voiture permet aux **mobilités alternantes domicile/travail** de s'effectuer sur des distances de plus en plus longues (15 km en moyenne). Elle favorise l'étalement des villes et la **périurbanisation***.
Les mobilités résidentielles (changement de lieu d'habitation) révèlent l'inégale attractivité des territoires. Les Midis, la Côte d'Azur, la côte languedocienne et la façade atlantique captent la majeure partie de la croissance de la population.
Les mobilités touristiques et récréatives élèvent la France au rang de premier pôle touristique mondial. Les touristes se concentrent à Paris, dans les grandes villes, les sites historiques, les littoraux, les stations de sports d'hiver, les parcs de loisirs…

B. Le réseau de transports réduit les distances

- **La modernisation des transports a contracté les distances-temps.** Les transports rapprochent d'abord les plus grandes villes entre elles. Structuré en étoile, le réseau français des lignes ferroviaires à grande vitesse (LGV) rétrécit le territoire à partir de Paris en situant la capitale à deux ou trois heures des métropoles régionales [doc. 1].

- **Le réseau routier** (1 million de km) **et autoroutier** (12 000 km) permet de se rendre facilement d'un point du territoire à un autre. Il favorise aussi la proximité en facilitant les trafics liés aux mobilités quotidiennes entre le centre des grandes villes et leurs périphéries. Dans les plus grandes villes, l'accès au centre est renforcé par les réseaux de transports en commun.

- **Le hub* aéroportuaire de Roissy**, situé au Nord de l'Île-de-France, permet des liaisons directes avec les autres métropoles mondiales. **Plusieurs aéroports régionaux** ont des liaisons internationales. → Carte enjeux p. 243

C. Mobilités et transports polarisent le territoire

- **Le réseau de transports structure le territoire français.** Les grandes villes constituent les principaux nœuds de communications, les différents réseaux s'y croisent. **Les pôles d'échanges multimodaux** connectent divers modes de transports : train, bus, métro… [doc. 2]

- **À l'échelle nationale, trois axes concentrent l'essentiel des flux.** Deux axes européens Nord-Sud passent par la région parisienne et traversent la France : un axe qui conduit de Lille à Biarritz via Bordeaux, un autre qui court du Havre à Marseille via Lyon et le sillon rhodanien. Un troisième axe, qui relie l'Italie à l'Espagne via Nice, Marseille et Montpellier, ouvre le territoire vers l'Europe du Sud.

- **La carte des réseaux de transports traduit les contrastes du territoire français.** Elle oppose les grandes métropoles et les grands axes de transports, supports de flux locaux, régionaux, nationaux et européens, aux espaces de faibles densités en **marge des grands axes** : espaces ruraux et montagneux [doc. 1]. → Carte enjeux p. 242

Définitions

Pôles d'échanges multimodaux
Lieux d'échanges où se connectent différents modes de transports : train, métro, bus, circulations douces...

Distance-temps
Temps nécessaire pour parcourir une distance donnée. Les transports rapides réduisent les distances-temps.

* Lexique p. 284

1 ▶ L'accessibilité du territoire français

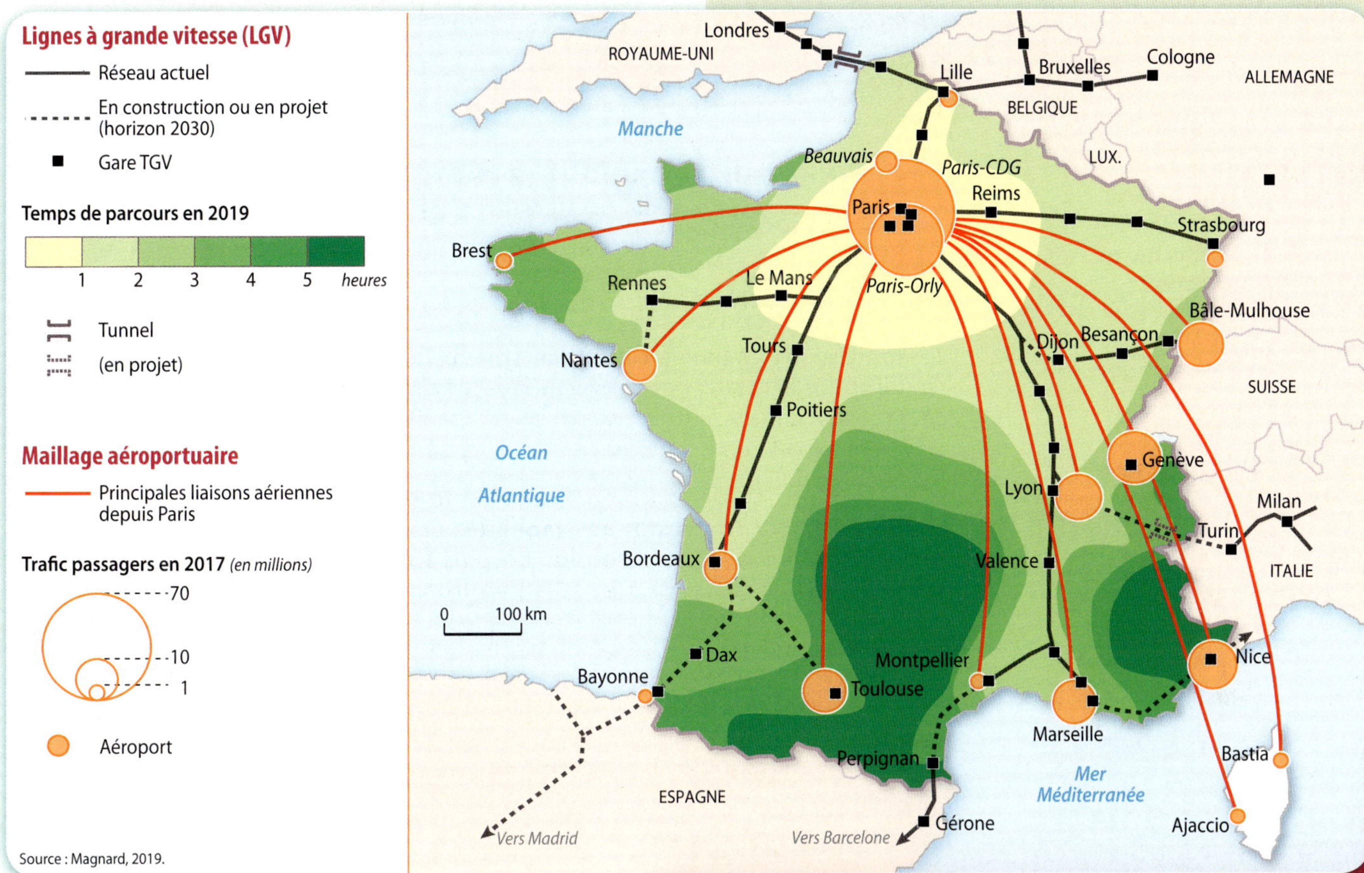

Doc clé

Analyse d'une carte

Lire la carte

1. Quels réseaux de transports sont représentés sur la carte ?

2. Montrez que le réseau ferroviaire de lignes à grande vitesse (LGV) a considérablement modifié les distances -temps. Donnez des exemples.

3. Quels espaces sont en marge des réseaux de communication rapide ?

→ *Utiliser les* ***Repères spatiaux*** *p. 106.*

Comprendre la carte

4. Montrez que le réseau de transports facilite les mobilités, mais qu'il accentue les inégalités entre les territoires de la France.

2 ▶ Projet de pôle multimodal* de la gare de la Rochelle, 2018

Le pôle multimodal doit faciliter les correspondances entre les différents moyens de transport, aussi bien sur le plan urbain que national et international, en offrant des services aux usagers : bus, vélos, location de voitures...
Affiche émise par la communauté d'agglomération de La Rochelle, 2018.

Cours 2

Mobilités et transports, vers des solutions durables

Quels aménagements permettent d'envisager des transports et des mobilités durables ?

CHIFFRES

Les « outils » de la révolution numérique

Équipements utilisés pour se connecter à internet (juin 2017)

42 % smartphone

38 % ordinateur

7 % tablette

A. Adapter les réseaux aux besoins de mobilité

- **La modernisation et l'entretien des réseaux** optimisent leur efficacité. **Le maillage autoroutier** et les grandes **infrastructures ferroviaires** permettent de mieux relier la France à ses voisins européens. Ainsi, le réseau LGV s'étend vers le nord avec les trains *Thalys*, le Royaume-Uni est accessible via l'*Eurostar* par le tunnel sous la Manche, tandis que le tunnel ferroviaire Lyon-Turin stagne à l'état de projet [doc. 1].
- **Les acteurs des transports** adaptent leurs offres aux besoins accrus de mobilités, en cherchant à réduire les coûts : réseau *Ouigo* (SNCF), lignes aériennes low-cost* *(Ryanair, Easy-Jet...)* [doc. 5].
- **Cependant, les grands projets d'aménagement** sont confrontés à des oppositions de plus en plus nombreuses. Ces infrastructures sont suspectées d'être à l'origine de nuisances, tandis que leur utilité fait débat : c'est le cas par exemple pour l'aéroport de Notre-Dame-des-Landes en Loire-Atlantique, le grand contournement ouest de Strasbourg ou les futures lignes LGV. → Débat p. 250

B. Promouvoir des mobilités durables : une nécessité

- **Le transport routier participe à hauteur de 70 %** au réchauffement climatique par l'émission des gaz à effet de serre alors que le bruit et les émissions de particules dans l'air affectent la santé des citadins.
- **Les villes peuvent limiter la circulation des véhicules les plus polluants** par l'intermédiaire des **Plans de Déplacement Urbain (PDU)** intégrés aux Plans Locaux d'Urbanisme* (PLU). La plupart favorisent les transports en commun (métro, tramway...) et les **mobilités douces**. → Dossier p. 248
- **Dans les périphéries urbaines et les territoires ruraux**, la dépendance vis-à-vis de l'automobile reste forte et les solutions alternatives sont limitées. Grâce aux **outils numériques**, le co-voiturage se développe. Demain, le véhicule autonome et connecté permettra des mobilités partagées [doc. 3].

C. De nouvelles formes de mobilités grâce au numérique

- **La France a connu une véritable révolution numérique** avec la diffusion de nouveaux **outils numériques** : téléphones mobiles, Internet... Les effets de la **transition numérique** sur nos modes de vie et sur l'organisation des mobilités et des territoires sont très importants.
- **L'Internet à très haut débit et les réseaux numériques** offrent la possibilité de limiter les déplacements par le développement du **télétravail** ou l'accès à distance à de nombreux services aujourd'hui dématérialisés (presse, administrations, médecins...). Les **plateformes numériques*** accroissent les flux du commerce en ligne et des livraisons à domicile, tout en réduisant les déplacements des consommateurs.
- **Les réseaux numériques renforcent les contrastes territoriaux** plus qu'ils ne les atténuent. Les zones de très fortes densités bénéficient des réseaux les plus performants. Elles sont hyper connectées, à l'inverse des espaces peu denses parfois transformés en **zones blanches***. Le rôle de l'État et des collectivités territoriales s'avère majeur pour lutter contre ces **disparités** [doc. 4].

Définitions

Mobilités douces
Regroupe les modes de transport jugés moins nuisibles à l'environnement, notamment dans l'espace urbain : marche à pied, vélo, tramway...

Plan de déplacement urbain (PDU)
Document de planification qui détermine les actions à mettre en œuvre pour répondre au défi de la mobilité urbaine durable.

Révolution numérique
Généralisation des nouvelles technologies d'information et de communication (TIC) qui font circuler très rapidement les connaissances et l'information (ex. : Internet).

Télétravail
Activité professionnelle exercée à distance grâce aux outils de télécommunication.

* Lexique p. 284

3 ▶ À la Réunion, une start-up facilite les mobilités

À la Réunion, 95 % des déplacements se font en voiture et 80 % des automobilistes sont seuls dans leur véhicule. Les embouteillages quotidiens et la pollution induite par le nombre de voitures sur les routes a poussé la région, qui compte 850000 habitants, à s'intéresser au co-voiturage.

Après avoir répondu à un appel d'offres cette année, la start-up parisienne *Karos*, qui fournit une solution de mobilité peu coûteuse dans des endroits peu ou mal desservis par les transports en commun, a été choisie par la Région Réunion pour déployer son offre de co-voiturage courte-distance sur l'ensemble de l'île.

Concrètement, la société va permettre à la collectivité d'adapter l'offre qui s'affichera dans l'application mobile aux couleurs du territoire. « Les Réunionnais vont profiter des différents avantages mis en place par la région. *Karos* est souvent proposé au même tarif que le bus » souligne le cofondateur de *Karos*. [...]

Anaëlle Grondin, © *Les Échos*, 23 novembre 2017.

4 ▶ Territoires couverts par le réseau 4G (2017)

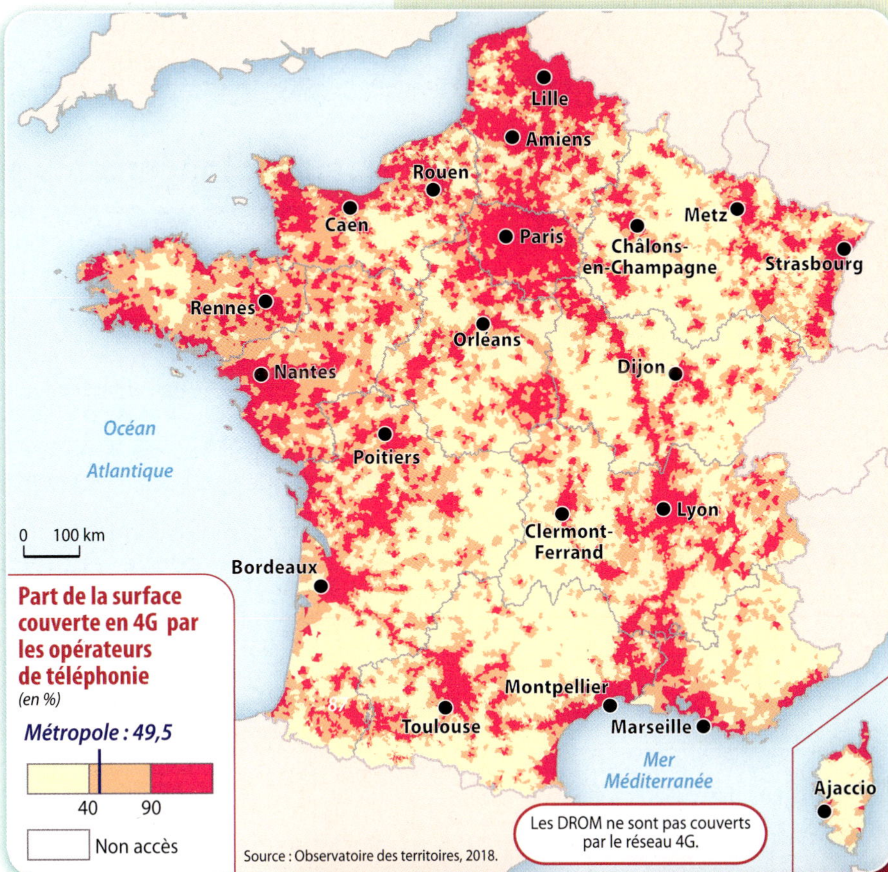

Doc clé

Analyse d'une carte

Lire la carte

1. Quel réseau numérique est représenté sur la carte ?
2. Décrivez la répartition du réseau sur le territoire. À quoi correspondent les zones très bien couvertes ?

→ *Utilisez les **Repères spatiaux** p. 180*

3. À quoi correspondent les zones blanches ?

Comprendre la carte

4. Comparez les documents 1 et 4. Quels contrastes territoriaux révèlent-ils ?

5 ▶ Le low-cost gagne le réseau LGV de la SNCF

L'objectif est de réduire la distance-temps tout en favorisant les mobilités à moindre coût.
Affiche de la SNCF, avril 2017.

DOSSIER

POUR APPROFONDIR

UN ENJEU MAJEUR POUR STRASBOURG :

développer des mobilités durables

- Pour relever le défi des mobilités, Strasbourg aménage son espace urbain afin de limiter les déplacements automobiles.
- Les incitations aux changements de comportements des usagers en matière de mobilités ont pour but de faire de Strasbourg une ville durable et de l'engager dans la transition environnementale.

Quels aménagements de l'espace urbain pour favoriser les mobilités durables ?

1 ▶ Strasbourg, une offre de transports variée et durable

Strasbourg, confrontée aux enjeux de la mobilité urbaine, a mis en place depuis longtemps une politique volontariste de transports en commun, de services, d'intermodalité* et de réduction globale de l'utilisation de la voiture en ville.

Vidéo

Reportage

Les enjeux de la mobilité à Strasbourg
BFM TV, 2'52", juin 2018
www.lienmini.fr/geo2-26

Fiche d'étude vidéo imprimable
www.lienmini.fr/geo2-27

2 ▶ Toutes les mobilités à Strasbourg

Les Strasbourgeois restent les champions du vélo. Le vélo représente près de 18 % des déplacements dans le centre et 10 % dans l'ensemble de la ville.

Les habitants circulent aussi en tramway. La Compagnie des transports strasbourgeois (CTS), qui exploite 6 lignes de tramways et 27 lignes de bus, assure 442000 voyages par jour.

Alors que la métropole compte passer en zone à faibles émissions, les transports en commun montrent l'exemple. Les bus roulent majoritairement au gaz naturel, mais c'est une solution transitoire. Les premiers bus électriques devraient rouler en 2019.

La CTS a une filiale pour la location de vélos, *Vélhop*, créée en 2010, antithèse du Vélib parisien. Strasbourg a opté pour la location à la demi-journée ou à la journée. *Vélhop* privilégie le contact car s'il y a une vingtaine de stations pour louer son vélo, on peut aussi passer par des boutiques.

Mais la voiture n'est pas enterrée. Contesté, le grand contournement routier de Strasbourg[1] a reçu l'aval du gouvernement. Même s'il prévoit une voie dédiée aux bus et aux véhicules en covoiturage, le projet suscite de très fortes oppositions.

Olivier Cognasse, *L'Usine Nouvelle*, n° 3585, novembre 2018.

1. Contournement autoroutier de Strasbourg par l'Ouest d'une longueur de 24 km.

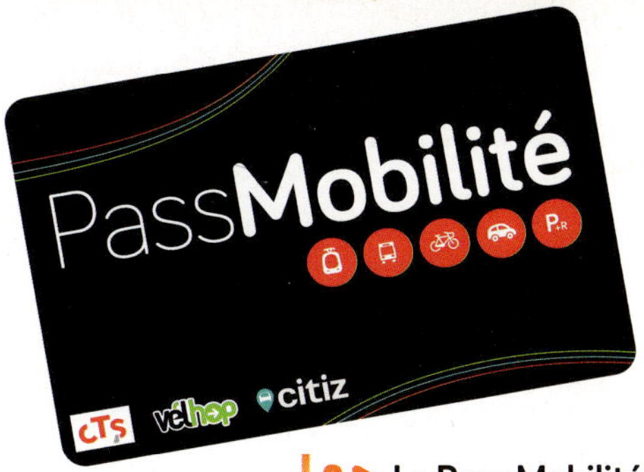

3 ▶ Le Pass Mobilité

Il facilite l'intermodalité en donnant accès à toutes les solutions de mobilité de Strasbourg : bus, tramway, vélo, auto-partage...

4 ▶ Strasbourg championne des mobilités douces*

TRAMWAY
- 1er réseau de France
- 90 stations
- 6 lignes dont 1 ligne transfrontalière

VÉLO
- 1er réseau cyclable de France
- 4e ville cyclable au monde
- 600 km de pistes cyclables
- 6 000 vélos en location
- 310 000 vélos chez les particuliers

VOITURE
- 110 véhicules en auto-partage

Prolonger le cours

Documents 1, 2 et 4

1. Relevez et classez les différents types de mobilités douces disponibles à Strasbourg.

Documents 3 et 5

2. Quels aménagements et quels services facilitent les mobilités ?

Documents 2 et 5

3. Tous les choix d'aménagements vont-ils dans le sens de la transition environnementale ?

SYNTHÈSE

Expliquez en quoi Strasbourg agit pour offrir des mobilités douces et être une ville durable.

5 ▶ *Yea*, des voitures en libre-service sans réservation

Une voiture en auto-partage évite l'utilisation de neuf voitures de particuliers.

« La nouvelle route du littoral : aménagement vital ou catastrophe environnementale pour la Réunion ?

Acteur pour

La région Réunion

L'île de la Réunion est constituée de volcans élevés. Les déplacements sont difficiles car le réseau de communication est essentiellement situé en bordure du littoral. La Région Réunion a entrepris d'aménager une nouvelle route en partie édifiée sur l'eau.

Un aménagement indispensable pour l'île

Une route littorale sécurisée

La région Réunion a engagé, depuis fin 2013, le chantier de la nouvelle route du littoral (NRL).

Le premier enjeu de cette construction est de mettre fin à une situation d'insécurité permanente pour les dizaines de milliers de professionnels et de particuliers qui empruntent chaque jour cet axe vital pour la Réunion.

L'importance que revêt cette liaison stratégique pour notre économie exigeait la réalisation d'un nouvel axe de circulation totalement sécurisé.

L'actuelle route du littoral est constamment menacée par les chutes de pierres de la falaise. Les 450000 mètres carrés de filets déployés depuis des années par l'État et la Région ont contribué à limiter les risques mais sont sans effet contre les grands effondrements, comme celui, dramatique, du 24 mars 2006, qui a coûté la vie à deux Réunionnais. Tous les experts qui ont travaillé sur ce dossier ont conclu qu'il n'était possible ni de prévoir, ni d'anticiper ces phénomènes ; la seule option demeure celle d'abandonner la route actuelle au profit d'une nouvelle liaison sécurisée.

Image de synthèse du projet de la nouvelle route du littoral

Un projet qui favorise le développement durable

Le choix du tracé maritime pour la NRL résulte de 20 ans d'études, de consultations et de débats publics. Tous les experts se sont accordés sur cette solution comme étant la meilleure aux plans technique, financier et environnemental. La NRL va également contribuer à la transition vers le développement de transports collectifs modernes et performants grâce à la possibilité qu'elle offre d'intégrer les bus, un mode ferroviaire léger, mais aussi une piste cyclable pour inciter aux déplacements doux.

Édito de la région Réunion, nouvelleroutedulittoral.re, janvier 2018.

Je prépare le débat

ANALYSER LES ARGUMENTS DE LA RÉGION RÉUNION

1. Présentez le projet de nouvelle route du littoral.
2. Quel est l'acteur principal de ce projet ?
3. Comment justifie-t-il cet aménagement ?
4. Quel argument est particulièrement mis en avant ?

ANALYSER LES ARGUMENTS DE MR. MONDIALISATION

5. Présentez l'acteur opposé au projet de nouvelle route du littoral.
6. Quelles sont les critiques faites par les auteurs de ce texte au projet de la NRL ?
7. Quel argument mis en avant par la Région n'est pas évoqué ici ?

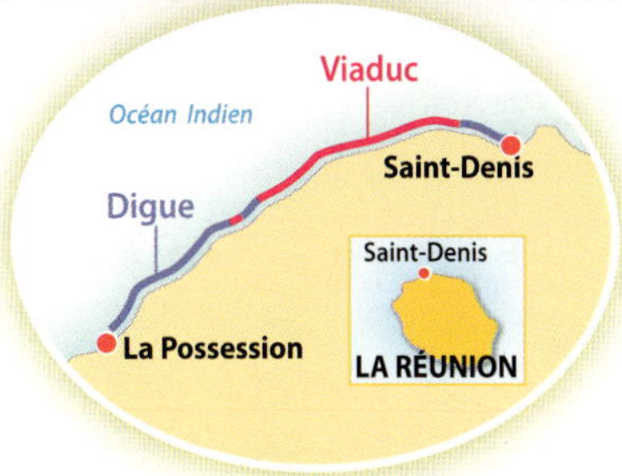

Contexte : le projet de la nouvelle route du littoral (NRL), porté par la Région Réunion et lancé à la fin de l'année 2013, prévoit la construction d'une route en viaduc longue de 12,5 kilomètres.

Mr Mondialisation

est un groupe de réflexion écologiste très actif sur les réseaux sociaux. Il aborde les grands débats sur des sujets internationaux et locaux, comme les aménagements.

Acteur contre

Un aménagement coûteux et néfaste pour le littoral de l'île

Une menace pour le littoral de l'île

La Réunion : ses plages, ses cirques, ses forêts, ses requins, son volcan… et ses carrières, qui risquent de se multiplier pour fournir les 18 millions de tonnes de roches nécessaires à la construction de la NRL.

Les carrières sont accusées de provoquer de lourds dégâts environnementaux en plus de la pollution acoustique due aux tirs de dynamites. Les coraux (déjà très affaiblis), les grands dauphins, les baleines à bosse et de nombreuses espèces d'oiseaux risquent d'être impactés, en plus de la flore remarquable de l'île.

Les cétacés, les tortues et les oiseaux, pour certains protégés, risquent de voir leurs sites de reproduction ou de repos détruits ou dégradés par les carrières et les chantiers.

Un aménagement très coûteux

Ce projet gigantesque ferait de la NRL la route la plus chère de France, et l'une des plus chères au monde : 133 millions d'euros par kilomètre pour 13 kilomètres de route, soit un coût total officiel de 1,7 milliard d'euros. Une somme colossale qui devrait bénéficier en majorité aux deux géants du BTP *Vinci* et *Bouygues*, qui ont remporté l'appel d'offres en octobre 2013. De son côté, la Cour régionale des Comptes a estimé que le coût final pourrait atteindre près de 2 milliards d'euros, hors imprévus. Certains experts (architectes, ingénieurs BTP…) estiment que le coût réel s'approchera plutôt des 2,5 à 3 milliards en raison des probables aléas de chantier.

« Nouvelle Route du Littoral : un projet pharaonique sous les tropiques », *mrmondialisation.org*, 19 août 2015.

Première grande mobilisation à Bois Blanc contre l'exploitation des carrières destinées à approvisionner le chantier de la NRL

En juin 2015, environ 4 000 manifestants se sont réunis pour s'opposer au projet de la nouvelle route du littoral.

oral

Le débat

DIVISEZ LA CLASSE EN TROIS GROUPES :

- le 1er groupe argumente en faveur du projet d'aménagement de la nouvelle route du littoral ;
- le 2e groupe est pour l'abandon du projet ;
- le 3e groupe écoute les arguments, peut poser des questions, puis désigne celui qui a été le plus convaincant.

Chaque groupe élit un porte-parole qui sera chargé de synthétiser en un temps limité la position de son groupe.

APRÈS LE DÉBAT

À la fin de la discussion et à partir des arguments présentés, montrez comment l'aménagement des mobilités peut être pensé en termes de développement durable.

PRÉPARER LE BAC 27

Méthode BAC : p. 278-279

Analyse de documents

CAPACITÉS

- Lire et comprendre des documents
- Produire un écrit construit et argumenté

Analyser une carte topographique et un texte

Sujet Montrez que les réseaux de transports sont un des facteurs de localisation des activités

Doc. 1 ▶ Savigny-sur-Clairis

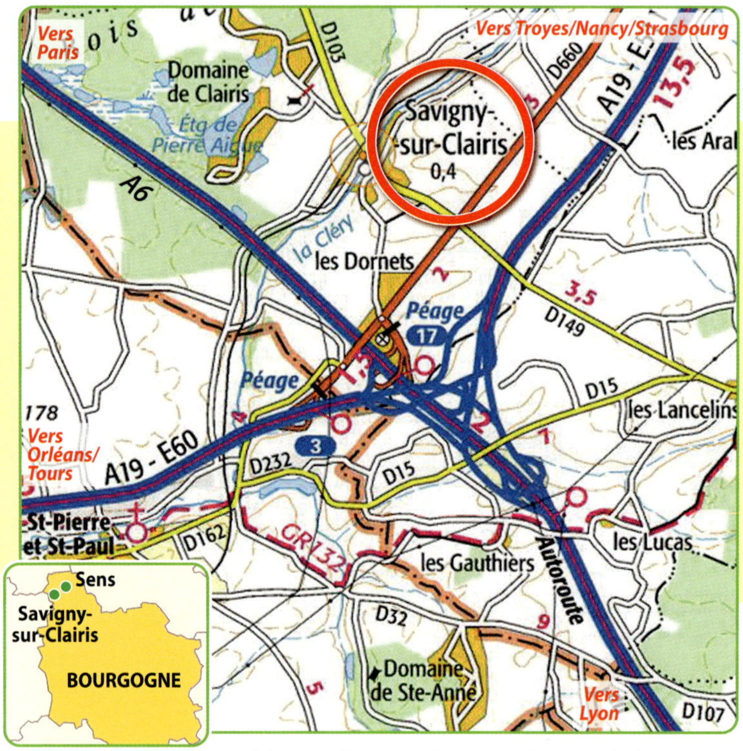

Extrait de la carte IGN Auxerre/Montargis n° 128 à l'échelle 1/100 000

Doc. 2 ▶ Dachser et Amazon choisissent la Bourgogne

La plate-forme logistique de Savigny-sur-Clairis, en Bourgogne, a accueilli l'entreprise allemande Dachser spécialisée dans la messagerie, le transport et la logistique.

Dachser a choisi le site de Savigny-sur-Clairis car il répondait à plusieurs critères : une zone d'activité, des locaux disponibles sur 30 000 m², la proximité de l'autoroute A6, à une centaine de kilomètres des clients parisiens.

Cette implantation bourguignonne devrait conforter la place de Dachser en tant qu'acteur majeur de la logistique européenne.

Après l'installation d'Amazon à Chalon-sur-Saône, de Massa Pneu à Beaune, celle de Dachser vient de confirmer la position géographique stratégique de la Bourgogne.

Agence économique régionale de Bourgogne-Franche-Comté, *aer-bfc.com*, 2016.

ÉTAPE 1 — Identifier les documents

1. ▶ Doc. 1
   - Quelle est sa nature ?
   - Quelle est son échelle ? Couvre-t-elle un vaste territoire ?
   - Localisez Savigny-sur-Clairis en Bourgogne et en France.
2. ▶ Doc. 2
   - Quelle est sa source ?
   - Définissez les termes « plate-forme logistique » et « logistique ».

   → *Utilisez le* ***lexique*** *p. 284.*
3. Quel est le thème abordé par les deux documents ?

ÉTAPE 2 — Analyser les documents

▶ Doc. 1

4. Quels réseaux de communication traversent la région ? Quelles villes relient-ils ?
5. Localisez l'échangeur autoroutier par rapport à Savigny-sur-Claris.
6. Quels sont les avantages de cette situation géographique ?

▶ Doc. 2

7. Quelles entreprises sont implantées en Bourgogne ?
8. Pourquoi ont-elles choisi ce lieu ?
9. Quelle information apporte la phrase surlignée en jaune ?

Rédiger la réponse au sujet

À l'aide du travail effectué sur les documents, rédigez la réponse au sujet en utilisant les mots et expressions suivants :

- *aménagement*
- *logistique*
- *localisation*
- *activités de transports*
- *échangeur routier*
- *grandes firmes (Amazon, Massa Pneu, Dachser)*
- *réseau autoroutier*
- *zone d'activité*
- *position stratégique*
- *échange*
- *nœud de communication*

PRÉPARER LE BAC 28

Méthode BAC : p. 278-279

Analyse d'un document

CAPACITÉS

- Lire et comprendre un document
- Produire un écrit construit et argumenté

Analyser une affiche

Sujet Pourquoi la question des mobilités durables est-elle un enjeu majeur pour les espaces urbains ?

▶ « Semaine européenne de la mobilité »

Conseils

- Lisez tous les éléments de texte puis identifiez le slogan.
- Observez bien les différents modes de transport représentés sur l'affiche.

ÉTAPE 1 — Identifier l'affiche

1. Quels sont le titre et la date de l'affiche ?
2. Qui est à l'origine de cette affiche ?
3. À qui s'adresse-t-elle ? Relevez les principaux messages des textes.
4. Quels types d'images sont insérés dans l'affiche ?

ÉTAPE 2 — Analyser l'affiche

5. Quelle politique des transports et des mobilités la métropole Troyes-Champagne conduit-elle à travers cette affiche ?
6. Expliquez le slogan : « Bougez autrement ». Quels modes de déplacement sont mis en valeur sur l'affiche ?
7. Les incitations portées par cette affiche s'inscrivent-elles dans une logique de développement durable ?

ÉTAPE 3 — Exercer un regard critique sur l'affiche

8. Existe-t-il d'autres modes durables de déplacement qui ne sont pas évoqués par cette affiche ?

Rédiger la réponse au sujet

À l'aide du travail effectué sur l'affiche, répondez au sujet.

PRÉPARER LE BAC 29

Méthode BAC : p. 278-279

➘ Analyse de documents

CAPACITÉS

- Lire, comprendre et exercer un regard critique sur des documents
- Produire un écrit construit et argumenté

➘ Analyser une couverture de magazine et un texte

Sujet L'accès aux réseaux numériques, des disparités sociales et spatiales ?

Doc. 1 ▶ Affiche des Journées de la ruralité de la communauté des communes Sud Avesnois (Hauts-de-France), 2017

Doc. 2 ▶ Une couverture numérique qui présente toujours des zones blanches*

La couverture numérique, alors qu'elle devrait représenter une clé pour répondre à la raréfaction des services dans les zones rurales, amplifie au contraire ces écarts : elle demeure étroitement corrélée à la densité de population. Malgré une amélioration de l'accès au Très Haut Débit (THD), de très importantes disparités demeurent entre territoires denses et peu denses. En 2016, en Bourgogne-Franche-Comté, 36 % des habitants étaient éligibles au THD, en Corse 25 %, contre près de 75 % en Île-de-France.

Mais l'enjeu de la transformation numérique concerne également la fréquence des pratiques. Or, les territoires ruraux, comme les villes petites et moyennes, accusent un certain retard en termes de compétences numériques de leurs habitants, souvent plus âgés. Dans les unités urbaines de moins de 100000 habitants et dans les communes hors unités urbaines, seuls 60 % des habitants disent profiter des possibilités ouvertes par les nouvelles technologies, soit 20 points de pourcentage en moins que dans l'agglomération parisienne.

Rapport du CGET (Commissariat général à l'égalité des territoires, ministère de la cohésion des territoires), juillet 2018.

ÉTAPE 1 — Identifier les documents

1. Quelles sont la date et la source des deux documents ?
2. Quels sont les thèmes abordés par les deux documents ?
3. À qui s'adresse le document 1 ?

Conseil

- Observez le titre et les images insérées dans l'affiche.

ÉTAPE 2 — Analyser les documents

▶ **Doc. 1**

4. Quel aspect de la question du numérique ce document met-il en évidence ?
5. Pourquoi a-t-on représenté des racines sous le village et des réseaux au-dessus ?

▶ **Doc. 2**

6. Expliquez l'expression « zone blanche ».
   → *Utilisez le* ***lexique*** *p. 284.*
7. Le texte présente-t-il la même situation que celle du document 1 ?
8. Pourquoi peut-on parler de fracture numérique dans les espaces ruraux ?

Rédiger la réponse au sujet

Rédigez la réponse au sujet en l'organisant en deux paragraphes et en utilisant les mots et expressions suivants :

espaces ruraux • réseaux numériques • zones de faibles densités de population • vieillissement de la population rurale • couverture du territoire • compétences numériques, fracture numérique • disparités territoriales • zones blanches

VÉRIFIER SES CONNAISSANCES

Chapitre 11 • La France : mobilités, transports et enjeux d'aménagement

Retenir les idées fortes du cours

IDÉE 1

La France a une population hyper mobile

1 Des mobilités à toutes les échelles
- Les mobilités s'amplifient et se diversifient.
- Les mobilités alternantes domicile/travail s'effectuent sur des distances de 15 km en moyenne.

2 Le réseau de transports réduit les distances
- Les LGV situent Paris à deux ou trois heures des métropoles régionales.
- Les réseaux routiers (1 million de km) et autoroutier (12 000 km) connectent l'ensemble du territoire.

3 Mobilités et transports polarisent le territoire
- Trois axes majeurs concentrent l'essentiel des flux.
- D'importants contrastes territoriaux subsistent.

IDÉE 2

Vers des solutions durables de mobilités ?

1 Adapter les réseaux aux besoins de mobilité
- Les réseaux ferroviaires et autoroutiers relient la France à ses voisins européens : *Thalys*, *Eurostar*...
- Cependant, certains projets suscitent débats et oppositions.

2 Promouvoir les mobilités durables
- Le transport routier participe à hauteur de 70 % au réchauffement climatique.
- Les villes favorisent désormais les mobilités douces.

3 Le numérique, de nouvelles formes de mobilités
- La transition numérique transforme les mobilités : télétravail, plateformes numériques...

Réviser

Comprendre la notion clé

Mobilité douce

1. Quelles formes de mobilité douce la photographie met-elle en avant ?
2. Quelles autres formes de mobilité douce sont envisageables dans les pôles urbains ?

Velomagg, communauté d'agglomération de Montpellier (2019)

Définir les mots clés

- ☑ Disparités spatiales
- ☑ Mobilité
- ☑ Mobilité douce
- ☑ Pôles d'échanges multimodaux
- ☑ Réseaux de transports
- ☑ Révolution numérique

Mobiliser ses connaissances

Reproduisez et complétez le schéma fléché à l'aide des mots-clés soulignés.

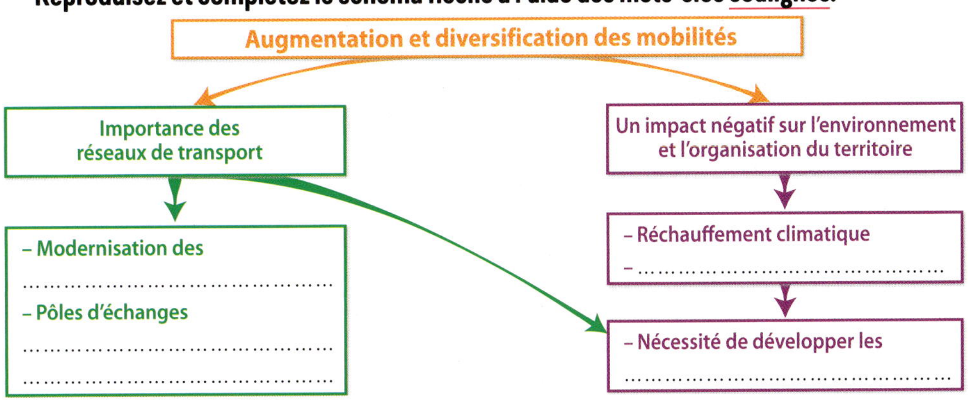

THÈME CONCLUSIF 4

L'Afrique australe : un espace en profonde mutation

Gaborone, capitale du Botswana, offre le visage d'une ville moderne en profonde mutation

Cette passerelle au-dessus de la gare centrale constitue une vitrine de la croissance de l'économie du Botswana, fondée sur les richesses minières et touristiques. Les modes vestimentaires et de consommation visibles ici témoignent de l'intégration de ce pays dans la mondialisation, à l'instar des autres États de l'Afrique australe.

Cours

REPÈRES SPATIAUX

Afrique, Afrique australe

1 ▶ Le continent africain : relief, États, villes

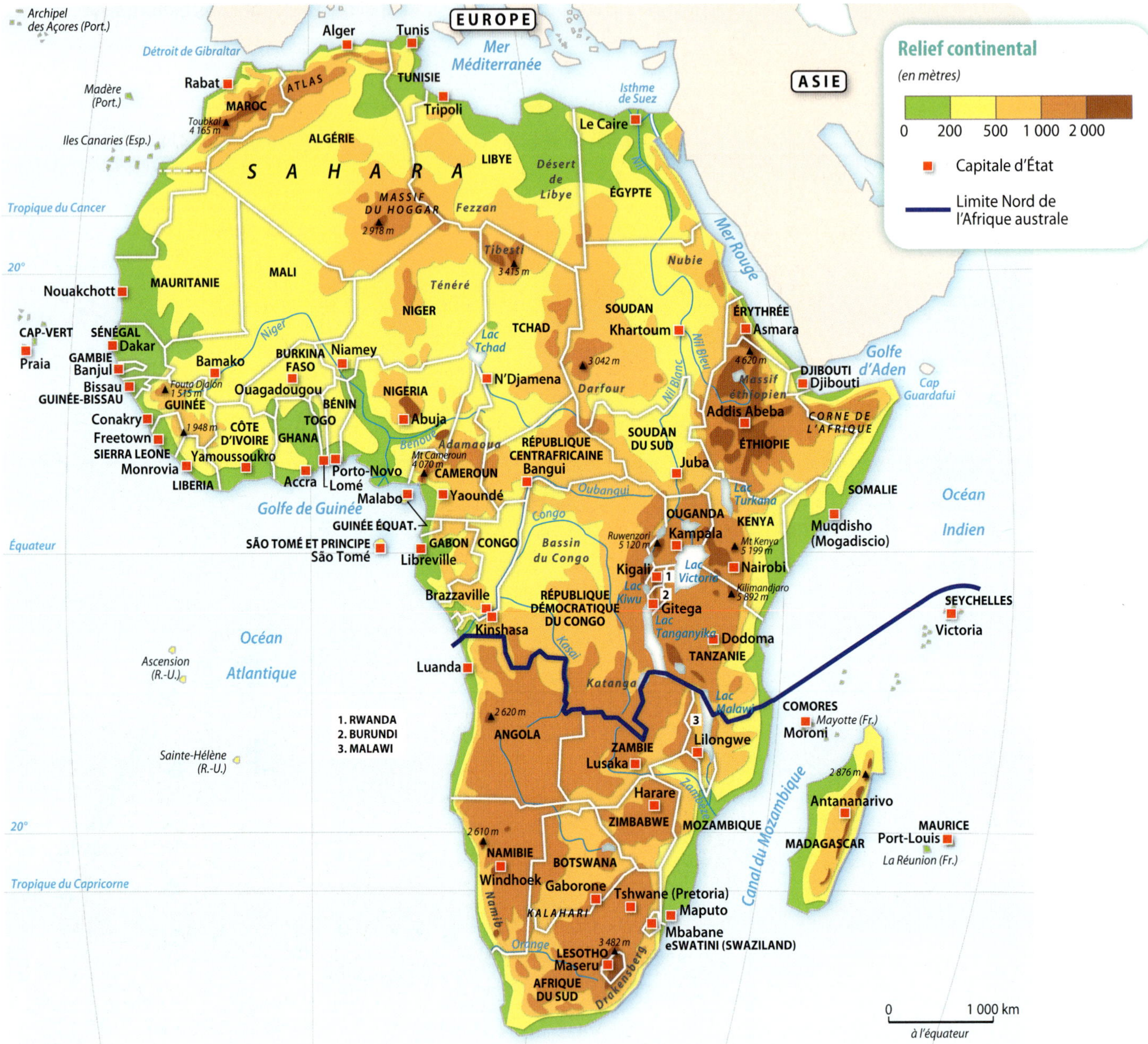

Principaux repères à connaître

Reliefs	Grands fleuves	États		Grandes villes
• Atlas • Sahara • Bassin du Congo • Kalahari • Drakensberg	• Nil • Congo • Niger • Zambèze	• Maroc • Algérie • Tunisie • Égypte • Niger	• Nigeria • République démocratique du Congo • Afrique du Sud • Madagascar	• Le Caire • Lagos • Kinshasa

Cartes interactives
www.lienmini.fr/geo2-52

2 ▶ Les domaines climatiques

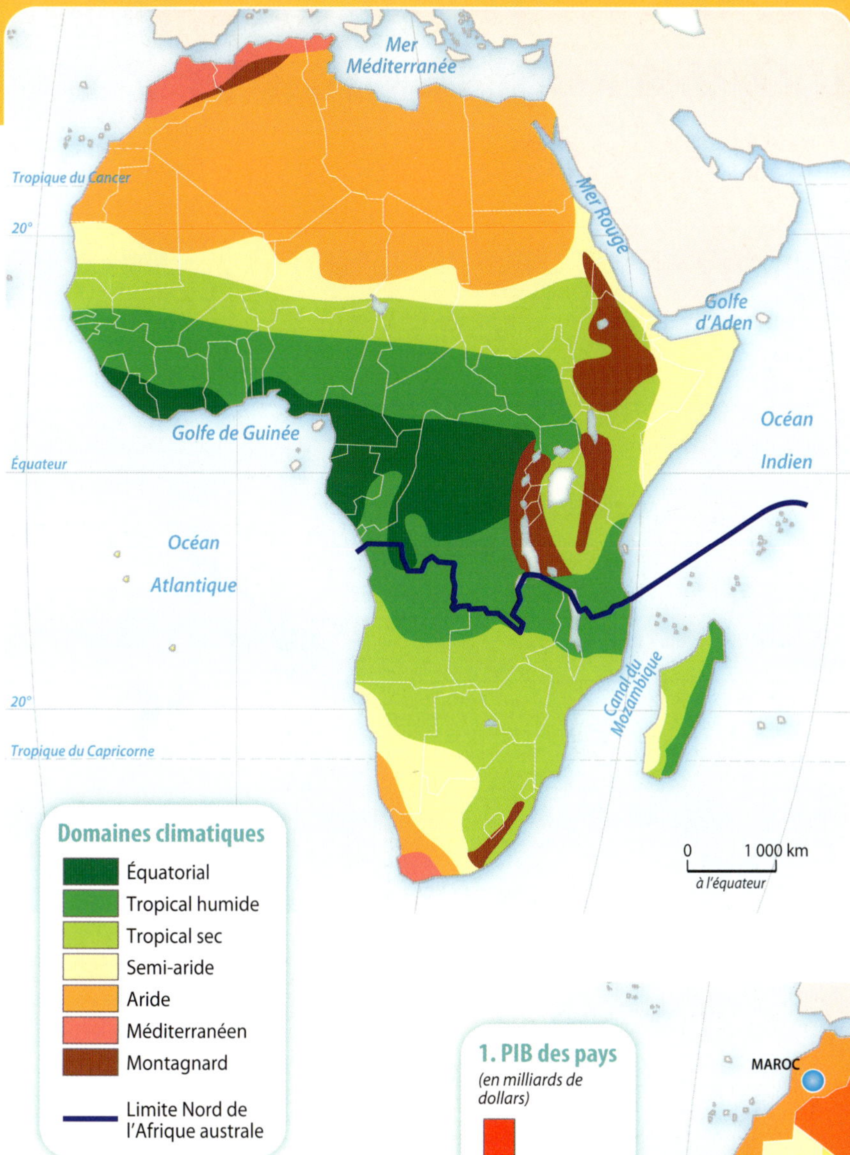

Principaux repères à connaître

Deux Afriques climatiques
- Afrique tropicale humide
- Afrique sèche

3 ▶ Les disparités de richesses

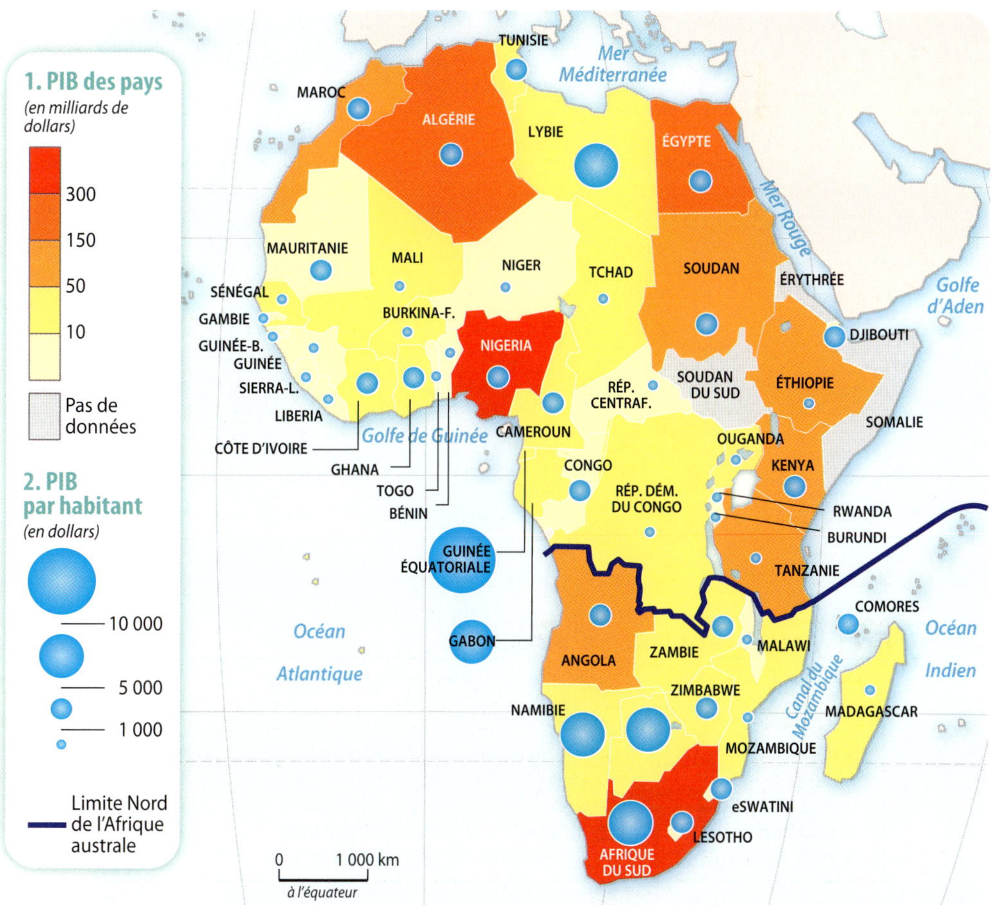

Principaux repères à connaître

Les puissances « régionales »
- Algérie
- Égypte
- Nigeria
- Afrique du Sud

Cartes Enjeux

En quoi l'Afrique australe illustre-t-elle le monde en transition ?

1 Un environnement sous pression

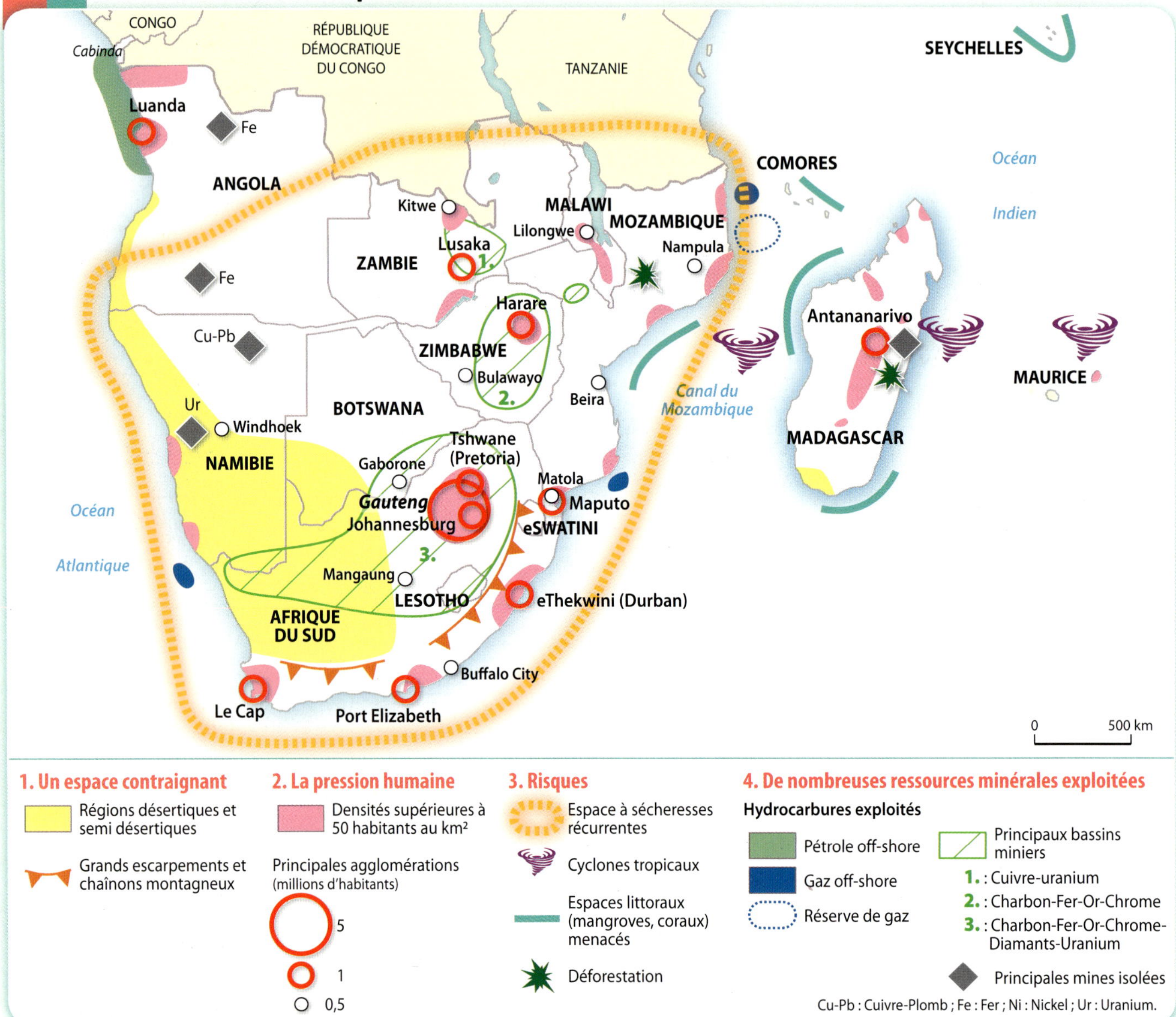

Analyser les cartes

Carte 1

1 Citez les ressources minérales de l'Afrique australe.

2 Quelles pressions sont exercées sur l'environnement ?

Carte 2

3 Quelles sont les inégalités territoriales présentées par la carte ?

4 Comment cette grande région du continent africain tente-t-elle de s'insérer dans le marché mondial pour impulser son développement ?

Carte 3

5 Quels sont les pays de départ et d'arrivées des migrations internationales ?

6 Pourquoi l'Afrique du Sud peut-elle être qualifiée de « pôle d'attraction migratoire » ?

Mettre les cartes en relation

D'après ces cartes, en quoi l'Afrique australe illustre-t-elle le monde en transition ?

Cartes interactives
www.lienmini.fr/geo2-53

2 Inégalités territoriales et défis de développement

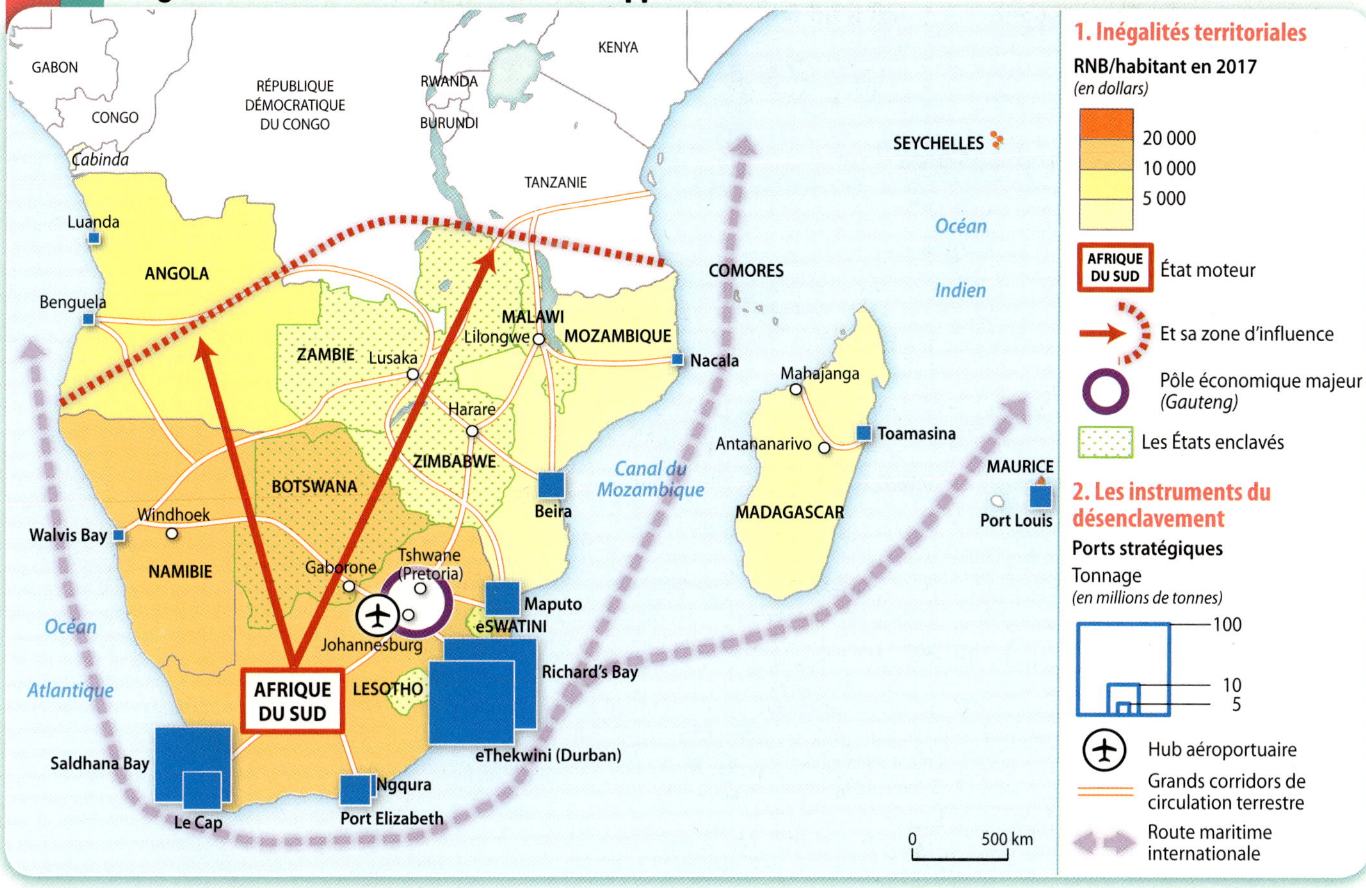

3 Les dynamiques migratoires

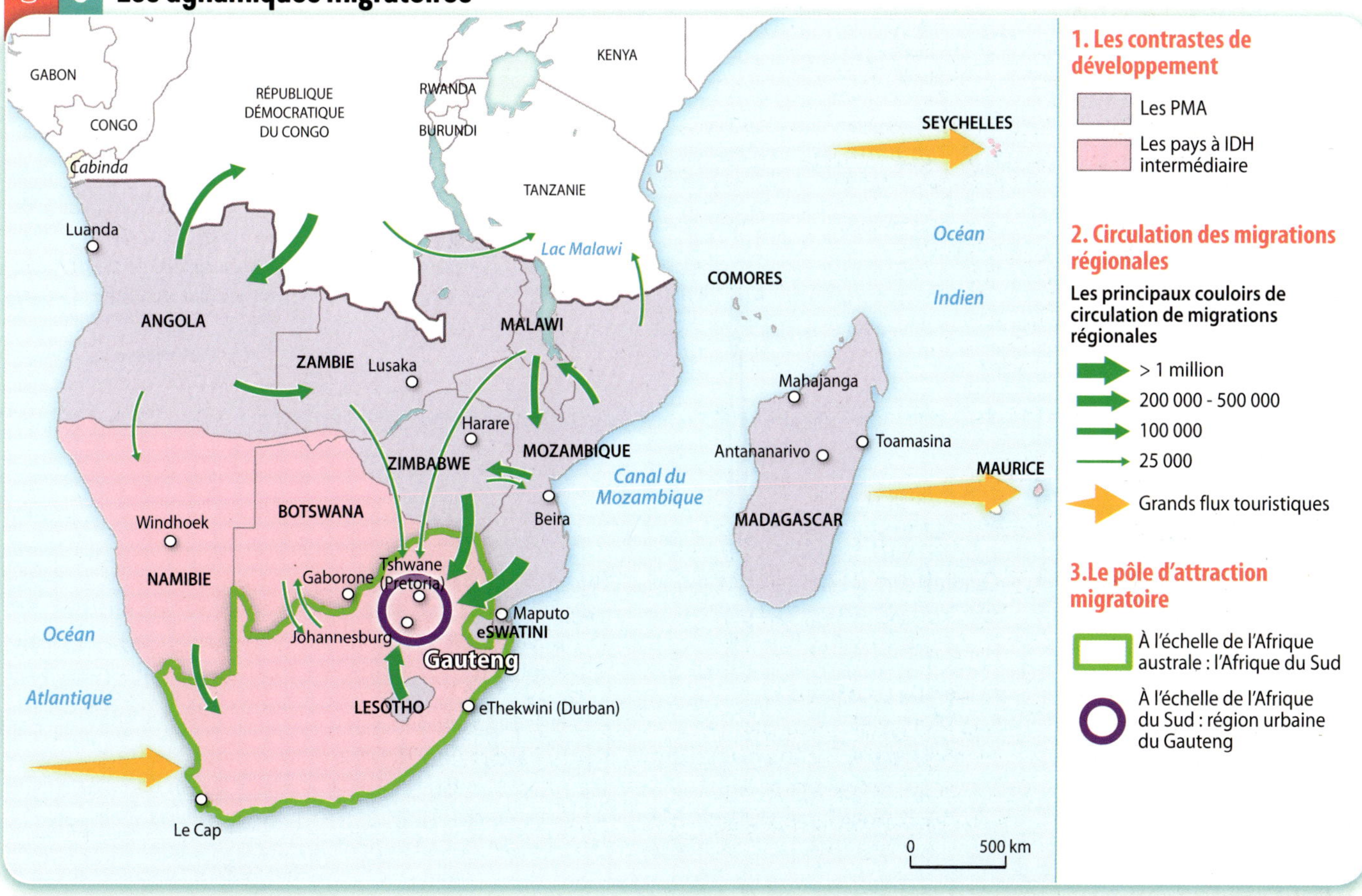

Cours 1

Afrique australe, des milieux à valoriser et à ménager

Pourquoi une transition environnementale est-elle nécessaire en Afrique australe ?

A. Des richesses paysagères et minières

- **L'Afrique australe combine altitude, horizontalité et reliefs grandioses** [doc. 2]. D'immenses plateaux élevés, couverts de **steppes à épineux***, de **savanes*** ou de forêts claires, sont séparés des plaines océaniques par des **hautes terres** : Drakensberg (3 450 m), chaînons du Karoo, monts Damara. Les **déserts littoraux** atlantiques contrastent avec les **plages sableuses**, les **côtes à coraux**, les **mangroves*** bordant l'océan Indien. Au Sud, le littoral de type méditerranéen est bordé de maquis (*fynbos*). → Repères spatiaux p. 258

- **Les richesses minières sont considérables,** sauf dans les îles. L'extraction du pétrole reste concentrée (Angola), mais ailleurs, depuis la découverte de l'or en Afrique du Sud (1886), **l'exploitation minière a structuré l'organisation de l'espace**. Grâce au charbon et au minerai de fer, l'Afrique du Sud et le Zimbabwe ont été industrialisés. Stimulées par la demande asiatique, les exportations de produits miniers sont soumises aux variations des cours mondiaux [doc. 1]. → Cartes enjeux p. 260

B. Une forte pression sur des milieux fragiles

- **Trois facteurs accentuent la pression sur les milieux : la démographie, l'exploitation des produits miniers et le changement climatique.** En **2017**, les 13 pays d'Afrique australe comptaient **202 millions d'habitants** ; en **2050**, ils devraient en regrouper **395 millions**. Les perspectives de consommation en minerais de base favorisent le développement des industries extractives. **Les prévisions climatiques** du **GIEC*** pour le XXIe siècle **sont alarmantes** pour l'Afrique australe (hausse des températures, diminution des pluies).

- Or, **l'Afrique australe est caractérisée par des pluies faibles et irrégulières,** sauf dans les montagnes et sur le littoral oriental. **Plus de la moitié de l'espace régional reçoit moins de 700 mm d'eau par an. Les sécheresses ou les cyclones tropicaux** déclenchant des crues catastrophiques, comme au Mozambique, **accroissent les menaces environnementales.** → Dossier p. 264

C. Conservation et développement : quelle transition environnementale ?

- **Le défi majeur pour l'Afrique australe est d'associer protection de l'environnement et développement humain.** Créés durant la colonisation, **les parcs nationaux et les réserves naturelles** ont renforcé les politiques de conservation. Ils **favorisent aujourd'hui le tourisme. L'exploitation minière a provoqué des pollutions multiples.** Durant **l'apartheid***, en Afrique du Sud et en Namibie, **l'agriculture intensive** blanche **et la déportation de populations noires dans les bantoustans ont accéléré la déforestation et l'érosion.**

- **Malgré ce lourd héritage, la transition énergétique** [doc. 3] pourrait aider à concilier protection environnementale et justice sociale. L'essor des énergies renouvelables (solaire, éolien) peut permettre de s'affranchir du charbon et des contraintes de l'hydroélectricité, confrontée au problème de l'eau. → Dossier p. 264

CHIFFRES

Richesses minières

(en % de la production mondiale)

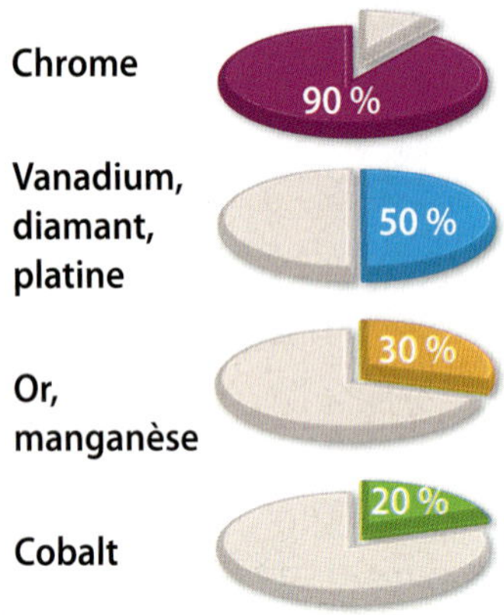

NOTION

Politiques de conservation

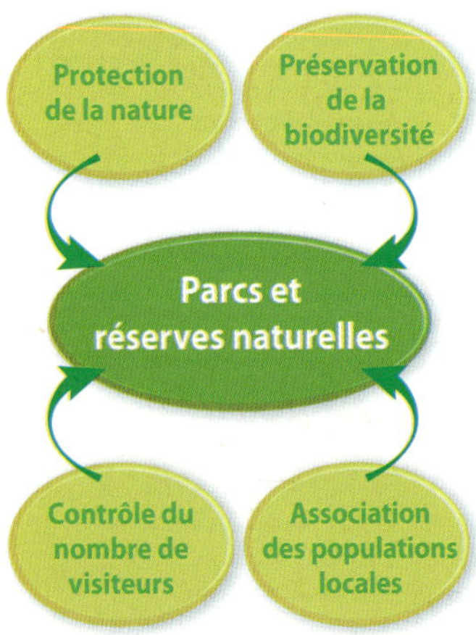

Définition

Bantoustans

États bantous, aussi appelés *homelands*. Anciennes réserves africaines (1913) transformées, dans les années 1970, en territoires autonomes destinés à devenir indépendants. Tout Sud-Africain ou Namibien noir qui n'avait pas d'emploi chez un employeur blanc devait y résider.

* Lexique p. 284

1 ▶ Les ressources primaires dans les exportations

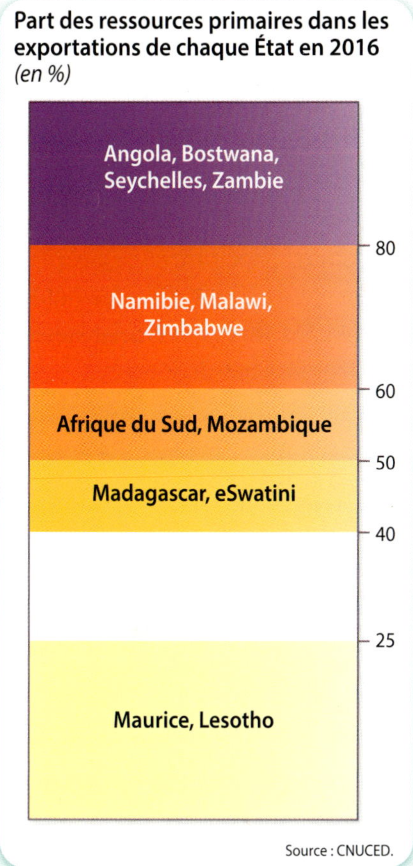

2 ▶ Les chutes *Victoria* : une ressource touristique emblématique

Les chutes *Victoria*, le plus grand rideau d'eau mondial, sont situées sur le fleuve Zambèze, qui marque la frontière entre la Zambie et le Zimbabwe. Elles dépassent 100 mètres de hauteur sur une largeur de plus de 1,7 km. Inscrites au patrimoine mondial de l'UNESCO, les chutes sont l'une des principales destinations touristiques en Afrique australe.

3 ▶ L'Afrique du Sud : réussir la transition énergétique

Fortement dépendante du charbon, dont elle est le 7e producteur et le 6e exportateur mondial, l'Afrique du Sud est le plus important émetteur de gaz à effet de serre (GES) de l'Afrique. Avec moins de 5 % de la population du continent, le pays produit 40 % des émissions africaines pour près de 30 % de la consommation d'énergie. 50 % des émissions sont issues de la production d'électricité, 22 % des activités minières et des industries de base et 10 % des transports. L'usage massif de charbon a fondé le modèle énergétique sud-africain depuis la fin du XIXe siècle. Aujourd'hui, le charbon fournit 60 % des besoins du pays en énergie primaire et 83 % de la production d'électricité d'Eskom, l'opérateur public national.

Pour réussir sa transition énergétique, le pays s'est engagé dans la diversification. En 2010, le ministère de l'Énergie a rendu public le premier plan national intégré des ressources (IRP 2010), révisé en août 2018. En 2030, la part du charbon dans le mix énergétique devrait être réduite à 45 %, celle des énergies renouvelables atteindre 27 %, le reste étant fourni par le gaz (15 %), l'hydroélectricité (6 %), le stockage-pompage de l'eau (4 %) et le nucléaire (3 %) déjà existant (centrale de Koeberg, près du Cap). Pour soutenir ce plan, un vaste programme d'appui à l'essor d'énergies renouvelables, financé par des firmes privées, a été lancé en 2011, avec succès.

Alain Dubresson, d'après *Rapport sur l'énergie en Afrique du Sud*, Tshwane, ministère de l'Énergie, 2018.

Doc clé

Analyse d'un texte

Lire le texte

1. Qu'indique la phrase soulignée sur la situation environnementale de l'Afrique du Sud ? Quelles sont les raisons de ces fortes émissions de GES ?
2. Pour confirmer son tournant énergétique, quels sont les objectifs du gouvernement en termes de mix énergétique pour 2030 ?

Comprendre le texte

3. Quelles sont les mesures prises par l'Afrique du Sud pour accélérer sa transition énergétique ?
4. Qui en sont les acteurs ?

DOSSIER

POUR APPROFONDIR

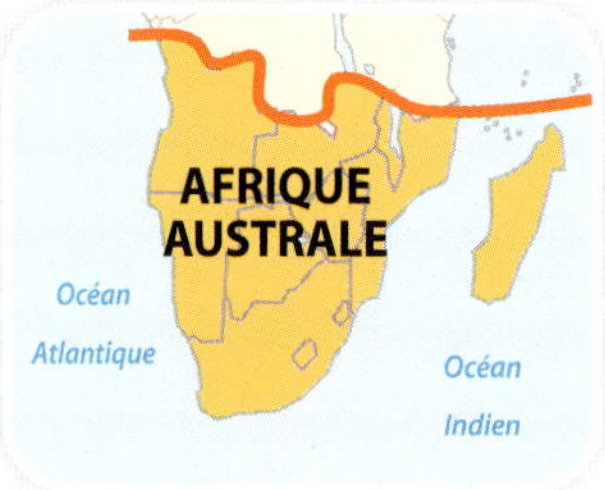

AFRIQUE AUSTRALE : l'eau, une question vitale

Pourquoi la question de l'eau est-elle vitale pour le développement de l'Afrique australe ?

- Quatre États d'Afrique australe, eSwatini (ex Swaziland), Lesotho, Malawi et Zimbabwe souffrent gravement du manque d'eau (moins de 1700 m^3/habitant/an de ressources en eau renouvelable) et l'Afrique du Sud est en état de pénurie (moins de 1000 m^3/habitant/an).
- L'agriculture, principale consommatrice d'eau, est directement affectée par les alternances irrégulières entre sécheresses et inondations ; l'approvisionnement des villes devient incertain et la concurrence entre les divers usages est de plus en plus vive.

1 ▶ La crise de l'eau au Cap (Afrique du Sud), janvier 2018
La population du Cap est passée de 2,4 à 4,3 millions d'habitants de 1995 à 2018. Avec les pluies déficitaires de l'hiver austral de 2015 à 2017, les ressources sont insuffisantes. À partir de 2017, la municipalité a imposé des restrictions de consommation et lancé un plan d'urgence. Les bonnes pluies de 2018 n'ont pas éliminé la menace.

2 ▶ Au Zimbabwe, face à la sécheresse, l'agriculture passe par la science

Des chercheurs produisent des variétés de maïs qui résistent à la chaleur pour aider les agriculteurs dont les récoltes sont détruites par la sécheresse. Ils ont mis au point un nouveau maïs hybride capable de résister à la sécheresse. Grâce à ces semences hybrides, ils espèrent pouvoir sortir les fermiers de leurs difficultés. L'équipe de chercheurs a bénéficié d'une enveloppe de 500000 dollars de l'aide américaine pour financer la mise au point de sa nouvelle variété de maïs sur l'ensemble du continent africain.

Autrefois pays exportateur de maïs, le Zimbabwe était considéré comme le grenier à céréales de l'Afrique. Mais, aujourd'hui, il en importe deux millions de tonnes par an. Un quart de la population rurale du Zimbabwe, environ deux millions de personnes, a besoin d'aide alimentaire et ne survit qu'au prix d'un régime très maigre à base de fruits sauvages. Les chercheurs aimeraient répandre le maïs hybride rapidement dans les régions les plus sévèrement touchées, mais le processus est retardé par les tests de validation du gouvernement. Sur le terrain, des solutions comme ce maïs redonnent de l'espoir aux agriculteurs et aux populations qui peinent à survivre.

AFP, novembre 2016.

3 ▶ Ressources et besoins en eau en Afrique du Sud

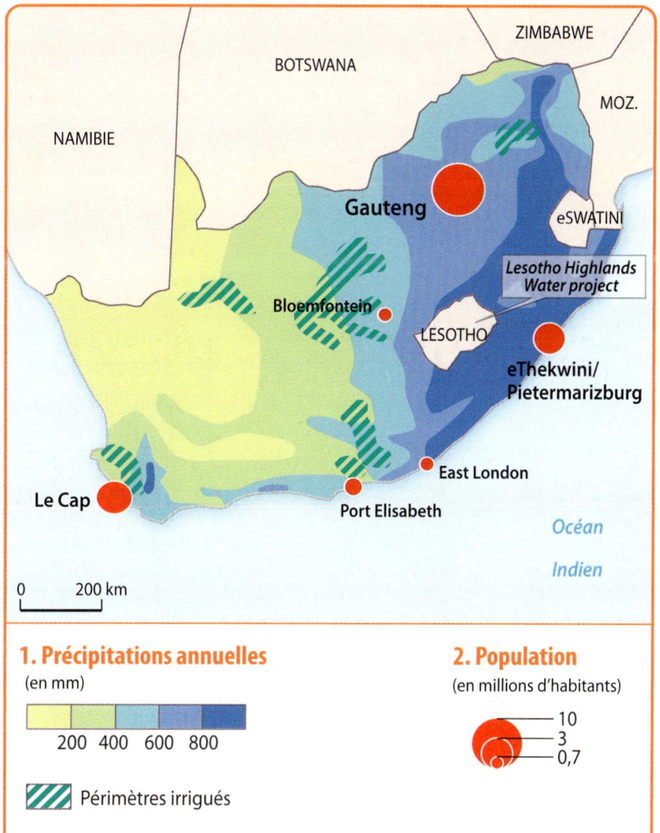

Source : David Blanchon, *Espace géographique*, 2003.

Prolonger le cours

Documents 1 et 3

1. Pourquoi plusieurs États de l'Afrique australe sont-ils confrontés à un problème d'eau ?
   → *Utilisez les* ***cartes enjeux*** *p. 260.*

Documents 1, 2 et 4

2. Quelles solutions permettent de lutter contre la pénurie d'eau ?

Documents 3 et 4

3. Montrez que l'approvisionnement en eau peut générer des coopérations entre États.

SYNTHÈSE
Montrez la diversité des causes de la pénurie d'eau en Afrique australe et les types de solutions envisagées.

4 ▶ Le barrage Katse Dam mis en service en 1998

Le Lesotho *Highlands Water Project* est un projet d'approvisionnement en eau et en électricité, mis en place en 1980, par les gouvernements du Lesotho (qui jouit d'une pluviométrie abondante) et d'Afrique du Sud (qui a besoin d'eau). Cinq barrages à terme fourniront eau et électricité au Lesotho et 64 m^3 d'eau /seconde au fleuve Vaal en Afrique du Sud.

Cours 2

Les défis de la transition et du développement

Quelles sont les caractéristiques d'une Afrique australe en mutation ?

A. Des transitions à plusieurs vitesses

- **La transition démographique*** **est achevée dans certains pays** (Maurice, Afrique du Sud) ; dans d'autres, elle est en cours. La fécondité est forte en Angola, à Madagascar, au Malawi ou en Zambie. **La pandémie de sida reste un problème majeur pour le développement.** Depuis 2008, un grand programme d'antirétroviraux, lancé en Afrique du Sud, pays le plus touché (20 % des adultes), a néanmoins permis des progrès.

- **Si l'exploitation des richesses minières a favorisé une urbanisation rapide,** les **stades de transition urbaine diffèrent dans l'ensemble régional**. Ainsi, le Malawi a un taux d'urbanisation quatre fois moins élevé que celui de l'Afrique du Sud. Les industries extractives sont puissantes en Angola et en Zambie, mais la population de ces deux pays est encore en majorité rurale [doc. 5].

B. De fortes inégalités de développement entre les États

- **Les inégalités socio-économiques entre les pays d'Afrique australe sont considérables. L'Afrique du Sud, géant régional** dont l'émergence est discutée, **exerce une domination sur des périphéries** souvent dépendantes de son économie. Mais la richesse pétrolière de l'Angola, les découvertes de gaz au Mozambique et les investissements chinois en Zambie contrecarrent son hégémonie [doc. 5]. → Carte enjeux p. 261 ; dossier p. 268

- **Pour sortir du modèle d'économie primaire exportatrice, se diversifier et promouvoir une croissance plus inclusive**, l'Afrique australe dispose de la *Southern African Development Community* (SADC)*, dont le siège est à Gaborone au Botswana. Des grands programmes d'infrastructures : corridors de transports [doc. 4], intégration des réseaux électriques, ont été lancés pour favoriser les échanges entre les pays membres. Le commerce intrarégional progresse et atteint 23 % des échanges totaux.

C. Un développement inégal à l'intérieur des États

- **Héritées des politiques de ségrégation et accentuées par la mondialisation**, qui favorise les plus grandes villes, **les inégalités internes aux États sont une entrave au développement**. Beaucoup d'espaces ruraux conjuguent isolement, pauvreté monétaire et faible taux de desserte en services. 28 % des ruraux en Angola, 35 % à Madagascar ont accès à l'eau potable contre 75 % et 81 % des urbains.

- **Les villes restent marquées par la politique de ségrégation issue des colonisations.** La main-d'œuvre africaine n'avait qu'un droit temporaire de résidence lié à la durée des contrats de travail. Elle a été d'abord confinée dans des quartiers distincts (*locations*) mais peu éloignés de ceux réservés aux Blancs. **En Afrique du Sud et en Namibie, durant la période d'apartheid***, les lotissements municipaux (*townships*) pour non-Blancs ont été de plus en plus éloignés. **Aujourd'hui, la ségrégation sociale se combine à la ségrégation raciale** ; les villes d'Afrique australe sont parmi les plus inégalitaires au monde et les politiques urbaines ne parviennent pas à assurer leur transformation équitable [doc. 6]. → Dossier p. 268

CHIFFRES

L'Afrique du Sud, géant régional

(Afrique du Sud en Afrique australe)

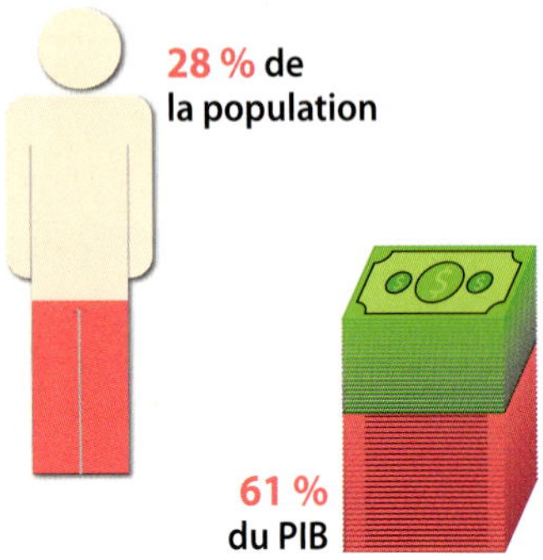

NOTION

Politiques de ségrégation

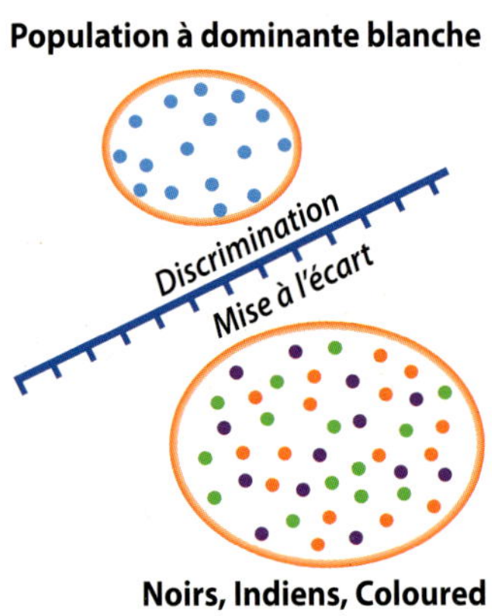

Définition

Croissance inclusive

Croissance généralisée et distribution équitable des revenus entre les habitants d'un territoire.

* Lexique p. 284

4 ▶ Le corridor de Beira

Les corridors sont des axes de transport routiers, ferroviaires ou combinés, et de développement économique et régional. Ils permettent d'améliorer la desserte de régions éloignées des littoraux et celle des pays enclavés. Le corridor transnational de Beira relie ainsi le Zimbabwe et la Zambie au port mozambicain de Beira.

5 ▶ Quelques indicateurs socio-économiques

	Afrique du Sud	Angola	Malawi	Mozambique
Natalité (en ‰)	21	45	35	39
Mortalité (en ‰)	9	9	8	10
Fécondité	2,4	6,2	4,4	5,3
Taux urbanisation (%)	65	40	17	32
IDH	0,699	0,511	0,477	0,437
RNB par habitant (en dollars 2016)	13 090	6 060	1 180	1 200

6 ▶ La fragmentation dans les métropoles d'Afrique australe

Doc clé

[...] L'Afrique australe se distingue par un nombre important de métropoles, qui ne sont pas situées exclusivement sur les littoraux. [...] Les plus grandes sont aussi bien d'anciens comptoirs coloniaux (Luanda, Le Cap, Durban, Maputo), des pôles industriels (Johannesburg, Harare, Lusaka, Blantyre) que des capitales administratives qui ne sont pas les premières villes du pays en termes de population (Pretoria, Lilongwe).

Un trait commun à ces villes réside dans la fragmentation qui les caractérise encore, à des degrés différents. Cette fragmentation est particulièrement visible dans le cas des villes sud-africaines en raison de l'héritage de la ségrégation : la séparation physique héritée de l'apartheid tend à se perpétuer. [...]

La montée en puissance des acteurs privés au sein de la gouvernance des métropoles sud-africaines participe de ce processus, de même que la multiplication des espaces résidentiels du type *gated communities**. Ce modèle urbain résidentiel mondialisé s'est développé à partir de l'Afrique du Sud dans tous les pays voisins et notamment à Maputo au Mozambique où les promoteurs étrangers ont largement contribué à sa diffusion. [...]

Solène Baffi et Jeanne Vivet, « L'Afrique australe : un ensemble composite, inégalement intégré à la mondialisation », *Géoconfluences*, janvier 2017.

Analyse d'un texte

Lire le texte

1. Quels sont les principaux types de métropoles de l'Afrique australe ?
2. D'après le texte, définissez le terme *fragmentation*. En quoi s'applique-t-il aux métropoles d'Afrique australe ?
3. Quelles sont les raisons de la fragmentation évoquées dans le texte ?

Comprendre le texte

4. Dans quelle mesure peut-on mettre en relation fragmentation et ségrégation ?

DOSSIER

POUR APPROFONDIR

L'AFRIQUE DU SUD, pôle de l'Afrique australe

- Peuplée de 57,7 millions d'habitants en 2018, l'Afrique du Sud est le grand pôle économique de l'Afrique australe (61 % du PIB de la région) et l'un des « Lions » africains (15 % du PIB du continent).
- Les politiques publiques menées depuis 1994 peinent à faire reculer la ségrégation héritée de l'apartheid*. Le pays est confronté à une faible croissance et à des problèmes sociaux.

Quels sont les dynamiques et les problèmes de l'Afrique du Sud ?

1 ▶ Le Johannesburg *Stock Exchange*, symbole de la puissance économique
Première bourse des valeurs africaines, elle symbolise la puissance financière de l'Afrique du Sud, qui fait partie des BRICS* depuis 2011. L'économie de l'Afrique du Sud, tournée vers les services (64 % du PIB), est de plus en plus financiarisée et mondialisée.

2 ▶ Gagnants et perdants dans l'après-apartheid

Si l'Afrique du Sud a peut-être été un pays émergent, elle ne l'est sans doute plus. Les fractures de la société sud-africaine restent immenses même si, depuis 1994, 8 millions de personnes ont gagné un accès à l'eau courante, près de 3 millions de logements ont été construits et plus de 4,3 millions de foyers ont été connectés au réseau de distribution d'électricité.

En contrepoint, l'Afrique du Sud est l'un des pays les plus inégalitaires du monde : les 10 % les plus riches captent 65 % du revenu national contre 0,6 % pour les 10 % les plus pauvres. Les inégalités sont plus fortes aujourd'hui qu'en 1994. La pauvreté augmente depuis 2011, 62 % des Noirs étant classés comme pauvres en 2015.

Certes, un changement social majeur a bel et bien eu lieu : l'émergence d'une nouvelle élite et surtout d'une « classe moyenne » noire qui représente aujourd'hui environ 12 millions d'individus, soit 1 Sud-africain sur 5.

Il y a donc eu des gagnants de la période post-apartheid. Mais des perdants aussi, dans les quartiers les plus pauvres des villes et dans les anciens bantoustans*. Pauvreté et chômage, concentrés dans les espaces perdants, sont facteurs d'explosions récurrentes de violences xénophobes, d'émeutes contre les autorités locales jugées corrompues, de la multiplication des mouvements de grève.

D'après Alain Dubresson et Philippe Gervais-Lambony, *ÉchoGéo*, 13 mars 2018.

3 ▶ Les inégalités territoriales en Afrique du Sud

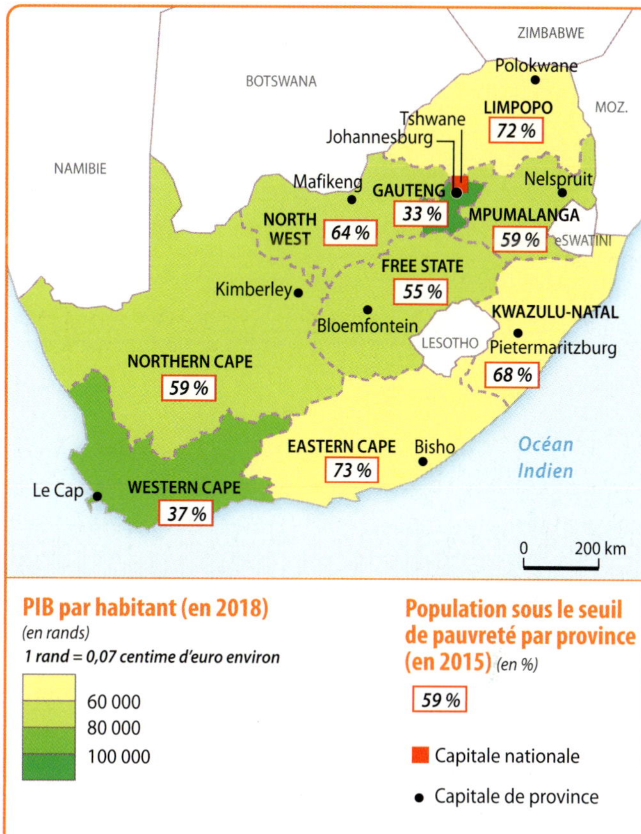

Source : *Statistics South Africa*, 2018.

4 ▶ La ségrégation raciale dans l'agglomération de eTheKwini (région de Durban sur la côte de l'Océan Indien)

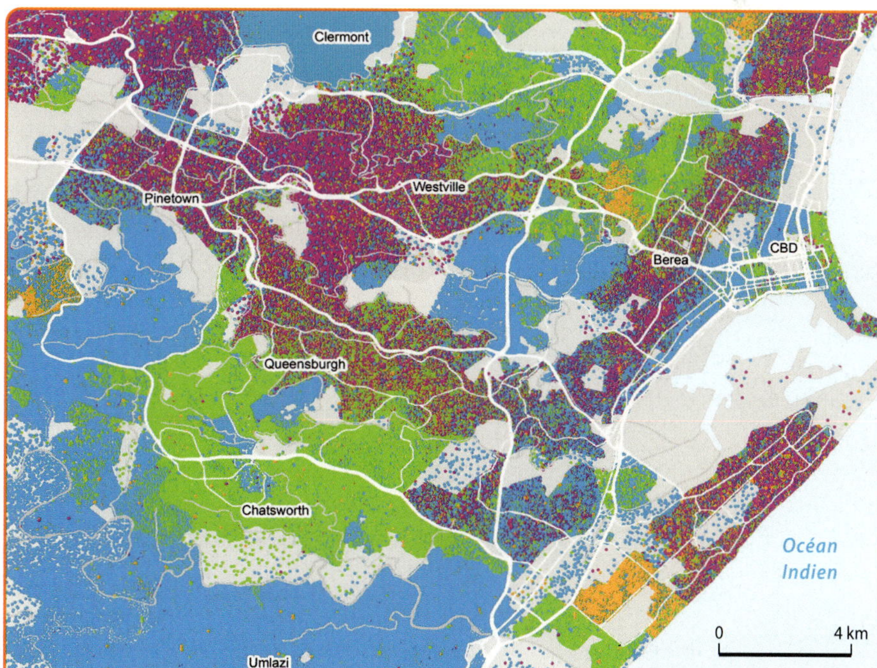

Source : http:/www.statssa.gov.za

Le canevas social d'eThekwini

Recensement 2011 - 1 point = 1 invividu

Noir africain — Coloured — Indien/asiatique — Blanc

Prolonger le cours

Documents 1 et 3

1. Quels espaces de l'Afrique du Sud ont profité de la croissance économique du pays ?

Documents 1, 2 et 3

2. Qui sont les gagnants et les perdants de la période après-apartheid ?

Document 4

3. À l'échelle de l'agglomération de eTheKwini, comment se manifeste la persistance de ségrégations raciales malgré la fin de l'apartheid ?

SYNTHÈSE

Montrez que l'Afrique australe connaît des formes de développement, mais aussi de profondes inégalités à toutes les échelles.

Cours 3

Des territoires traversés et remodelés par des mobilités complexes

CHIFFRES

Migrants internationaux
(en Afrique australe, 2017)

Migrants : **6 millions**

Dont réfugiés : **460 000**

NOTION

Pôle d'attraction migratoire

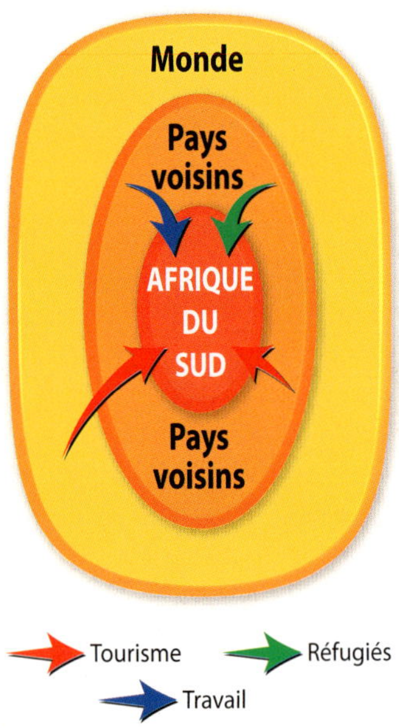

Définition

Remise
Envoi de fonds par les migrants vers leurs lieux d'origine.

* Lexique p. 284

Quels sont les facteurs et les conséquences des mobilités géographiques ?

A. Ancienneté et complexité des migrations internationales

- **L'histoire du peuplement de l'Afrique australe a été marquée par d'intenses mobilités** humaines. **Durant les colonisations, les exploitations** minières et les grandes fermes européennes **ont** d'abord **recruté leurs salariés dans les campagnes nationales.** Les **bassins de main-d'œuvre**, surtout celui des mines sud-africaines, **ont ensuite été élargis à toute l'Afrique australe.**

- **6 millions de migrants internationaux vivent en Afrique australe** [doc. 7]. Selon le **Haut commissariat aux réfugiés (HCR)***, **460 000** sont des **réfugiés et demandeurs d'asile** provenant de République démocratique du Congo, de Somalie, du Burundi, d'Éthiopie et installés surtout en Angola, au Mozambique et au Malawi [doc. 8]. Les autres flux migratoires sont composés de personnes souvent à la recherche d'emploi. Ces migrations, d'abord masculines et temporaires, se féminisent de plus en plus. → Cartes enjeux p. 260

B. Des mobilités internes diversifiées

- **Durant les années 1990, la crise des économies minières a provoqué une diminution des migrations des campagnes vers les villes** et parfois, comme en Zambie, des rétro-migrations des villes vers les campagnes. **Depuis 2000,** le retour de la croissance et **l'insertion dans la mondialisation ont réamorcé les mobilités vers les marchés urbains** du travail, mais aussi accéléré les circulations entre villes et campagnes, et entre les villes [doc. 9].

- **Ces dynamiques migratoires complexes favorisent l'essor de villes** petites et moyennes au nord de la Namibie ou en Zambie. Au Mozambique, les découvertes de nouvelles ressources (charbon, gaz) vont diversifier les flux migratoires. Le **développement local bénéficie des remises effectuées par les migrants. Il peut aussi être impulsé par les mobilités touristiques,** majoritairement africaines (locales et régionales) ou internationales → Dossier p. 272.

C. Mobilités et inégalités territoriales à toutes les échelles

- **Les mobilités reflètent les inégalités territoriales.** À **l'échelle régionale, l'Afrique du Sud, centre de gravité économique, est un puissant pôle d'attraction migratoire.** Les 4 millions de migrants internationaux (3,5 fois plus qu'en 1990) qui y vivent constituaient, en 2017, 7 % de la population totale. Près de 50 % viennent du Zimbabwe et du Mozambique, pays moins développés.

- **À l'échelle des États, les flux migratoires traduisent les inégalités entre campagnes et villes. À l'échelle des métropoles, les mobilités pendulaires*** liées à l'étalement urbain s'accentuent.

- **Les mobilités creusent aussi les inégalités territoriales.** Les provinces ayant un solde migratoire positif sont plus dynamiques. Dans les villes, les nouveaux arrivants peuplent souvent des quartiers pauvres où leur demande en logement n'est pas assurée. Le grand défi du XXIe siècle sera de gérer ces mobilités.

7 ▶ Les migrants en Afrique australe en 2017

Pays	Total (en milliers)	Dont réfugiés (en milliers)
Afrique du Sud	4 036	308
Angola	638	78
Botswana	166	2
eSwatini	33	1
Lesotho	7	0,06
Malawi	237	32
Mozambique	246	21
Namibie	95	4
Zambie	157	33
Zimbabwe	404	9

Banque mondiale, 2018.

8 ▶ L'aide du HCR* aux réfugiés et aux migrants à la frontière de l'Angola
Des femmes et des enfants congolais arrivent à un poste frontière à Chissanda, en Angola, après avoir fui des attaques de milices dans la province du Kasaï, en République démocratique du Congo.

9 ▶ La diversification des migrations internes en Zambie

En dépit du nouveau rebond minier depuis le milieu des années 2000, les migrations urbain-rural ont continué en raison du développement des exploitations moyennes agricoles. Mais l'amélioration de l'environnement économique en Zambie a réduit les flux urbain-rural et les flux rural-urbain ont repris, entraînant une croissance urbaine de 4,2 % par an contre 1,5 % de 1990 à 2000…

Les dynamiques migratoires ont été diversifiées. Selon le dernier recensement, une nouvelle tendance apparaît, les migrations entre les villes, qui représentent 39 % du total des migrations internes. De leur côté, les migrations rural-urbain (30 % du total) deviennent de plus en plus complexes avec l'amélioration des réseaux d'infrastructures et de communication qui effacent la division entre campagnes et villes et facilitent la mobilité.

La mobilité élevée accroît les migrations circulaires : ce sont des déplacements temporaires parfois limités à quelques mois, sur de courtes distances à l'échelle intra provinciale, à la recherche de revenus additionnels. La population est devenue plus flexible et est à la recherche de solutions rapides. Les migrations circulaires s'appuient sur de puissants réseaux de sociabilité, mis en place tout au long de l'histoire minière du pays.

D'après Pierre Girard, Antony Chapoto, *Zambie, migrations internes au cœur des dynamiques territoriales*, 2017

Doc clé

Analyse d'un texte

Lire le texte

1. Quels sont les différents types de migrations en Zambie ?
2. Quels sont les éléments facilitant ces migrations ?

Comprendre le texte

3. Quelles sont les principales raisons de ces migrations ?

DOSSIER

POUR APPROFONDIR

L'AFRIQUE AUSTRALE, terre de tourisme

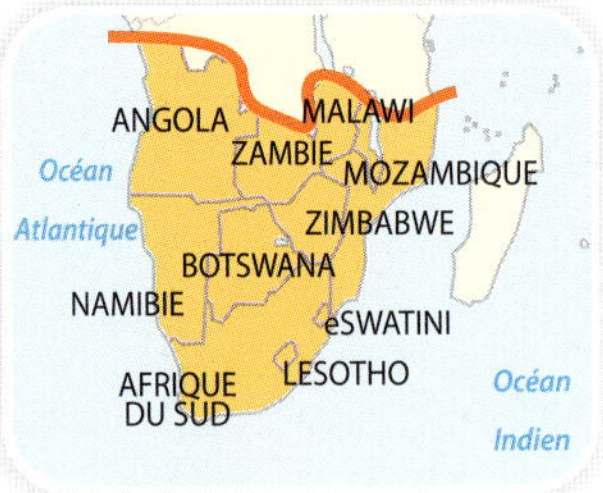

Le tourisme est-il un facteur de développement en Afrique australe ?

- Le tourisme international en Afrique australe est en plein essor et représente 3 % du marché mondial. Les nombreux parcs, les réserves naturelles, les sites grandioses comme les chutes *Victoria*, classées au patrimoine mondial de l'Unesco, les montagnes du Drakensberg, les littoraux et les îles de l'océan Indien, le désert du Namib, sont des atouts de plus en plus valorisés.
- Pour certains pays, le tourisme est une ressource importante, mais ses effets sur le développement sont controversés.

1 ▶ Safari dans le delta de l'Okavango

Situé au Nord du Botswana, le delta intérieur de l'Okavango, 18 000 km², le deuxième au monde après celui du Niger, a été proclamé millième site du patrimoine mondial de l'UNESCO en 2014. Immense réseau de biodiversité végétale, le delta sert d'habitat saisonnier à de multiples espèces animales ; encore peu humanisé, il est un haut lieu des safaris.

2 ▶ Tourisme de masse au Mozambique

Le Mozambique va connaître, au cours des prochaines années, un boom touristique sans précédent. Stratégiquement, les groupes hôteliers se bousculent aux portes de la capitale, Maputo. Le leader mondial du voyage, le français *Accor Hotels*, a annoncé une implantation « stratégique » dans ce pays d'Afrique australe où son tout premier hôtel ouvrira ses portes en 2021.

La force touristique du pays réside dans sa politique de visa « très ouverte » et ses ressources naturelles faites notamment de parcs safari, de ses nombreuses îles vierges et de ses plages. En s'installant au Mozambique, les chaînes hôtelières internationales visent non seulement le tourisme de masse, mais aussi le tourisme d'affaires.

Plus loin de la capitale, dans les îles Crusse et Jamali, au Sud-Est du pays, le gouvernement recherche activement les investisseurs pour le projet d'un complexe touristique de 365 millions de dollars. Le site devrait abriter entre autres des hôtels cinq étoiles, des villas, des chalets, des casinos, des terrains de golf et un centre commercial.

Ristel Tchounand, *afrique.latribune.fr*, 16 octobre 2018.

3 ▶ Les inégalités territoriales en Afrique australe

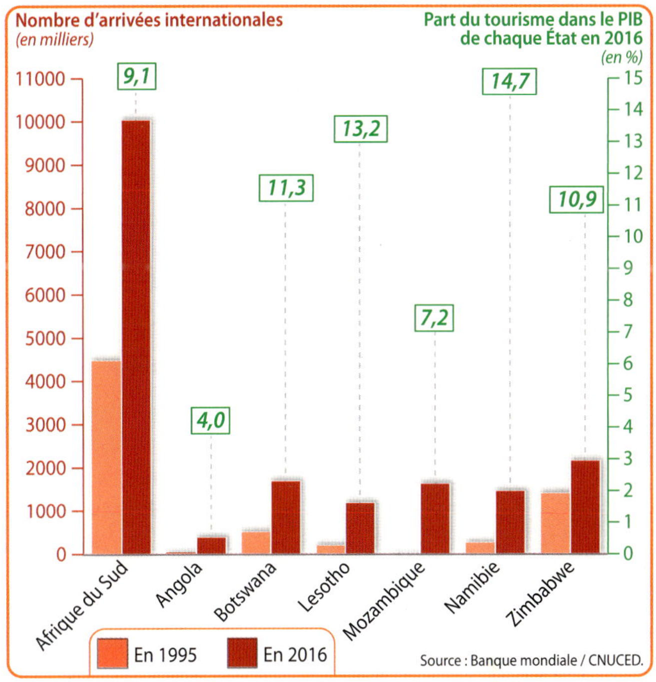

Source : Banque mondiale / CNUCED.

4 ▶ L'écotourisme en Namibie

En Namibie, gouvernement et population travaillent ensemble pour protéger la nature grâce à l'écotourisme. Au cœur de cette stratégie se trouve le concept des *conservancies* : c'est un territoire où les communautés travaillent ensemble pour prendre soin de leur écosystème. Cela donne le pouvoir aux populations qui vivent vraiment avec la nature de devenir les gardiens de la vie sauvage, ses bienfaiteurs.

En vingt ans, 83 *conservancies* ont été créées. Les infrastructures touristiques doivent respecter deux obligations : embaucher les villageois et leur verser une part de leurs bénéfices. L'argent est utilisé pour construire des écoles, des dispensaires ou installer des réseaux électriques. Les excédents sont ensuite partagés équitablement entre chaque membre de la communauté. 44 % du territoire sont aujourd'hui classés comme zone naturelle protégée.

francetvinfo.fr, 20 février 2018.

5 ▶ Un remarquable potentiel touristique en Afrique du Sud

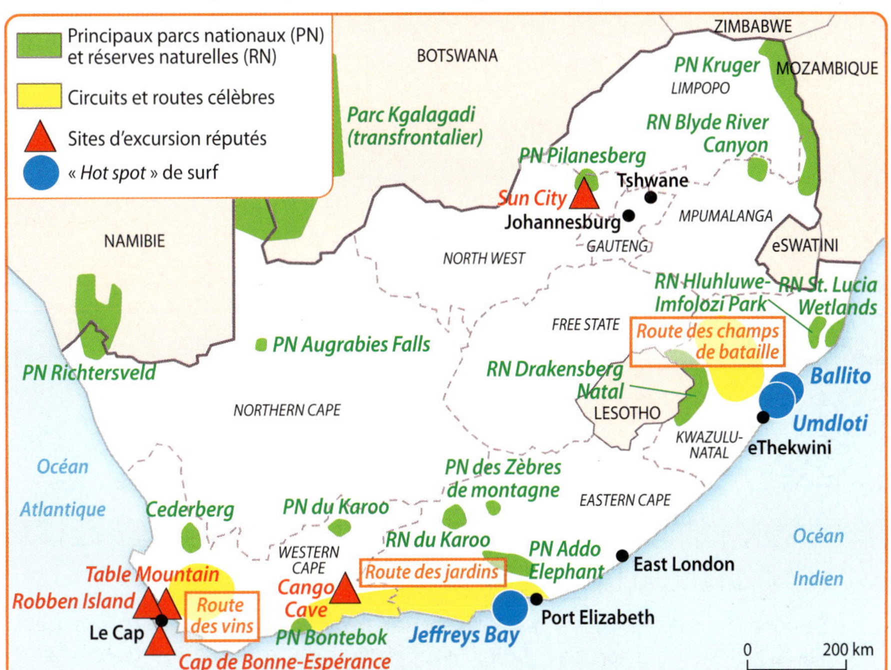

Prolonger le cours

Documents 1, 3 et 5

1. Quels sont les atouts touristiques dont disposent les pays d'Afrique australe ?

Documents 3 et 4

2. En quoi le tourisme est-il un secteur d'activité important en Afrique australe ?

Documents 2 et 4

3. Montrez que deux approches différentes du tourisme coexistent en Afrique australe.

SYNTHÈSE

Montrez les atouts et les limites du tourisme en Afrique australe.

PRÉPARER LE BAC 30

CAPACITÉS

- Réaliser des productions cartographiques
- Transposer un texte en croquis

Méthode BAC p. 280

Réaliser un croquis

Sujet À l'aide du texte, réalisez le croquis : « l'Afrique australe, ressources, contrastes de richesse et développement ».

L'Afrique australe, des contrastes de richesse et de développement

L'Afrique australe possède un sous-sol très riche.

En effet, plusieurs États d'Afrique australe disposent d'importantes ressources naturelles. L'Afrique du Sud, le Zimbabwe et la Zambie exploitent de nombreux minerais (charbon, cuivre, fer, or...) ; en Angola et au Mozambique, les grands gisements d'hydrocarbures offshore sont proches des capitales Luanda et Maputo.

Un espace marqué par d'importantes disparités de développement.

Si l'Afrique du Sud fait figure de puissance régionale intégrée à la mondialisation, ses voisins immédiats (Namibie, Botswana), apparaissent comme des pays à revenu intermédiaire, alors que tous les autres États sont des PMA.

Au sein de cet espace géographique, la région urbaine du Gauteng, en Afrique du Sud, est à la fois un pôle économique majeur et un grand pôle d'attraction migratoire.

Des mobilités qui révèlent l'inégal développement des États.

À cet égard, l'Afrique du Sud reçoit l'essentiel des migrations régionales, dirigées vers le Gauteng et les grandes métropoles comme Johannesburg ou Le Cap. Dans une moindre mesure, les États disposant de ressources naturelles sont aussi des pôles attractifs comme l'Angola en raison de ses ressources pétrolières.

Conseils

- Observez le fond du croquis pour connaître les limites de l'espace à cartographier.
- Notez le titre du texte, il indique celui du croquis.
- Relevez les sous-titres du texte, ils donnent des indications pour établir les rubriques de la légende du croquis.

ÉTAPE 1

Lire le sujet et le texte d'accompagnement

1. **Lisez le sujet.**
   - À quel territoire le sujet s'applique-t-il ?
   - Quels sont les trois thèmes que le sujet invite à traiter ?
2. **Lisez le texte d'accompagnement.**
   - Relevez les sous-titres des trois paragraphes du texte.
   - Reproduisez les deux tableaux ci-contre, puis classez les différents États d'Afrique australe en fonction des informations fournies par le texte.
   - Quels sont les États qui possèdent le plus de ressources naturelles ?
   - Quels sont les principaux contrastes de développement ?
   - Relevez les noms des pôles migratoires attractifs.

Conseils

- Définissez les thèmes des sous-titres de la légende.
- Repérez les États à l'aide des ***Repères spatiaux*** p. 258.

États	Ressources
Ex. : *Angola*	*pétrole*
...	...

États	Niveau de développement
Ex. : *Zambie*	*PMA*
...	...

Croquis ▶ L'Afrique australe, des contrastes de richesse et de développement

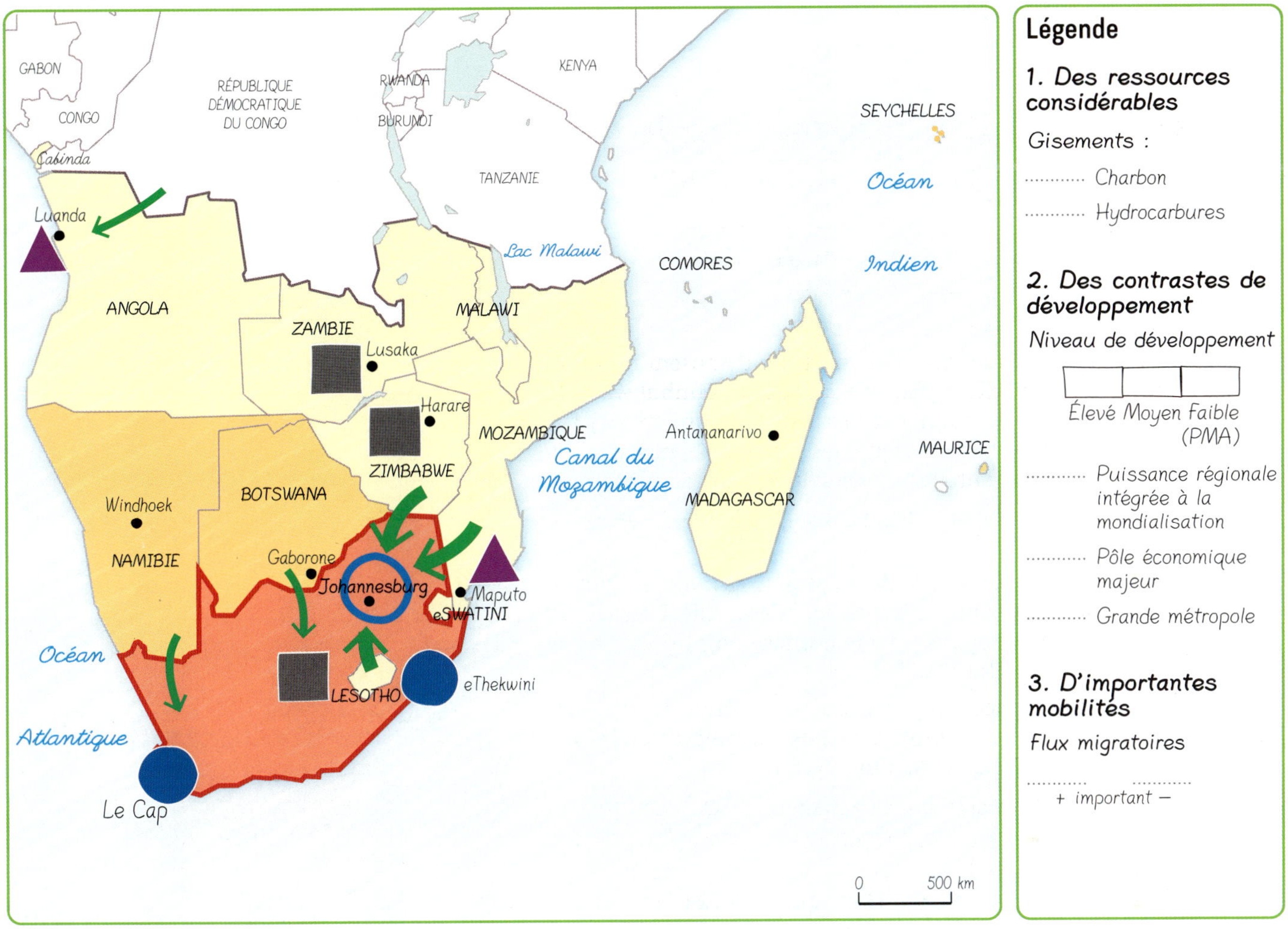

ÉTAPE 2

Organiser la légende et choisir les figurés

3. Classez les informations de la légende.

– Observez la légende proposée : combien de rubriques comporte-t-elle ? Les titres des rubriques répondent-ils au sujet ?

4. Choisissez les figurés.

– Observez le croquis et les figurés cartographiés.

– Combien y a-t-il de figurés sur le croquis ?

– Quels types de figurés du langage cartographique sont employés ?

→ *Utilisez le **langage cartographique** (rabat arrière du manuel).*

ÉTAPE 3

Réaliser le croquis

5. Reproduisez ou téléchargez le croquis et sa légende.

6. Complétez la légende et dessinez le croquis.

– En comparant les informations indiquées dans la légende, avec les figurés déjà cartographiés sur le croquis et les informations du texte, complétez la légende en reportant les figurés qui conviennent.

– Complétez la nomenclature sur le croquis : noms des États, de la région du Gauteng et des océans.

→ *Utilisez les **Cartes enjeux** p. 260.*

7. Vérifiez si le croquis possède tous les attributs d'un bon croquis.

→ *Aidez-vous de la **méthode** p. 280.*

PRÉPARER LE BAC 31

Méthode BAC : p. 278-279

➘ Analyser un document

CAPACITÉS

- Savoir lire, comprendre un document
- Produire un écrit construit et argumenté

➘ **Analyser une photographie**

Sujet **Montrez que le document traduit les inégalités et la ségrégation socio-spatiale en Afrique du Sud.**

▶ Les quartiers Lake Michelle et Masiphumelele, Le Cap, Afrique du Sud.

ÉTAPE 1

Identifier la photographie

1. Localisez la photographie
   → *Aidez-vous du titre et du carton de localisation.*
2. Observez la prise de vue :
   ☐ vue au sol
   ☐ vue aérienne oblique
   ☐ vue aérienne verticale
3. Décrivez la photographie :
   - Qu'est-ce qui différencie les deux quartiers ?
   - Par quoi sont-ils séparés ?

Conseil

- Notez la disposition des quartiers, les types d'habitats (forme, densité, équipements).

ÉTAPE 2

Analyser la photographie

4. Comment la photographie traduit-elle :
   - les contrastes de richesses ?
   - la séparation des populations de l'Afrique du Sud ?

   → *Utilisez les termes suivants :* « township », « *ségrégation* », « *apartheid* » *(voir le* ***lexique*** *p. 284).*

Rédiger la réponse au sujet

Rédigez la réponse au sujet, à l'aide du travail effectué sur la photographie, en l'organisant en deux paragraphes :

1er paragraphe :

En Afrique du Sud, des paysages urbains très contrastés.

2e paragraphe :

L'organisation des villes d'Afrique du sud, reflet des fortes inégalités et de la ségrégation.

VÉRIFIER SES CONNAISSANCES

Thème 4 • L'Afrique australe : un espace en profonde mutation

Retenir les idées fortes du cours

IDÉE 1
Des milieux à valoriser et à ménager

1. **Des richesses paysagères et minières**
   - L'exploitation minière a structuré l'organisation de l'espace (charbon et minerai de fer en Afrique du Sud et Zimbabwe).
2. **Une forte pression sur des milieux fragiles**
   - Trois facteurs de pression sur les milieux : démographie, exploitation des produits miniers et changement climatique.
3. **Quelle transition environnementale ?**
   - Politiques de conservation : parcs nationaux et réserves naturelles, importance de la transition énergétique.

IDÉE 2
Les défis de la transition et du développement

1. **Des transitions démographique et urbaine à plusieurs vitesses**
   - Différents stades de transition démographique et urbaine.
2. **De fortes inégalités de développement entre États**
   - Hégémonie de l'Afrique du Sud contrecarrée par l'essor de l'Angola, du Mozambique et de Zambie.
3. **Un développement inégal à l'intérieur des États**
   - Les espaces ruraux concentrent les difficultés.
   - Les villes d'Afrique australe sont parmi les plus inégalitaires au monde (ségrégation sociale et raciale).

IDÉE 3 Des territoires remodelés par les mobilités

1. **Des mobilités à toutes les échelles**
   - 6 millions de migrants internationaux en Afrique australe.
   - Circulations entre villes et campagnes et entre les villes.
2. **Mobilités et inégalités territoriales**
   - Les mobilités reflètent et creusent les inégalités territoriales (entre villes et campagnes, entre centres-villes et périphéries).

Réviser

Comprendre la notion clé

Développement

1. Quels éléments de la photographie montrent les conditions de vie difficiles des populations dans ce village du Malawi ?
2. Comment ce système de pompe à eau peut-il permettre d'assurer développement humain et protection de l'environnement à l'échelle de ce village?

Pompe à eau solaire (pour l'approvisionnement en eau du village et l'irrigation), village de Zingiziwa au Malawi.

Définir les mots clés

- ☑ Milieux
- ☑ Mobilité
- ☑ Pôle d'attraction migratoire
- ☑ Protection de l'environnement
- ☑ Ségrégation sociale
- ☑ Ségrégation raciale
- ☑ Transition environnementale

Mobiliser ses connaissances

Justifier à l'aide d'exemples

1. Trois facteurs accentuent la pression sur les milieux.
→ ***Cours 1*** *p. 262*
2. Les stades de transition urbaine sont différents selon les pays d'Afrique australe.
→ ***Cours 2*** *p. 266*
3. L'Afrique du Sud est un puissant pôle d'attraction migratoire.
→ ***Cours 3*** *p. 270*

Répondre aux questions

1. Quels facteurs ont accéléré la déforestation et l'érosion en Afrique du Sud ?
→ ***Cours 1*** *p. 262*
2. Quels pays peuvent contester l'hégémonie de l'Afrique du Sud ?
→ ***Cours 2*** *p. 266*
3. Combien de migrants internationaux vivent en Afrique du Sud ?
→ ***Cours 3*** *p. 270*

METHODE BAC > Analyse de document(s)

- Au cours de vos années de lycée, vous aurez à analyser différents types de documents.
  Les principaux types de documents sont les suivants :
  carte • photographie • tableau • graphique • texte • dessin de presse...
- **Au baccalauréat**, l'analyse d'un ou deux documents se fait dans le cadre d'un sujet accompagné de questions ou d'une consigne.

ÉTAPE 1 Observer le document

1. **Identifiez :**
   - la nature du document (texte, carte, photographie...) ;
   - sa date (et son contexte éventuellement) ;
   - l'auteur (personne, institution..) ;
   - la source (revue, ouvrage, rapport...) ;
   - l'espace géographique concerné par le document.
2. **Notez le thème du programme** auquel le document se rapporte.

Conseil

- Si le document est une **carte**, précisez son type.

→ *Utilisez les types de **cartes** p. 290.*

ÉTAPE 2 Analyser le document

1. **Sélectionnez** toutes les **informations** utiles pour répondre au sujet. Il s'agit d'analyser le document en fonction du sujet posé.
2. **Relevez :**
   - les **idées principales** qui se dégagent du document ;
   - les **notions** et/ou les **mots clés** présents dans le document.

Conseil

- Définissez les **notions** ou **mots clés**.

→ *Utilisez le **lexique** p. 284.*

ÉTAPE 3 Exercer un regard critique sur le document

1. Précisez **l'intérêt** du document pour la compréhension du sujet.
2. Analyser aussi les **limites** du document par rapport à la question posée par le sujet.
3. Commentez la **conception du document** : choix cartographique, lisibilité par exemple.

Conseils

- Montrez **en quoi** le document répond à la question posée par le sujet.
- Notez les aspects de la question que le document n'aborde pas.

Rédiger la réponse au sujet

Organisez la réponse :
- une phrase d'introduction pour présenter les documents ;
- deux ou trois paragraphes pour répondre au sujet ;
- une courte conclusion pour faire le bilan en rappelant les réponses qu'ils apportent au sujet.

Conseils pour le travail sur le document

Une photographie Préparer le Bac n° 19, p. 176

▶ Sujet - Les inégalités socio-spatiales des pays des Suds : Rio de Janeiro

- Indiquez le **lieu** de la prise de vue à l'aide du titre.
- Identifiez les **principales composantes du paysage** pour les décrire et caractériser chacune d'elles.

Un texte Préparer le Bac n° 3, p. 58

▶ Sujet - La disparition de la mer d'Aral

> Les efforts réalisés pour sauver l'Aral restent insuffisants. Seule la petite mer d'Aral au Nord, alimentée par le Syr Daria et barrée par une digue (le barrage Kok Aral), pourra échapper à la transformation en désert salé et toxique qu'est devenue la grande mer d'Aral.
>
> David Blanchon, *Atlas mondial de l'eau*, © éd. Autrement, 2017.

- Lisez le **titre** : il donne le thème principal du texte.
- Surlignez l'auteur, la source, la date et les phrases clés.

Une carte Préparer le Bac n° 18, p. 175

▶ Sujet - Le PIB par habitant en 2017

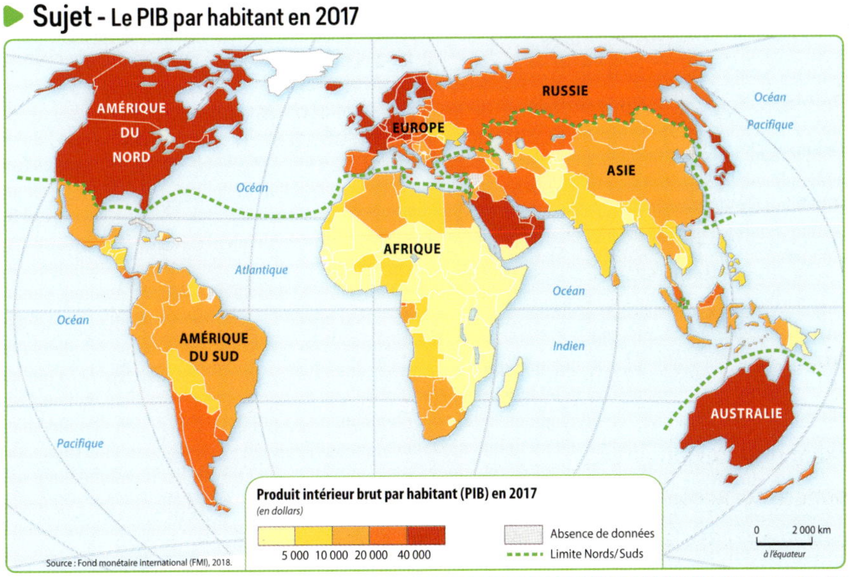

- Relevez le **thème**, la **date**, la **source** de la carte.
- Entourez **les informations importantes** pour répondre au sujet.
- Étudiez la **légende** pour identifier les informations fournies par les figurés.

METHODE BAC > Réaliser un croquis

Le croquis de géographie au nouveau baccalauréat

- **Au baccalauréat, le candidat réalise un croquis en réponse à un sujet.** Le sujet, accompagné d'un **fond de carte** qui peut comporter des éléments de localisation, est un **texte** qui propose de grandes orientations pour la réalisation du croquis.
- **Le titre du texte indique celui du croquis** et sa structure apparente permet de construire la légende dont les grandes articulations sont pré-renseignées.

Durée de l'épreuve : 1 heure environ

ÉTAPE 1 Lire le sujet et le texte d'accompagnement

1. **Lisez le sujet pour :**
   - relever les mots importants ;
   - cerner l'espace concerné ;
   - identifier le thème du programme et relever la question posée par le sujet.
2. **Lisez attentivement le texte d'accompagnement pour :**
   - noter son **titre** : il indique celui du croquis ;
   - relever les **deux** ou **trois thèmes** qui guideront **l'organisation de la légende** du croquis ;
   - identifier les informations qu'il faut cartographier pour répondre au sujet.

Conseil

- Observez le fond de croquis pour connaître les limites de l'espace à cartographier.

ÉTAPE 2 Organiser la légende et choisir les figurés

1. **Classez les informations.**
   Regroupez, dans les rubriques de la légende qui accompagne le fond de croquis, les informations relevées dans le texte d'accompagnement.
2. **Choisissez les figurés.**
   Choisissez des figurés adaptés pour représenter chacune des informations de la légende (aidez-vous du langage cartographique situé sur le rabat à la fin du manuel).

Des figurés par plages colorées		**Pour représenter :** - des massifs montagneux ; - des zones de peuplement...
Des figurés ponctuels		**Pour représenter :** - des villes ; - des ports...
Des traits, des flèches		**Pour représenter :** - une limite ; - des flux...

Conseil

- **Adaptez** les couleurs au type d'information.
  Exemples : jaune pour un espace agricole, rouge pour un espace densément peuplé.

ÉTAPE 3 Réaliser le croquis

1. **Dessinez le croquis.**
   - Mettez en forme la légende du croquis.
   - Reportez, sur le fond de carte, les figurés traduisant les informations de la légende.
   - Écrivez la nomenclature (les noms).
2. **Vérifiez la réalisation du croquis.**
   Le croquis doit rassembler tous les éléments nécessaires à sa lecture (voir les éléments qui permettent de réaliser un bon croquis).

Conseils

- **Pour dessiner le croquis**, utilisez des crayons de couleurs pour les plages colorées ; des feutres pour les traits et les flèches.
- **Pour écrire la nomenclature** :
  - écrivez les noms horizontalement (sauf pour les fleuves) ;
  - choisissez une taille identique pour un même type d'information (exemples : Paris, Lyon ; ALPES, JURA).

Exemple de travail sur le texte d'accompagnement du sujet

La France : des milieux valorisés à protéger
(Préparer le Bac n° 12, p. 118)

Une très grande variété de milieux compose le territoire français.

Des plaines et des plateaux, espaces « ouverts » au potentiel agricole élevé, occupent la moitié occidentale du territoire ; les montagnes sont présentes dans la moitié Est du pays (des Pyrénées aux Vosges en passant par le Massif central, les Alpes et le Jura) ; les grandes vallées fluviales sont des couloirs de circulation. Au Sud s'étire le domaine méditerranéen, au climat attractif.

Des milieux « naturels » très valorisés.

Conseils

- Surlignez en vert les thèmes qui permettent d'organiser la légende.
- Surlignez en bleu les informations à cartographier pour chaque thème.

Exemple de travail sur le croquis

Croquis : la France : milieux naturel, valorisation et protection

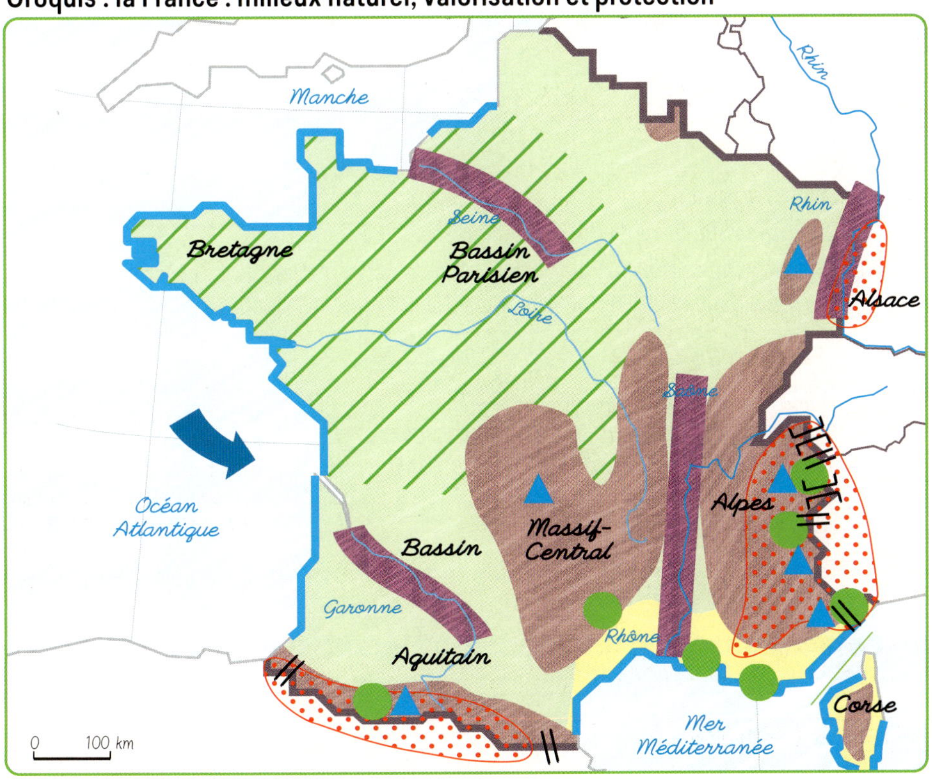

1. Une grande variété de milieux
- Plaine, plateau : espace "ouvert"
- Montagne
- Domaine méditerranéen
- Grande vallée : couloir de circulation

2. Des milieux valorisés
- Agriculture et élevage intensif
- Littoraux balnéaires
- Stations de sport d'hiver

3. Des milieux à protéger et à gérer
- Parcs naturels nationaux
- Risques :
  - zone sismique
  - Tempête

Critères d'un bon croquis

1. Un **titre** correspondant au sujet.
2. Un **nombre d'informations raisonnable** répondant au sujet.
3. Une **légende organisée**.
4. Des **figurés** et **couleurs** adaptés.
5. Une **localisation** juste.
6. Une **nomenclature** utile.
7. Une **réalisation** soignée.

METHODE BAC

Répondre à une question problématisée

- **Au lycée vous aurez à rédiger** une **réponse à une question problématisée**.
- La réponse au sujet doit être construite et argumentée *(Voir Capacités et méthodes n° 4, p. 56)*.
- Vous pouvez intégrer dans la réponse au sujet des **schémas graphiques ou fléchés** *(Voir Capacités et méthodes n° 5, p. 57)*.

ÉTAPE 1 Comprendre le sujet et définir la problématique

1. Lire le sujet

- Lisez attentivement l'énoncé du sujet pour **éviter le hors-sujet** et le délimiter dans l'espace.
- Relevez les **mots-clés** et précisez leur sens.

2. Définir la problématique

- Demandez-vous quelles **questions de géographie** peuvent être déduites de la formulation du sujet.
- À partir des réponses, **reformulez la problématique du sujet** en reprenant les informations tirées de la lecture du sujet et du sens des mots clés.

ÉTAPE 2 Mobiliser les connaissances et organiser le plan

1. Mobiliser ses connaissances

Au brouillon, faites le point des **idées et des exemples** qui vous serviront à conduire la démonstration en relation avec la problématique du sujet.

2. Classer les connaissances pour construire le plan

- Rassemblez les **connaissances** et les **exemples** afin de répondre de manière logique au sujet.
- Au brouillon, **classez** ces connaissances en **grands thèmes** autour desquels vous allez organiser le plan de votre composition. Pour cela, vous pouvez utiliser un tableau selon le modèle suivant.

Thème 1	Thème 2	Thème 3
• Idée 1 : .... Exemple .... • Idée 2 : .... Exemple :	• Idée 1 : .... Exemple .... • Idée 2 : .... Exemple :	• Idée 1 : .... Exemple .... • Idée 2 : .... Exemple : ....

Conseils

- **Éliminez les connaissances** sans rapport avec la problématique.
- **N'oubliez pas** de citer des exemples.

ÉTAPE 3 Rédiger la réponse à la question problématisée

1. Rédiger l'introduction

- **Présentez** le sujet.
- Mettez en évidence la **problématique du sujet**.
- Annoncez le **plan**.

2. Rédiger le développement

- Organisez le développement en **deux** ou **trois parties**.
- Divisez chaque partie en **paragraphes** présentant clairement les **idées** et les **exemples** retenus.

3. Rédiger la conclusion

- Présentez le **bilan** du devoir.
- Présentez les **perspectives** du sujet dans le temps et dans l'espace.

Conseils pour répondre à une question problématisée

Exemple d'introduction Préparer le Bac n° 5, p. 60

▶ **Sujet** - Les sociétés sont inégalement vulnérables face aux risques

La plupart des pays sont soumis à des dangers potentiels, des risques différents.

Cependant, les sociétés sont-elles toutes aussi vulnérables, c'est-à-dire fragiles, face aux aléas et aux risques ?

On évoquera dans une première partie les multiples types de risques, puis, dans une seconde partie, on montrera dans quelle mesure les sociétés des pays développés et celles des pays en développement (PED) sont inégales faces aux risques.

- Dans la 1re phrase, présentez le contexte du sujet.
- Écrivez la problématique sous forme de question.
- Annoncez le plan.

Exemple de développement Préparer le Bac n° 11, p. 102

▶ **Sujet** - La transition énergétique : gérer les ressources et limiter les impacts environnementaux

À l'échelle du monde, la question énergétique est désormais prioritaire : la gestion des ressources est un des enjeux majeurs du monde actuel.

Face à la croissance des consommations, les acteurs politiques ont pris la mesure de l'épuisement inéluctable des énergies fossiles (▶ citez des exemples).

La promotion des énergies renouvelables est de plus en plus soutenue dans beaucoup de pays (▶ citez des exemples).

Des modèles de développement moins énergivore, des politiques d'économies d'énergie, des changements des habitudes de consommation constituent les voies principales de la transition énergétique (▶ citez des exemples).

- La **première phrase** introduit **l'idée clé** du paragraphe.
- Chaque idée principale est mise en évidence par un **saut de ligne**.
- Les arguments sont illustrés par des exemples.

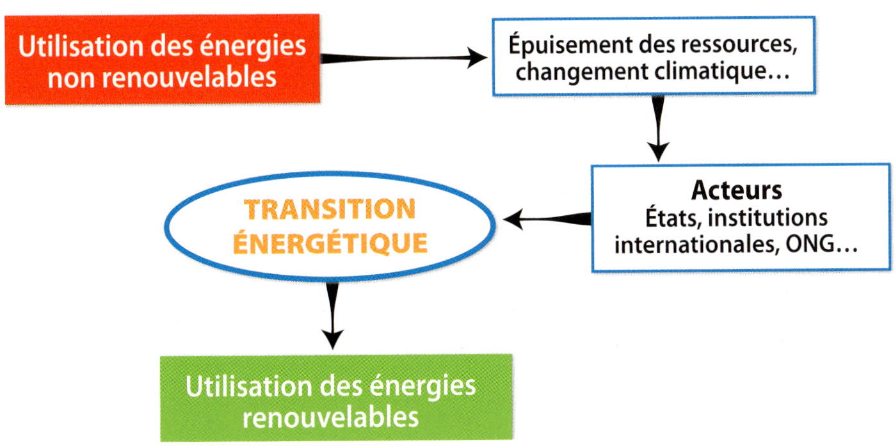

- Intégrez un ou des **schémas** (graphiques ou fléchés) dans les paragraphes afin d'illustrer les idées.

Exemple de conclusion Préparer le Bac n° 24, p. 216

▶ **Sujet** - Les mobilités migratoires internationales : répartition géographique et enjeux pour les pays de départ et d'accueil

Les migrations internationales concernent plus de 3 % de la population mondiale. Si les déplacements sont à dominante Suds/Nords, les mobilités intra-régionales sont très importantes.

Pour les pays de départ et d'accueil, les migrations ont souvent des effets positifs. Néanmoins, dans le monde, la tendance est à la fermeture des frontières.

- Effectuez le bilan du devoir.
- Présentez les perspectives.

LEXIQUE

A

Accroissement naturel: différence entre le nombre de naissances et le nombre de décès sur un territoire au cours d'une période donnée.

Âge médian: âge qui divise la population en deux groupes numériquement égaux, la moitié étant plus jeune et l'autre moitié plus âgée

Agence de l'eau: en France, un établissement public à caractère administratif qui participe à la gestion de l'eau d'un grand bassin hydrographique.

Agenda 21: voir p. 34.

Agenda 2030 : voir p. 136.

Airbnb: plateforme communautaire payante de location et de réservation de logements de particuliers.

Aléa: source de danger, facteur à l'origine d'un risque.

Anthropisation: transformation des milieux sous l'action des sociétés humaines.

Anthropocène: notion inventée par le chimiste Paul Crutzen au début des années 2000 pour signifier que les êtres humains, dans leur ensemble, constituent une force géologique agissant sur la planète Terre de façon globale. Le poids des sociétés dans l'environnement est devenu si important que, désormais, ce dernier a commencé à changer de manière irréversible à l'échelle planétaire. Cette notion est encore discutée.

Apartheid: « développement séparé » en langue afrikaans. Système politique et économique fondé sur une hiérarchie des « groupes raciaux » et leur séparation sociale et spatiale. L'apartheid a pris fin en 1991.

B

Baby-boom: « pic de natalité », augmentation importante du taux de natalité (par exemple après la fin de la Seconde Guerre mondiale en Europe).

Banlieue: périphérie d'une ville développée à son contact mais administrativement autonome.

Banque mondiale: institution des Nations unies créée en 1944 lors de la conférence de Bretton Woods, qui contribue par ses financements au développement des pays membres.

Banquise: étendue d'eau de mer gelée en permanence ou de façon saisonnière.

Bantoustans: voir p. 262.

Bassin de vie: le plus petit territoire délimité par l'INSEE sur lequel les habitants ont accès aux équipements et services les plus courants.

Bidonville: quartier d'habitat précaire caractérisé par des logements dégradés constitués initialement en partie de matériaux de récupération.

Biodiversité: diversité des espèces vivantes d'un milieu.

Biotechnologies: technologies de pointe qui s'intéressent soit à des êtres vivants (bio) pour la production industrielle, soit aux objets à l'échelle de l'infiniment petit (nanomètre).

Bourse d'échange: Bourse de commerce qui ne cote pas des valeurs (actions, monnaie..) mais fixe les cours des matières premières, produits industriels ou agricoles.

BRICS: voir p. 168.

C

Carboné: désigne une matière qui contient du carbone, par exemple les énergie fossiles.

Catastrophe: voir p. 52.

Centre-ville: noyau central et quartier dense à l'intérieur d'une ville.

Chaîne de valeur: voir p. 228.

Changement climatique: modification durable du climat. Il peut être, partiellement, d'origine anthropique (rejet de gaz à effet de serre).

Changements environnementaux: transformations environnementales d'échelle planétaire produites par les activités humaines, souvent irréversibles, qui ont des conséquences sur l'ensemble des composantes de la planète.

Cluster (grappe en anglais): concentration dans un même territoire d'entreprises et d'institutions d'un même secteur d'activité.

Cohésion territoriale: la capacité à concilier la diversité des territoires et la réduction des inégalités entre les citoyens.

COM (collectivité d'outre-mer): territoire français d'outre-mer qui dispose d'un statut et d'institutions spécifiques (ex.: Saint-Martin).

Communautarisme: tendance à faire prévaloir les spécificités d'une communauté ou des communautés (ethniques, religieuses, culturelles, sociales...) au sein d'un ensemble social plus vaste.

Conflits d'usage: concurrence ou tensions entre certaines pratiques, formes d'appropriation des espaces ou utilisation des ressources naturelles

Conurbation: espace urbain formé par plusieurs grandes villes rapprochées.

Convention de Genève: texte de droit international relatif aux réfugiés (1951). Il définit le statut de réfugié et les obligations des États signataires vis-à-vis des réfugiés.

COP 21: sommet (réunissant 195 pays) qui a permis un accord international afin de lutter contre le réchauffement climatique.

Croissance inclusive: voir p. 266.

Cyclone tropical (ou ouragan): tourbillon d'air chaud et humide qui se forme sur les océans aux latitudes tropicales et qui se déplace à grande vitesse, causant parfois d'importants dégâts sur les terres qu'il traverse. Les cyclones sont aussi appelé *Hurricanes aux* États-Unis, *typhons* en Asie.

D

Densité de population: rapport entre le nombre d'individus présents sur un territoire et la taille de ce territoire; il s'exprime en nombre d'habitants par km².

Déforestation: diminution des superficies forestières liée aux activités humaines.

Demandeur d'asile: voir p. 208.

Dépendance énergétique: voir p. 94.

Développement: amélioration des conditions et de la qualité de vie des personnes.

Développement durable: notion apparue à la fin des années 1980 et reprise au sommet de Rio de 1992, qui vise à promouvoir un mode de développement qui réponde aux besoins du présent sans compromettre la capacité des générations futures à répondre à leurs besoins.

Diaspora: désigne la dispersion d'un peuple dans différents pays du monde. Aujourd'hui, par extension, *diaspora* désigne aussi le résultat de la dispersion, c'est-à-dire l'ensemble des membres d'une communauté dispersés dans plusieurs pays.

Distances-temps: voir p. 244.

DROM (Départements et régions d'outre-mer): Un département et région d'outre-mer (DROM) est un territoire français qui constitue à la fois un département (DOM) et une région (ROM) d'outre-mer. Ce statut concerne la Guadeloupe, la Guyane, la Martinique, Mayotte et La Réunion.

E

Écoblanchiment: utilisation abusive de l'écologie à des fins marketing.

Écoquartier: projet d'aménagement urbain intégrant les objectifs du développement durable: exigences environnementales, mixité sociale et fonctionnelle, participation citoyenne.

Écosystème: ensemble formé par différentes espèces animales et végétales qui interagissent entre elles et avec leur environnement (eau, sols, air, minéraux).

Écotourisme: voir p. 230.

Effet de serre: mécanisme naturel d'accumulation de la chaleur dans les basses couches de l'atmosphère que la pollution engendrée par les activités humaines peut aggraver (émissions de CO_2, de vapeur d'eau, de méthane).

Empreinte écologique: indicateur qui évalue la surface terrestre et marine nécessaire à une population donnée pour répondre à ses besoins et pour absorber ses déchets.

Endémique: phénomène qui est particulier à un territoire donné.

Énergie fossile: source d'énergie issue de la matière organique fossilisée dans le sous-sol terrestre, émettrice de CO_2 lors de son utilisation.

Énergie positive: se dit d'un bâtiment qui produit plus d'énergie qu'il n'en consomme pour son fonctionnement.

Énergie primaire: énergie disponible dans l'environnement et directement exploitable sans transformation.

Énergie renouvelable : source d'énergie qui se constitue ou se reconstitue plus rapidement qu'elle n'est utilisée, nom émettrice de CO_2.

Environnement : combinaison d'éléments naturels et sociaux en interaction, qui constitue le cadre de vie d'un individu ou d'un groupe.

Espérance de vie : exprime à une date précise (le plus souvent à la naissance) le nombre d'années moyen restant à vire à une génération d'individus.

Exode rural : départ définitif d'habitants d'une zone rurale vers une zone urbaine.

F

Favela : terme utilisé pour désigner un bidonville* au Brésil.

Fécondité : *voir plus bas* « Indice synthétique de fécondité ».

Firme transnationale : entreprise exerçant ses activités dans plusieurs pays par l'intermédiaire de filiales.

Fonctions de commandement : ensemble d'acteurs, d'activités et d'institutions de décision et de direction dans les secteurs économiques, politiques, culturels.

Forum social : forum international, qui réunit depuis 2001 les organisations du monde entier sensibles à la cause altermondialiste.

Fracturation spatiale : voir p. 186.

Fracture urbaine : coupure partielle ou absolue entre des parties de la ville sur les plans social, économique…

Friche industrielle : terrain abandonné par une activité industrielle.

Front pionnier : projet d'aménagement massif d'une région, le plus souvent isolée, pour exploiter ses ressources.

G

G7 : voir p. 168.

G20 : regroupement des 19 pays les plus industrialisés du monde et de l'Union européenne.

Gated community : lotissement fermé et surveillé dans lequel les occupants se réunissent selon leurs affinités, et choisissent de vivre à l'écart des autres.

Gaz à effet de serre (GES) : gaz présents dans l'atmosphère (CO_2, méthane, ozone) qui absorbent le rayonnement infrarouge émis par la surface de la Terre, l'atmosphère et les nuages, et à leur tour émettent dans l'atmosphère. Cela pourrait favoriser le réchauffement climatique.

Gestion intégrée : voir p. 76.

GIEC : Groupe d'experts intergouvernemental sur l'évolution du climat.

H

Halieutique (ressource) : qui concerne la pêche

HCR (Haut-commissariat des Nations unies pour les réfugiés) : Agence de l'ONU en charge de la protection des réfugiés.

Hotspot : centre d'accueil et d'identification des migrants créé par l'U.E., où leur demande d'asile politique est étudiée.

Hub : point d'un réseau de transport international qui concentre et redistribue les voyageurs et les marchandises dans de nombreuses directions.

Hyper-ruralité : espaces ruraux marqués par une faible densité de population, le vieillissement, l'enclavement et le manque d'équipement et de services.

I

Indice de développement humain (IDH) : indicateur qui synthétise trois données : le PIB réel par habitant, l'espérance de vie à la naissance et le niveau d'éducation. Chaque élément est noté entre 0 et 1 et la moyenne des trois constitue l'IDH.

Indice de pauvreté : voir p. 129.

Indice synthétique de fécondité : voir p. 150.

Inégalités territoriales : voir p. 170.

Inlandsis : grands glaciers continentaux des régions polaires.

Insécurité hydrique : voir p. 74.

Intermodalité : organisation du réseau de transport pour permettre au passager de combiner plusieurs moyens de transport pour effectuer son trajet (train-bus, voiture-tramway)…

Investissement direct à l'étranger (IDE) : mouvement international de capitaux réalisé par une firme dans le but de créer, de développer ou de maintenir une filiale à l'étranger.

Isolat : voir p. 228.

J

Justice environnementale : volonté de lutter contre les inégalités dans le domaine environnemental. Elles se traduisent par une inégale exposition aux nuisances, un inégal accès aux ressources ou au bien-être.

L

Lignite : charbon jeune, riche en carbone et plus polluant que le charbon habituellement utilisé.

Low-cost : compagnie aérienne à bas prix proposant des vols à moindre coût, mais offrant moins de service que les compagnies aériennes traditionnelles.

M

Mal-développement : désigne un développement qui ne profite pas à toute la population ni à tous les espaces du territoire.

Mangrove : formation végétale de certains espaces littoraux à vasières des régions tropicales dont les palétuviers sont les espèces dominantes.

Mégalopole : conurbation* qui rassemble plusieurs métropoles, créant ainsi d'immenses régions métropolitaines.

Mégapole : agglomération d'au moins 10 millions d'habitants (seuil fixé par l'ONU).

Métropole : ville qui concentre les fonctions de commandement (politique, économique, culturel), et rayonne sur un vaste territoire régional, national, voire international.

Milieu naturel : combinaison d'éléments physiques (relief, sol, climat, hydrologie, faune et flore) en interaction. Les milieux naturels sont transformés par les actions humaines.

Mitage : voir p. 230.

Mix énergétique : répartition des différentes sources d'énergies primaires utilisées pour répondre aux besoins d'un pays.

Mobilités : voir p. 244.

Mobilités douces : voir p. 246.

Mobilités pendulaires : déplacement journalier entre le domicile et le lieu de travail.

Mondialisation : processus d'ouverture des économies nationales sur un marché mondial, entraînant une interdépendance croissante et une concurrence entre pays.

Mortalité infantile (taux de) : nombre de décès avant le premier anniversaire rapporté au total des naissances correspondantes (exprimées en ‰).

Multimodal : combinaison de plusieurs modes de transport : maritime, terrestre (routier, ferroviaire, fluvial), aérien.

N

Nanotechnologies : voir *Biotechnologies*.

Nappes phréatiques : nappes d'eaux souterraines.

O

Objectifs de développement durable (ODD) : 17 objectifs, adoptés en septembre 2015, établis par les États membres des Nations unies rassemblés dans l'Agenda 2030 qui visent à éradiquer la pauvreté, protéger la planète et garantir la prospérité pour tous.

OMS : Organisation mondiale de la santé.

OPEP : Organisation des pays exportateurs de pétrole, créée en 1960 par des pays producteurs de pétrole.

Organisation non gouvernementale (O. N. G.) : association sans but lucratif constituée par des personnes privées dont le champ d'action est international.

Ouragan : voir *Cyclone*.

P

Parc naturel : territoire rural, dont la valeur patrimoniale et paysagère est protégée et valorisée.

Particules fines : poussières d'origine naturelle et, de plus en plus, humaine (chauffage au bois, utilisation des énergies fossiles, etc.) nocives pour les voies respiratoires.

Patrimonialisation : processus collectif de reconnaissance et de mise en valeur d'édifices, d'espaces, d'objets ou de pratiques hérités du passé.

Pauvreté absolue (ou monétaire) : voir p. 134.

Pays émergent : pays connaissant une croissance rapide, son PIB se rapprochant de celui des pays développés.

Péréquation : mécanisme de redistribution qui vise à réduire les écarts de richesse, et donc les inégalités, entre les territoires.

Périurbanisation : extension de la ville au-delà du pôle urbain (il y a rupture du bâti).

PIB (Produit intérieur brut): valeur de la production réalisée pendant un an à l'intérieur d'un État par l'ensemble des agents économiques (y compris les entreprises étrangères installées dans le pays).

PIB (Produit intérieur brut) par habitant: valeur de la production par habitant, réalisée pendant un an à l'intérieur d'un État par l'ensemble des agents économiques (y compris les entreprises étrangères installées dans le pays).

Plan climat-air-énergie: voir p. 114.

Plan de déplacement urbain (PDU): voir p. 246.

Plans locaux d'urbanisme (PLU): document de planification urbaine qui définit et réglemente l'usage des sols sur l'ensemble du territoire communal

Plan de prévention des risques (PPR): voir p. 112.

Plateforme numérique: intermédiaire via Internet, qui facilite les échanges en faisant rencontrer l'offre et la demande. Exemple: les plateformes de commerce en ligne.

PMA (Pays les moins avancés): les 47 pays les plus en retard de développement dans le monde, selon la classification de l'ONU.

Polder, poldérisation: voir p. 114.

Pôle d'échanges multimodal: voir p. 244.

Prévention: ensemble des mesures permettant d'empêcher ou de limiter la réalisation d'un risque.

Prévision: voir p. 54.

Protection: équipements pour faire face à un danger.

R

Rapport Meadows: Rapport du Club de Rome « Halte à la croissance », ce rapport, publié en 1972, dénonce les effets de l'industrialisation.

Réchauffement climatique: voir p. 32.

Réfugié: voir p. 208.

Remise: voir p. 270.

Renouvellement de la génération: voir p. 148.

Re-primarisation économique: voir p. 168.

Résilience: voir p. 54.

Revenu national brut (RNB): total des richesses produites sur le territoire national en un an, augmenté des revenus du capital et du travail reçus depuis l'étranger, et diminué des revenus du capital et du travail envoyés à l'étranger.

Révolution bleue: voir p. 76.

Révolution numérique: voir p. 246.

Risque: voir p. 52

S

SADC (*Southern African Development Community*: Communauté de développement d'Afrique australe): organisation régionale, constituée en 1992, regroupant les quinze pays de l'Afrique australe qui vise à promouvoir le développement économique de la région.

Savane: formation végétale d'une grande diversité depuis les savanes herbeuses à graminées jusqu'aux savanes arborées et arbustives telles que celles du veld sud-africain.

Schengen (espace): voir p. 210.

Ségrégation socio-spatiale: voir p. 170.

Service publics: ensemble des activités exercées directement par l'autorité publique (État, collectivité territoriale) ou sous son contrôle, dans le but de satisfaire un besoin d'intérêt général.

Solde migratoire: différence entre le nombre de personnes qui sont entrées sur le territoire et le nombre de personnes qui en sont sorties au cours de l'année.

Solde naturel: évolution de la population correspondant à la différence entre le nombre de naissances et le nombre de décès en un an.

Sommet de la Terre: conférence organisée tous les dix ans par l'ONU depuis 1972 pour définir les moyens de mettre en œuvre la protection de l'environnement et le développement durable au niveau mondial. Le sommet de Rio, en 1992, a abouti à la publication de l'Agenda 21*, à des conventions sur le changement climatique, la biodiversité, la désertification et la déclaration sur la forêt. Le 4e sommet s'est déroulé à Johannesburg en 2002, le dernier, appelé Rio + 20, a eu lieu à Rio en 2012.

Starchitecte: architecte de renommée mondiale dont la signature est positive pour l'image de la métropole qui l'emploie.

Steppe: formation végétale composée de ligneux bas ou d'herbacées en marge des déserts.

Systèmes productifs: l'ensemble des facteurs et des acteurs qui concourent à la production, à la circulation et à la consommation de richesses.

T

TAAF: Terres australes et antarctiques françaises.

Taux de pauvreté: proportion d'individus (ou de ménages) dont le niveau de vie est inférieur pour une année donnée à un seuil, dénommé seuil de pauvreté; en Europe, le seuil est à 60 % du niveau de vie médian (1 026 euros par mois en France en 2016).

Taux d'urbanisation: pourcentage de la population d'un pays qui habite en ville.

Taxe carbone: taxe ajoutée au prix de vente de produits ou de services en fonction de la quantité de gaz à effet de serre, comme le gaz carbonique ($CO2$, dioxyde de carbone), émis lors de leur utilisation.

Télétravail: voir p. 246.

Tep (tonne équivalent pétrole): unité de mesure des quantités d'énergies par comparaison au pétrole selon le pouvoir calorifique.

Tourisme vert: forme de tourisme durable centrée sur la découverte de la nature et des espaces ruraux.

Transition démographique: passage, en deux phases, d'un régime démographique traditionnel de forte natalité et de forte mortalité à un régime moderne de faible natalité et faible mortalité. La mortalité baisse d'abord, puis la natalité, ce qui diminue la forte croissance démographique.

Transition écologique: nouveau modèle économique et social qui repose sur la transformation des modes de production et de consommation, afin de répondre aux grands défis environnementaux (changement climatique, raréfaction des ressources, érosion de la biodiversité).

Transition énergétique: évolution qui se traduit par une part croissante d'énergie renouvelable dans la consommation totale d'énergie.

Transition urbaine: passage d'une population majoritairement rurale à une population majoritairement urbaine.

Tsunami: vague de plusieurs mètres de hauteur provoquée par un tremblement de terre, une éruption volcanique ou un glissement sous-marin.

U

UNICEF (*United Nations of International Children's Emergency Fund*: Fonds des Nations unies pour l'enfance). Agence de l'Organisation des Nations unies (ONU) consacrée à l'amélioration et à la promotion de la condition des enfants.

Urbanisation: processus de concentration de la population dans les villes.

USAID (*United States Agency for International Development*: Agence des États-Unis pour le développement international). Agence indépendante du gouvernement des États-Unis chargée du développement économique et de l'assistance humanitaire dans le monde.

V

Vieillissement: voir p. 150.

Vulnérabilité: voir p. 52.

X

Xénophobie: hostilité de principe envers les étrangers, ce qui vient de l'étranger.

Z

ZEE: bande de mer d'une largeur de 200 milles marins, soit 370 km, depuis les côtes d'un État maritime, instaurée par la Convention de Montego Bay en 1982. Chaque État peut exploiter les ressources dans sa ZEE.

Zone blanche: zone du territoire qui n'est pas desservie par un réseau de téléphonie mobile ou par Internet

Zone franche industrielle: espace délimité dans lequel des activités bénéficient de dispositions fiscales et réglementaires plus favorables que dans le reste du territoire.

Zone franche urbaine (ZFU): créées en 1997, les zones franches urbaines sont des quartiers très défavorisés de plus de 10 000 habitants, où les entreprises bénéficient d'avantages juridiques et fiscaux.

Crédits iconographiques

Couverture : Nikada/istockphoto.com / Grant Associates ; GUIZIOU Franck / hemis.fr; SOPA Images/Getty Images ; Yu Fangping/Feature China/ROPI-REA

p. 12 : Libération 08/09/2018-Photo James Balog/Earth Vision Iinstitute ; Alternatives Economiques - **p. 13 :** Planet Pix/Zuma-Rea ; dr - **p. 14 :** Cultura/hemis.fr - **p. 22 :** Mark Dixon/Blue Lens, LLC - **p. 26 :** Sjors737/Dreamstime.com - **p. 28 :** B. Kelly/Reuters - **p. 30 :** Antoine Delmas - **p. 33 :** Nikada/Istock/Getty Images - **p. 35 :** P. Hauser/hemis.fr ; One Planet Summit - **p. 36 :** A. Bouissou/MEDDE/SG-COP21 ; dr - **p. 37 :** @OFEV ; A. Keplicz/AP/Sipa - **p. 41 :** Anita Wasik-Courrier international - **p. 42 :** Rodho - **p. 43 :** Joep Bertrams - **p. 44 :** Hélène Valenzuela/AFP - **p. 48 :** HO/NASA/GOES Project/AFP ; NOAA - **p. 50 :** Ministère de l'intérieur ; Préfecture de Guadeloupe - **p. 55 :** Ministère de l'Intérieur ; Institut des Risques Majeurs - **p. 61 :** Wolfgang Ammer - **p. 62 :** NASA/SPL/Cosmos - **p. 63 :** NASA/SPL/Bios - **p. 64 :** dr ; Plantu - **p. 65 :** Emad Hajjaj/Caglecartoons.com ; dr; dr - **p. 66 :** Feisal Omar/Reuters ; Feisal Omar/Reuters - **p. 70 :** T. Rouda/iStock/Getty Images - **p. 72 :** Cl. Thiriet/Biosphoto ; G. Maltinti/Adobe Stock - **p. 73 :** dr - **p. 75 :** Adnan Abidi/India Environment Society/Reuters - **p. 77 :** DR - **p. 78 :** Unicef - **p. 79 :** dr - **p. 85 :** Chappatte/Le Temps/Suisse - **p. 86 :** Ende Gelände - **p. 90 :** Holger Weitzel/Alamy - **p. 91 :** DR ; HSB-Cartoon/toonpool.com - **p. 92 :** Rainer Jensen/DPA/AFP - **p. 95 :** Vinhdav/Istock/Getty Images - **p. 97 :** Johan Mrd/Folio/Getty Images ; DR; Arend van Dam/arendvandam.com/ - **p. 98 :** EMDT - **p. 99 :** Fred Haslin - **p. 100 :** T. Mukoya/Reuters - **p. 103 :** Chappatte, The International New York Times-08 février 2015 - **p. 104 :** J-F Tripelon-Jarry/Onlyfrance.fr - **p. 110 :** Photothèque IRMa/S. Gominet - **p. 113 :** V. Joncheray - **p. 115 :** R. Leguen/WWF ; Ademe - **p. 116 :** Ph. Thibault/WWF Guyane - **p. 117 :** dr - **p. 121 :** Valérie Dubois/Hans Lucas - **p. 122 :** Poras Chaudhary/Getty Images - **p. 126 :** Arnd Wiegmann/Reuters - **p. 130 :** Fortis Healthcare - **p. 131 :** dr - **p. 132 :** Rupak De Chowdhuri/Reuters - **p. 133 :** dr - **p. 135 :** STR/AFP - **p. 137 :** Philippe Geluck ; Olivier Bonhomme - **p. 138 :** Alex/La Liberté (Suisse) - **p. 139 :** Oscar Ruiz - Publicis Mexico « Erase the Difference » - **p. 140 :** Habibou Bangre/Reuters ; Yoshio Tsunoda/AFLO/Alamy Live News - **p. 144 :** Toru Yamanaka/AFP - **p. 145 :** Roger Dahl - **p. 146 :** Boureima Hama/AFP - **p. 147 :** A. Caliz/Panos-Rea - **p. 151 :** F. Soltan/Corbis/Getty Images ; P. Meunier/Cosmos - **p. 153 :** Rodrigo/toonpool.com - **p. 157 :** Roger Dahl - **p. 158 :** Johnny Miller/Millefoto.com - **p. 162 :** Fl. Kopp/imageBroker/Age Fotostock - **p. 163 :** dr - **p. 164 :** Latuff - **p. 166 :** V. Drachev/AFP - **p. 167 :** dr - **p. 171 :** L. Mortula-LGM/Adobe Stock ; A. Burton/AP/Sipa - **p. 172 :** Handout/Getty Images Asiapac/AFP - **p. 173 :** Truong Ba Tuan and Le Quang Thuan-OXFAM-UN Women - **p. 174 :** Falco - **p. 176 :** Antoine Soulier-Thomazeau/Lepetitjournal.com/Brésil - **p. 177 :** Matt Wuerker Editorial Cartoon is used with the permission of Matt Wuerker and the Cartoonist Group. All rights reserved - **p. 178 :** Laurence Guennec - **p. 189 :** J.Damase pour la photo ; www.creuse.gouv.fr - **p. 190 :** Laurence Danière/Métropole de Lyon/2015 - **p. 191 :** Jacques Léone/Grand Lyon/sept. 2005 - **p. 195 :** Soulcié/Iconovox - **p. 196 :** ESN Stock/Markus Lutter - **p. 197 :** dr - **p. 198 :** Krishna Murari Kishan/Reuters ; Greek photonews/Alamy/Hemis - **p. 199 :** Kroll ; F. Senna/AFP; dr - **p. 200 :** D. Tapia/Reuters - **p. 204 :** I. Pastor/Anadolu Agency/AFP - **p. 205 :** Moluk-www.lesdessinsdemoluk.com - **p. 206 :** P. Albouy/Reuters - **p. 207 :** M. Trezzini/Keystone - **p. 209 :** J. Palazon/Reuters - **p. 211 :** L'Express/2018 - **p. 212 :** UNHCR/Roger Arnold - **p. 213 :** Joep Bertrams/Caglecartoons.com - **p. 217 :** Florin Balaban - **p. 218 :** Jérémy Suyker - **p. 222 :** Yanjipy/Creative Commons - **p. 224 :** G. D. Ercole/Getty Images - **p. 225 :** Superstock/Sipa - **p. 226 :** Zoonar/M. Mainka/Age Fotostock - **p. 227 :** dr - **p. 229 :** A. Gonoretzky/Getty Images - **p. 231 :** www.grandsespaces.fr ; LLuis Gene/AFP - **p. 232 :** AccorHotels - **p. 233 :** Images courtesy of Fairmont Hotels & Resorts - **p. 234 :** kpzfoto/Alamy/Hemis - **p. 235 :** Ivan Ivicevic Bakulic/Srd Je Nas - **p. 238 :** Federico Sutera/Parallelozero - **p. 239 :** E. Ripoll/Alamy/Hemis - **p. 242 :** N. Leblanc/Collectif ITEM - **p. 245 :** Communauté d'Agglomération de La Rochelle - **p. 247 :** SNCF-OUIGO-Agence Rosapark - **p. 248 :** CTS Strasbourg - **p. 249 :** Réseau Citiz ; Réseau Citiz - **p. 250 :** Laurent de Gebhardt/www.lestudio360.fr - **p. 251 :** Jean-Pierre Marchau-Collectif Non à la NRL - **p. 253 :** Direction de la Communication, Ville de Troyes et Troyes Champagne Métropole - **p. 254 :** Arnaud Dieu - **p. 255 :** Alain Tendero-Divergence-images.com - **p. 256 :** T. Suzan/hemis.fr - **p. 263 :** ©davidwallphoto.com - **p. 264 :** Bloomberg/Getty Images - **p. 265 :** AdeleD/Shutterstock - **p. 267 :** J. Boethling/visualindia.de - **p. 268 :** Thegift777/Istock/Getty Images - **p. 269 :** Source : Stats SA - **p. 271 :** UNHCR/Pumla Rulashe - **p. 272 :** B. Joubert/National Geographic - **p. 276 :** Johnny Miller - **p. 277 :** J. Boethling/Alamy Stock Photo.

Page 131, doc. 3 : extraits de l'interview de Frédéric Landy par Tirthankar Chanda, « L'idole des Indiens n'est pas Modi, mais Shah Ruck Khan », *RFI*, 03 novembre 2018.
http://www.rfi.fr/asie-pacifique/20180311-frederic-landy-idole-indiens-modi-emergence-bjp-congres-minorite-democratie

rfi

Responsable éditoriale : Aurélie Joubert-Mérandat
Éditrices : Élisabeth Fišera, Chloé Sylvestre
Conception de la maquette intérieure : Maestro
Mise en page : Béatrice Gallo, Barbara Tamadonpour
Responsable iconographies et vidéos : Virginie Dauvet
Iconographe : Sidonie Reboul
Cartographie MAGNARD :
- coordination : Marie-Christine Liennard
- réalisation : Valérie Goncalves, Christel Parolini, Carl Voyer
Pour le numérique : pôle numérique Magnard (dga)

ISBN 978-2-210-11154-7

PEFC
PEFC/04-31-1033

Achevé d'imprimer en août 2019 par Mohn Media en Allemagne
N° d'éditeur : 2018_1477 - Dépôt légal: Avril 2019

La France administrative